虞云国　编著

程應鏐先生编年事辑

上海人民出版社

程应镠像（1975 年李宗津作）

燕京大学时代的程应镠先生

程应镠先生在 1967 年

程应镠先生 1980 年代初在寓所

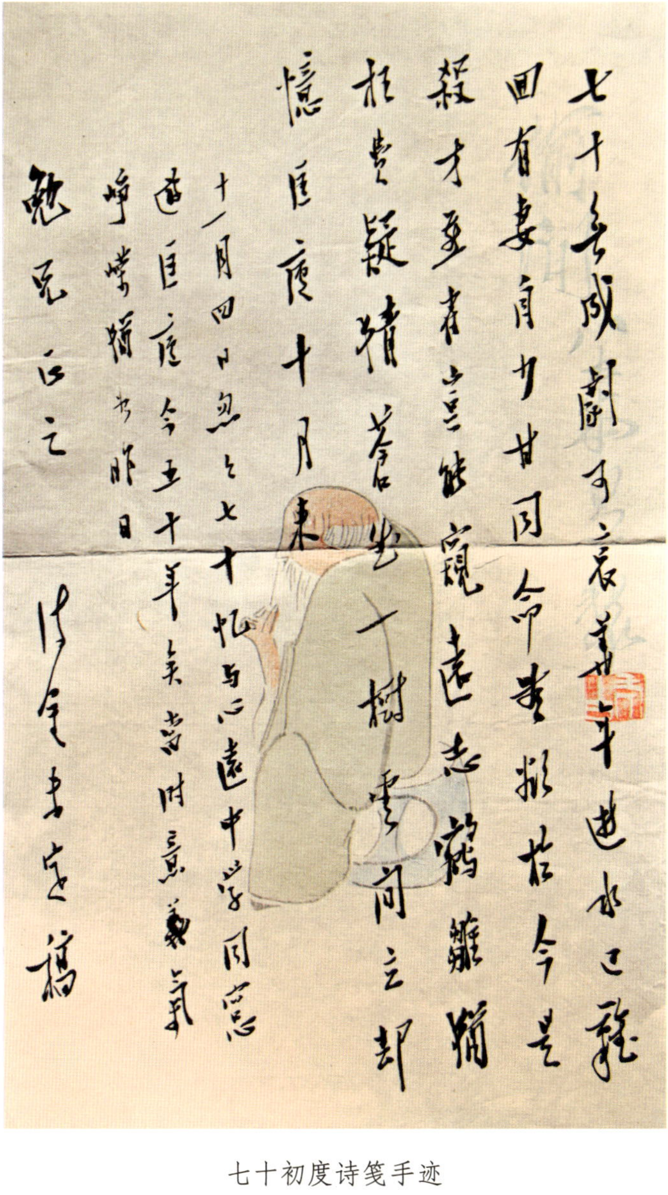

七十初度诗笺手迹

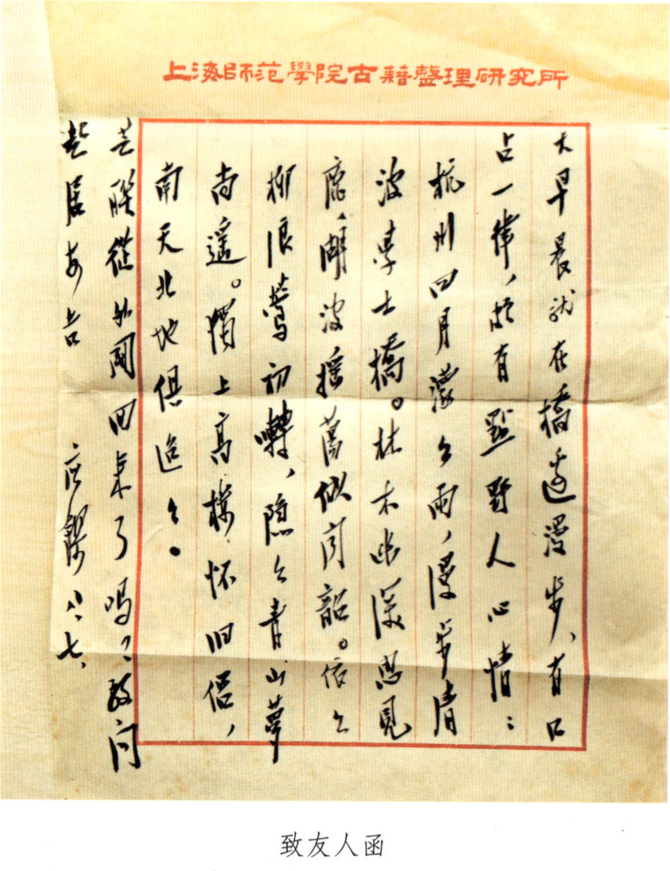

上海師範學院古籍整理研究所

大早晨就在橋邊漫步，有口占一律，頗有點醉人心情：

杭州四月濛濛雨，漫步青波學士橋。林木幽深思鳳席，潮波搖蕩似聞韶。依依柳浪鶯初囀，隱隱青山夢寄遙。獨上高樓懷舊侶，南天北地恨迢迢。

吉隆從外國回來了嗎？敬問

起居安吉

庭鍔　八、七、

致友人函

题　识

一、缘起与取材

2001 年岁杪,程应镠先生(笔名流金)的《流金集》(诗文编)私家版付梓,我曾编过约二万字的《事迹诗文编年》作为附录(后也收为《程应镠史学文存》附录)。今年是流金师百年诞辰纪念,这部《编年事辑》就是在《事迹诗文编年》基础上增订而成的。之所以发心作如此规模的订补工作,除去百年诞辰的纪念因素,还有三个原因。其一,先生家人向我敞开了流金师现存的全部遗稿,为这次大规模增订构筑了坚实的基础。其二,自 2001 年以后,又积累了相当数量此前未见的相关文献,包括这次编入《程应镠先生百年诞辰纪念文集》的追忆文章,提供了许多关于流金师的亲历见闻。其三,在披阅新材料过程中,我益发感到,有必要改变《事迹诗文编年》相对私人化倾向,把先生的生平遭际与坎坷命运作为中国现当代知识分子的微观个案,以一朵浪花的视角去反观 20 世纪中国历史的九曲回澜。

这次订补取材,大致分为自述性材料与他述性材料。自述性材料分两大部分,一部分是此前未能获见而先生已刊遗文(现多编入《百年诞辰纪念文集·遗文编》),这些遗文主要刊于 1949 年以前,除诗歌、小说外,散文、纪实、文论、政论中颇有反映流金师行实与思想的新材料。另一部分即前文提及的现存先生的未刊文档。一是日记,包括流金师亲署题端的《丙申日记》

（1956年3月至1957年8月）、《严谴日记》（1957年9月至1958年3月；1959年7月至1960年2月）与笔者命名的《“文革”日记》（1971年4月至12月；1972年3月断续写至7月）、《复出日记》（1983年10月与11月部分日记；1985年9月至1987年9月；1988年1月至5月）。二是家信（主要为1969年夏至1972年初的“文革”时段）。三是“‘文革’交代材料”，集中写于1968年1月至1969年4月之间，包括“交代”二十余份，编年履历与社会关系各三份。1987年，在收到上海师大党委送回这批“文革”材料当天，流金师在日记里特地记曰：“俱过去实事，有的现已记不清楚，留着还有用处。”多亏他以史家的自觉，为自己在“文革”以前的经历与思想保存了一份足资征信的重要史料。四是诗稿，除《流金集》（诗文编）已收《诗词抄存》外，另存手书稿本两种以及家信、日记与工作手册中若干逸诗，其篇什几为《诗词抄存》之半。五是工作手册，共四种，都是复出以后1980年代所记，其中包括部分发言或演讲的提纲或摘要，个别评语或鉴定的底稿。六是家信以外的先生遗信，包括先生辞世后友朋送还的往函以及追忆文引用的书函。其二，为他述性材料，主要包括四方面内容。一是流金师所藏友朋函札；二是师母李宗蕖先生《留夷集》的相关记述；三是子女友朋的追思；四是弟子学生的回忆。当然，除此之外，我也竭尽所能参考了迄今获见的其他书刊资料。（以上所述，参见附录《参考文献》。）

二、取向与体式

作为史书体裁，“编年事辑”属于梁启超所说“人的专史”中的“年谱”类。据杨殿珣《中国历代年谱总目》，年谱名以“编年”与“事辑”者，清代以前已有所见，但合而命名的嚆矢之作，或始自张荫麟的《沈括编年事辑》。这一年谱体以蒋天枢的《陈寅恪先生编年事辑》最负盛名而堪称典范，其《题识》自述命名道：

“所知粗疏缺略,不敢名曰年谱,故题‘编年事辑’云”,似隐含未定稿或初稿之意。近年以来,“一人之史”的编年事辑时有问世,作者大体两类,一是谱主的弟子或后人,二是与谱主并无直接交集的研究者。关于谱主称谓,前一类编者概以“先生”相称,后一类既有沿称“先生”陈规者,也有直呼其名者。作为编者,出自程门的我,理应尊称“先生”,但私意以为,频频以“先生”之称见诸行文,不仅让读者感到这部《编年事辑》具有强烈师门化倾向(这点正是我力图避免的),而且易使自己偏离相对中立的研究取向。纠结再三,决定在编者叙事时略去尊称,好在即便如此,行文仍明确表达出叙述对象的谱主与他者之主客关系。这一做法的主观意图,无非让我作为研究者尽可能保持客观理性的价值取向,以期表明:这部《编年事辑》并非单纯颂师的树碑之作,而是为当代学人的立传之作。

“编年事辑”既是“年谱”变体,自应以编年体为编纂体式。“编年事辑体”自创立以来,已经杂糅纲目体与会编体,成为堪称完善的史书体裁。即编撰者首先提纲挈领地叙述事要,而后以会编体辑集与之相关的文献史料作为细目,对纲要作出必要的展开或补充,倘若相关文献阙如,则提纲式叙事自可独立成文。然而,纯用纲目体,也有梁启超所说的困惑:“有纲无目,有目无纲,可以不可以?很要费斟酌。弄的不好,容易专记大事,忽略小事。假使大事小事都有纲有目,又不相称。”然而,他“仍主张用这体,使得读者较容易清楚,但作者须用心斟酌”(《中国历史研究法补编·年谱及其做法》)。具体到这部《编年事辑》,由于流金师现存日记与家信相对集中在某些时段,而且两者并不匹配,容易造成两种局面:凡存日记的时段,编者酌定叙事之纲相对容易,但未必都有相关文献能以会编体方式构成匹配之目,出现纲多目少的畸形格局;凡存家信的时段,则与之相反,出现可供会编的同类文献丰富密集,而编者提纲式叙事相对短缺的局面。有鉴于此，本书在纲目体总架构下，某些时段决定变通采用纪事本末体的编纂方式。日记集中的那些时段，从日记纪事中提炼出叙事性提纲，再据纪事本末以日记为文献会编其下作为细目。而家信集中的那一时段，则据家信内容，每年抽绎出若干纲要，再将同类家信片段作为扩展性的细目会编其下。这样，无论阅读时，还是文本上，庶几能够避免或纪事支离或文献凌乱之感。而纲要叙事之文如引日记书信中语，径标引号，不另出注。

三、材料的区处

在史料编排上，遵循以自述性材料为主，他述性材料为辅的原则：先列流金师的自述性材料，参用日记、信函、诗词、"交代"与杂稿；再列他述性材料，包括友朋来函、亲友追述与学生回忆；凡是追忆性文章，以采录叙事性内容为宗旨，尽量略去感情性评价（对学生回忆尤其如此）。

征引材料采取两种方式，一为全录，一为节录。

对自述性材料，凡是诗词一般整首引用，此即陈寅恪所说："中国诗与外国诗不同之处，是它多具备时、地、人等特点，有很大的史料价值，可以用来研究历史并补历史书籍之缺。"（引自黄萱《怀念陈寅恪教授》）而《流金诗稿》所有诗作几乎都可编年，因尚未梓行，故择取足以反映其行年事迹与心路历程之作，整首照录。至于信函，由于致友朋函札现存无多，故一般全文揭载；而家信数量不少，且颇涉私事，故仅节引与流金师行事心迹有关段落。日记与"交代"的采录原则一如家信。杂稿则选取在重要场合的讲话或演讲的提纲或摘要，酌情决定全录还是节选。

对他述性材料，处理友朋来信时酌取两种变通方式。一种情况是藏札有限的知名人物，诸如吴晗、谭其骧等，这些书函既见一时交往，已成一代文献，自宜全文照录，俾便学林共享。另一种情况是通函频密的师友名人，诸如沈从文、熊德基、钟开莱等，其间固然有全函照录者，但倘若每信全录，徒增篇幅不知凡几，故大多节录与先生行实思想有关内容。沈从文来函，都已收入《沈从文全集·书信》诸卷，有兴趣者不妨参阅。熊德基来函最多，往事今世，家庭友人，无所不谈，但一来数量太夥不宜全录，二来有些议论未便刊布，故也仅录或与流金师思想行事直接有关者，以及衡政评人论学说诗而值得刊布者。弟子与后学来函一律汰去不用。

凡引录自述性材料，文前省略先生姓名；若引录他述性材料，文前则标明作者。为阅读顺畅而避免有散碎之感，无论何种材料，虽经节略却不影响上下文意连贯时，一般不标省略号；仅在分述两事或文气中绝时，才以省略号标示。录文节略，严格遵循整句或整段完整删略的原则，但绝不对录入原文作一字的增删改动。唯在原文显有笔误、脱字或倒文时，才在讹误文字后以[ ]括注正字。至于节略内容，一是与叙事性提纲的主旨无关或关系不大者，二是纯属情感性揄扬。无论征引何种材料，凡臧否评骘在世者一概删略，但与谱主行事思想密切相关而不得不录时，则隐其姓名而标以×××；采用日记信函时，若干无关或宜隐人名也径以×××代替；遵照出版规定，个别特定时期的历史用语，不宜原文直录者，酌以引号或空框标示。

四、考证与注释

梁启超论《年谱及其做法》时指出：“考证的工夫本来是任何年谱所不免的。”但他还说：“有许多年谱不必要考证，或是子孙替父祖做，或是门生替师长做，亲见亲闻的事原无多大的疑误。”笔者虽属他说的后一情况，但入门已在先生晚年，对他 1980 年代复出以前的经历行迹知闻有限，尤其对他 1949 年以前行年所知几近空白；直到世纪之交，编《事迹诗文编年》时才初知概略。当时的《事迹诗文编年》仅据《流金集》（诗文编）与“‘文革’交代材料”匆匆编就，现今看来疏略乃至讹误在所难免。此即梁启超所说“作者与谱主相差的时代太久”之故，但所作考证在材料与工夫上都有欠缺，也是毋庸讳言的。这次编纂，在材料上今非昔比，尤其是先生的日记、信函与友朋来鸿，都为进一步考证提供了条件与可能。但年代久远，无论是流金师遗信，还是友朋来函，落款往往仅书月日而无年份，个别书信甚至月份都付阙如，故确定系年时均据相关记载逐一考定。这类考证分量最大，用力亦多，甘苦自知，却多属于梁启超所说“可以不必写出考证的明文，只写出考证的结果便已足”的类型，唯在个别虽经考索仍难确证但又必须系年的场合，才出注释予以说明。这一处理方式同样适用这次新见诗文的系年考订。

至于注释，大体分流金师自注与编纂者补注两种。自注主要用于引录《流金诗稿》的场合，这是由于先生旧诗原稿，或在诗题下附以小引自道吟兴缘起，或采用句下注交代本事原委，考虑排版方便与页面整饰，全部移为页下自注。编者补注，大体分为四种情况：一是引录他述性材料时的文献出处；二是上文提及的少数考证；三是对征引材料中叙述讹误或史实缺略作必要的正补；四是对个别史事的始末或少数人物的身份作简略的说明（至于与谱主交往较多的师友，通检附录的《人名索引》自能知其大略，当下网络咨询也足以提供知名人物的生平信息，故一般不再出注）。

五、鸣谢与企盼

订补工作历时五月，能在流金师百年诞辰纪念期间及时问世，与有关各方的鼎力支持是分不开的。

首先，应该感激流金师的家人。没有他们提供先生全部的私藏文档，这次全面订补绝对无从谈起。在整个修订过程中，他们不仅对我的材料索取有求必应，而且对我的细节求证有问必答，让我自始至终感受到这种信任与支持，这也成为我增订工作的主要动力。在付印前，承蒙程怡与程念祺世兄通读书稿，有效纠正了不少错讹。

其次，应该致敬上海人民出版社。在增订尚在进行时，我随口提及，王兴康原社长当即慨允该书可交由上海人民出版社梓行，并当场指定历史与文献编辑中心张钰翰担任责任编辑。王为松总编继任社长不久，正式将其列入出版计划，给以倾力支持。没有他们的鼎助，这部书稿绝不可能如此顺利及时地出版。

再次，应该感谢为书稿付出辛劳的有关各位。范荧教授为录入流金师文档出力最多，最大限度减轻了我的工作强度。在敬重她对先师的挚慕之情同时，我也为她真诚的同门之义而感铭不已。作为1987级历史系系友，华东师范大学刘善龄先生以他娴熟的网搜技术，寻觅到流金师1949年前的大量已刊文章，使得那些时段的编年事辑大为充实与丰满。作为再传弟子，姚潇鸫副教授让研究生助录文档，协调之功自不可没。我的硕士研究生倪洪博士在友朋来函的录文上亦多有助力。在个别系年求证与外文识读上，周育民、刘昶与张剑光教授各有献替。某种程度上，这部书稿堪称是受教程门的门生学子及其传人协作的产物。由苏智良教授领衔的上海师范大学中国史高原学科对书稿出版给予了支持，自应附笔志感的。

限于进度，有些明知可能记载流金师事迹的书刊未及寓目，与流金师交往频密的友朋后人处可能收藏的先生遗信也未及征集。限于学养，即便就已成书稿而言，无论在叙事准确度上，还是考证可信度上，都必然会有失当或疏误。这些责任自应由我承担。惟其如此，我有两个企盼，一是欢迎学界与读者对书稿的错误提出宝贵的意见；二是希望藏有流金师往函的友朋后人能够提供或披露这些遗信的照相版，以便我能在适当时期对这部书稿再做订补。我还同时企盼，有些目前不宜刊布的文档或内容，在那次增订版时能够公之于众。

2016年9月18日

虞云国　作于国耻日

目 录

卷一　1916—1936年

1916年　丙辰　中华民国五年　一岁

11月4日(旧历十月初九日)出生于江西省新建县大塘乡汪山土库。父懋坤,谱名懋琨,后改名觉吾;母况葆琴。是年,姐程应锦三岁。

据《家谱》,汪山土库程氏系新安程氏五十六世始迁于此。先生太高祖程焕采以殿试二甲钦点翰林院庶吉士,后署理江苏巡抚;太伯高祖程矞采历任江苏、云南巡抚,云贵、湖广总督。焕采生修爵,修爵生志广,志广生子时熇、时煊。时熇乃先生祖父,生子懋坤、懋坎。先生父懋坤历任直隶涞水、景县知县与江西余干县长;先生祖母郭太孺人以时煊未婚而卒,遂命懋坤兼祧承祀。①

1968年6月21日"'文革'交代材料":

我的父亲原名琨,四十以后改名觉吾,是一个独子,既无兄弟,也无姐妹。在他七岁的时候,我的祖父便死了。我九岁的时候,我的父亲在河北省(当时称为直隶)当县长,他先后当过满城、涞水和景县的县长。我在中学读书的时候,他又当过江西省余干县的县长。后来,又在江苏宿迁等县

① 《新建大塘汪山土库程氏家谱》(乙未本)。

当过营业税局局长。抗战时期，又在江西会昌县当过田粮处长。直到一九四五年他在江西兴国县死去。我的母亲况葆琴，是一个旧式的妇人。

《程应镠自述》回忆大塘土库程氏家族：

我的幼年是在江西新建大塘乡一所大宅子里度过的。这所大宅子建于道光二十年左右，在乡村显得特别巍峨、壮观。我高祖出身翰林，官至巡抚。家里有一副林则徐写的对子，说："湖山意气归词苑，兄弟文章入选楼。"长大之后，知道林则徐的为人，深以自己出身于这样的家庭而自砥砺。①

李宗蕖在《五婶》中回忆当年初见土库程宅的印象②：

那是花了半个世纪才建成的，八条巷、九进深、青色砖墙围起的"土库"。宅前是大块绛红色麻石铺的平展展的场地，后来用于曝晒租谷，就叫打谷场。土库的正中央是祠堂，堂前有一片很宽阔的旗杆场。当年，在这个家族显赫的时期，据说，逢年过节或有什么大事时，就有旗子升上去。祠堂后面的花园里筑有一个孔雀笼，早先，笼里养有孔雀。说是官做大了，伴君如伴虎，一旦出了事，孔雀胆有剧毒，可用以自裁，好少受些凌辱与折磨。在长房的抱柱前有林则徐写的抱柱楹联"湖山意气归词苑，兄弟文章入选楼"，记下这个士族最引以自豪的时刻：两兄弟同科点了翰林。③

① 《世纪学人自述》第5卷，第324页。
② 这区清代建筑已列为全国重点文物保护单位。
③ 《留夷集》，第192页。

1917年 丁巳 中华民国六年 二岁

1918年 戊午 中华民国七年 三岁

1919年 己未 中华民国八年 四岁

弟程应铨生。

1920年 庚申 中华民国九年 五岁

1921年 辛酉 中华民国十年 六岁

幼年成长过程中,最受祖母影响。

1968年6月21日"'文革'交代材料":

我的祖母是一个对我有极深影响的人。在我幼年,她时常和我讲我家的封建家史。她希望我成为一个像我的太高祖那样的人。我的太高祖在清朝当过巡抚①,但在我的祖母嘴里,他却是一个公正清廉的官吏。

1922年 壬戌 中华民国十一年 七岁

春节过后,始入私塾读书。望庐楼是其读书之所。

《望庐楼》:

望庐楼是儿时读书的地方,最难忘的是那儿的花树;红梅花开在腊月,盛在春初,明月一楼,放了夜学回来,那甜甜的迷人的花香,直随着我回到家中。临窗一排槐树,终日不见阳光,只在散学的时候,打书斋对面廊下走过,恋

① 即程焕采,曾任江苏巡抚。

恋于那映在窗上的石榴的颜色。楼的一面便俯瞰着这些花树，红梅的枝枒，直伸到长廊，栏杆边的篾席间；另一面有两个大窗子，百里内的云山都奔眼底。窗下是昔年盛时的花园，我们小时候便成了废苑，只有一些大树，亭亭阴翳日影。①

《程应镠自述》对望庐楼亦有描述：

1922年春节过后，入塾读书，才五岁零三个月②。学屋是座小楼，叫做望庐楼。书堂前面有块空地，全是花树。空地东侧一排回廊，中有一堂，匾曰‘枇杷晚翠松柏后凋之斋’，是老师住的地方。红梅花初春香得醉人。过了十岁，我上夜学。梅花香味和如水月光，在记忆中还像是昨天。楼上北窗望出去，便是隐现在云雾里的庐山。晴明日子，浅淡青山轮廓十分清晰。楼上有木刻一联，上联是“一楼明月追吟谱”，下联是“万卷藏书作宦囊”。③

1923年　癸亥　中华民国十二年　八岁

在私塾习学经史子集的传统知识，首次习作《屈瑕论》即受赞赏。

《程应镠自述》：

老师教对对子，便说：“一对万，楼对卷，一楼对万卷，实对实。追对作，追吟谱对作宦囊，虚对虚。”印象十分深刻。在私塾里，我读了《诗经》、“四书”、《左传》。读完《左传》，读《东莱博议》时津津有味，我学作文便从此始。

① 《流金集》(诗文编)，第45页。
② 《自述》以实岁计，故说“五岁”。下同。
③ 《世纪学人自述》第5卷，第314页。

第一篇习作《屈瑕论》，受到老师称赞。私塾最后两年读《古文辞类纂》，一些经史子集的知识，都是从这部书得来的。①

1924年 甲子 中华民国十三年 九岁

1925年 乙丑 中华民国十四年 十岁

1926年 丙寅 中华民国十五年 十一岁

1927年 丁卯 中华民国十六年 十二岁

1928年 戊辰 中华民国十七年 十三岁

1929年 己巳 中华民国十八年 十四岁

春节后，随做小学校长的七堂叔去南昌，半年内补习完考中学的课程。

《程应镠自述》：

> 1929年春节后，去南昌一所小学补习数学。小学校长是我的叔叔。先在五年级听课，不到一星期，因为成绩优异，便成了六年级的学生。数学从比例学起，课余由叔叔的一位同学为我补习、讲解四则运算，我迅速地掌握了小学算术的知识。②

暑假，考入江西省立二中。

---

① 《世纪学人自述》第5卷，第314页。
② 《世纪学人自述》第5卷，第315页。

1986年×月24日致长女程炎信：

我幼年，十分宠爱我的祖母不把我留在身边，放我去南昌进一所著名的学校（那时，我才十二岁不到，我的父亲被拘留在北平，母亲住新建会馆，和后任打官司“辩诬”）。

中学时期，读书面不断扩大，尤好文史。

《至乐莫如读书》：

进中学时，虚岁十四，实足还不满十三，读书的面宽了，生理卫生、植物学颇使我惊异，闻所未闻，确亦可乐。但月考、学期考一来，反以读书为苦了。老实说，直到大学毕业，我并无读书最乐之感，虽然我也曾沉溺于俄国小说、我国古代诗词及《世说新语》《论衡》之类的著作当中。①

《程应镠自述》：

这年夏天考取了江西省立第二中学。这是江西的一所著名中学，一进学校，我便知道植物学家胡先骕、物理学家吴有训、数学家傅种荪都是这里的毕业生。这所学校的创办人，有意识地对新生进行爱校的教育。这对我很有影响，后来，我在昆明办学，在上海办学，都以毕业生的成就来鼓励在校的学生。二中学生多学理工。我初中毕业免考进高中，对物理学和用器画也很感兴趣。但这个学校的文史教师，阵容不弱。汪君毅老师讲中国近代史，讲高中国文，使人喜，使人悲，时而激越，时而低沉。顾祖荫老师讲中国地理，讲得学生流泪。②

由史地课程培养起爱国情怀。

---

① 《新民晚报》1986年8月26日《夜光杯》。

② 《世纪学人自述》第5卷，第315页。

《“一二·九”讲稿》:

在中学,我的地理老师、历史教师讲我国近代割地赔款,和英国、法国、日本签订屈辱条约的历史。他们讲这些屈辱的历史声泪俱下,讲台上的人哭了,教室里的学生也哭了。反对帝国主义侵略的热血,在我们的心中流动;我国古代的民族英雄,成为我们学习、崇拜的榜样。我在初中的英语教师,指导我们做翻译练习时,也叫我们把岳飞《满江红》中的“壮志饥餐胡虏肉,笑谈渴饮匈奴血”译成英文。

1930 年　庚午　中华民国十九年　十五岁

1931 年　辛未　中华民国二十年　十六岁

1932 年　壬申　中华民国二十一年　十七岁

以成绩优良免试直升江西省立二中高中,读理科。
《从学生不爱历史课谈起》:

我在中学读书时,从十三四岁至十七八岁,对历史课很欢喜。老师讲戊戌政变,讲中法战争,讲甲午战争,讲得流泪,我们听得流泪。我是免考进入高中的。那时高中文理分科,我读理科,但在毕业以后,我却进了历史系。①

受“新生活运动”影响,热爱国家与崇拜领袖缠混在一起。
《“一二·九”回忆》:

在南昌读了六年中学,南昌是“新生活运动”的中心,我们受的是一种新生活运动式的教育。我和几个同学也组织了一个“风岛社”,有一位还写过一篇《德意志复兴之路》的

① 《流金集》,第 209 页。

文章，颇为我们所传诵。“风岛”的意思，好像也就是说德意志复兴之风已吹到我们的国土上来了。我们热情地爱着国家，崇拜着领袖。①

1933年　癸酉　中华民国二十二年　十八岁

在省立二中时期，喜好体育运动。

许渊冲《西南联大的师生》：

> 在联大的左派同学中，我认识最早的是流金，他和我是南昌二中的同学，但比我高三班。1933年4月6日，我第一次参加——应该算是参观——全校的运动会，看见流金一马当先，得到了好几个长跑的冠军，好不神气！篮球比赛，他又是校队的中锋，举手投篮，立刻掌声四起，好不威风！②

同时开始向刊物投稿，撰《我们的西北》投寄在南昌出版的《汗血周刊》，次年刊出。

1968年9月6日“关于我所知道的刘伯文（刘春）的情况的交代”：

> 我和刘钟颐在中学是极为要好的朋友，开始在江西二中，后来转学到心远中学。在中学读书时，我就知道刘钟颐有一个侄子③在上海读书，我曾看过他这位侄子从上海寄给他的杂志。我记得有一种杂志（名称似为《社会主义月刊》）是宣传意大利的法西斯主义的。

---

① 《流金集》（诗文编），第261页。

② 《续忆逝水年华》，第175—176页。

③ 即刘春（1912—2002），1935年参加了中国左翼文化总同盟，次年加入中国共产党，1937年赴延安进入抗大。1949年后，参与筹建中央民族学院，后任院长。还担任过中国科学院民族研究所首任所长、国家民委副主任、中共中央统战部副部长等职。

《我们的西北》援据西北之状况逐条分述“西北之产业”(含矿产、农村畜牧与林产)、“西北之交通”(含陆路、水路、航空线)、“西北之都会”、“新疆之形势及其危机”、“青海之形状”、“西北与国防”、“西北之民生状况”、“西北农产及畜牧之今昔观”、“长安建都之我见”等九个问题,文长七千余字。兹仅节录引言:

“九一八”事变以后,辽吉黑热相继被占,失地收复,遥遥无期,东北之边疆,殆不可问矣。而日帝国主义者得陇望蜀,且将继满洲伪国之后,再图造同一之傀儡蒙古回回,以亡中国,以圆其“第一步征服台湾、第二步征服朝鲜、第三步征服满蒙、第四步征服中国全土”之好梦。现在已有由东北转向西北之趋向。据传日僧山本藏太郎、町井猪正、太和清政三人借传教为名,潜匿吐鲁番,多方作反宣传,怂恿回民酿事。近者新疆之变,实大隐忧,况西北幅员广大,人种复杂,山川修阻,交通梗塞,与内地消息隔膜,中央视之亦感鞭长莫及,然东北之失已予吾人极大之教训,觉悟“开发西北实乃当今之急务”,刻不容缓者也。①

是年,据1969年“‘文革’交代材料”的履历,在作文课上所写《六年来“赤匪”蹂躏下的江西》被国民党新建县党部的《升平》转载。

1934年 甲戌 中华民国二十三年 十九岁

2月,因故转学至南昌私立心远中学。

1968年6月21日“‘文革’交代材料”:

1934年春,我从二中转学到私立心远中学。这是一所比二中较开明的学校。转学是被迫的。因为新任教务主任

① 《汗血周刊》第2卷第7、8期。

×××对我以及几个从初中升入本校的学生有意为难,说我们不服管教,打算暑假对我们开刀。

其间,大量接触新文学作品,自称"我看《边城》,还在中学读书,对作者十分倾倒"①,并深受历史教师影响,决定弃理学文。

《〈沈从文笔下的中国〉中译本序》:

开始读从文先生的书,我已进入高中了。当时,我非常喜欢郁达夫的作品,但《边城》把我带到另一个使人迷恋的世界。五十多年过去了,我从一个爱好文学的青年,变成在高等学校讲授历史的教授。去年秋天,我看了《边城》的电影,还有着和往日一样的淡淡的哀愁。②

《程应镠自述》:

心远是以自由著称的。"九一八"之后,学生办报,在社会上销售,销得亦广。校刊也办得很出色。我仍读理科,课余在运动场上的时间比在图书馆多得多。可是在这里和新文学有了接触,读了大量的郁达夫的小说和散文。最后,被沈从文的《边城》吸引住了。当我还不足十九岁的时候,做一个像《边城》作者那样的作家的念头,便萦绕着梦思。1934年秋,从清华大学毕业不久的陈祯老师为我们讲历史。从希腊、罗马讲到法国革命和拿破仑战争,内容丰富,语言生动,常使我和本国历史比较,引起我考虑很多问题。我觉得历史是一门最有兴趣的学问。毕业前夕,我决定进大学读历史。③

《师范教育讲话》:

我常常怀念我中学里一位教师,在初中,他教我们历史、

---

① 《永恒的怀念》,见《长河不尽流》,第116页。

② 《上海师范大学学报》1986年第2期。

③ 《世纪学人自述》第5卷,第315页。

地理,讲甲午战争,讲戊戌政变,我们听得伤心,听得流泪;在高中,他教我们国文,常常使我们沉湎于我国古代辉煌灿烂的文化,至今我还背得出他教过我们的文章。他住在学校,两个还没进中学的儿子经常和他一道夜读;抗日战争当中,他家乡沦陷。(彭泽)为日伪所掳,怒斥强敌,不屈而死。

约是年上半年,与姐程应锦、同学刘钟颐、葛果行参加南昌某报筹办副刊的座谈会。

1968年8月11日"'文革'交代材料":

在中学读书时,约于1934年上半年曾由我约她参加过一次由南昌一家报纸(似为《扫荡报》)副刊召开的座谈会,当时和这个副刊编辑联系的人为刘钟颐(当时他在南昌有点文名,笔名为刘恨非)。参加这次座谈会的,除我,程应锦、刘钟颐外,还有葛果行。座谈的内容是计划出一种副刊。后来,这个副刊大概没有出来①。主持这次座谈会的是一个年纪比我们当时大了许多的人,好像是北京大学毕业的。

编年文 《我们的西北》
编年诗 《十九岁初度》

1935年 乙亥 中华民国二十四年 二十岁

7月,与中学同窗同赴上海参加大学入学考试,结识刘春。

1968年9月6日"关于我所知道的刘伯文(刘春)的情况的交代":

我和刘伯文(现名刘春)是1935年7、8月间在上海认

① 但1969年日月不详的"'文革'交代材料"却说:"与刘钟颐、葛果行、程应锦等为在南昌出版的一个报纸(可能即《扫荡报》)编过一期副刊。"

识的。这时候,我和刘钟颐、葛果行从江西南昌来上海考大学,刘钟颐是刘伯文的叔父。刘伯文在上海蒙藏学院读书,和他的妻子、岳母住在上海,刘钟颐带了我和葛果行到他家里去。这次在他家里,给我印象最深的是他在他的照片上题了“与国同寿”四个字。

8月,在被燕京大学录取后经南京回江西。9月,至北平,进入燕京大学历史系就学,受学于顾颉刚、邓之诚、严景耀等名师。

《“一二·九”讲稿》:

当我到达北平的第一天,我在东安市场购买日用品,看到日本的男男女女,傲然地出入市场,我的心就在绞疼。大学上课的第一天,正是“九·一八”。第一节课是社会课,主讲教师严景耀先生,正从美国经莫斯科回国。他讲“九·一八”,讲莫斯科的见闻,讲得那么动人。至今,我还能追忆他上这一节课时的情景。这时候,“我的家在松花江上”这首歌还没有流行,但社会课班上,有从哈尔滨来的同学,当严先生讲到“九·一八”的时候,她哭了。社会学是一个学期的课程,以后严先生讲了一点什么,我全不记得了。严景耀先生的夫人就是现在北京大学的雷洁琼教授。

《程应镠自述》:

1935年秋天我进了燕京大学历史系。系主任是顾颉刚先生。陈祯老师向我介绍过他的治学方法,赞美过他的疑古精神。我进燕京就是由于对他的仰慕。这年冬天,“一二·九”运动却把我吸引到文学活动和理论书籍的阅读当中去了。我只是照例上西洋通史和中国通史的课。西洋通史是一个外国人教的,内容贫乏。讲授中国通史的是邓文如先生,他娓娓动听的叙述和鞭辟入里的分析,带着很浓厚的西南官话的腔调,使人终身难忘。我读了大量俄国和苏

1930 年代初在燕京大学

联的作品。理论书籍对我影响最深的是《家庭、私有制和国家的起源》。这本书是一位社会学系的同学发起组织阅读的,它像一阵清风把我从朦胧的睡梦中吹醒。我第一次看到的新世界是陈祯老师讲授的二千年的欧洲,第二次看到的新世界就是恩格斯笔下从野蛮到文明的历程。①

《追念颉刚先生》:

我第一次见到颉刚先生,已经是四十五年前的事了,决定去燕京大学读历史,就是因为对颉刚先生的倾慕。颉刚先生十分谦虚,对学生非常和气,每一学期(大约是从1936年开始)我把要读的课程选好之后,总是请他签字,因为他是历史系的主任。但我和他见面,大概一学期也只有这一次,除去我选读他讲授的春秋史的那个学期之外。春秋史班上,他讲些什么,我完全忘记了。但他关心国家大事这一点,给我的印象却十分深刻。那时,杨刚为他编一种期刊,期刊的名字现在记不得了,内容却是通俗的,作爱国宣传的。杨刚就是杨缤,是燕大的毕业生。②

在燕京大学求学期间,先后与熊德基、周游(夏得齐)、赵荣声、王名衡(天蓝)、葛力、宋奇、葛力、柯华(林德常)、李植清(李执)、李植人、张郁廉等同学订交,大多保持着终生的友谊。与熊德基时有酬唱。

1968年8月22日"1935年至1937年在北平燕京大学读书的一些情况的补充交代":

王(名衡)是心远中学毕业的,由浙大转学燕京,比我高两班,在外语系学习。抗日战争后,由长沙临时大学去延

① 《世纪学人自述》第5卷,第315—316页。
② 《南方周末》2016年8月11日。

安，我在汉口见到过他。一九三八年，我到延安，他也在延安，我又见到过他。解放后，他在东北工作，我和他通过一次信。他回信很关心我的文学见解，勉励我要加强改造。五六年我去北京，周游告诉我他在马列学院工作，在反对胡风“反革命”集团的斗争中被审查。以后，即无他的消息。他的笔名叫天蓝，曾写过《队长骑马而去了》长诗。“一二·九”和“一二·一六”之后，学校罢课，直到第二学期开学。这时，我开始和我同班的新闻系的学生夏得齐（现名周游，是1938年去延安的）来往，此外，还有葛力、赵荣声、宋奇①等。这些人都和我同班，但不同系，周因修大一国文或大一英文在一个组，过去即熟悉，但来往很少。在罢课期间，一部分同学参加了南下扩大宣传团。我则住在北平前门外的新建会馆。程一惠、熊德基也住在这个会馆，和我同住的是在北京大学经济系学习的刘成骏（程一惠后来入了党，在皖南事变中牺牲）。刘春当时是对我有影响的人。我开始接触苏联文学就是由于他的介绍。

《怀念老友熊德基同志》：

我认识他时还不到十九岁，那时正在北京（当时叫北平）上大学。他故乡蔓湖距我家大塘不到百里，我的族祖晋孟和四叔梦觉同他父亲是熟人。我向晋孟学诗，我还记得那年冬天我的两句诗：“乡梦欲归南国远，旅思偏怨暮城客。”他家境不好，到北京读书，还是当了几年小学教员积了一点钱，在南昌读师范，用熊柔曼笔名，时常为报纸副刊写稿，得点稿费作零用。当时，我住在学校，湖光塔影，是很著名的。他在城内，住新建县馆朝南的屋子，和我的朋友程一惠隔壁。②

---

① 即宋淇。

② 《江西社会科学》1990年第1期。

熊德基《秋思和程子》：

两年久别故乡鱼，惆怅都门叶落初。江树暮云劳远望，几回相忆几踟蹰。①

张郁廉《北平燕京大学，我的学业与好友》：

这期间，我认识了燕大名诗人程应镠，他是历史系三年级学生，诗作经常以笔名"流金"在燕大校刊上登载。他家是江西程家望族，伯父辈的程天放是政府要员，担任过教育部长等职。程应镠高瘦英俊，谦逊少言，诗人的潇洒气质溢于言表。在皓月当空、繁星满布的夜晚，他邀请我漫步于燕大优美宁静的校园，耐心地指点天上闪烁的星星，叙述有关的神话传说。②

12月，目睹华北危机，毅然参加"一二·九"爱国学生运动，并在示威游行中，报名成为先锋队员。

《"一二·九"讲稿》：

我是在南昌读中学的。在国民党的宣传下，我相信蒋介石要抗日，希望他成为民族英雄。到了北平，接触了日本帝国主义侵略北平的现实，对蒋介石的信仰动摇了：他抗日吗？为什么日本人可以在北平这样横行？为什么冀东防共自治政府让它存在？为什么又要成立冀察政务委员会？

1968年6月21日"'文革'交代材料"：

"一二·九"运动给了我很大的影响。过去不敢喊的"打倒日本帝国主义"的口号，十二月九日那天，我高声喊着，一边喊，一边淌着滚热的眼泪。以后的"一二·一六"、

---

① 《鉴堂诗草》，第17页。

② 《白云飞渡》，第50页。

“三·三一”、“六·一三”几次示威游行,我都参加了。从一九三五年到抗日战争爆发这两年当中,我和过去有着极大的不同:对国民党反动派的卖国政策,我有了认识而且是极力反对的;对共产党的抗日政策,我有了认识而且是极力拥护的。

《“一二·九”回忆》:

八日晚上,学生会召集大会,讨论时局的发展,决定九日来一次示威游行运动。那时,冀东已“独立自治”,“冀察政委会”即将成立,我们的示威游行便是反对这日本卵翼下的“新组织”的。到北平后,眼见强邻压境,爱国情绪非常高。会后,我兴奋得几乎一夜不曾睡着。“一二·九”那天,当我喊着“打倒日本帝国主义”的时候,我的眼泪也流出来了;我已有多少时候把这种情绪压在心底了!我不知道这眼泪是快乐的眼泪,还是伤心的眼泪,我只觉得我的心被一个东西压了很久很久,这一下,好像一切责负都卸去了。①

《“一二·九”讲稿》:

十二月八日晚上,我知道明天要去示威游行,反对冀察政务委员会的成立。宿舍里都在议论,气氛热烈而又沉闷。“华北之大,容不下我们一张平静的书桌了!”这是“一二·九”学生宣言中的话,传达了我们的心声。北方特有的寒冷而晴朗的早晨,霜特别厚。我们列队出发的时候,清华大学的队伍也来了。我们和清华是近邻,骑车子去清华,出西校[门]向南往北,至多十分钟;出东校门往北,沿着大车路,经过朗润园,就是谢冰心在《寄小读者》一书里所说的“春冰已泮,而我怀仍结”的名园,现在是北京大学教职员的宿舍,不到

① 《流金集》(诗文编),第261页。

十分钟就到了。从燕京、清华进城，本来有直达西直门的柏油马路。但我们走小路，为的是避免国民党军警的拦阻。在晨光中，一千多人的队伍通过田野，迅速而整齐，到西直门的时候，城门关了。我们在城门边，高呼“打倒日本帝国主义”的口号，热泪滚滚地落下来。愤怒的反对日本帝国主义的情绪像火山一样的爆发了，西直门前人头攒动，很多人对群众讲抗日，讲得激昂慷慨。严景耀先生的夫人就是现在北京大学的雷洁琼教授。那时，她很年轻，可能还不到三十。“一二·九”那一天，她和我们一道，走到西直门，西便门，然后又和我们在苍茫的暮色里，带着无比愤怒，回返风景如绘的燕京大学校园。雷洁琼先生是另一种典型，和我们一道游行，支持我们罢课，当国民党在清华大肆逮捕的时候，她将我们藏在家里。冯沅君、陆侃如教授也是这样做的。

《“一二·九”讲稿》：

不久，开始罢课，学校里酝酿着另一次更大规模的示威游行。十二月十五日晚上，学生会在大礼堂召开大会，会场的情绪非常热烈，一致要求进城示威。会议近结束时，主席征求明天进城示威的先锋队，宣布愿意报名的走向台前。会场有一刹那的沉寂。第一个走到台前的是一个女同学，她就是后来在外交部担任过部长助理的龚澎，那时她叫龚维航，是历史系三年级的学生。她走向台前的神情我至今还记得那样清楚，坚毅而奔放。我看到她站在台前，非常激动，也从座位上站起来，向台前走去。报名参加先锋队的人越来越多，其他的人，我现在一个也记不起来了。“一二·一六”的示威游行，在城外不仅有清华、燕京两所大学极大多数的学生，还有北平大学农学院的学生，我们是在西便门会师的。西便门是被我们冲破的。四十年前，我在昆明写过有关这次冲城门的回忆文章。城门被冲开的时候,人人都感到胜利的兴奋。几千人的队伍,浩浩荡荡,“打倒日本帝国主义”的呼声,“反对冀察政务委员会成立”的呼声,“反对内战,一致对外”的呼声,响彻云霄。这一切,和北平特有的凛冽而晴朗的天气,回忆中还是那么鲜明,仿佛还是在昨天。这一天,我们示威游行的队伍,从和平门向前门进行。和平门外、前门外都是外城。北京大学、北平法商学院、女子文理学院、中国大学以及许多大学、中学的队伍都在内城。当我们走到和平门时,就受到警察的拦阻。我们和警察混战。他们没有枪,用木棍作武器。我们几个把警察逼进一个小胡同,其中有一个人帽子被掀掉,露出满头如霜的白发。我本然地把手缩了回来。北京师范大学对面的小学校,当我们经过的时候,铁门紧闭,我愤怒地摇撼着门把子,被一位同学制止了,说:“你不瞧瞧,这是一所小学啊!”当队伍结集在前门的时候,外城学校里的学生已陆续向前门集中。前门大街上学生整齐地八人一排,从前门一直排到天桥以南,望不见边。我已进入了前门的门洞,前门外有一个不大的广场,但已军警云集,门楼上站满着荷枪而立的士兵和警察。我们计议冲进前门,像冲打西便门一样。军队放枪了,是朝天空放的。在枪声中,我们的游行队伍骚动起来,人们纷纷向左边、右边和后边散去,那是中学生的队伍。这个队伍人数最多。就在这一天的黄昏,没有来得及解散的学生队伍遭到了军警的毒打,郭清就是在这一天被打伤,进了医院,不治而死的。我们学校和清华大学的队伍由前门从容撤往宣武门,在这里,我们和城里的游行队伍只隔了一座城楼,城里喊口号的声音,时时传到外城来。宣武门城楼上站满了军警,(我们)坚持在宣武门外,要他们打开城门,放我们进去,从下午一两点直到薄暮。清华大学一位女同学叫陆璀的，勇敢地从城门下边爬进了城，但她立即为军警所拘捕。这件事情，当时传得很远，经过许多人的加工，形成一个美丽动人的传说。实际情况就是青年人热血沸腾，在保卫民族独立和如画的祖国河山的斗争中，一点也不吝惜献出自己的青春。

《“一二·九”回忆》：

十五日晚上，当全体大会通过了第二天游行的议案后，学生会便征集前锋队员，应征的，当时便在台上集合。我好几次想上台都没有上；后来有一位女同学上去了，我心想，“女的敢去，我不敢么？”也就随着她上去了。散会后回来，想着第二天，不知道有个什么样的命运将在我面前降临。我曾想过要写一封遗书，而且真拿起过笔。“一二·九”运动中，我是一名小卒。我当时什么也不知道，只知道爱我的国家。在运动中，我完完全全被这种热情所支配，自始至终拥护这个运动的领导者。①

1936年　丙子　中华民国二十五年　二十一岁

年初，加入新成立的中华民族解放先锋队（“民先”），进一步参加抗日救亡活动。

《“一二·九”讲稿》：

“一二·一六”这一天，我们从宣武门走回西郊，到达学校已经是夜晚九点左右了。先锋队的成员聚在一起吃饭，不久以后正式成立的中华民族解放先锋队，应该说是从此开始的。中华民族解放先锋队简称“民先”，这个组织在以后的一年半当中，做了许多工作。暑假中，在“到民间去”这

① 《流金集》（诗文编），第261页。

一号召下,许多同学南下扩大宣传,当他们被迫回北平时,“民先”正式成立了。

尚丁在《遗札三复待春归——缅怀程应镠教授》回忆:

他是“一二·九”运动中的活跃分子,与姚依林、黄华、陈翰伯、刘佛年、冯契等同学,并肩战斗在北平街头。“一二·九”运动中的积极分子,都是关心政治、以天下为己任而学业成绩优异的学生。他在“一二·九”运动斗争中,参加了“民先”组织。①

约略同时,参加北方左联。开始以“流金”、“徐芳”与“沈思”等笔名发表诗文,而以“流金”最常使用。在北平《晨报》、天津《大公报》副刊《文艺》、《新中华》、《燕京新闻》、《燕京半月刊》、《青年作家》与《大学艺文》上频繁刊发作品,体裁兼及散文、小说、游记、书评与新诗。

《“一二·九”讲稿》:

学校里出现了各种各样的组织,读书会、研究会,真如雨后春笋。当时,我国有许多方面和十月革命以前的俄国相似。苏联的作品——《铁流》《被开垦的处女地》《静静的顿河》《苏联作家七人集》……[都]是禁书,但在学校里流行。我如饥如渴地把这些作品吞下去,自己也开始写作。在我的回忆中,从这时起,大学生的生活是非常丰富的,讨论会、报告会、各种各样的晚会。有一个晚会,我至今记忆犹新,那就是燕京大学“一二·九”文艺社和清华文学会联合在清华工字厅召开的一个文艺晚会。这次晚会上,有已故的朱自清先生和现在仍然很健康的朱光潜先生和我们讲诗,讲完了我们还继续讨论。

---

① 《芳草斜阳忆旧踪》,第 324 页。

1968年6月21日"'文革'交代材料"：

那时，我喜欢的作家是俄国的普希金、屠格涅夫，是中国的沈从文和何其芳、李广田等人。尤其喜欢所谓异国情调和边远地区的浪漫传闻。前者为夏多布利安的作品，后者为沈从文的《边城》等。

《程应镠自述》：

流金是我从1936年开始就用的笔名，散文《一年集》，就是收集1937年至1938年一年内发表的文章。解放之后，才不用了。

与此同时，也开始阅读马克思主义著作。

《"一二·九"讲稿》：

除了文学作品之外，就是开始阅读对我说来十分新鲜的书籍。当时，我们是把这些书当作新的知识来阅读的。在这些十分新鲜的书中，给我印象甚深、对我影响最大的就是恩格斯的《家庭、私有制和国家的起源》。这本书我是和几位同学一道读的，当时还没有中译本，我们读的是英文本。在这之前，我看过一些社会科学的书，在政治学这一门课中，我也学过了什么是国家。恩格斯在这本书中以无可辩驳的事实证明了并不是一有人类社会，就有国家的。国家是在社会生产力提高到一定程度，有了私有财产，产生了阶级而后才有的。国家是社会阶级矛盾不可调和的产物，是阶级统治和阶级压迫的工具。社会存在决定社会意识，而不是相反。在历史的迷雾中，我忽然找到了光明。年轻的心深深地被这一部著作吸引住了。我们阅读、讨论、争论。之后，我还是有这个阅读马恩原著的爱好。

3月31日，参加为"一二·九"运动的死难大学生郭清的抬棺示威游行。

《"一二·九"讲稿》:

> 三月三十一日,我们为在运动中被折磨而死的郭清同学向国民党示威,抬了郭清的遗体在南池子一带游行。为了参加这次抬棺游行,头一天我就住在城里,我是亲自"领略"过大刀背、皮鞭的。游行的队伍被摩托车冲乱了,大刀背、皮鞭,没头没脑地打下来,有的打破了头,血流满面,而有的打得立不起来,被抓进警察局。

春夏之际,组织大学艺文社,创办《大学艺文》,为主要负责人之一。

1968年9月6日"关于我所知道的刘伯文(刘春)的情况的交代":

> 一九三六年春夏之间,我和燕京大学的同学王名衡发起组织大学艺文社,出版过一种命名为《大学艺文》的杂志。由我邀约的社员有邓微煦(清华大学历史系学生,我在心远中学的同学)、刘伯文、谭石亭、刘成骏、朱哲均(现名余建亭,闻在北京计委或经委工作。他是抗战后即去解放区的)、葛果行(当时在杭州浙江大学,我曾委托他在杭州出售《大学艺文》),可能还有刘钟颐。由王名衡邀约的社员有吴其仁、王作民(女)和戴振辉,这些人都是清华大学的学生,其中王作民是由浙大转到北平清华大学的,和王名衡在浙江同过学,共同反对过郭任远(浙大校长)。《大学艺文》出了两期,印刷费是社员出的,当时每一位社员要交五元(?)会费。第一期有刘伯文写的小说。我还记得由谭石亭或刘伯文介绍来一篇中国大学教授许鸿写的论文,也登在第一期上。这个刊物,当时全国几个大的图书馆都是赠阅的,可能现在北京图书馆还有。

1968年8月22日"1935年至1937年在北平燕京大学读书

的一些情况的补充交代”：

《大学艺文》出了一期或两期便停刊了。我是这个杂志的主要负责人之一（其他主要负责人为王名衡、刘春）。除了编辑工作，我还负责一部分的发行。我记得上海的发行工作是由我委托我的堂弟程森荣和上海杂志公司打交道的；在杭州，是由我委托葛果行代办的。程森荣当时在上海中学读书，葛果行当时在浙江大学读书。我当时是个艺术至上论者，强调写什么都可以，但必须“情欲其真，景欲其切”才能打动人们的心弦。我的这一看法，在大学艺文社开会时，遭到刘春的尖锐批评，并在他的发动下，撤销了我代表大学艺文社出席北方文学会的资格。

封世辉《三十年代前中期北平左翼文学刊物钩沉》介绍了《大学艺文》：

《大学艺文》，文学刊物，1935 年 5 月 1 日创刊，署“编辑者大学艺文社”，“发行者大学艺文社”，“代售处全国各大学、各大书店”，“印刷者北平府右街运料门外外交月报印刷所，地安门内火药局二号西墅实业工厂”，社址署“北平燕京大学”，实际是分管北方左翼作家联盟工作的北方左翼文化总同盟领导成员高承志组织、领导清华大学高承志（北方左翼作家联盟成员）与王作民（王念良，北方左翼作家联盟成员）、燕京大学程应镠（流金、徐芳，北方左翼作家联盟成员）与王名衡（天蓝）等人（另有北京大学二人，北平师范大学二人）编辑并秘密发行，同年 6 月 1 日（原刊误印为 5 月 1 日）出至第 1 卷第 2 期因发售刊物收不到款项而终刊，所以出两期，均为竖排的 16 开窄形异型本。①

① 《中国现代文学研究丛刊》1992 年第 2 期。

与此同时，参加"一二·九"文艺社，并主持社刊《青年作家》，作为文艺社负责人初次往谒沈从文，其后，保持着终生的交谊。其《略论燕园文坛》叙述了文艺社诞生的情况：

跟着伟大的"十二九"运动，燕园作家坚强地踏上了民族抗战的路，大家大概都还没忘记：那血一样鲜明与钢一样坚强的情绪！那时候，周刊改为"十二九"特刊，虽然，我们从那里面找不出一篇完美的作品，如那时候我们的情绪一样为人所珍重，但那不是我们的错，鲁迅说："革命时期没有文学"，对于那短短的时日，可作一种正确的解释。聚燕园将近五十位爱好文艺的青年，于是有"十二九"文艺社的诞生。①

《永恒的怀念》回忆初谒沈从文的情景与其后对他的影响：

1936 年初，"一二·九"文艺社成立，决定出版一种叫《青年作家》的刊物，大家都希望能得到著名作家的支持，推我作代表，去找沈从文先生，请求他支持。在《青年作家》创刊号上，便有一篇几千字的长文——《对于这新刊诞生的颂词》。初春的阳光照得满院子充满了生机，在院子北面的书屋里，我见到了这位倾慕已久的作家，五十多年来，他引导我如何做人，如何对待后辈。此后，我多次在这里和先生会面，还认识一些文学青年；现在这些人都过了七十，有的也快近八十了吧。他们都给了《青年作家》以支持，如严文井、田涛在这个刊物上发表过散文。我自己不时写点东西向从文先生求教，他每回都一字一字的改，改得十分认真，远远超过我大一国文的教师、一位著名的文学史家陆先生②。这样为我改文字，持续了几年。③

---

① 《燕京半月刊》1937 年第 1 卷第 1 期，第 12—15 页。

② 指陆侃如。

③ 《长河不尽流》，第 116 页。

《“一二·九”讲稿》:

> 《青年作家》是一个文学双月刊,因为我是“一二·九”文艺社负责人,这个刊物也由我主编。为了这个刊物,我找了当时住在北平的,我最喜欢的一个小说作家沈从文先生,我请他为这个刊物写点什么。后来他给我写了一封长信,谈了题材的问题,也谈了写作方法的问题,我就用这封信中最后一句话“对于一个新刊诞生的颂词”作为这封信的题目,刊在《青年作家》创刊号上。从此,我和沈从文先生的来往,四十五年来,没有间断。在这么多年当中,经受了多少次风雨,也遇见过凝寒严霜,我始终把他当作我的老师,在我二十几年被人当作罪人看待的时候,他没有间断过给我来信,给我力量和温暖。很多年来,一些权威把他说成是反动作家,他们却不知道,或无视于他曾经为“左联”所领导的刊物写颂词,出过力量。

沈从文在《对于这新刊诞生的颂辞》中对刊物表达了支持与期望:

> 我可以在名分上作贵刊长期撰稿人,按期写一点文章。假如这样真对大家有益,对刊物需要,我很高兴作这件事。我觉得北方实在需要一个好文学刊物,——作者需要,读者也需要——且觉得只要大家能合作努力,可以把刊物办得像个样子。①

《青年作家》1936 年第 1 卷第 1 期《编后记》:

> 由于许多文学界的先进精神上的鼓励与实际上的帮忙,本刊能于去年此时正是伟大的划时代的“十二九”运动

① 《沈从文全集》卷 17,第 122 页。

爆发于古城的临近与诸君握手，本社同人表示十二分的谢忱！沈从文先生的《对于一个新刊诞生的颂词》，对于从事文学创作的人，和企图办文学杂志的人，值得一读再读，他明白的指示了我们现在所处的境地和我们应该怎样做，这可以与他先后在《大公报·文艺副刊》和《国闻周报》发表的《论作家间需要一种新的运动》和《论文坛的团结与联合》二文共读。沈先生还答应下期和我们写一点《为什么许多人创作失败》的原因，除我们感谢外，想亦为读者所乐闻的好音。

封世辉《三十年代前中期北平左翼文学刊物钩沉》对《青年作家》有所评介：

《青年作家》，文学月刊，1936年12月1日创刊，署“编辑者十二九文艺社”，“发行者十二九文艺社”，“经售处上海生活书店，上海杂志公司”，1937年1月1日出至第1卷第2期终刊，16开竖排本，每期40多页。此刊聘请了沈从文、萧乾、林徽音[林徽因]、陆志韦、陈梦家、闻一多、曹靖华、孙席珍、杨刚、齐同(高滔)、谢冰心、郭绍虞等三十人为“特邀撰述人”，是燕京大学“十二九”文艺社在北方作家协会成立后鉴于北方作家协会未能广泛联合“京派”及“新月派”、原文学研究会作家，特联合部分北方作家协会、“京派”、“新月派”、原文学研究会作家以促进其联合所办的刊物。①

因频密活跃的文学活动与同在燕京大学的宋奇、郭心晖等结为文友，得识张芝联。

1968年9月6日“有关张芝联的情况的交代”：

1935年9月至1937年7月，我在北平燕京大学历史系

---

① 《中国现代文学研究丛刊》1992年第2期。

读书,张芝联在外语系读书。这两年当中,我对张芝联知道得很少。从来没有和他单独交谈过,我所参加的一些活动,他也从来没有参加过。由于他和宋奇是好朋友,又由于他和郭心晖(他现在的爱人)常在一起,我才知道他。我和宋奇同读大一国文。那时候,我欢喜写文章,有些在报刊上发表了,有些在校内的《燕大周刊》和《燕京新闻》上发表;宋奇也欢喜写文章,有一个时期他还编过《燕大周刊》文艺版。宋奇和我是较熟悉的。郭心晖和我都是"一二·九"文艺社的社员,当我主编"一二·九"文艺社的刊物《青年作家》时,她是这个刊物的编委之一。宋奇和郭心晖对于学生运动是同情的,和学生当中的民先队员也有来往。如我们同一年级的赵荣声、夏得齐(现名周游)、葛力等。

夏,参加北方文学会成立大会,以燕京大学"一二·九"文艺社的代表资格当选为负责人之一,以此与清华文学会王逊、林传鼎等结识。

1968年9月6日"关于我所知道的刘伯文(刘春)的情况的交代":

1936年夏,由清华大学发起组织北方文学社,我代表燕京大学"一二·九"文艺社和大学艺文社参加了这个组织成立的大会。成立大会是在西山一个农场举行的。主持会议的是清华学生蒋弗华(其后我即未见过,当时是清华大学一个颇为有名的人)。

约略同时,参与北平江西同乡会有关活动。

据其1968年8月22日"1935年至1937年在北平燕京大学读书的一些情况的补充交代":

在这前后,北平江西同乡会主办的《豫章中学》由范觉甸、程一惠、熊德基接办了。这件事和我是有关的。当初,我在北平认识的江西学生最多,或是我在江西省立二中的同学,或是心远中学的同学。当江西同乡会改选时,在我的支持下,一个谭石亭的朋友范觉匋当选了。我在这个中学教过书。后来我幼年时的好友程正到这学校当职员,也是由于我的介绍。

12月20日,参加上海妇孺慰劳团赴绥远,同行有柯华、周游、李植清、李植人等。

《程应镠自述》:

1937年1月,我和几位同学随一个南方来的慰劳团过了大青山,去百灵庙慰劳战士。塞外苦寒,走在冰封的哈尔红河上,似乎生活在辽远的史书所记载的年代。从百灵庙回归绥远(今呼和浩特),车行大青山中,蜿蜒迂回。大青山北的草原上,野马奔驰,和汽车竞速。一抹斜阳映着坐在岩石之上的牧人和傍着斜坡悠然上下的羊群。塞北风光,虽一掠而过,可叫人迷恋。①

植清、流金《从北平到百灵庙》:

19日下午,得到上海妇孺前线慰劳团20日启程的消息,非常兴奋。检点行装,匆匆就道。在张家口因为换车,我们有数小时的停留,于是有机会作一度巡礼。短短的时间中,耳目之所见闻,平添了无限的悲怆与愤嫉。从车站出来,第一个给我的印象,是十数辆插着太阳旗的载重汽车陈列于道旁,而守之以戴红边军帽的友邦士兵。"在我们的土地上,能容忍其行吗?"我反复默念。立时之间,东北同胞的嗟伤,便回旋于耳际了。我们下午4点多钟离开张家口,这段路所经过的时间,是夕阳残照的黄昏和月色朦胧的晚上。

① 《世纪学人自述》第5卷,第316页。

车过洋河，驰行于河西岸，不久便到大同了。21日早晨6点钟光景，车近归绥，从星光中遥望此“边城”，迷茫中见灯火隐现，心中有无限欣忭！尤其是我们这些初来的人，巴不得车子立即停下，好像连几分钟都不能忍耐。

归绥车站很大，当车到达时，已有省府派来迎接我们的人了。当我的脚踏在归绥的土上时，真快乐得要泪下！我们感谢，敬佩傅作义主席的艰苦撑持，不然，这一席之地也许已卷入虎狼的掌握中了。从车站乘省府所备的汽车，径赴旧城。晓天浮着乳白色的雾似的气体，我们的歌声，掷在广阔的天盖之下，显得嘹亮而沉雄。“起来！不愿做奴隶的人们，把我们的血肉，筑成我们新的长城！”车中男女的心都紧紧地系在一柱之上了。汽车把我们带到这个旅社中，四五个人一组分据一间房子。把行李检点好，天慢慢亮了。一天一夜旅程上的疲劳，算是暂时得到了一点安谧的休憩。待太阳一分一分爬上栏杆，人声又骚然而起了。本来这次上海妇女儿童前线慰劳团来绥，有宣传部和调查部的组织，于是这两部负责人便乘此机会活动起来。这里是受了“名誉”的伤的弟兄，睡倒在医院的床上；当我们迈进病室时，他们倏地坐起来了。睁大了眼睛望着我们，望着致辞的人。回答的是一阵热烈的掌声。分发着慰劳品——毛巾和饼干；分别向战士们致我们最温暖的慰安的鼓励。一条毛巾，鲜红的写着“民族先锋”四个字，几块饼干，表示后方民众挂念着将士的寒冷和饥饿；这来的一群，从4 000里外奔波来致一点慰问的一群，虽只有几句话（从心底里蹦出来的话），却表现了千千万万片的牵挂，千千万万妇女儿童的殷红的心。……傅主席①那天很兴奋，简短的演说辞是一篇有血

① 即傅作义。

有泪的文章。这种筵会，我们有生以来，可算初次吧。当傅主席离筵之顷，我们深深向这位民族英雄致敬了。

22日早晨的一个联欢会。太阳直射在大北旅社的小院里（绥远的阳光是一样地温暖的），小院里面对面地站着两排人：一边是慰劳团团员；一边是太原女师前线慰劳服务队。望着那朴实的一群，望着原是那贵族小姐而现在脸上只有斗争的坚决的一群，我从心底里致最深的敬意。22日下午，蒙绥远省政府派人领我们参观，参观回来，径赴"918"纪念堂。今天下午慰问团在此演剧慰劳兵士。楼下满坐着兵士，前面几排是伤兵，包了头，包了臂膀或腿的。他们多系轻伤，从病院抬到这里来的。台上正表演着《放下你的鞭子》。（我）在门外站着，看见两个弟兄，伤了腿的，相互扶着出来，兀自指指点点地述说剧中故事，诉着他们的愤恨和眼泪。①

植清、流金《绥游片断》：

天还没有亮，我们就起来了，行见就要与此相处两日的古刹长别，未可毫无眷恋。大家临时编就的歌曲，也从口里流出来了。车爬过山头，白色的庙宇渐渐地远了。回首北望，有无限惆怅！我们坐的是没有篷的载重车，冷风吹了，连睫毛、眉毛都冻结了。有一位朋友说：我们有热的心，不怕冻！于是在笑谈之间，又复奔驰于草原上了。我们愿旧地重游，当重来时，愿百灵庙烟火万家，不闻刁斗之声，不见军旅之盛。②

编年文　《霁》《吃新》《秋收》《荷姑》

编年诗　《秋之歌》

① 《科学时报》1937年第4卷第3、4期。

② 《新中华》1937年第5卷第9期。

卷二　1937—1943 年

1937 年　丁丑　中华民国二十六年　二十二岁

1 月至 6 月仍在燕京大学学习，继续频繁发表文学作品，阐述对文学作品与现实斗争的关系。

其《略论燕园文坛》认为：

> 伟大的时序，好像已过去，然而一些鲜明的记忆，只要偶一闪耀，人们的情绪，便如江河一样的流泻，那不能忘怀的现世的污浊，那在期待人们去垦拓的未辟的园圃，都不能使他们轻便地卸下戎装，于是，便有"十二九"文艺社的改织[帜]，《青年作家》的出现。于斗争的姿态上，一变《火星》时代轻捷，透露，明快与急烈。在经济困窘之下，燕园的"文人"，挣扎着出了两期中型的纯文艺月刊，而社会上所给他们的评价，有些至今还可为"燕京人"所骄傲。①

《对于作家间新的运动的一种看法》进而指出：

> 时下流行的作品中，有几篇是生命的东西？尽有的是一份虚伪的情感，何真可言；识见粗窳，何善足道；甚至文字亦矫造，故事亦平庸，连仅能感人的一点美也使我们求之不获。以真实的事作骨干，而寄以作者自己的理想，匠心独

---

① 《燕京半月刊》1937 年第 1 卷第 1 期。

运,成而为文,这类作品,我们似嫌太少,而我们所需要的却是这一类。事实胜于雄辩,时间会给人解释一切,会告诉人许多真理:中国的文坛,向来是为一些恶势力所包揽,空头的文学家,手执大旗,狂呼急嚷,到头除只落得一场热闹,什么也没有。目下,在政治上,我们要求民主政治,而一些不民主的事,却离奇得尽出乎现代人们之手:在文坛上,有一个人提出一个口号,不管对不对,必要攻得他体无完肤,才肯干休,而其态度更流于谩骂;不信,把时行的报章杂志翻翻看,假如你还有一颗未变的赤心,你决会皱起眉头来。空言无补,人家说我们差不多,我们应当想想自己是否差不多,差不多的原因在哪里,才是大家所该注意到的问题。①

7月7日,抗日战争全面爆发时,仍居留北平。

《离散之前》实录了燕大当时情景:

这是一个不同的日子,穿云而过的机身,翱翔在未名湖的上空,轧轧的机声,搅乱了夜来的清梦;现实的狰狞的面影,正摇晃于人前。一声巨响驱去了一切的宁静。"神圣的抗战爆发了吧?"我们心里盘算着。晚上,我们开了一个座谈会,参加的有许多外籍人氏。会后,我们高呼"中华民族万岁"、"打倒日本帝国主义"等口号,那才算得是真正的快乐的呼声。会后归来,传闻日本将用毒气攻北平,我们忙着做防毒面具,并且把在校的同学和职员组织好,以防汉奸。我轮到守夜,在林荫中来往,静听断续的炮声。有着和"一二·九"时代守夜的不同情怀。②

据1968年6月21日"'文革'交代材料","七七"事变时,还

① 《燕京半月刊》1937年第1卷第2期。

② 《流金集》(诗文编),第47—48页。

留在北平，想去西山找游击队，没有去成。据其对子女追述，当时司徒雷登亲自驾车送他们去西山，后因道路被破坏而只得折返。

《追念颉刚先生》：

> 那时，颉刚先生在成府有一所住宅，"七七"事变时，我和燕京几位同学，就曾在那里住过。我们从那所宅子进进出出，一无拘束，至今我一点也记不得那所宅子里除了我们几个学生之外，还有什么人，我记得的只是颉刚先生那时已在南方了。①

8月，与赵荣声等离开北平，经天津抵秦皇岛，乘开滦煤船由海路至上海。

《照片》：

> 我离开北平的时候，只带了一条红色的毛毯和几件夏天的换洗衣服，两册蓝色绒面子的《海上述林》，是那时我心爱的，原来夹在衣服中间想带着走的，不料在踏上校车进城时也被一位好心的朋友发现，被劝着留下来了。安然到达上海的时候和以后的好几年，和人谈起北平，总不会忘记谈到那被迫而遗弃的两册书，好像有无限惋惜似的。②

12日，抵上海后即辗转经嘉兴，转苏州至南京，参加平津流亡同学会工作，与李植清、李植人一起创办宣传抗日的壁报。

1968年7月31日"'文革'交代材料"：

> "七七"事变后，我于八月十二日由秦皇岛至上海。第二天日寇进攻上海，当晚，我从南站由沪杭路至嘉兴，转苏州。十五日由苏州至南京。先住青年会，后住平津流亡同学会（八府塘），后来又住青年会。当时在同学会中搞抗日宣传工

---

① 《南方周末》，2016年8月11日。

② 《新民晚报》，1947年5月6日。

作，后来又和李植清、李植人搞一个壁报，宣传抗日。在南京，除李植清、李植人外，和我经常接触的还有燕京同学张郁廉。

9 月中，离开南京，经九江回故乡小住数日，其《江道中》或即作于归乡途中①：

晨起舟行疾，江云似旧时。青山飞鸟过，大乱更何思。

旋即赶赴汉口，与赵荣声、刘毓衡（陈其五）合编抗战刊物《活报》，与燕大同学宋奇、张芝联、赵荣声、林德常（柯华）、何慧、张郁廉等共同借读武汉大学历史系，并向武汉《大公报》副刊《战线》投稿。

1968 年 6 月 21 日"'文革'交代材料"：

九月中，和张郁廉、萧天若同时离开南京去汉口。到九江，回了新建故乡一次，住了几天，又由九江去汉口。到汉口后，在武汉大学借读，和赵荣声、刘毓衡（即陈其五）办过一份叫作《活报》的刊物，出了一期。

入学之前，曾去凌叔华家见沈从文。

《永恒的怀念》：

1937 年秋，我借读武汉大学。那时，从文先生住在珞珈山。未入学之前，我去凌叔华先生家里看望他。他只身南来，大概已经有些日子了。那一天，有着迷濛的秋雨，我冒雨在珞珈山打听凌先生的住处。最后，在那里见到隔别似乎很久的先生。他正在看一本《动物生活史》，十分有味的读着。不久，他回了湘西，我也离开武汉北上了。②

1968 年 9 月 6 日"有关张芝联的情况的交代"：

---

① 原注：题下有云"二十六年归途中"。

② 《长河不尽流》，第 117 页。

在武汉大学借读时期，燕京大学同学除了我、宋奇、张芝联之外，还有赵荣声、林德常（柯华）、何慧、张郁廉等。当时，和我最接近的是张郁廉和赵荣声。我和赵荣声曾经办过一个叫《活报》的刊物。后来又和赵荣声一道去山西临汾，参加八路军工作。张芝联和宋奇对于我们这些活动是不感兴趣的。当武汉大学还没有开学时，张芝联和宋奇住在汉口国民党一个大官僚的家里（似为翁文灏），我去过他们那里一次。在武汉大学，我和宋奇曾去听过苏雪林的课，但也很不满意。后来我和赵荣声决定去山西，宋奇到我们住的旅馆来谈了一晚。

28日致李植人信介绍了离平以后与借读武大的情况：

植人：

由王玉彬转来你信，知道你抵川并已入华西了；我想象中的四川竟与你来信所云差得那么远；“这山望着那山高”，使我觉得一个人还是能安于现状好些。武汉大学燕京借读的同学很多，我也在这儿了；不知道为什么我总觉得自己不应该这样下去，现实对我似更多吸力。假如有一天我能做点实际的工作，我会好起来。珞珈山的风景很好，湖山之胜，直可以使人忘记“人间烽火”；早晨看窗外飞驰的雾，黄昏时节坐在湖畔静听涛声，多少能钩起些诗情画意。假如是太平日子，我可以写一些什么，我也可以让自己在写作中体会一些什么。

武汉的先生和同学，都使人瞧不顺眼，总有一天我会离此而去，我觉得我在家里，从一些乡下人可以学习较多的东西。

借读生上课已三天了；我只今天去过一次课室，我对那些人感到厌倦。这些日子，读了好几本书，《托尔斯泰传》（罗曼·罗兰著，商务版）又读了一遍，你有工夫也可以翻翻，一定可以给你一点什么的。

植清在芜湖给了我一封信,她又重去宣传了;也打算念书,已分函西安长沙两处探询。近闻西安长沙临时大学,内部磨擦甚多,开学遥遥无期;长沙临时大学并有解散之讯。恐怕她这学期念书的计划无法实现了。

晴了一个多礼拜;昨天又下雨了。坐在屋子里面,有难消的凄凉意味。一个人的生活,你看还是怎么好！手此匆颂

文祉

应镠 廿八日

张郁廉《离散岁月》:

程应镠也随流亡学生来到汉口找我,他邀我同他返江西九江家乡避难。在北平时,赵锡霖邀我同赴德国留学,我拒绝了。这次程应镠提出邀请,我不知如何处理。适逢桂籍①因工作关系路过汉口,我就让他俩相识。两人经过长谈,程应镠留下长诗一首,黯然乘船离去。②

12月,因康英关系由范长江之介,与赵荣声北上山西参加八路军宣传工作。14日,夜宿潼关。

据1968年6月21日"'文革'交代材料":

这一年冬天,南京沦陷,许多同学都往延安走。十二月,因王若兰(即康英)的关系,范长江把我介绍到山西临汾,参加八路军115师343旅686团工作。和我同时北上的有赵荣声,到临汾后,我去686团,赵即留在临汾由丁玲领导的战地服务团工作。在686团工作时,我用笔名流金。

① 即孙桂籍,时在国民党中央宣传部任职,1944年与张郁廉结婚,参见《白云飞渡》,第50、110页。

② 张郁廉《白云飞渡》,第58页。

主要的工作是编印团宣传科发行的一种油印报。

《程应镠自述》叙及北上临汾与辗转晋西吕梁、姑射的情景：

冬天，从潼关渡河，由风陵渡至临汾。临汾这时已是山西的政治、军事中心。在山西从军，过了许多山，过了许多水。在吕梁、姑射山中，转来转去，两渡黄河，不禁叹息：黄河之水真是从天而降！①

《黑夜的游龙》对其在山西抗日经历有生动描述：

我走在政治部的中间，安静的队伍使我也安静下来，但我不时地想着："是不是会打起来呢？"从来没有过战场上的经验的我，虽然觉得战争的可怖，但还渴望着战争。两边山头上闪着星星的火光，山脚下村庄里，犬狂吠着。我们离开敌军的哨地，仅有两三里路，沿着山脚下，密布着我们的哨兵，荷枪的同志们，严肃的站在冰冷的山石中间，两只眼睛放射着严峻的，袭人的光芒，谨慎地守着他们的哨岗；一丝儿的风声，都逃不出他们的注意；我望着他们，心里燃烧着一种崇敬的情感，假如那时候容许我的话，我一定跑到他们的身边，紧紧地抓住他们的手，用我的眼泪，诉说着我所想和他们说的热情的话语。翻过一个山沟又一个山沟，我骑着马，疲倦使我的眼皮微微的合上了；马蹄敲着山道中的乱石，清晰地响着；这唯一的响声，又使我的睡意淡下去了，我努力瞪开疲倦的眼睛，望着星疏清冷的夜空，心下又轻松起来；北斗星已悬在天心，只有五个发着惨淡的光辉，另外两个只能在我记忆中判定它们的方位。山快尽了，天上的星光也活跃起来了，我们大约还有二十里的路程便通过敌人的封锁线了；队伍急速的爬上一条陡峭的山岗，一上岗，又

① 《世纪学人自述》第5卷，第316页。

下坡了。我从马上跳下来，谨慎地下着坡子，看着前面的行列已经走在坡下，一不提防，便从坡上跌下去了；胸膛碰在石块上，我不顾痛楚，立即爬起来，昏眩了一阵，我迷失在枯涸的涧底中，心跳得很厉害；但我没命的向前走去，喜出望外的找到了山下我们的哨岗，我把白布给他瞧，他一声不响地带着我到一个山沟的树底下，原来我的马夫看到我跌下坡去，便在那里等着我了；年老的东北人——我的马夫，他是从广阳到我们的队伍里来的，立刻把我扶上马去，向马做了一个手势，于是我的马便急速地把我带到我的队伍中去了。①

编年文 《略论燕园文坛》《对于作家间新的运动的一种看法》《山雨》《山中问对》《扫墓》《玉石井的风波》《从北平到百灵庙》《记绥远》《绥游片断》《从北平到百灵庙》《给"一二·九"运动中的朋友们》《离散之前》《平津道上》

编年诗 《江道中》《一九三七年孟夏夜雨二首》

1938年 戊寅 中华民国二十七年 二十三岁

仍在山西八路军686团任宣传队员，并在汉口《大公报》副刊上发表记述八路军行军生活的报告文学。3月13日，《大公报》刊出记者陈纪滢的《寄文艺战友——流金》，对其书生从戎后以战地报导宣传抗日的举动与文章大为推赞：

在平津同学大批流亡到武汉的时候，我认识了你——流金。在未认识以前，读了你的文章，知道你是一位极细腻、很热情的青年，后来见面了，果然不错。

那时，你正在武大借读，你感觉武大校舍和风景虽然十

① 《文艺阵地》1938年第1卷第7期。

分美丽，而一般同学却嫌太沉寂了，于是你踟蹰于继续读书和参加工作两个问题。后来你毅然邀着一群朋友们北上，去到汾水之边武装了自己，丢掉了你那温柔典雅白面书生的风味，另换上一副英勇粗壮、雄赳赳战士的姿态。我知道你不是因为空自羡慕一个民族英雄而走上了战场，而是你被迫于不能读书才起来掮枪的。你曾经几次和我谈到你喜欢继续把史读下去，但是你犹豫躲在那里去才能容许自己安心读史呢？真的，除非自己是失了知觉，或者是缺少血性才想和才能去挑选背静地方去死读书，不然总不会撇掉现实不管，只顾探讨过去。

你走上了最前线，这正是你读史的好机会，那里一定有更伟大的史迹，有最现实的史实；那是一部活历史，不但可供你探讨，而且可给你证明。你在史上曾经读过敌人残暴无道的罪状，你却没有亲眼见过；你在史上曾经看过文明国家对于“文化”与“人道”的描绘，你却不知道那是一片谎话；不用我说，你在前线所接触的，一定逼真，一定更深刻，一定已得到了结论。我想，你在这短促的三四个月中，受这活历史的教训，获益必多。你必觉比在后方读死书好的多。

姑射山中行军的一段很雄壮，这也是你个人历史创造的首页，我盼望从这页起，一页比一页好，不再写姑射山，汾水，风陵渡！而重写吕梁山，平型关！

4 月，接受柯华之邀，为组织火线通讯社同赴延安，期间曾遇刘春。

1968 年 6 月 21 日“‘文革’交代材料”：

1938 年 4 月，柯华从总部来到 686 团，说打算搞一个火线通讯社，报道八路军战地消息和照片，邀我一同参加。他在团部住了好几天，征得领导同意，我偕同柯华去延安。在延安,领导同意我们去武汉一次,一方面办理通讯社的登记手续,一方面采购通讯工作所需的器材。

1968 年 9 月 6 日“关于我所知道的刘伯文(刘春)的情况的交代”:

> 西安事变后,我听说他到延安去了。1938 年 4 月,我从山西到延安,在抗大(或陕北公学)门口遇见他。他见到我时,是很热情的。那时,他已经参加了工作。在什么机关,作什么工作,就记不得了。我当时穿的是从 686 团带来的战利品——日本军大衣,他要我把这件大衣送给他,说剧团需要这么一件大衣,我没有同意。

对延安之行写有《陕行杂记》系列报道。其《美丽的山城》描写初到延安的观感:

> 完毕了八百里的山行,远远地望见了围抱着延安城的山上的白塔和庙宇;延水如带,绕着古旧的城墙;落日的余晖,怀着依依的别情,从延水上消失了。快到延水边了;那样多的陌生的眼睛,和我们的视线接触了;他们带着一点惊奇,打量着这两个外来人,“前方来的,你看他们的黄呢大衣,不是和服务团一样的吗?丁玲在西安的时候,我见过她穿着和他们一样的大衣。”当他们亲密的目光打在我身上的时候,我回答了他们一个愉快的微笑。对于前方回来的人们,他们莫不抱着一种崇敬的情感,想着他们的艰苦,他们的汗马功劳……①

《两个异国的朋友》则记录了两个在山西被俘的日军在延安参加反战工作的情况:

---

① 《少年先锋》,1938 年第 7 期。

到延安的第二天，早晨，迷濛的雾，浮漾在城边的山上，像要下雨的样子。我从政治部出来，想到街上去买点日用品，刚下完数十级的山梯，在招待所的附近，便见到那两个异国的朋友。当我在灵石的时候（那时候已经离开刘村三个月了），我听说他们已于一月间到陕北了。我离开山西，渡河后，因为一心想快点到延安来，路上，我没有打听过那两个异国的朋友的信息，这次偶然的会晤，不仅有着一份喜悦，并且一种惊奇之感，猛袭着我底心，他们是变得那般的壮健，快乐，比刘村时大不同了，和在广阳时，他们刚归顺到我们的队伍里的时候，更差的很远很远。①

《给上延安去的朋友们》认为：只要把力量用到抗战上去，哪里都能学习与斗争：

因为职务上的关系，我从晋西前线回到延安了；现在，又从延安到汉口去。在延安，我看到无数的从南北各地来的年轻朋友，更无意中遇着了一位来自故乡的中学时代的老友。几天的聚首，我和他们谈了许多，到现在，我还不能减少他们对于我的一种热情的谢意！但是我诚恳地告诉你们，延安并不如你们所想象的那样，你们到延安去学习，正如你们在延安外的地方学习一样的。不过延安更快的把你们所需要的给你们了，这不过是时间上的问题，我敢断言，不久的将来，延安以外的学校，也会像抗大、陕公那样教育你们的，因为只有那样，才能使学生们的力量能够用到抗战上去。延安的学习，是你们“新的学习”——这是我自己用的词句，我觉得这样用法你们会了解的——的开始，我们一

① 《少年先锋》，1938年第9期。

样，要从继续不断的斗争中去学习，只有在不断的斗争中，才能得到我们所想得到的东西。①

1969年月日不详的"'文革'交代材料"：

曾在汉口《大公报》副刊《战线》《文艺阵地》发表文艺作品，并为开明书店出版的一个刊物写过《给上延安去的朋友们》一文。这个刊物的编者为宋云彬。刊名不能确记，似为《中学生》或《开明青年》。②

旋即与柯华经西安赴武汉办理火线通讯社登记立案手续与采购通讯器材，途遇周游，共同南下。5月，抵武汉入住八路军办事处，周恩来指示待命。

《程应镠自述》回顾从延安到西安的行程：

1938年夏初到延安，可说是第一次从军的结束。从延安南下，关中平原，壮阔无边。到咸阳正是旧历四月，大麦正黄。西安城像一座庄严沉静的古堡。城内钟楼、鼓楼，南北相望，其间是一条笔直开阔的大街，略如北京的东西长安街，气派真像是古代帝王之都。③

1968年6月21日"'文革'交代材料"：

招待所和我们买好了去西安的汽车票。到西安，又去八路军办事处，接见我们的是林伯渠同志。从延安去西安的路上，在耀县碰到周游正北上，又邀了周游一道参加通讯社工作，同至武汉。到武汉已是这年的五月。在办事处住

① 《少年先锋》，1938年第5期。

② 此当记误。包括《给上延安去的朋友们》在内的四篇延安纪行都刊于《少年先锋》上。

③ 《世纪学人自述》第5卷，第316页。

下之后，周总理接见过我们一次，柯华、周游和我都在。总理说国民党不会批准通讯社立案的，要我们等延安电示再决定行止。在这期间，我回了江西故乡一次，当我回武汉时，柯华、周游已奉命北返。

在武汉待命期间，结识臧克家；继续向报刊撰写反映八路军战地生活的作品，而认为不必送武汉八路军办事处审查。

1968年6月21日“‘文革’交代材料”：

在武汉的时候，我写了一些记述八路军抗战的报道、散文、小说，较长的有《汾水的西岸》，短的有《新同志》《夜行》《黑夜的游龙》《姑射山中的风雪》等。

1969年日期缺失的“‘文革’交代材料”：

当我还在汉口的时候，我写了一本定名为《一个士兵的手记》的小书，是以在八路军的战地生活为题材的。在这本小书拿去发表之前，我的一位同学要我把这本书送到八路军办事处去审查，我就不以为然，认为一个作家在写作上有绝对的自由，我的文章不必送去审查。

6月底7月初，待命期间从武汉回乡探亲，在南昌接受程正和程一惠的建议，在故里组织大塘读书会，进行抗日救亡的宣传活动。其旧体诗《故乡立夏》刻画了烽火连天在故园小住的感怀：

久作异乡客，南风忆故园。岂期多难日，小住水云村。强饮吾亲喜，低吟暮雨昏。烽烟连万里，所食尚鸡豚。

1968年8月28日交代关于大塘读书会的情况：

1938年6月底7月初，我从武汉回到了江西新建大塘故乡；不久，我去了一次南昌。在南昌见到程正和程一惠。

他们都在抗敌后援会工作，而且都已入了党。在此之前，程一惠曾到过汉口，我在《新华日报》馆见过他。这一次和程正、程一惠见了面，我告诉他们我不回延安去了，打算在家里住一个时期去昆明。他们说乡下也可以做一些工作，要我回乡之后，把乡里的学生组织起来，搞一些抗日救亡活动。我接受了他们的意见，在南昌回乡之后，便开始组织大塘读书会。大塘读书会成立后，曾演出过短剧《放下你的鞭子》，唱抗日救亡歌曲，写抗日标语，读报讲时事，还举办过农民的识字班。会址是在叫做“望庐楼”的一所小学里，识字班也设在那里。那时，距我家二三里地的大塘街，也有一所小学。大塘街是一个小小的集市，我们常往那里宣传。经常去宣传抗日、讲时事的地方是在农民聚居的老屋场。从“望庐楼”去那里只要五分钟便到了。我们去那里总是趁傍晚农闲的时候。住在大塘街的一个中学生程懋炽也常常参加我们的活动。程懋炽现在大塘一小学教书。1965年我母亲下乡之后，他曾和我来过一封信。那时，我父亲和大塘一些地主、绅士很不赞成我们的活动，有的公开表示反对，有的则阻止他们的儿女参加这些活动，认为这样搞下去，将要“糜烂地方”（意思是将来日本人打来了，要对这种抗日活动进行报复）。有些妇女，受了这些反动宣传的影响，甚至不准她们的孩子唱抗日救亡的歌曲。这些情况，我在以《故乡小景》为题的散文中曾有所反映。在“大塘读书会”搞音乐工作的为程思三。当湖口沦陷之后，我们这些人将离大塘去南昌时，由我作词，他作曲，抒写了我们对这个地方的留恋。我记得其中几句是“今夜的河水，今夜的明月和星星。今夜，你们听，河上的歌声……”当时，我们还把这首歌教会了很多孩子歌唱。

《一家一家就这样的散了》：

我老挨着不走,乡下一部分人对我便造出许多谣言了,因为我去过山西一趟,在乡下已成为一个注目的人物,尤其因为我和一些年轻的兄弟姐妹组织了一个读书会,更引起他们的猜疑,有些人说:“××在家里总不得了的,他在山西打过游击,现在要到家里打游击了;人家说,日本人顶恨游击队,有游击队的地方就要遭殃的……”

“七七”纪念那天!读书会在乡下做了一些宣传工作,因为贴标语的缘故,曾引起一些士绅激烈的反对,“标语是惹祸的东西”,打游击更不得了了。那些准备做顺民的人,对于读书会便造出许多无耻的谣言,他们说读书会每月从某处拿二百块钱的津贴,读书会的人都是危险分子。于是我的母亲更急了,天天哀求似的要我快点离开家,她说,假如让她多活几天我就应该快点走,眼泪从苍白的脸上滚下来了。①

7月下旬,离开故乡,回到武汉,得知柯华、周游已经北返,便再回江西,经湖南,辗转入西南。

1968年8月28日交代“关于大塘读书会的情况”:

我大约是7月二十几号离大塘去南昌的。在我和程正、程一惠商量之后,把愿意离开大塘的人都由程时轩带到了南昌。其后,有些人分别去了延安和新四军。

1969年4月15日“‘文革’交代材料”:

1938年,我当了八路军的逃兵。最深刻的原因,用我当时的话来说,就是“那里一切都好,就是没有自由”。八路军中是有充分的自由的。那里,有抗日的自由,有和内奸、顽固派作斗争的自由。要求民族独立、自由和解放的人们,在

---

① 李辉英等编《撷英集》,琳琅书店1940年版。

八路军中是感到生活在一个充满了自由的新世界里。只有反革命分子才感到不自由。

8 月,抵达贵阳,在旅馆遇见黄子通。

《"一二·九"讲稿》回忆黄子通以及这次见面:

"一二·九"那天,我们回到学校。第二天,我去上课。我记得最清楚的是逻辑班上,我们的老师,当时燕京大学的文学院院长,前两年才去世的黄子通先生,为我们讲培根几种偶像崇拜,好像前一天什么事也没有发生似的,只是显得更严肃些。这位教授是当时北方教授的一个典型,不问政治,国家兴亡,似乎与他无关。抗日战争开始的第二年,我在贵州碰见他,他逃难逃到了贵州,住在旅馆里,和我谈的,不是他作过专门研究的怀德海,便是议论冯友兰先生当时的新著《新理学》。

其间,到贵阳医学院访李宗瀛,初识李宗蕖。

李宗蕖《应镠》记及这次初见印象:

在贵阳医学院教师们租的充当宿舍的一间北屋里,屋子很大,光线不太好,东西两间分住着几位男女教师。中间那间厅,除了饭桌,还放着两张书桌。我的一个哥哥住在这里。大概是到那里的第三天,哥哥的一个同学来了。他要去昆明复学,问哥哥是否愿意去,说如有这个打算,他可以为哥哥办复学手续。除此之外,他们还谈了各自离开学校一年来的经历。他的经历很有趣,去过山西、参加过八路军、到过延安,还是个年轻的作家,发表过一些散文、小说。①

① 《留夷集》,第 150 页。

9月起，在西南联合大学历史系学习，选修了陈寅恪、张荫麟等诸多名师的课程，对其以后的治学产生了重要的影响。

《程应镠自述》：

> 我在联大第一学期，选修了张荫麟先生的宋史。张先生上第一堂课开了个书单，下课后我便去商务印书馆把《宋史纪事本末》和《宋人轶事汇编》买了回来。有个把月，不上课的时候，便在以被单做帷幔的书室里读书。同屋的人笑我，说："他下帷读书了。"宋史这门课因张先生去重庆停开。从此，那两部书也就束之高阁。我无论如何也不会想到三十二年之后又会和宋史朝夕打交道。①

《树勋巷五号》有更全面的回忆：

> 当时我们都选读了雷海宗先生的欧洲中古史，刘崇鋐先生的欧洲十九世纪史，葛邦福先生的希腊罗马史和陈寅恪先生的魏晋南北朝史，高阮、永兴、则良、宗瀛和我都是学历史的。则良那时已任清华助教，但这四门课都旁听。论学的一个中心，便是西方和中国历史的异同。我当时虽读历史，而文学兴趣甚浓，且喜写作。我选读了吴宓先生的欧洲文学史，刘文典先生的温李诗；旁听过闻一多先生的《楚辞》。②

王曾瑜《程应镠先生杂忆》：

> 程先生有一回对我谈及他听陈寅恪先生讲课的体会，赞叹陈先生的知识真是渊博，说相比之下，"郭老（沫若）是不如的"。这句话对我印象特别深，所以几十年后，还是不

---

① 《世纪学人自述》第5卷，第317页。

② 《流金集》（诗文编），第267页。

能忘却。记得在我的大学时代，陈寅恪先生是批判的对象，而郭先生则是又红又专的榜样，当时还传达郭先生的话："陈寅恪是可以超过的。"程先生这番亲身感受，对我解放思想，转变观念，是有相当帮助的。①

入读西南联大时，与同系同班的李宗瀛赁居树勋巷五号，既是联大同学议政论学的中心，也是途经好友的小住去处。

《树勋巷五号》即回忆当时情景：

1938 年 8 月，我到昆明后住在迤西会馆联大工学院宿舍，等待借读联大。9 月，我和两位江西同学在树勋巷五号租了两室一厅朝南的房子。两人一室，可住四人。学校在大西门外昆华师范，距树勋巷约十分钟路。联大宿舍十分拥挤，有的多至五六十人，上下铺都人满，设备也很简陋。开学大概是在 10 月，原燕京大学同学李宗瀛和我同住。各有一书桌，我还用汽油木箱叠成书架，四层，临时买了一些旧书：世界书局影印两巨册的《资治通鉴》和中华书局四部备要本的《国语》《战国策》，商务印书馆出版的《宋人轶事汇编》《宋史纪事本末》是我书架上最早的史书；我从南昌带来的《中华二千年史》《十八家诗抄》当然也是第一批出现在这个书架上的书籍。开学之后，树勋巷来往的人渐渐多起来。宗瀛和我共同的朋友徐高阮、王永兴、丁则良是常来的。我的朋友有雷志阽。志阽和我同住的胡正谒既是中学同学，又同在北大学习，当然也常来。还有周树人和欧阳琛，他们和我同住的胡正谒也是一个学校出来的。《大学论坛》这张壁报，就在这个地方编辑抄写然后在学校里张贴出来。这两室一厅的地方，就成为联大学生论政论学的别馆。

① 《纪念文集》，第 251 页。

> 王逊那时在清华读研究生，钟开莱读数学，因为共同的文学兴趣，我们过从亦甚密。1939年夏，赵宗复、陈絜、柯家龙、张韵斐有的来自延安，有的来自山西，都经昆明去香港，在昆明住了一些日子。赵、陈和高阮、宗复、永兴都是“一二·九”时代的学生领袖，我和他们也熟，特别是宗复，两过昆明（从香港返山西也在昆明住了一些日子），终成好朋友。树勋巷在他们小住时，非常热闹，论事论人，使我得益不浅。①

王永兴《怀念应镠》：

> 1938年秋，西南联合大学文学院从云南蒙自迁昆明。徐高阮、王勉二兄与我在文林街光宗巷赁小屋而居。程应镠和李宗瀛住在文林街先生坡，两处相距不远。他们的租屋宽敞，所在庭院大而整洁。宗瀛和应镠都是燕京大学历史系的学生，当时转学到西南联大。1935年，高阮兄和我已与宗瀛相识，应镠则是初次见面。他们都是翩翩佳士，对人热情诚恳。应镠喜欢谈诗，他的案头摆着杜少陵、李太白诗集。我与高阮、王勉二兄经常是宗瀛、应镠的座上客，当然来访的还有西南联大其他同学。宗瀛、应镠都善谈，常常有精辟的见解，使满座惊服赞赏。大学历史系三年，我们几乎朝夕相处，我获得了终生的益友。②

其间，与沈从文过往渐密，课余仍向报刊写稿。据《永恒的怀念》说：“重新和从文先生在一起，是两次住在昆明的日子。第一次是1938年至1940年，第二次我在云南大学教书。先生自1938年以后，便在西南联大当教授。”

沈从文1978年9月22日致钟开莱信：

---

① 《流金集》（诗文编），第267—268页。

② 《通向义宁之路》，第450—451页。

还希望不多久可去昆明看看卅多年前我们旧日住处。我还十分满意好几年中入城晚饭时，只费一毛三分钱一顿牛肉米线，居然把生命维持下来的情形，以及到你和王逊、流金、宗沄几位住处谈天时大家十分高兴情形。①

9 月 21 日致李植人信，历诉此前滇黔之行与当时困惑心境：

植人：

除夕前日，曾上一缄（如已移居，可向邮局一查）；顷得手示，知道你们平安，非常快活。贵阳炸后，昆明也颇恐慌，大难之期第亦不远。我住的地方，距军校和兵工厂都很近，但身无长物，兼以经过许多“风云”，故不甚怕；生死之间，似乎已没有什么大了不得的事，也许人太无生趣，一切视之淡然了。不知为什么，热情俨如春冰，越来越消，好强的心，也大不如前，只觉得一个人必得生活下去，就一日一日的过着。脾气不好，常常得罪人，以前固也如此，于今却更甚了。自己痛苦，别人全不知道。有时对于一切人都以为没有什么“了不得”，其实自己又何尝有“了不得”的地方。性子如此，一切都似乎注定，毫无可变动。但愿能不平凡而死，致不为多人所轻视而已。其实这种想头，亦大可笑也。读书虽比从前用功，但总觉得自己的兴趣不在读书，有种难说的苦楚。有时也想写些心里想写的东西，一提笔，便觉得无从写起，又怕写得不好，何苦遗羞。总之，我对于自己生存的意义毫不了解，对于所生存的世界与人，有份不可磨灭的憎恨。没有一件事能引起我善意的赞颂或默契。这些年来，读了一点传记，总常常想到自己会早死，因为没有一天，自己不在心肠煎熬中过日子也。昆明气候很好，花树满园，燕子和鹧鸪都叫了。我能不能有一点新鲜

① 《沈从文全集》卷 25《书信》，第 266 页。

的感受呢？在贵阳住了半个多月，似乎一点点可留在回忆里的东西都没有，在家里过了一个月的安静生活，觉得在孩子中所得到的快乐不少。过常德时，真想去看看你的妹妹们，然而汽车只停了半点钟。在孩子中，我所得到的快乐，从前不曾在任何场合中得过的。现在我的弟妹们都分散了。家里近来信说，有些孩子还常常想念我。

住了学校，一定有更多的让自己想的时候。大夏附近的山，和别处不同，一定也能给你一些什么吧。祝

好

应镠　廿一

（来信可寄先生坡树勋巷五号）

9月，有诗赠陈矩孙：

闭门索句陈无已，广武登临阮步兵。天上麒麟原有种，乱中兄弟最关情。出泥不染莲心苦，学道无成髀肉生。今夜别君无限意，但期为善莫近名。

11月，经徐高阮倡议，与王永兴、李宗瀛、丁则良等创办联大首份壁报《大学论坛》。

《联大第一张壁报》对此有所叙述：

大约是十月吧，或者是十一月，看到报上发表四川大学教授被解聘的消息，便在宿舍里发议论。议论的中心是大学教育应当怎么办，战时和平时应当有些什么不同。在高阮的创议下，我们出了西南联大第一张壁报，命名为《大学论坛》。《论坛》第一期的内容为反对川大解聘教授，主要文章是高阮执笔的。对于联大，我们也不满意，像死水一样，我们渴望着大海。丁则良写了一首七言古诗，题为《哀联大》。诗中有讥讽，有对学海无波的忧虑。《论坛》连续出了几期，有赞成的，也有反对的。因为《论坛》一创刊，就声明是同人刊物，不收

外稿。赞成的意见来自私人交往,反对意见却见之于继《论坛》而起的另一种壁报。《论坛》作者都是“一二·九”运动中的青年。王永兴、李宗瀛是北平学联的负责人,徐高阮、丁则良是地下党。“一二·九”运动后期,学生中有了不同意见。人们往往把这种意见的不同,看作是左右之分异,《论坛》当然也被左的看成右的了。联大能让《论坛》出版,现在看来,是极可贵的。《论坛》创刊时,有一篇以《Toleration》为题的文章,它所要求的,正是联大给予了的。①

《程应镠自述》也忆及这张壁报:

进入西南联合大学,重新攻读历史。这所大学,有我许多在北平认识的朋友,他们或是“一二·九”运动中的健将,或为当日青年学生的领袖。学校里充满了民主自由的空气,学术上也真正是百家争鸣。不同的学术观点,可以在讲坛上公开争论。同学之间,政治主张不同,文艺见解不同,在壁报中也展开辩论。我在联大的第一学期,便和王永兴、李宗瀛、徐高阮、丁则良等出过一张叫《大学论坛》的壁报,论政,论学,论文,为另一些同学不满,在壁报中进行笔战。我们都是读历史的,后来都成了中国历史的某一方面的专家。徐高阮解放前夕去了台湾。他以陈寅恪先生合本子注之说,整理了《洛阳伽蓝记》。后作《山涛论》,以为山涛、羊祜在政治上实相一致,洞察魏晋之际统治者内部朋党之争,发千古未发之蕴。现已下世二十余年。丁则良先治宋史,后转攻近代,在同辈中是通古今中外的一个,1957 年含冤自沉于北京大学未名湖,将近三十年了。②

① 《流金集》(诗文编)附录《事迹诗文编年》,第 343 页。
② 《世纪学人自述》第 5 卷,第 317 页。

编年文　《美丽的山城》《延安的街》《两个异国的朋友》《给上延安去的朋友》《第一个春天》《黑夜的游龙》《我们怎样在这里生长着》《姑射山中的风雪》

编年诗　《故乡立夏》《赠矩孙》

1939 年　己卯　中华民国二十八年　二十四岁

仍在西南联大历史系学习，与转学联大的熊德基时有唱和，开始与赵宗复直接交往。

1968 年 6 月 21 日"'文革'交代材料"：

> 我和赵宗复的关系，是在昆明建立起来的。在燕京大学学习时，我知道赵宗复是学习历史的研究生，他的父亲是山西的大军阀赵戴文。他 1939 年去香港，来往都经过昆明，住在我和李宗沄的宿舍里。

《怀念老友熊德基同志》：

> 德基读书极用功，后来转学西南联大，我看过他的转学文件，各种功课没有八十分以下的。在联大读书时，他出名的勤奋，课堂笔记常为同学借用，近代史听课笔记我的朋友借来看了一晚便取得高分。他这时还忙着地下党支部的工作，令人佩服。①

熊德基《书成和程子》：

> 关河寥落滇南秋，避地炎边动客愁。漫信黄金能礼士，幸辞鸟喙薄封侯。大言数苦招时忌，短剑无由靖寇仇。倚杖不堪东向望，乱山如戟绕重楼。

熊德基《夜宿先生坡程子客寓不寐枕上成一绝》：

---

① 《江西社会科学》1990 年第 1 期。

1930 年代末与熊德基在西南联大

枕边断续听秋虫，万里家山梦未通。多谢草堂檐底月，仍随旧主度帘栊。①

与李植人等保持信函通问。

2月17日致李植人信：

植人：

前寄信及刊物，想都收到了。好些时，不接到你的信，殊以近况为念。想比日甚忙。贵阳听说轰炸得极惨，你们大概受了不少惊吓。计都安好。植清已否到黔，近作何状？我很想听听她的议论。陕北近来有许多信来，夏得齐已去晋东南，中条山之战，当参加了。柯华还在抗大，穷极，你们如有钱，可寄给他一点。我上次寄了廿元给他，如渠来信所云，直如甘霖。不过我目前甚穷，无法再寄，必俟春后，方可有余钱。张宗娴也结婚了，转眼朋辈既成革命家又儿女成行，两者与我较之，都不免惭愧！思之颇觉有意思。大概不久又有"新闻"矣。

联大下月八日大考。久不笔战，窘状不可形容。向来马虎惯了，此时也只愿能马虎了之。近读《宋史》，甚感兴趣，亦稍有得，能埋头故纸堆中，亦非前日所能预料。世界上，如今到[倒]觉安静为可贵，沉默为可宝也。

我们似乎缺乏真情感，有的，都是"作"出来的。在北方两年，除"十二九"运动短时间外，何时不以自己为前提，何时不无形中为人所支配。想来，便觉痛悔。"真"，是现在不可缺少的宝物。一切做假，恐无甚希望。王良骥如见面，问问他有没有初学法文者可看之法文书籍，来信望示及。今日是除夕，记记看，前两年，我们怎样过的？去年，我和柯华

① 《鉴堂诗草》，第24—25页。

在军中,又怎样和你们写信?

此颂

文祉

流金 十七

6月3日致李植人信:

植人:

我很感谢你的关切。一份忧郁的感情,在我也许是与生俱来的,自从有了人事的知识以后,小小的心灵中,所幻想着的事,就从来未有过年轻人所具的一种欢乐。生长在一块靠近湖边的土地上,童年是消磨[在]一所古老阴郁的大宅子里,和我说故事的又是一个在年轻时候便失去了幸福的老祖母(祖父当祖母还在三十二岁的时候就客死远方)。在燕京,你假如留心过我所写的那一点点散文的话,你可以看得出。然而我究竟还是乡下人,感情中还带有一份厚重,生命力亦并不薄弱,好强过于自馁,热烈时又非一般人所能及。因此,我总寄与人们一份同情,热烈地生活下去。我现在寄你两篇文章看看,我相信你可以发现我另外一点什么的。五月里还写了一篇《还乡》,登出来了,当寄你看。我很欢喜它。我正当着一个多变的年龄,一下子或在表面上可以医治那与生俱来的忧郁病,我希望我能获到心灵上的安宁,那对我或是必要的。

我是如何的珍重你的友谊,我读着你的话,是多么的感动啊!

关于你底就业,我能有什么意见呢?人和人之间,始终有一点距离的。我所希望的是努力使自己不要俗,不要世故,常常具有一点理想——美与光的化身,相信世界会好起来。我也愿朋友们亦如此。教书是好的,当我一想起自己的中学时代，我便想——迫切的——和现在那些当于我中学时代的年龄的人在一起，我以为一个人重新找到自己过去的影子的时候，他一定会召回一切孩子时代的雄图和幻梦。

不留在贵阳，到别处也是好的。生活中多变化，人自然不至于颓唐。昆明找事，或不算难，如教书，必须去外县，住在乡村里，偶然入市，在我想来，也很有意思。你可写信到刘湘珍问一问，她现在女青年会，人很活动。去新建总会和卫生人员训练所，我也觉得不好。你应该在安静的环境中，读些书，想一些事。山水的陶冶，于你更有益些。你在城市里住得太久了。

联大七月中结束，暑假想做点事情。

即颂

安好

应镠　六、三

5月，因沈从文推荐，为昆明《中央日报·平明》副刊撰稿，并执行过编辑职务，在联大学生中组稿；同时也向重庆《大公报·战线》副刊等寄稿，与该报副刊编辑陈纪滢开始直接通信。除此之外，联大期间还在香港《大公报》副刊《文艺》、《星岛日报》副刊与《今日评论》等报刊上发表散文与小说。

其《告别》回顾为《平明》投稿与编辑的经过：

去年五月十八日，《平明》创刊后一期，我即为《平明》写稿。十月底，帮忙凤子先生编几个特刊。十一月底凤子先生去渝，至今年四月，我又帮孙毓棠先生看稿，四月以后，我始正式负编辑之责，至本月底，为时不过两月。此外，《星期综合》自二月创刊，是一直由我编着的。总计，我和《平明》的关系，共一年又十三日，先后编过散文、翻译、批评与介绍共三期,《星期综合》十四期,《平明》两月。

《永恒的怀念》:

由于先生的推荐,三九年至四〇年,我负责昆明《中央日报》副刊《平明》的编辑工作,西南联大的学生,有不少在这里发表处女作,汪曾祺大概也是的吧。我还记得的有袁可嘉等。有的后来专治历史,如现在昆明师院历史系主任方龄贵。①

《树勋巷五号》:

除了联大的旧知,因为昆明《中央日报》有个副刊叫《平明》的,自凤子去重庆后,由我负责编辑,就有一些联大一、二年级的同学,常来往于我们这个校外的宿舍。我记得有陈时、卢静,他们当时都写诗;还有就是我的妻子李宗蕖,当时写充满了梦一样的东西的散文。中山大学那时迁在澄江,到昆明来,《平明》的作者如江篱、吴风也总来这里探望探望。《平明》由凤子编的时候,她也是树勋巷的常客。我在这个副刊上发表的第一篇文章叫《澄江小记》,她很欣赏。那时她已是著名的话剧演员,《原野》在昆明演出,她扮金子,很受联大师生欢迎。从在北京就开始为我修改习作的沈从文先生,这时在联大教书。《今日评论》出版时,文艺由他主编。他来树勋巷约稿,我送去一篇在山西八路军中随六八六团夜行军的纪事。他精心修改后发表了,后为《大西洋杂志》所载,英文译名即为《夜行》。王逊、钟开莱也就是在这个时候和从文先生认识的。②

① 许渊冲在《西南联大的师生》也印证说,1939年由于沈从文先生的推荐,流金参加了昆明《中央日报》副刊《平明》的编辑工作,联大同学汪曾祺、袁可嘉等都曾投稿。见《续忆逝水年华》,第176页。

② 《流金集》(诗文编),第268页。

李宗蕖《我的一生》：

应镠和哥哥都是历史系三年级的学生，但交往的圈子不太相同。应镠那时兼了昆明《中央日报》副刊《平明》的编辑，时间更多花在集稿、看稿和编辑上。作家沈从文先生时常来他的住处，从手中的蓝花布包袱中，取出一叠稿子交给应镠，并在留下自己对这些文稿的看法后就匆匆离去了。虽然来去匆匆，也不会忘记把作者向应镠一一介绍清楚，很多联大、中山大学的文学青年，就是他热心地推荐给报刊的，应镠也是当初在北京时由沈先生推荐给报刊、杂志社的。

陈纪滢《记沈从文》：

自1939年起，至1944年止，在我编《大公报》副刊时期，我的最大稿源是他——沈从文。他每次寄来的稿件都成束，一卷一卷的。至少有十篇八篇，长稿也有，短稿也有，小说、散文、诗歌、杂文等文体无不具备，包括几十个作家。我不完全记得这些人的名字，至今记得的有方龄贵、刘北汜、庄瑞源、刘以鬯及流金等人。其实，这些人中如方龄贵，早在他上东北中山中学时代，就与我有联系。流金更早，流金本名程应镠，江西人，给我投稿时，还在燕大，不知怎么又转到西南联大去了。后来他俩都直接与我通信了。①

邵华强《恩师程应镠教授与我沈从文研究的点点滴滴》：

当我拿着高青子的照片和其作品复印本向程先生禀告了解结果时，先生似乎已经不再反感，反而谈起了对高青子的印象，说她气韵不俗，很有些才气。程老师当年主持《中

① 《陈纪滢文存》，第138页。

央日报·平明》编辑工作时,也曾发表过高青子署用几个笔名的一些文章与创作。程先生也认为沈先生和高青子在那些日子发表的一些文字里确实都有对方的影子。①

与李宗蕖开始频密的交往。

程怡《爸爸教我读中国诗》:

据母亲说,抗战时漂泊西南,父亲刚刚认识母亲的时候,曾经手录他所喜欢的《剑南诗钞》送给她。②

李宗蕖《我踏进了大学的门》:

"二·四"轰炸之后,我离开了贵阳,投奔在昆明复了学的四哥。四哥和一些同学在校外租了民房,我去时他和应镠住在一处。和他们的往来,使我的眼界开阔得多了。比起他们来我还只是个孩子,同时又成了好为人师的大学生们的小朋友了。后来应镠单独住了一间,他那间屋子就成了我很感兴趣的地方:那里有很多书和出出进进的文学青年,还有和四哥一样学历史、好论时政的、年纪比我大一些的学生。听他们高谈阔论,虽然似懂非懂,我却被吸引住了,认识一点点扩大,理解也似乎深了一些。③

7月,与到访树勋巷五号的顾颉刚欢晤聚谈。

《追念颉刚先生》:

三九年的春天已经过完了。在我昆明的住处,远道来了两位朋友,一位是赵宗复,一位是陈矩孙,都是燕大的同学。我那时在西南联大读书,和李宗瀛同住在联大附近的

① 《纪念文集》,第354页。

② 《文汇报》2016年4月17日《笔会》。

③ 《留夷集》,第45—46页。四哥即李宗瀛。

一所民房里。有一天，颉刚先生来了，他那时在北平研究院工作。宗复、矩孙，也是颉刚先生的学生，他们正从重庆来，宗复还是远远地从山西前线到重庆的。颉刚先生向他们询问前线的情况、重庆的政局，问得十分详细，时而也发表一些自己的意见。宗瀛和我谈的却是联大的情况，我们在联大出版的壁报《大学论坛》和学校的教学。那时冯友兰先生的新著《新事论》已经连续刊登在昆明出版的《新动向》上，我们对这本书，很有兴趣，谈得最多，但我们的意见却很不相同。颉刚先生完全像对朋友一样，对待我们这些二十二三岁至二十四五岁的青年，在他面前，我们争论，一点也不感到拘束。话是谈不完的，但颉刚先生却因有事要回去了。

没有过几天，颉刚先生约我们去吃饭，好像是在昆明一家极有名的饭馆，叫作“共和春”的。除了我们四人之外，记得还有陈梦家。十年浩劫中，宗复和梦家都已含冤死去，但那次吃饭的情景，还仿佛是在昨天一样。席间，颉刚先生送我们一人一本书，那就是十分著名的《汉代学术史纲》，解放之后，改名为《秦汉的方士和儒生》，发行过几版。①

---

① 《南方周末》2016年8月11日。但这段追忆与《顾颉刚日记》所记略有出入。顾颉刚1939年7月29日日记：“陈絜等来，与同到海棠吃饭。九时半，与庭椿同步归。今晚同席：赵紫宸夫妇、陈梦家夫妇、郑庭椿、陈矩孙、程应镠、李宗瀛、费孝通、李有义（以上客），予主。”8月14日日记：“赵宗复偕程应镠来”，但据顾颉刚这天日记：“今午同席：芷芬、杨君、予（以上客），鸿庵（主）；今晚同席：予（客），宓氏夫妇（主）”。则顾颉刚请客的馆子应是“海棠”，请的是陈絜（矩孙），而不是赵宗复，同席者还有费孝通与赵紫宸夫妇。参见台湾联经版《顾颉刚日记》第4卷，第260、267页。

是年生日有《廿四初度》诗寄慨。①

腰围减尽诗犹健，流落乡心梦更哀。乱世麒麟悲堕泪，殊方日月怕登台。听来琴筝难回首，历遍风尘未染埃。二十四年前事在，杜陵身世魏王才。

编年文 《一生》《故乡小景》《还乡》《老幼》《秦皇岛上》《潋江小记》《乡思》《副官》《寂寞》《母女》

编年诗 《廿四初度》

1940年 庚辰 中华民国二十九年 二十五岁

继续追随沈从文，从事文学创作，以《夜行》为题的纪实文经沈从文精心修改，发表后由《大西洋杂志》英译转载。夏初，编定《一年集》。

1968年6月21日"'文革'交代材料"：

在联大两年中，我除了学习，便是写小说和散文。其内容都和抗战有关，但充满了对于故乡的留恋。这些文章，有一部分收在《一年集》中。这个集子是章靳以主编的"烽火丛书"之一，是由联大教授沈从文介绍到那里出版的。

《树勋巷五号》：

我书架上的书，两年后几乎全满了。牛津新版的法文字典，是下课后在教室外面路上买到的。为此，永兴还和我生过气，他嫌我"捷足先登"。我却以为那时我口袋里有钱，字典为我所有，没有什么可以非议。我的父亲那时在重庆，从秀鹤图书馆购寄了一些俄国小说，我记得有屠格涅夫《父与子》的英译本。宗复从香港回山西，为我买了《安娜·卡

① 题下原注：昆明作。

列尼娜》的英译本，商务、文化生活出版社出版的外国作品的译本，我也买了不少。中国古典文学著作，当时能买到的也都买了。外文的外国历史书籍，我曾和则良合买了一本Fisher的欧洲史，四五年在昆明教书，讲世界史，则良送给了我。四六年仓皇出走，这本书却带在身边。“十年动乱”被抄走，后来又发了回来，至今仍在我的藏书中。①

许渊冲《西南联大的师生》：

1940年，他在报上发表了《门外谈诗》。其中有不少独到的见解。从中可以看出流金的综合能力和分析能力，他也像唐人一样对人生和世界能看其全了。②

李宗蕖《我踏进了大学的门》：

应镠在他编辑副刊时，曾不止一次刊登过我的习作。在第一篇《晚星》发表后，他还写了很长的“读后”，称赞了它，鼓励了我，约我继续为他写稿，还送了我一个笔名“留夷”。我珍视这份关心，不但后来在《阵中日报》发表《海行》时用它，连以后写的教学小品也用它发表。③

钟开莱1996年11月2日致李宗蕖信：

上次在沪，王勉也来过，并说他想把我们当年在流金编辑的报屁股中若干文章汇集印出。我有一篇尚忆其题《在月台上散步》（朱自清巧遇在黄土坡小马车上还问我呢！），恐尚有他篇（可能用笔名），王勉至少有一篇其中引伪造古书（自告），王逊、徐高阮亦必有（××之类做得差劲的可以削），你也有吗？当然有流金的！沈从文的亦可参加。

---

① 《流金集》（诗文编），第268页。

② 《续忆逝水年华》，第176—177页。

③ 《留夷集》，第51页。

夏，毕业于西南联大历史系，毕业前获知将留在联大师范学院任助教，已在师院史地研究室参加了工作，但接到赵荣声洛阳来信，仍决计奔赴抗战前线。

1968年6月21日"'文革'交代材料"：

> 1940年夏，我在联大毕业了。本来是要留在师范学院作助教的。那里有一个史地研究室，我在未结业之前，已经参加了一个时期工作。这年初夏，赵荣声从洛阳来信，希望我到那里去。

1968年8月3日"'文革'交代材料"：

> 赵是我在燕京大学的同学，在洛阳国民党第一战区长官司令部当秘书。他约我去，也是当秘书，待遇是同上校秘书。我回了他的信，表示同意去洛阳。在我毕业之前，他即寄来了去洛阳的路费和护照，护照上写的便是"第一战区长官司令部同上校秘书"。赵当时是共产党员。

临行前有诗《留别成骏百年志鸿》：

> 凄其此日难为别，惆怅无由订后期。南北十年惊宿梦，东西万里费相思。多愁我已伤身世，独客谁能共酒卮？且喜驰驱风景地，陇云秦树足供诗。

李宗蕖《我踏进了大学的门》：

> 应锣也是这一年毕业。他这两年一直在写文章、编副刊，还在中文系当着半个助教。因为忙，连作为论文的《罗马史》的翻译也只翻了一半。临毕业，要留校任中文系助教的约定也泡了汤。这时，本来在河南郭寄峤的部队当秘书的陈其五，因共产党员身份暴露，必须离开，赵荣声就介绍应锣去接替他。①

① 《留夷集》，第50页。

8月初，由昆明路经重庆，逗留月余，探亲访友，父亲亦赞成其从军抗日之举。

1968年7月31日“‘文革’交代材料”：

> 1940年，由昆明去洛阳，路经重庆。这一次在重庆住了两星期或者还要多一点时间。这时，我的姊姊住在北碚，我的父亲寄居姊姊家中。我去北碚住了四五天。在重庆这些日子，和我来往最多的人是李植清（现名李执），那时，她在张家花园一个妇女团体工作；张郁廉，那时，她在塔斯社工作。

8月9日，离开重庆，经成都，过剑门，入汉中，由宝鸡抵西安，间关赴洛阳军中。据其自述：“二十九年十月，我到洛阳。离开重庆还只八月九日，到宝鸡已是九月初了。普通不要十天走到的路，我却因秋雨，桥断路坏，人病了，山塌了，足足走了二十三日，过西安又病了下来，迟迟中秋后，才到洛阳。”①途中结识蔡剑鸣。

1968年7月31日“‘文革’交代材料”：

> 1940年8月初，我由重庆去洛阳。有几个军人和我同车，其中有一个叫蔡剑鸣的，当时是国民党第四师的副师长。同车的人，有的是结伴而行，有的是带了家眷。蔡剑鸣和我，都是一个人。路上，我和蔡剑鸣逐渐熟起来。他喜欢文学，年轻时特别喜欢郁达夫的作品。因此，我们经常谈文学。车子沿途抛锚，从重庆到宝鸡，几乎走了廿几天。到西安时，我因痢疾猛袭，几度昏迷，他把我送入红十字医院。当我从重庆动身时，赵荣声本来写信告诉我，要我在西安有什么事可以去找一个叫辛志超的人，这个人是燕京大学毕

---

①　《洛阳的秋天》。

业的，在西安青年会工作。我在医院住了二十多天，蔡剑鸣来看过我几次，他安慰我不要着急，也不必急急去找什么人，他将会同我一道到洛阳。当他要离开西安去前方时，我的病也将痊愈，可以勉强步行了。当时，对于他对我的照顾，我是十分感激的。到洛阳的第一天，我就把这一切告诉了赵荣声，并约了赵一道，在洛阳请他吃了一次饭，然后送他上车。

途中，颇有诗作记其北上从军之行。《出蜀有感》：

西蜀地形天下险，杜陵诗句万人传。安危此日终须仗，松柏经寒益更坚。大局东南情岌岌，小臣方寸意拳拳。明朝走马秦雍道，回首关山只暮烟。

《宁羌醉中作》：

蜀道崎岖忽已过，入秦峰势更嵯峨。黄昏细雨车初到，小市征人酒半酡。疾病不解千日醉，文章已负此生多。飘零南北东西惯，云栈屏山漫放歌。

《西京病后闻歌》①：

青灯小院夜闻歌，百二山河梦里过。月色初亏风渐老，腰围半减病方瘥。于今行后音书少，忆往情怀涕泪多。听彻秦声幽咽甚，万千心事诉嫦娥。

10月初，抵达洛阳，至次年5月，任第一战区长官司令部同上校秘书。

《程应镠自述》：

十月初才到达洛阳。洛阳是九朝旧都，这时，是抗日战

① 题下自注：时八月十七日夜。

争的一个军事中心。我工作的地方就是中原地区最高的军事指挥机关。这算是我第二次从军了。但工作十分清闲,天天与我为伴的是从省政府图书室借来的一部四部备要本的《通鉴》。时事与历史,都使我感慨万端。

1968年8月3日“‘文革’交代材料”:

到洛阳之后,赵荣声即领我去见郭寄峤。我之来洛阳,是赵荣声向郭寄峤推荐由郭作的决定。郭寄峤当时是一战区长官司令部的参谋长兼第九军军长。据赵荣声说,郭寄峤原来的秘书为刘毓珩(即陈其五),因为在洛阳呆不住了,去了新四军,他便想到了我。他认为我这个人“色彩不浓,而又同情共产党”,是比较合适的人选。赵当时是共产党员。

郭寄峤有一个弟弟郭麓峤,是赵荣声的中学同学,那时在河南省政府当秘书,我到洛阳之后,便住在郭麓峤的办公室。约有半个月之久,什么事也没有,我只得翻阅河南省政府所藏的古书。管这个图书室的是赵荣声的爱人靳明(原名靳淑娟,也是我在燕京大学同学)。由于赵荣声的关系,我认识了陈元、丁致中、夏道平、段念兹(即段念慈)、孟用潜、余贻泽、江兆菊、谢东平等人。

在这里半年多,不要办公,又没有具体工作,郭寄峤不叫我去,我也不去他的办公室。因此,我那时的生活是“悠闲”的,我对现状不满,郭寄峤也觉得我这个人没有什么用处。半年中,我为郭起草过几次讲演稿和文章,一次也没有被采用过。除此之外,还参加过几次扩大的纪念周,担任记录。这种扩大的纪念周,总是卫立煌讲话,我和赵荣声、陈元、夏道平等记录,整理这个记录发表的则为陈元。这一期间,我写了许多旧诗。

《我第一次的工作》:

> 我第一次的工作便是和我的长官——战区司令部参谋长——写纪念国庆日的文章。当时和我做同一工作的有我在燕京大学时的一位同学,有一位清华大学毕业的,有两位武汉大学毕业的。我们五个人都是秘书,我和一位武汉大学新来的是上校待遇,另两位中校,还有一位是少校待遇的。①

有《移居长官部志感》自道心声:

> 小小园林一月居②,偷安得似武陵渔。未能夷简同高士,且学嶒嵘写谤书③。此日文章等糟粕,一秋风雨费舟车。来春好遂南归愿,返我儒冠与俗疏。

期间,与王逊、熊德基、赵宗复、李宗瀛和李宗蕖等保持着信函往来。据李宗蕖《我踏进了大学的门》,"应锷常有信来,我回得少些,在广播电台打工之后就回得更少了"④。在《春潮》中对来洛从军后的这种身份与生活大感失望:

> 为了一个梦,我走了一万里路,到洛阳来;梦随即破碎了,悲哀地过着"食客"的日子,有好几回我问自己:这生活能过得下去么?⑤

编年文 《门外谈诗》《墓》《作客》《参谋长》《一个人和那个人所说的故事》《一家一家就这样的散了》《登革热》(收入《一年集》的《寸草春晖》《母亲》《第一个春天》《江轮上》《路》当亦作于是年或上年。)

---

① 《流金集》(诗文编),第 185 页。
② 原注:原住省府南院,地幽僻而饶园林之胜。
③ 原注:谓近作《罪与罚》。
④ 《留夷集》,第 52 页。
⑤ 《黄河》1943 年第 4 卷第 5 期。

编年诗 《留别成骏百年志鸿》《宁羌醉中作》《白龙江边待渡》《褒城月下简郁廉》《出蜀有感》《西京病后闻歌》

1941 年 辛巳 中华民国三十年 二十六岁

仍在战区长官司令部，工作之余，频频有小说、散文与政论发表，而期间旧诗创作在抒发家国之感同时，更有难以作为的压抑与苦闷，对国民党军抗战现状深致不满。

1968 年 8 月 3 日"'文革'交代材料"：

> 这一期间，除了写旧诗，我还写小说和散文，有的寄到重庆《大公报》发表了，有的则在洛阳发表。在洛阳发表我的小说的报刊，一为《阵中日报》，是这个报纸的副刊编辑来要的，但他的名字我记不得了。一为《北战场》，这是谢东平主编的一个月刊，我把长篇小说《京儿与小庆》的一部分交给他发表了。

《岁暮诗四首》①：

> 其一：肃肃霜飞岁又残，感时难得此心安。愁边雁过江南去，云外山从直北看。鼙鼓声中悲落日，烽烟台上怯高寒。平生剩有澄清志，惭悔儒冠莫自宽。
>
> 其二：十年南北东西路，一夕悲欢离合情。华发早生心益苦，文章无用意难平。倚门乡阙萱堂梦，忆弟池塘春草生。此日洛城千万意，说来唯有泪纵横。
>
> 其三：南游滇越西巴蜀，北过秦雍又洛伊。万里关山看不厌，一秋风雨愿相违。身经百嶂千峰地，梦坠三更五鼓时。杜老苦吟情不减，难将形胜论安危。

---

① 题下原有小序：余闲居寡欢，寒云冻树，独对凄然。想明时于已远，抚近事而伤情。岁且云暮，发为短章亦以遣怀。

其四:河南河北传烽火,江右江东遍虎狼。旧日衣冠皆左衽,此时粉墨又登场。遗民泪尽胡尘里,王业偏安杜宇乡。忍向樽前说旧史,汉唐盛事已沾裳。

《暮冬野望》:

今年冬日如春暖,腊鼓咚咚未放梅。塞上江南殊气候,他乡故国阻尘埃。墟烟寂寂依村路,画角声声绕郭来。苦忆故园好风景,万山环抱一门开。

《十二月八日》:

冉冉光阴寒月初,吏情归思两难舒。风声浩荡市声寂,月影凄凉树影疏。宦里生涯等鸡肋,客中心境似鳏鱼。何时了却平生意,听雨挑灯读异书。

《十二月廿七夜》:

其一:读罢遗山又放翁,文情乐与古人同。耽吟强饮非吾志,弹铗思鱼亦道穷。可耐新霜入青发,但愁孤直比枯桐。阮郎死后深山寂,庾信江南句未工。

其二:梦到江州与蜀州,思亲思友两情遒。平生意已空陈迹,半世忧成作醉侯。大局虽难凭手挽,男儿端不为身谋。山林朝市非居处,欲语吾怀却欲愁。

《洛阳经冬不雪开春后烽警频传因赋长句》:

才放梅花三两枝,江边一树又舒眉。经冬日暖天无雪,来岁年荒鼠且饥。民困应知征调久,边烽频报捷书迟。诸公好画平戎策,莫任苍生靡孑遗。

《西宫怀古》①:

---

① 题下原注:三月廿二日。

川原雄壮拥西宫,万紫千红气郁葱。山接伏牛归大别,水吞伊洛注淮东。千秋霸业今何在,一代风流事已空。最是东风春草绿,鹧鸪仍唱夕阳红。

在致友人书信中也传达了这种情绪。4 月 11 日致李植人信:

植人:

前信收到多日,想等你书寄来再写信,书迄今还未寄到。今日复得滇缄,想昆明景物,和你在昆明情状,更增怀念。

要说的话似极多,每次拿笔,总觉无从说起。安身立命之道,至今还没找到,转眼便是三十,看窗外夜景,十五夜月溶溶,个人心绪,直与此境界极端矛盾。

来洛忽忽六月,所言何止万端,而终不愿一说,盖说来于己无益,而且不免使听的人觉得我已如此年龄,尚不思立身立业之道,今日一计,明日复一计,而又不能任性的作去,把时间精力,都空自耗费了。倘不在今日,这一番话或不至于说,现且止于此,以减轻寄信后的不宁。

冬尽病后,身体颇有起色,读书作文,均不比往日,颇能按照所规定的作去,深自引以为慰。不独生活如此,即内心亦较平静,想来想去,何处又能如我所想,让我愉快生活。上帝创造了人,也创造了我,一切依自然安排,一切均难强求如一己的想。

你去昆明,对你读书,当是极好。至于别的,也甚难说,或好或不好,当亦非吾人所能预想。人依理智而活动,依情感而丰富其生命,无法避免的不能避免,能想象得到的也许非所能做得到。倘事事作如此想,便好了。

托尔斯泰在《战争与和平》中借两张男人的嘴说生命的

意义。谁是谁不是,我能说?你能说么?但我,至少我觉得我有不同于人处,人说得好,尽讲漂亮话,我只说真实的。I am not like the others! 自在燕京直至现在都如此,你觉得么?

近日颇有好玩的事,容后告诉你。但我并不快乐,这好像于我是无份的。所谓好玩者,因为一些事使我想起很远的事,像水流一般的过去了的,而且我又在体会着自己一种奇怪的感觉。

多来些信。

昆明朋友,可介绍给你的:

一、王逊,清华研究院。住教职员宿舍,你一说,他就会知道你的。

二、钟开莱,同上。

三、李宗蕖、虞佩曹,住女生宿舍。

问好

流金 四、十一

5月13日致李植人信:

植人:

十日来,无时不在警报中。此信到日,也许我已不在此地,你亦不能再往洛阳寄信;或在此信未到之前,为这一个地方失去,你还得为我着一点急。连日阴雨,气令似秋,对此半年来寄之愁病之地,竟如此别去,不禁声泪与俱;此种天气,岂亦象征吾民族之命运乎?总之,我此时万分悲哀,除把我情热寄与此古老的都城以外,实不能更作一语也。

你们在后方,对国家现状,或不如我了解深切;也许你们比我更能懂得生活,但你们不知如何生活,才能对得起生我、育我底这一大片土地,我们从心里爱着的朴实的农民和那些流了血，为这土地献出了生命的死者。同时，你们更不知道恨些什么人，也许还有一点点梦想，梦想那摧残了我们祖国的命运的人们。这时候，说这些话，我忽然想起一些幼稚而自以为了不得的朋友，据说他们都是有理想的，理想真害了他们了。一切，都没有这民族、国家更值得我们爱的！

我现在，同样不知道我要作些什么事？

有许多话要给你说，但我不知如何写法。或许这短短的信里，我所要说的，也不能写得使看的人明白那正确的意义。

没死的人，总是要活下去的。我希望大家不要再做梦，把一切事想想，要重新估计一下流行的标语口号里的意义。要知道我们是病了，已经病得很深很深！

流金匆匆

五月十三日

下次来信望寄河南卢氏一战区长官部机要室交。

约3月，为战区干训团作文学讲座，结识石晓玲。

1968年8月3日"'文革'交代材料"：

在干训团工作的丁致中曾经约我为干训团宣传队讲过一次文学，我讲了俄国文学，着重讲的是屠格涅夫小说中的女主人公。那时，我对19世纪的俄国文学十分爱好，我把这些资产阶级的文学作品捧上了天。那次讲演之后，有几位队员要向我学英文，我现在还记得名字的有陈斗娥、刘凤英。有一个短时期，他们来我的住处听我讲解英文散文。有一次他们带了一个叫石晓玲的来，她曾在西南联大师范学院英语系学习过。我和石晓玲的关系从此开始。那是在1941年的3、4月间。她那时在督察处当译电员。

约略同时，发表《论目前文学五事》，论及对新文学与抗日战争及民族精神的关系：

> 不为口号所拘束，真实的爱这国家的人。不论在战场上，在后方，都默默地在工作；我看过一时期文艺稿件，认识的人或不认识的，当我每回送出一批排成铅字时，我每一次必想起这古老民族的精神，将必在他们手里或粗糙或精致地制成模型，给我们自己作一面上贯五千年下逮百万岁的祖宗子孙的镜子；这民族，若干年来，实太不为自己所了解，为别一民族所误解了。抗战以后，我们有许多无偏见的从事文艺的青年的记述中，多多少少地看出了中华民族一种严肃而又超脱的精神。在军人中，固不论，即愚夫愚妇，一旦家破人亡悲哀之后，轰轰烈烈地作一些动人的事，亦不在少数。山西一省，两年来守节不渝，受国府褒扬的，至少十数起。这便是我们民族的真精神，国家命运之所寄托；这精神，在一些不知名的年轻人笔下，表现得最为真切。抗战以后，无时无地，莫不可以找到动人的材料，在这光明与黑暗交织的现状当中，随手拈来，无一事不可以着笔，都是些可歌可泣的事。喜怒哀乐，怨谩悲愤，泛滥着我们这一代人的心中，我们必可用文字来说明；绘成一幅包罗万象的人生百景。……我们说：只有“五四”以后的新文学运动中诸形式，才是我们今日中国的民族形式的萌芽，正如鼎革以后，我们的政治制度一般。现在政治何曾太好了，但我总不会再抬出那君主专制政体来的！①

稍晚，以“沈思”的笔名发表《关于〈大公报〉“林罗论战”的感想》，对林同济与罗梦册关于当前是否战国时代的论战发表自己的看法，认为中国抗战只能依靠中国人发扬“我以我血荐轩

① 《北战场》1941年第1卷第5期。

辕”的成仁取义的精神，而不能寄希望于任何某个国家来做“人类的救星”：

> 斯大林口口声声说为被压迫的人求“幸福”，天知道，波兰的人民，波罗的海沿岸诸国的人民，是不是忍受得住那种所赐予的“幸福”呢？我们生活在这人类大悲剧重演的今日，实无所希望，无所憧憬。我们唯一的目的，便是为着自己的生存，奋斗着，而不愿接受任何一个国家所给与我们的“幸福”！……我们今日的问题，便是如何发挥我们中国人所崇拜的一流人物的精神。他们的成仁取义的精神，乃由于中国传统的伦理观念而来，乃由于夷夏之辨的观念而来。由爱这土地，爱这土地上所产生的文化，而做到如鲁迅先生所谓的“我以我血荐轩辕”的境界。我们要认识这时代的意义。这时代的意义是什么呢？干脆又干脆，曰在“野蛮”二字。我们反对“野蛮”。在这时代，理性死灭了。人像生物似的活着。过去有一班幼稚的朋友，把一个国家，想得十分美丽，心里认为他是我们唯一的友人呢，是人类的救星。那国家在欧洲的行动，还未能使那班幼稚的人，醒悟过来；现在，那个国家，在亚洲所做的丑事，已完全显露他本来的面目了。我想，我用这“野蛮”二字，来说明这时代，时至今日，大概是不为过的吧。①

6月，因同乡兼同学章浩若关系，转入第一战区第十三军任同上校秘书，主要仍在洛阳。

1968年8月12日“‘文革’交代材料”：

> 章浩若（原名章懋宣），江西新建人，我在南昌省立二中，和他同学两年。后来他留级，转到一中去，在一中编过

---

① 《北战场》1941年第2卷第3期。

校刊。中学可能还没有毕业,就在南昌办报。抗日战争后,1938年我在汉口见到过他,在南昌有[又]见到过他,但都是匆匆一面。1941年,十三军进驻洛阳,在洛阳遇见他。后来,他介绍我去十三军。

1941年6月至次年3月期间,曾随同军长张雪中视察一度收复的郑州,还到过叶县、登封、密县、新郑,招待过记者,参观过名胜,业余在报章上发表对时局的政论,继续小说、散文、旧诗的创作。

1968年8月3日"'文革'交代材料":

中条山战役之后,国民党十三军进驻洛阳,我遇见在十三军当参谋的章浩若。(章浩若原名章懋宣,是我中学的同学。抗战之后,我在汉口和南昌曾遇见过他,好像都是在1938年。)那时,我已不愿在一战区呆下去了,主要是由于我在那里被冷遇。我向章浩若表示不愿再在长官部呆下去了,章即表示欢迎我到十三军去,他在我面前为十三军军长张雪中吹嘘了一番之后,便和我约定了一个时间去见张雪中。我和张雪中是在史家沟十三军军部见面的,张表示欢迎我去,我对张的印象也是很好的。于是我便向郭寄峤辞职,一辞便准了。

我到十三军之后,颇受到张雪中的礼遇。不久,就替他作了两件事。第一件事是为十三军政工队在洛阳演出写了文章,登在洛阳的报纸上。那时,洛阳有三种报纸,一种叫《民国日报》,一种叫《行都日报》,一种叫《阵中日报》。演出的文章好像是以特刊形式在《民国日报》发表的。其他两种报有没有特刊,则不记得了。第二件事是由我请了洛阳的文化人段念兹、孙力夫等人到史家沟去,张雪中和他们见了面,招待他们吃了饭。谈的内容好像是国际形势,主要是苏联的卫国战争。

在长官司令部与十三军期间，与蔡剑鸣曾有通信与往来，并赠诗寄怀。

《怀剑鸣》：

十年江海浮沉久，客路相逢亦偶然。黯黯青灯长夜话，依依别梦暮春天。岭云寂历归村树，落月空明照大川。惆怅乱离无一语，纷纷意绪灞桥边。

1968年8月3日"'文革'交代材料"：

十三军军部从史家沟迁到洛阳西工兵营之后。这期间，我曾同张雪中去过一次叶县。叶县是国民党第三十一集团军司令部的所在地。张这次到叶县的任务是参加会议。这次会议，蔡剑鸣也来了。我和蔡剑鸣见过几次面。

1968年7月31日"'文革'交代材料"：

当时第四师驻地是南漳，他（指蔡剑鸣）到南漳后和我写过信，我也经常给他写信。后来我在十三军工作时，他来过洛阳一次，他是不以我久在军队中工作为然的。

对国民党高层在抗战中的作为大感失望，而对中国老百姓的坚韧精神则深致敬意。

《程应镠自述》：

1941年初夏，洛阳最高军事机关的大墙外，停满了牛车，一辆接一辆，望不到尽头。夜深清脆铃声，常搅人清梦。机关内部纷纷传说要撤退，中条山溃军有的已渡河而南。后来我追叙这件事，在一篇《寄弟渝州》的七古中说：中条大军三十万，一夕曾无片甲回。将军不死战士死，黄河呜咽东流哀。洛中车马今犹昔，侯门歌舞夜仍开。①

① 《世纪学人自述》第5卷，第318页。

《中国的希望》:

三十年(1941)冬天,我去郑州,那时郑州的敌人刚刚退出,在中牟前线上,和敌人只隔了一条贾鲁河,敌我相聚不过一华里。我站在战壕里,一片青青的麦色,映入眼底。一个军官对我说,他们刚一来,老百姓就回来了,一两天便耕了地,下了种子,不多时战场上就一片青葱了。我当时便说,我们抗战能支持这么久,就全靠这些老百姓,我们的仗是真正靠农民打的。①

在军中与夏道平、赵荣声等偶有唱酬,与远在异地的徐高阮、王逊、钟开莱、赵宗复、李植人等友人诗函往来,仍直接表露出这种情绪。

《斗酒即席有怀》②:

斗酒十千笑语开,哀时王粲敢言才。曾闻济世安人略,忍说红羊劫后杯。北国几人歌易水,东都无泪泣高台。遥怜今夜天边月,犹是将军梦里回。

《赠道平兄》:

一天风色暗成昏,欲遣离忧就酒樽。相慰苦无三两语,还论要识兴衰原。书生仗策元无赖,文士哭陵信有冤。我与夏生俱惆怅,夜寒浊酒暂相温。

《春末怀高阮南溪》:

其一:多难悲身世,浮云动客情。一春花事尽,四月野风横。已苦经年别,还惊半夜更。九朝歌舞地,废苑独闻莺。

---

① 《流金集》(诗文编),第155页。

② 题下原有小序:时在座者有畹秋、道平、麓峤、李四滨、荣声夫妇等。

其二：季子黄金尽，犹怜白屋寒。有诗堪作客，无欲能自安。末世稀同调，奇文孰与看？川南瘴疠地，应亦梦秦观。

《简高阮南溪》：

南溪岂已系君心，不见来书慰苦吟。念子情同蜀江水，劳思意比伯牙琴。支离病骨人伤老，荏苒光阴岁又深。怅望滇池旧颜色，夜寒买酒醉中寻。

《赠高阮》：

微言久绝天南北，更有何人说凤兮。道丧吾徒唯待死，时危物我岂能齐？尚书乞米空鸡舞，校尉封侯亦路迷。莫叹迁流悲汉祚，江山兴废鹧鸪啼。

《王逊久不来信有怀并简高阮宗瀛矩孙宗复》：

更为后会知何地，永忆前言挟百哀。览镜忍知生华发，看云欲语上高台。雁飞白夜惊瑶席，梦入青山忆旧梅。此会长吟倍惆怅，北来消息隔蓬莱。

《病中》①：

其一：我意难为俗子论，佯狂无赖食侯门。愁烧绛蜡诗千首，闷系天涯酒一尊。落日黄云怀故国，淡烟芳草忆王孙。世人欲杀君还惜，懒为劳生更断魂。

其二：读罢新词万感兴，怀君久病益怆然。沉沉戎幕人疑梦，蔼蔼停云岁又迁。但得青钱沽白酒，还将乐事饯流年。春来花发堪供眼，待醉论心酒十千。

8月21日致李植人信，对军中生活深表失望与困恼，但又不甘心对抗战无为而归：

---

① 题下原有小序：太白兄有赐新词，因成两律奉寄。

植人：

上次给你信，当先此信收到了。《中苏文化》和《当代评论》都已收到了，谢谢。读你来信，知道你在昆明生活并不好，这恐怕是没办法的事，这罪，或亦我们该受的。算来到北方已快一年，去年这时候，将达宝鸡，接着就是在西安的病；这一年过去，我或已知道了更多的事，生活教我怎样装腔作势，怎样作假，怎样成混蛋……我和生活斗争，有时疲倦了，馁了气，但我那种由祖母所遗传的性格支持我，使我在不能做人的环境中做人，常常忘去一切，生活在自己的世界中，得到一种宁静。植清说我是一个 Suffering hero，话给她说中了。在爱情方面，固属如此，在其他别的方面，亦不得不如此的。但我此时，无半点悲哀，我相信我多少能作一点事，不为自已。

前些时去过叶县一次，回来后，生活极安定，只所遇尽是些与我不同人物，觉得寂寞的很，因此十分沉默，不言不笑，守着，作我所要作的。植人，在贵阳时和你谈的，不知你还记得不记得，我这趟到北方来，就不能空手回去，我要知道一个究竟，假如一旦和别人变得一模一样，叫如我今日一般的人鄙视我，骂我，我亦甘愿。人在某一时期，某一方面，是得委曲自己一点的。还有一句俗话："不入虎穴，焉得虎子"，我假如没这决心，我将来写不出什么来的，徒有愤慨，亦将无用。

又是秋天了，对于季候的感觉，在孤独的时候，特别敏锐。德常已久不通信，燕京友人，今除你外，已不给任何人写信。年青的日子，眼看已过尽了。一种迫近中年人应有的情怀，又困恼，又宁静，千言万语，亦说不出这种奇妙的感喟。

昆明这时，梨子想已上市了；过不久，炒栗子也有了罢！对那地方，真有无边的怀念！假如我去年不走，这时候若还住在树勋巷的话，一夜秋雨后，翠湖树木的芳香将引我去安静地过一两小时，和你说一说我常常有的一种对于季节变换时的感觉，必可得若干愉快吧。

问好

流金

八、廿一

德国向苏联宣战不久，与赵荣声、夏道平、陈元、段念兹等参加过《北战场》召开的座谈会，主题是对苏德战争的看法与预测。遂以"流金"笔名发表《苏德战争的一个史的观察》，指出希特勒正在走拿破仑老路，进而对大战结束后世界秩序的安排提出了己见：

由于历史的事实，我们不相信世界前途悲观到如此境地。两个世纪来的两大主潮，曲曲折折地流在人间；依我们的观察，这回的大战争，东方与西方的，均足以阻止世界上反动势力的成长。新黑暗时代虽有预示，但新的光明日子，亦在黑暗中闪耀。若这看法不错，现在这战争，将如拿破仑的战争，同样结果。但结束之后，世界的秩序，将依民族主义与唯理主义两大原则而安排。新的民族国家将成立；新的政治制度上将依各个民族国家特殊环境根于理性而被创造。①

9月，郑州告警，十三军进驻登封，随军前往。

10月，钟开莱来函赠诗，以诗代书作答。

《岁暮怀人》②：

① 《北战场》1941年第3卷第1期。

② 此诗原以叙代题：开莱十月八日来书并寄诗一章，久思奉答，以文情枯涸而止。今日得高阮蜀笺，复提及开莱此诗，即用郑太傅感怀诗元韵并袭其首句分寄开莱、高阮，用以代书，亦岁暮怀人之意耳。

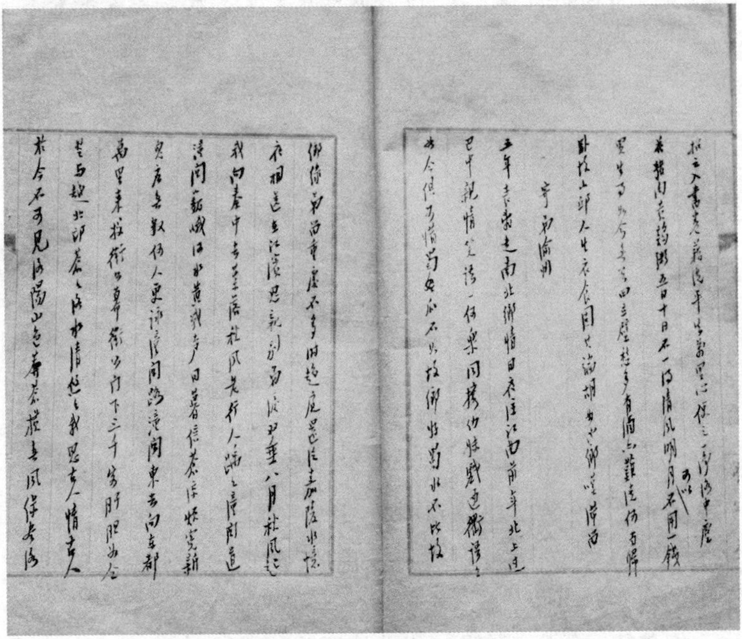

流金诗稿稿本

沉沉戎幕罢衔杯，风急天高雁唳哀。顾我自非题柱客，知君皆是不凡才。天涯踽踽归无计，往事悠悠去不回。且喜故人相问讯，几回翘首几徘徊。

《开莱诗来奉答》：

诗来句句翻云雨，巧语灵思意象真。水影嘉陵牵梦远，山光岷岭入思新。何妨市小堪高枕，那得闲多绝俗尘。想见西窗看暝影，万山屏对一诗人。

是年前后，《流金近诗》曾由《阵中日报》印行，寄赠滇黔亲友。

1968年8月12日“‘文革’交代材料”：

魏某某，原在十三军当副官，后在《阵中日报》当经理。曾为我印过《流金近诗》为标题的我的一些旧诗，约二十首左右。我印此诗的目的，是在告诉亲友我的近状；当时，西南的亲友对我在河南的情况很关心的，我便把印成的这二十首诗寄给他(或她)。这些诗均有存稿。

编年文 《杨》《罪与罚》《小庆与京儿》《登革热》《论目前文学五事》《关于〈大公报〉“林罗论战”的感想》《苏德战争的一个史的观察》

编年诗 《暮冬野望》《岁暮诗四首》《十二月八日》《十二月廿七夜》《洛阳经冬不雪开春后烽警频传因赋长句》《初春早望》《戏咏桃花和念兹兄原韵》《西宫怀古》《四月四夜》《四月五日遣怀》《五月五日作》《病中》《怀剑鸣》《斗酒即席有怀》《赠道平兄》《春末怀高阮南溪二首》《简高阮南溪》《赠高阮》《王逊久不来信有怀并简高阮宗瀛矩孙宗复》《岁暮怀人》《开莱诗来奉答》

1942年　壬午　中华民国三十一年　二十七岁

仍在十三军军部，公务之余仍以读书、撰文、赋诗遣日。岁末年初，鼙鼓声中难抑思亲忧国之情，在旧体诗中有集中表现。

《北邙》：

北邙山色西宫树，感物怀人古帝京。伊洛有情朝魏阙，文章无意问苍生。凄凉乡社归耕晚，零落亲朋客梦惊。少小虽非投笔吏，至今尚有意纵横。

《偶成》①：

漠漠冬寒酿雪天，幽居又值送残年。萧条山市堪沽酒，寥落军书好醉眠。人习喜谈柴米价，吾怀似寄水云边。商量生事无多虑，日读庄生内外篇。

《读海宁蒋百里先生遗文有感》：

板荡神州事可哀，先生空负不凡才。要论事业关时运，岂惜声名付酒杯。慷慨有人歌击楫，栖迟无梦入荒台。青山千载英雄骨，欲吊灵均恨几回。

《寒夜》：

寒夜更声太寂寥，故山归梦最魂销。三千里外思亲泪，应似胥江八五潮。

《洛阳即席赠道平》：

其一：秋至初为别，从军细柳营。几回明月夜，不尽古今情。中岳云山拱，孤村烟雾生。苍茫游子意，唯足与君论。

其二：千里同为客，新交胜旧知。絮谈风雨夜，相慰乱离时。兴极诗盈箧，愁浸酒满卮。洛城寂寞甚，风月尚依稀。

---

① 题下原注：登封大金店。

《立春后一日寄郁廉重庆》:

黄昏依约柳荫情,却见枯枝破碧撑。一夜梦归江汉路,浑疑不在洛阳城。

去年岁末,译电员石晓玲从洛阳来信,告知受到监视与迫害,准备辞职营救。

1968年8月3日"'文革'交代材料":

我接到这封信,向张雪中辞职,把信给他看了。他告诉我他马上要去洛阳,一定帮我把石晓玲弄出来。1942年初,我便同他去洛阳,由于他的帮助,石晓玲在我到洛阳的当天晚上即离开督察处,第二天即由他派了一名副官把我们送到临汝,住在十三军临汝的办事处。后来这件事闹大了,督察处的头目赵理君扬言必得我而甘心。我就由十三军的办事处避居第四师驻地所在的村庄。

在移居十三军临汝办事处近两个月与避难村居期间,恰值旧历新年,尤其难抑思乡忆亲之情。

《岁暮村居即事》①:

岁贫汝颖村无酿,地僻鳞鸿信未通。短日送寒知岁晚,青灯黄卷又年终。思亲泪应更声落,忆弟情同汝水东。尚喜此身强健在,未须惆怅感飘蓬。

《除夜思亲》:

其一:十年江海记犹温,久病难安远客魂。骨肉他乡今夜梦,强持卮酒忆湖村。

其二:角鼓声声动地哀,梦归故里不能回。伤心今夜吾亲泪,还为儿孙入酒杯。

---

① 题下原注:临汝。

3月,以督察处头目必得而甘心,便用蔡剑鸣为其开具的“第四师秘书上官灵”护照,亡命安徽太湖县,匿居赵荣声故里半年有余。

1968年8月3日“‘文革’交代材料”:

不久,即避居太湖。去太湖的决定,是没有得到张雪中的同意的。去太湖的路费也是由蔡剑鸣资助的。当时,我对张雪中在我避居临汝之后不甚关心有所不满,曾去过大金店一次。那一次他对我的态度,远不如允许帮助我时那么热情。因此,我远走太湖时,只是写了一封和他告别的信,通知了章浩若,而不征求他的意见了。去太湖的决定,是由于赵荣声那时给我来了一封信,信中表示欢迎我去那里。信上说:“山深树老,水阔人疏,红叶村醪,尚可一醉。”而当时要去西南,路上可能遭遇到赵理君的暗算。

李宗蕖《我踏进了大学的门》:

有一个叫赵理君的国民党特务头子,在河南权势不小,他看上了一个曾在西南联大先修班就读的女孩子,在女孩回乡路过开封时给了女孩一个公务员的职位,并安置在自己属下。此人胁迫女孩顺从他的淫欲,女孩不肯,向在洛阳结识的应镠求救。张雪中军长是江西人,是应镠的同乡;和应镠在去洛阳路上结识的蔡剑鸣师长,是应镠的朋友,他们都劝说应镠把女孩子救出来,只要应镠答应娶她,就由他们出面营救。女孩到洛阳后,正好后来任《工人日报》社社长的赵荣声和他的妻子靳明路过洛阳,就把她带走了。应镠那时被怀疑是共产党,后来被张雪中和蔡剑鸣派人保护出境,逃到赵荣声的老家躲了很久。赵理君后来为了掩盖罪行,竟把一个中学的十几个教师活埋。幸好有一个教师死里逃生,把事情揭露出来,赵被枪决了,应镠才得以和四哥联络，并与赵荣声一家离开太湖县，途经洛阳，绕道广元，回到贵阳，去清华中学教书。那个女孩后来嫁了一个空军。①

有诗记叙此次逃亡情景。

《别汝州》：

杨枝嫋嫋见青柔，春送诗人作远游。珍重多情金石友②，教人欲去故夷犹。

《界首始登舟望月》：

四年不见春江水，今夕舟中亦快哉！明月照人千里远，银涛拍岸几帆回？满船咿呀都儿女，一片氤氲入酒杯。嵩洛风尘成昨梦，平生怀抱向谁开？

赵洛③有《忆程应镠兄长》回顾逃亡来客在其家的行止：

1942 年春，家里了一位客人。后来才知道他叫程应镠，也在卫立煌那儿当秘书。听哥哥说，应镠兄是逃避河南特务的追捕才仓促逃到皖西这个小县城的。我家中人不多，哥哥下面一个姐姐，再下面是孪生兄弟，叫大双、小双。我是小双，才十七岁，刚念高中一年级，就在父亲任校长的安庆六邑联立中学读书。应镠兄也跟着家人叫我兄弟大双、小双。平时我们孪生兄弟陪应镠兄到屋前沙河边散步，采点野花，有时也陪他到县城、黄泥港去逛逛市集，或到学校借些书。到了暑假，皖西天气很热，搬出竹子凉床乘凉，看

① 《留夷集》，第 50 页。

② 原注：谓剑兄。编者注：即蔡剑鸣。

③ 赵洛，赵荣声弟，1949 年后在北京市新闻出版处任职，曾为北京出版社编审。

着星空,海阔天空地漫谈,他谈时事,谈历史,谈往事。他很健谈,一口江西话,乡音很重,我们小兄弟俩很感兴趣。他说在北平燕京大学读书,老师洪业授课甚严,常常要学生用英文翻译中国古诗。他又谈起在燕京大学参加文艺社,开始写诗、小说以及散文,以后在《大公报》"星期文艺"版发表作品,我们兄弟听了很佩服。应镠兄还说他参加过全国运动会①,参加中长跑。这使我们兄弟热心起运动来,自己在屋前小院挖了一个不大的沙坑,练习跳远;还挖了一个洞,用竹子学习撑竿跳。总之,应镠兄的来到使家里平添了勃勃的生气。由于兵荒马乱、家人离散,还时常传来乡下抓壮丁的消息,主客自然常谈起杜甫的名诗《三吏》《三别》。正是这读杜吟陶之际,应镠兄诗兴勃发。一天,应镠兄说写了一首诗要给我父亲看看,并希望我父亲能加以润饰修改。记得父亲对这首诗很是赞赏,因而得以存留下来。当时我父亲或许改动了一二个字。诗里,应镠兄想起了洛阳北邙山和西宫的卫立煌总部,由于牵挂友人而一并怀念古都洛阳。他像伊水、洛水那样情怀祖国希望为国效力,以济时艰。"文章无意问苍生"是反话,恰恰正像贾生那样有意于苍生,只是国民党顽固派不让他实现抱负,暂时只得躲到偏远的小村夕阳中看乡人耕种,由于亲朋稀少,不免时有凄凉之感。应镠兄从"一二·九",就思报效祖国,像班超那样投笔从戎,参加了八路军(1938年他到延安后入八路军是以后才听周游告诉我的)。后又入了卫立煌总部作秘书工作,总想对抗战有点用处。到秋天,应镠兄离开太湖,后来又去了大后方,以后几十年,南北睽隔千里,很少音讯。②

---

① 应是全校运动会。

② 《京城偶记》,第250—252页。

避居期间,曾有信致赵宗复,略及昆明旧事:

忆二十八年此际,正兄与矩孙到滇之日,树勋巷雨夜青灯,畅叙幽情,乐何可支!今各分离,相见不知何日。高阮与兄俱在北方,而不得相闻,矩孙久无消息,宗瀛、则良、黄刊分处云贵,相悬万里。前事如昨,而寒暑已四易矣。白头如新,倾盖如故,亦匆得耶!近寄阮兄诗有"岂恨相悬如日远,但悲难复对床吟"之句,丁兹世乱,今此实大可悲也。家在江南,距此仅三百里,久陷于敌,每因风怀想,辄为泪下。近念阮兄,若渠尚在津养疴,颇思涉江而南,家有良田美宅,地近大江,鱼虾肥美,倘能得共阮兄徜徉其间,逍遥岁月,似亦无不可。①

避地期间,有诗记述其地风物与此行感慨。

《初夏述怀》②:

其一:山中梅雨初收日,江上轻帆饱挂时。一片夕阳翻石壁,数家农妇倚柴扉。乱离久作还家计,悲愤难为乞食词。戎马二年惭报国,功名岂逮挂冠期。

其二:湖山虽好敢淹留,忆昨滇南接俊游。少日文章轻贾谊,当时意气薄名流。传经心事今还在,忧国情怀总未休。待得秋来乘传去,拾遗有笔似吴钩。

村居读希腊罗马史与《宋元学案》《十八家诗钞》等古籍,自觉治史才是应该致力的事业。有《病余》诗自述其志:

病余岁月似还山,得意希罗古史间。损益可知千载事,

---

① 此信摘自所作《南行》(刊于《黄河[西安]》1943 年第 5 卷第 1、2 期),文中只说"和在山西的一个朋友写了一封信",但信中说"二十八年此际,正兄与矩孙到滇之日",证以此前 1939 年之事,应即赵宗复。

② 题下原注:卅一年六月太湖。

蹉跎已负一官闲。希罗多德真吾业,凯撒庞培失旧颜。怀古怀人情不浅,短灯挑尽意犹悭。

5 月,《一年集》列入靳以主编的“烽火文丛”之五在重庆出版。

张泽贤《烽火文丛》:

封面印有“烽火文丛”,版权页印有“烽火丛书之五”,书前有“烽火文丛”书目。全书 111 页,无《序》《跋》,收散文 13 篇:《寸草春晖》《母亲》《一生》、《故乡小景之一》、《故乡小景之二》《故乡小景之三》《第一个春天》《还乡》《江轮上》《老幼》《路》《秦皇岛上》《溆江小记》。①

姜德明《流金的〈一年集〉》:

抗战期间,靳以主编“烽火文丛”,计收巴金的杂文集《无题》,艾青的长诗《火把》,靳以的小说《遥远的城》。文丛之五,是流金的散文《一年集》,1942 年 5 月重庆文化生活出版社出版。32 开本,土纸本。《一年集》共收散文 13 篇,除一篇外,均写于 1939 年内,故以书名。书为战时流离之作,甚至是一气呵成,读来很有感染力。流金的《一年集》,诞生在抗战烽火中,又被靳以编入“烽火文丛”,在我们的抗战文艺史中不应任它湮灭掉。②

约是月,夏道平自成都赠诗:“入洛年华愧陆机,词章羽扇两相违。淮南鸡犬冲霄汉,冀北骅骝卧夕晖。自况应刘同格调,不俦绛灌话轻肥。昆明池水嘉州月,一样梦魂两地飞。”便作《太湖寄夏道平成都》寄酬:

① 《巴金与现代文学丛书》,第 517 页。
② 《守望冷摊》,第 110—111 页。

其一：二月南行未寄书，卜居谁计此山隅。长江于我如天堑，短梦因春入舞雩。明月屡愁狂太白，滞留仍困病相如。至今不解青牛句，犹对青松问大夫①。

其二：怀君永夕思难罄，转为平安有报书。相见或期今夜梦，问讯难寄水双鱼。洛阳好句留春暮②，嘉定新诗足细娱③。倘有文君堪市酒，何如为肆在成都？

而与程应铨、李宗蕖、蔡剑鸣、徐高阮、钟开莱、李宗瀛、王逊等亲友诗函通问更为密切，寄托离情别绪与志趣心怀。

《四月廿一日有寄》：

故人有约青山老，及壮犹思梦是家。文字千秋空想望，才情一代负春华。秦关蜀栈风波恶，洛水嵩云岁月赊。记否昔年江海去，曾因芳讯问天涯。

《寄弟渝州》：

五年丧乱走南北，乡情日夜注江曲。前年北上过巴中，亲情笑语一何乐。同携幼妹戏道衢，语语如今俱可惜。蜀瓜不如故乡好，蜀水不比故乡绿；弟留重庆不多时，趋庭还泛嘉陵水。忆夜相送在江滨，思亲别弟泪双垂。八月秋风起，我向秦中去；叶落秋风老，行人踽踽潼关道。潼关巍峨河水黄，战声日暮倍苍凉；烦怨新鬼应无数，何人更咏潼关路？潼关东去向东都，万里来投卫公幕；卫公门下三千客，肝胆如同楚与越。北邙苍苍洛水清，悠悠我思古人情；古人于今不可见，洛阳山色莽苍横。西风吹尽洛阳草，四月南风

① 原注：道平有信寄荣声询余近况。

② 原注：去年道平与余同在洛阳卫公幕中，道平有句曰：洛阳三月花如锦，今古情怀迥不同。

③ 原注：道平返川后游嘉定诗有曰：缥缈山灵应识我，征尘未染此心丹。

复又生。滔滔孟夏南风多，胡马南来欲渡河；中条险巇惟鸟道，四年胡马未能过；古称在德不在险，山高水深奈敌何？太行西下如风雷，山中白日蔽尘埃；中条大军三十万，一夕曾无片甲回。将军不死战士死，黄河鸣咽东流哀。洛中车马今犹昔，侯门歌舞夜仍开；昔人唯道南中苦，云山北望千行泪；今人苦怨洛阳尘，说到南中泪如雨。岂关南北风景殊，哀乐之心判如许。八月烽烟起郑州，我随细柳下登密。中岳云峰耸天汉，箕颍风高邈难及。讲院犹存昔贤像，少林尚见达摩石。我生虽当三季后，依依窃慕古人节。秋风张翰莼鲈思，命驾营中苦不速。十年湖海事多乖，何必人间徒碌碌！二月春风始南行，桃红杏白柳青青。颍川东去五百里，入淮好与白鸥盟。淮水长流向江海，白云皛皛川上平。我生二十气纵横，淮南月夜万里犹梦骑长鲸。不向淮南攀桂枝，行行日近长江水。大别东来千万山，去江犹有百余里。闻说敌骑尚纵横，波涛汹汹不可渡。不可渡，且留住，山中夜雨思乡泪，江上云飞别母心，四年慈母望归时。今夕山中初见月，夏气炎蒸入初伏，寄诗吾弟如晤语，似觉可以慰幽独。

《八月三日寄蔡剑鸣师长》：

春到淮南卜此居，吾生已分世情疏。若非寄食同飘梗，自可终享饱脍鱼。薄宦原无三日恋，穷乡恐废十年书。圣人门户从今始，已过皆非且学蘧。

《壬午八月廿四日得剑鸣兄信并惠赠三百金因寄兼呈高阮上海宗瀛贵阳开莱王逊昆明》：

世乱迫偷生，山中少欢趣；所亲俱远道，四视惟异类。晨夕望山川，依依念前途。山气夏多佳，江流亦逶迤。如何少年士，沦谪此山隅？忆昔燕赵游，气动震风雷；因遭东夷祸,远迁至南陲。虽多流离感,清言犹可娱。文学王与钟,政事李与徐。庚辰一北行,复别昔相知。萍水逢吾子,风流世所稀;儒术祭征虏,高怀阮与嵇;至情存古道,千载不可遇;感我遭飘荡,视我如兄弟;我远来山中,与世日相违;家书半年断,滇蜀信亦疏;惟日望子信,慰我久羁旅。今晨有书来,语语铭肝肺;赠金念我贫,感之双泪垂。顾身如幽系,何以报琼琚? 秋风江月白,古木夜鸣时。

《简高阮津门》:

寄书未足言心事,百草千花值暮春。岂恨相悬如日远,但悲难复对床吟。生涯落落数杯酒,身世悠悠一散人。大别山边暂栖止,登高只为濯京尘。

《始闻秋风答开莱并简宗蕖》:

其一:万里书来禾黍秋,怀君扶病上高楼。滇南往事如飞鸟,不为愁人更少留。

其二:两年契阔天南北,最是相思值此时。秋色远从山外起,淡烟芳树鸬鹚飞。

10月,由太湖返回洛阳,仍任第一战区政治部主任张雪中私人秘书。曾往密县探访蔡剑鸣。

1968年7月31日"'文革'交代材料":

到太湖不久,他当了第四师师长①,我们之间时有书信来往。我离太湖北上时,路费是他寄给的,那时,我本想经洛阳去西南,到洛阳后,才决定留下来。第四师驻在密县,我到密县去看他,在密县住了几天。这时,他仍劝我早些回西南去,他认为像我这样的人还是教书最好。

① 指蔡剑鸣。

1968年8月3日"'文革'交代材料":

我在太湖住了半年多。秋初,得章浩若来信,说赵理君已垮台,张雪中调任国民党第一战区政治部主任。这时候,我还和蔡剑鸣通信,蔡剑鸣对我在经济上亦时有所资助。那时,他已当了第四师的师长。因此,我便决定离开太湖北返,到洛阳再定行止。我和石晓玲是在这年的阴历八月中秋前后离开太湖的。走到界首,石晓玲决定回开封老家,说等我到洛阳定了行止后再回来。我则一人去洛阳。到洛阳时,张雪中和章浩若都已去重庆。张雪中从重庆回洛阳的当天,我和他见了面。他希望我为他搞一些文化工作,帮助他读一点书。在他的支持下,我组织了一个《北京人》剧团,其中有政工队的人,也有抗宣演剧一队的人,也有四维小学(政治部附设的小学)的教师。我现在还记得的演员为白兵卫、钱之光、李秉忱、梁某(抗宣一队队长)、陆世芳(四维小学教员,孙力夫的妻子)、尚西燕、李某(女,在《北京人》中饰女主角的)。

北归途中有诗纪行。

《淮南江道中》:

一年两度淮南路,前值东风后值秋。归计未成仍碌碌,征途此去转悠悠。劳生天际双鸿雁,病卧沧江一钓舟。赖有老聃堪领略,微躯若未困贫愁。

《到洛阳寄泽蓁开封》:

北邙山色西宫树,今日重看似梦中。落日断桥多绮思,秋风吹梦洛阳东。

编年诗 《读海宁蒋百里先生遗文有感》《寒夜》《洛阳即席赠道平》《岁暮村居即事》《除夜思亲》《立春后一日寄郁廉重庆》

《偶成》《病余》《简高阮津门》《临汝初春》《别汝州》《界首始登舟望月》《淮南江道中》《初夏述怀》《山中雨霁出游作二首》《四月廿一日有寄》《北邙》《太湖寄夏道平成都》《寄高阮》《寄弟渝州》《八月三日寄蔡剑鸣师长二首》《壬午八月廿四得剑鸣兄信并惠赠三百金因寄呈高阮上海宗瀛贵阳开莱王逊昆明》《始闻秋风答开莱并简宗蕖》《秋后三十余日仍热感赋》《十二月七日答念兹西安》《到洛阳寄泽蓁开封》

1943年　癸未　中华民国三十二年　二十八岁

春,在洛阳军中把第一战区政治部所属抗宣演剧一队和原十三军政工队演员合并成立了《北京人》剧团,以负责人身份主持《北京人》的演出,发表《〈北京人〉的悲剧精神》予以诠释。

1968年8月12日"'文革'交代材料":

> 决定排《北京人》,也是我的建议。当时,我很喜欢曹禺的剧作,《雷雨》《日出》《原野》的演出,我都看过。尤其以《原野》的演出给我的印象最深。这是在昆明由闻一多、孙毓棠和凤子等人演出的。当时,只有《北京人》和《蜕变》的演出我还没有看过,于是就决定演《北京人》了。演出的剧本决定之后,也就决定以这个剧名作为剧团的名称,接着就成立《北京人》剧团。当《北京人》演出之前,我曾写过一封信给剧作者曹禺,希望他能为《北京人》在洛阳演出写一篇文章,在洛阳的报纸上发表以扩大影响。由此可见,我当时是唯恐这个剧本的演出为毒不深,为害不广的。(我那时并不认识曹禺,我去信后亦未得复信。)……我到反动的十三军不久,为这个军的政工队在洛阳的演出而吹嘘。我在这次演出而写的文章中,颠倒黑白,说这个军队是抗日的军队,因而它的政工队也是宣传抗日的,演出就是抗日宣传工作的总结(大意如此)。当

时《大公报》记者子冈正在洛阳，看了这篇文章，说我“真有一手”，我还很得意。

《北京人》在洛阳演出了二十天，后又去第一战区长官司令部演出过一次。

1968年8月3日“‘文革’交代材料”：

张雪中对这次演出很满意，送了我一笔钱作为酬劳。我记得那时从洛阳不断有人从上海、北京去后方的人，有一次沈兼士从北京去重庆，张雪中要我陪他去看他，请他看了《北京人》，吃了饭。沈兼士为张雪中和许多人写了条幅（沈兼士是国民党的一个学阀）。《北京人》后来还专门去长官部演出过一次。除了演出《北京人》之外，张还要我过问《阵中日报》。《阵中日报》的工作，我是通过孙力夫去做的。当时，主要是抓社论，我为这个报写过两篇社论，一篇为《法兰西之魂》，一篇谈的是语文教学的问题。

1969年4月15日“‘文革’交代材料”：

当我得到张匪雪中赏识的时候，便颠倒黑白，宣传国民党十三军是抗日的军队，用以迎合大地主、大资产阶级欺骗人民的需要。这时候，我是感到“自由”的，只是嫌官位还不高，权力还不大。这时候，我还把民贼独夫蒋介石看成是“抗日的领袖”。国民党统治的腐败，我是有所认识的，但只停留在现象上，认为是某些人的过错。我看不见它腐朽的必然要灭亡的本质，我幻想它改良。欧洲历史上的“开明专制”，和洛约拉对于反动教会的改革被我看作可以作这种改良的历史根据。

当准备进一步开展进步的文艺演出时，遭到了十三军中反动分子的诬陷与迫害。

1968年8月3日“‘文革’交代材料”：

1943年4月的一天，政治部正在开会，章浩若跑来告诉我，说政治部主任秘书李我九对我大肆攻击，说自我来洛阳之后，政治部变了质。话还没有说完，张雪中的随从副官来找章浩若，说张雪中大发脾气，把李我九扣押了起来。这件事发生在上午，中午我即离开政治部，搬到钟祥鳌家一间空屋里。章浩若不时告诉我一些情况，其中，我记得最清楚的是黄埔六期毕业生对张雪中扣押李我九这件事很不满，要对我采取行动。于是，我随时准备搬家，将近一个月，搬了四个地方。这时，我已准备回西南了。

日期缺失的“‘文革’交代材料”：

后来正准备演出《蜕变》，即受到当时政治部主任秘书李我九和国民党《阵中日报》的负责人李彬的攻击。这些人大造谣言，说我是共产党。因此，我在洛阳站不住脚。时赵荣声夫妇正从太湖经过洛阳去成都燕京大学复学，我便偕同他们到成都，然后由重庆去贵阳清华中学教学。

4月，决定重回西南从事教育，与赵荣声夫妇离开洛阳，取道西安、成都，6月，抵达重庆，先后往访陈纪滢、龚澎、吴志鸿、吴志元、凤子等同窗或旧友，与弟程应铨、程森荣以及程懋埏、程天放等族亲相晤。

1968年6月21日“‘文革’交代材料”：

由成都至重庆时，李宗沄邀我去贵阳花溪清华中学教书。决定当教师，是受了一些朋友的影响。当我在太湖时，赵宗复曾从山西来信，说他在山西办学校，读陈子昂“前不见古人，后不见来者”的诗，感到办学校“岂非前后皆不见之事乎！”曾给我极深的感受。到重庆时，李宗瀛来信也充满了办学的热情。我当时的心情是"才固忤世甘休隐,学可传人不用媒"。

1968年7月31日"'文革'交代材料":

到重庆约在6月,住了半个月。在白象街陈纪滢的宿舍里住过。陈当时是《大公报》的副刊编辑。在桂燕祥的梦生笔店住过,桂是我中学同学。也在我的堂弟程森荣的宿舍住过。这一次我去探望过的朋友有龚澎,她当时住在八路军办事处;有吴志鸿(中学时的同学,当时在国民党海军部作事),还和吴志鸿一道去看了他的姊姊吴志元(现名吴伟),那时她在《新华日报》;有凤子,那时,她在一个什么文化机关工作,在那里遇到谢东平,从凤子那里知道谢东平是一个坏人;去看过我的堂叔程懋埏,他在什么机关作事记不得了;去看我的堂叔程瑞孙(程森荣的父亲,已故),那时,他在重庆大学作事;去中大看过我的弟弟程应铨,遂和他一道去看了那时在中大教书的堂房姑夫杨家瑜(此人解放前去台湾当建设厅长);在南温泉时,还和我堂弟程森荣去看过远房叔祖程天放,那时他在中央政治大学当教育长。当时我已决定去贵阳清华教书,在重庆颇遭到白眼。去贵阳的车子是燕大同学张鄂联(张芝联的哥哥,解放后闻在天津耀华玻璃厂作事。那时,他也住在白象街,我常常和他见面。他曾约龚澎去他家里玩,我也在)替我找的。

《"一二·九"讲稿》:

1971年我在大丰干校,听到广播播送龚澎逝世的消息,真是呆若木鸡。1943年我从北方回昆明,路过重庆,去八路军办事处看过她,后来又在重庆另一位同学家里和她同吃过一次饭。那时,我们都还不到三十,对许多问题的看法很相近。我们还专门讨论过道德,也讨论过爱情。

1970年《哭森弟》自注：

兄弟中，余与森荣议论最相合。三十年来，相见日少。一九四三年余自河南过重庆，两度访弟于南山，欢谈终夕。

南下途中有诗纪行。
《六月二十四夜》①：

因饥驱我河南去，心恋江湖归去来。蜀水如看章贡水，吾才何似李苏才。花溪此日能为隐，怀抱何时得好开。独夜不眠听雨滴，空山隐隐有轻雷。

《到渝后七叔赠诗因韵奉答》：

来从河朔三千里，奉侍渝州一再难②。壮志未酬惭报国，寸心无语话悲酸。秋鸿春燕故山梦，女嫁男婚异县欢。弟妹喜能承叔意，谢家韵事拭目观③。

8月起，入贵阳花溪清华中学任文史科国文教员。
唐宝心《唐宝心回忆录》：

1942年到1944年称得上是清华中学的黄金时代，教师阵容之强大，不亚初创时期。周董事长④亲自邀请到刘明水、黄淑慎（萨本栋夫人），另外有一批西南联大毕业生陆续应聘来校任教。他们当中有"一二·九"运动中活跃的进步分子董凌云（卓如）、李宗瀛、程应镠等，以及江瑾、夏颂娴、

① 题下原有小序："六月二十四夜侍瑾叔、二姑丈谈至更深，宿沙坪坝中央大学宿舍，不寐。用八叔祖龙泉寄示诸侄元韵赋感。"
② 原注：余廿九年北上过渝，今复过渝。
③ 原注：谓浩妹。
④ 即周诒春。

唐炯炎、徐贤修、费景天、李宗津、王传纶、张景昭、李宗蕖。周董事长的女儿周珊凤刚从美国布雷默女子大学毕业回国，儿子周耀康刚从上海圣约翰大学化学系毕业，姐弟二人联袂从上海通过敌人封锁线长途跋涉来到贵阳，周先生也介绍他们到清华中学来任教。此外，我们还从贵州大学延聘几位教授来校兼课。这一时期，不仅教师阵容强大，教学水平高，而且思想活跃，课余生活极其丰富多姿，校园内生机勃勃。①

自此继续与李宗蕖交往，并正式确立关系，颇有诗词相赠。《醉落魄·三十二年中秋》：

天涯牢落，花溪又值中秋节。故山音信经年绝，遥望江湖，怕见今宵月。千山万水终难隔，故尘满目伤心色。梦中犹是江南北，白发重闱，泪滴罗巾湿。

《南柯子·十月四日寄宗蕖》：

河洛书成夜，昆明信到时，几年别绪尽相思。春草迷离，归路总疑猜。可惜溪边月，还吟陌上诗，好云何事苦归迟。明月初弯，冉冉下山来。

《寄宗蕖》：

欢喜不可说，久雨遇晴日。昨夜秋梦中，仿佛见颜色。未语已先怯，不知语安出。三年走南北，相思数反侧。愧此木石身，难当金玉质；遂令相思意，长逐飘风逝。逝去随复来，弃去仍还集。更愿如春风，长吹入君室。初夏南行日，昆明期把晤；想象旧游地，复得共朝暮。长路云山多，几忘行旅苦。私念别离来，忧乐无从诉。山青水还碧，青碧如思

① 《花溪文史资料》第13辑《贵阳清华中学七十周年专辑》，第26页。

慕。忆在洛阳日，梦绕花溪树。几度寄书来，羡说花溪雾；语语似非真，今在花溪住。

《十二月廿五日宗蕖来花溪作》其三：

思君夜夜上灯初，万种情怀此岁余。记得洛城风雪夜，病中犹寄数行书。

李宗蕖《我踏进了大学的门》：

到了贵阳，直接去了大哥家，那个安在校祠堂里的不大的家。下午应镠来了。“能回来真好！”他说，“我已经接了清华中学的聘，教初三和高二的语文。”我们坐上了宗瀛叫来的马车——一个架在半人多高的两个轮子上的大木箱。车子下了窄窄的坡，上了平坦的大路。聊着、说着，三十多里路不需要多久就到了。应镠谈的主要是他这两年多的坎坷经历，有点像传奇。他讲得很有趣，我和四哥是很好的听众。停车时我们三人都沉浸在遥远北方的那段故事中。下车了，他和哥哥忙着把我的行李取下放在路旁，让我照看行李，他们去学校找车来拉。把行李装上推车时，才发现应镠上马车时脱下的上装不见了，大概是中途掉下了车，而大家忙着聊天谁都没有注意到。这是件质地很不错的上衣，是临行前朋友送的，衣袋里还有蔡师长送的300元钱。这在当时是笔不小的财富，竟在重逢的说笑中丢失了。以后这件事就成了笑话，多次让朋友们取笑过。暑假一结束，哥哥和应镠就送我去贵阳那个在山顶上的小学里去了。①

南来后，深感读书之乐。《至乐莫如读书》：

在中学教书的第一年，溪山风物使我十分留恋，长夜青

① 《留夷集》，第54—58页。

灯,我读《庄子》,读《楚辞》,读《史记》,读《水经注》,读唐宋诗文,作第二天上课的准备,大概是第一次,我感到了读书至乐。那时,我还没有结婚,我的一位女朋友,从城里来度假日,我和她漫步在溪山之间,谈的便尽是这种乐趣。①

颇有诗作回顾北上往事。

《三年》:

三年奔走空皮骨,到此能安且作家。止酒不愁贫无俸,著书可待笔生花。溪山有约行千里,学殖何须富五车!羁绊一官抛弃早,报书应向故人夸。

《七月十五日作》②:

四千里外神驰地,一一都从眼底新。岑岭有情频点首,稻粱无计得闲身。连朝风色夸清霁,一片相思逐水云。观瀑亭前心似镜,拈来诗笔已如神。

《万里南来》③:

万里南来暂息机,吴山东望白云飞。休官未遂还家计,空向千岩送夕晖。

《八月十三夜为七绝句》:

其一:几年别梦西南好,伊洛栖迟梦是家。今日岭云北向望,秋风吹梦又天涯。

其二:黄昏天气似中州,浩浩溪声洛水头。蓦忆天津桥上立,涔涔清泪为伊流。

其三:秋来已老溪边柳,柳色依稀似旧京。仿佛梦中寻

① 《新民晚报》1986 年 8 月 26 日《夜光杯》。

② 题下原注:时来花溪七日矣。

③ 此诗原稿失题。

故道，西山遥指白云横。

其四：年年秋色同为客，北地南中总忆秋。一片花溪溪上月，置身仍在古梁州。

《八月二十六夜作》：

去年今日西南忆，不谓今年复忆北。挑灯磨墨试吟笔，时闻一声饥鼠啮。

《八月二十七夜大雨次晨溪水暴涨浑浊如黄河雨后秋意更浓为成长句》：

万里来从麋鹿游，溪山形胜曷胜收！清流一夜成黄水，叠嶂千峰似晋州。秋入园林思塞马，风吹梧叶乱乡愁。迁流未遂英雄志，何日元龙百尺楼？

执教清华中学期间，与陈新桂订交；旧友胡正谒、李植人亦曾来访，有诗以赠；同时颇有文章见诸报刊。

1968 年 6 月 21 日"'文革'交代材料"：

在贵阳清华中学教了一年书，在这里，结识了一个对我后来在政治上很有影响的人。这个人叫陈新桂。①由于他，我和民盟中的右派小集团有了联系。在贵阳一年，除了教书，还写些短文，有的在重庆《大公报》发表，有的则发表在陈新桂主编的《星期》周刊里，这是青年会主办的一个刊物。

《黔中喜晤植人并寄植清阜宁》：

三年一别时非短，万里相逢事更难。燕冀旧游真梦想，

---

① 陈新桂，1949 年前曾任民盟总部秘书，1949 年任民盟中央宣传委员、《中央盟讯》副主编，1957 年划为右派分子，遣送老家改造。平反后恢复职务。

京黔好聚亦缘欢。有人为国轻珠玉①,羡你成家舞凤鸾。明日还思今日会,客中怀抱欲为宽。

《喜晤正谒兄自滇经筑之桂林》:

相逢同讶三年别,好事还应说滇南②。风雨对床如梦寐,西山有约续清谈。文章我欲惊聋聩,典令君能极纵探。末学何人堪独立,江西风节未应惭。

执教花溪时,颇有诗作寄怀乱离旧友钟开莱、王逊、徐高阮等。

《八月二十八日寄开莱王逊高阮》:

其一:胜会今难再,怀君酒一杯。花溪读书处,唯见白云来。

其二:汗漫思前踪,萧条是此时。相思今夜意,唯有此灯知。

《赠方潜明》:

身行万里半天下,心折诗人唯使君。末世能论希独立,危言敢作竟无闻。江湖有梦终难到,愚智而今浩莫分。想得看山读书日③,忧时只剩句凌云。

10月4日致李植人信谈人生意义:

植人:

昨日宗瀛来,得知近状。一切似乎都安排得很自然:青年,中年,老年,以年龄上说,有其不同处;男人、女人,以性别而论,也有若干差别;结了婚和没有结婚的,又有种种固

① 原注:谓植清。
② 原注:余旅滇两年与正谒同寓树勋巷。
③ 原注:潜明花溪绝句有"半为看山半读书"之句。

定下来了的某些观念；失意的与得意的，各在人前，有相异的分量……人生的解释，根据这一切，成为各样的派别，各种说法。一切俨然都如数学公式，一加一不会等于三。这一年来，常想到这样大，这样不着边际的问题，总觉得十分悲哀。不知为什么，我总不愿世人都如此。一点点幻想，一点点冲动，似乎不应该缺少；对一切事物，必须发生兴趣，假如，一个人开始感到生活疲倦，需要休息，羡慕一个像样的家——有丈夫或妻子，舒适而温柔，那他（或她）的生命，便渺小，空洞，而毫无意义了。在人世间滚来滚去，必须“瞧不起”（并非薄也）人，不崇拜任何偶像，以最大的努力，使自己受苦，快乐，折磨自己，放纵自己。世界上需要这种人，文化的发展，也全仗这种人。朋友们有时说我骄傲，狂，但我就仗这一点点，固执地活下来，以后也将这样活下去。世界上最快乐的人，莫过于能承担得起一切的人，能摔得开一切的人。对于一桩事，要把自己浸进去，久了，才会有种大的力量发生。不能深入的人，不会知道天多高，地多厚。

话说得远了，这都是读了你的信后的感想，作为你的一个诚实的老友，我不得不饶舌，其实，我久已不愿说些什么了。

希望你多读书，暇时多写些信来。植清闻在重庆，她离湖南后，由张经谋转我的信未收到。便中望代致拳拳，并告她给我来信，我不知她地址也。

匆匆

安吉

流金

十月四日

11月20日，在清华中学倡导成立清华文学会，确定“爱与创造”为会训，担任指导教师，曾为文学会亲作关于屈原的学术讲演，并请李宗瀛讲“诗人歌德”，李宗蕖讲童话，陈新桂漫谈杂文。次年 9 月，移居昆明以后仍捐资千元作为会费。①

编年文 《说大》《说小》《初春》《春潮》《南行》《〈北京人〉的悲剧精神》《法兰西之魂》

编年诗 《六月二十四夜》《到渝后七叔赠诗因韵奉答》《花溪绝句》《花溪公园归来口占》《三年》《七月十五日作》《万里南来》《立秋日寄泽蓁》《醉落魄·三十二年中秋》《友人结婚戏为一绝》《花溪水涨奔流如瀑八月四日因为一绝》《八月十三夜为七绝句》《八月二十六夜作》《八月二十七夜大雨次晨溪水暴涨浑浊如黄河雨后秋意更浓为成长句》《八月二十八日寄开莱王逊高阮》《秋夕偶成》《寄宗蕖》《南柯子·十月四日寄宗蕖》《蝶恋花·三十二年八月十二日》《虞美人》《望江南》《廿八初度》《聊寄》《寄上寿七叔四十诗两首》《梦见一首》《黔中喜晤植人并寄植清阜宁》《喜晤正谒兄自滇经筑之桂林》《赠方潜明》《十二月廿五日宗蕖来花溪作》

---

① 《贵阳清华中学志》，第 201—203 页。

卷三　1944—1949 年

1944 年　甲申　中华民国三十三年　二十九岁

仍在贵阳花溪清华中学，寄赠旧游诗作颇及客居生涯，由己及人兼述生民乱离之哀。

《岁末怀旧游兼呈高阮、悌芬》：

岁恶村贫苦闭关，稻粱无计幸生还。难逢名士教挥麈，且为儿童一解颜。踏雪寻梅思往事，清谈薄饮忆诸蛮，梦中重历天南北，欲问苍生意尚殷。

《正月二十一日作》：

昨夜梦还乡，醒来意转恻，遥知慈母泪，应亦枕头湿。辗转不复眠，溪声闻历历。

《喜得祖兄自坪石来信并赐诗奉答》：

七年两向黄河去，慷慨曾思革裹尸。书剑未成惭报国，溪山此住愧为师。乱中久断佳人问，意外欣闻岭上诗。仿佛西窗风雨夜，对床同说别离时。

《民国三十三年五月白怀寄诗读史之作怀乡之什均足动风思余南来忽忽一年溪山遁隐所乐有托然展读故人诗篇亦多感触因为两章奉答》：

其一：千里读君诗，历历见君志。相去几山水，宛如相晤语。引领望山川，感慨亦嘘欷。世乱愤填膺，贫贱多所耻。直道不可行，还当浮海去。自从花溪来，仿佛转童稚。乐此青年人，生命日充沛。梦境溪山多，风雨春难隤！

其二：千里读君诗，仿佛亲君情。怀乡意何挚，使我乡思生。此地如蓝田，亦多春虫声；溪水抱山流，日夜声蹭蹬。客居虽云乐，开卷泪亦倾。哀哀生民艰，父母兄弟分。生既不相问，死亦不相闻。何语慰吾子，勉收泪纵横。

李宗蕖《我当上了小学老师》：

应锷是学生极其喜欢的语文老师。五十年后在他们纪念学校的出版物中，这位老师被写得最多，最热情。那些纪念应锷的文章热情洋溢，深深打动了我。①

8月，与李宗蕖在贵阳结婚。
李宗蕖在《我当上了小学老师》记及婚礼：

那年，贵阳市的小学教师举行了论文竞赛，我用李维的名字写的那篇《语文教学中的默读与朗诵》拿到了头奖，得到了三个月的津贴。我和应锷终于得以用这笔津贴作为结婚时在花溪游山玩水的费用。花溪的山水是天然景点，也不用花钱买门票。三天后我们回到清华中学时，董事长周先生的小儿子用学校农场产的番茄榨成了汁，再买了一些芝麻糖为我们招待了闻风而来的几十个客人。这个没有什么仪式，没有什么举动的"婚礼"，有人说好，有人说太简单。我们自得其乐地为五十年的幸福生活开了头。②

约是月，在贵阳再晤章浩若。

---

① 《留夷集》，第68页。
② 《留夷集》，第67页。

1968年8月12日"'文革'交代材料"：

当我从贵阳去昆明的前夕,又在贵阳遇见他。他那时住在贵阳,母亲妻子都在,我去过他家一次。我去昆明后,听说他后来在贵州当国民党的县长。这是1946年我回江西在南昌听说的。1966年我去南昌,听刘成骏说在南昌遇见过他。我当时是颇为骇异的。我认为像他那样的人,早就该被镇压了。他的一个姐姐是蒋经国的姘妇①,他去贵州当县长据说就是蒋经国的关系。

在贵阳花溪时期,仍在重庆《大公报》副刊、《时与潮文艺》《星期》上发表文艺作品与短论。

9月,婚后不久,以人事龃龉,转赴昆明。有《将之滇作》记其事：

一年邂逅花溪住,临去溪山百有情。梦里温存莺宛转,望中惆怅水清明。论心旧惜青山约,偕老新成白首盟。他日乱平重过此,沧桑应问鹧鸪声。

抵滇之初,与王逊、钟开莱赁居怡园巷四号,因王逊之介入云南大学文史系任教,教大一国文与先修班的世界历史,较接近的同事有陆钦墀。

《程应镠自述》：

1943年夏重到西南,开始教书。在大学教西洋通史,在中学教国文。西洋通史是引起我学历史的兴趣的。在大学读书时,我选修过希腊罗马史、欧洲中古史、19世纪史和现代史。我读过的这方面的近代著作,都很有文采。费希尔的《欧洲史》,一千多页一厚册,还保存至今。从四

① 当即章亚若。

三年开始,讲欧洲历史一直讲到五一年。因为外文不好,在大学学的法语几年不用,连阅读的能力也没有了。当重新回到高等学校时,就完全放弃了外国历史的教学工作。①

与此同时,为私立天祥中学历史科专任教员,兼高二级任导师,先后教过高中国文、文学概论,初三世界史与高初中的体育。同事有冯契与许渊冲等。

1968年7月31日"'文革'交代材料":

我在天祥中学工作了两年(1944年9月至1946年7月)。第一年这个学校的校长为邓衍林,他去美国留学之后,由章煜然继任校长。我是第二年搬到天祥中学的宿舍去住的。在这个学校工作时,我宣传"独立不惧,朴质自然"的个人主义,当时虽然也激起了一些学生对现状的不满,但在本质上,这种宣传是反动的。当1946年我准备离开昆明时,张国士曾问我:"去解放区好不好?"我对她的答复是:"要革命,在哪里都可以,不一定要去解放区。"后来,张国士没有听我的话,去了解放区。……和我较接近的教师为许渊冲,当时他在政治上是中间派,有一定的正义感。冯契也在这个学校教过书。

《师范教育讲话》:

我在昆明办中学的时候,冯契、朱光亚……都在这个[学校]教书。冯契教英文,朱光亚教物理,我教国文、教历史、教体育,李宗蕖教生物、教英文,还管女生宿舍。我们这所学校,很多学生参加"一二·一",有[不]少人去了解放区。

① 《世纪学人自述》第5卷,第318页。

1968 年 8 月 6 日"'文革'交代材料·我和冯契的关系"：

冯契(原名冯宝麐)和我是在昆明认识。大约是在1944 年的秋天,我在昆明私立天祥中学教书时,他也在天祥中学教书。当时,我教高二的文学概论,他教高二的国文。高二的学生很喜欢他,佩服他,时常在我面前提到他。有一个叫张国士的学生和他很接近,时常到他那里借阅俄国文学作品,这个学生和我也很接近。我在昆明时的一些朋友如王逊、欧阳琛、章煜然、胡正谒和他很熟悉,也时常谈到他。

许渊冲《西南联大的师生》：

1944 年 8 月他在贵阳花溪清华中学与李宗蕖结婚,婚后双双来到昆明,在天祥中学任教,后来天祥迁到小坝,他做训导主任,我做教导主任,来往更多,关系也更密。他曾请闻一多先生来天祥做报告,并在他家午餐。他加入民盟也是闻先生介绍的。①

许渊冲《天下第一中学》：

昆明天祥中学是名符其实的天下第一中学,因为她的师资阵容强大,无论古今中外,没有一所中学能够和她相比。教国文的,有全国三届人大代表、江西大学法律系主任胡正谒教授,上海社会科学院副院长冯宝麟教授。教文史的,有中国社会科学院历史研究所副所长熊德基教授,上海师范大学历史系主任程应镠教授,在 1933 年教过杨振宁中国古代历史的丁则良教授,以写闻一多、吴晗传闻名全国的北京大学历史系副主任许寿谔教授(后改名许师谦),曾任

① 《续忆逝水年华》,第 177 页。

辽宁省委秘书长的才子李晓(后改名李曦沐)。……教英文的,则有我这个把中国古典文学五大名著译为英、法韵文,又把世界文学十大名著译成中文的北京大学教授。这样雄厚的师资力量,如果要办一个大学,也是国际第一流的;只办中学,自然是“天下第一中学”了!天祥中学第一任校长邓衍林,是联大师范学院教育系毕业生。天祥中学第一任教务主任是熊德基,他是联大地下党的负责人,和邓校长一样知人善任。①

熊德基1981年春致程应镠信:

我看到别人写的回忆录中,也提到天祥不错。有一次各校教师签名,有你夫妇二人,还有张德基、章煜升等——章煜升不久前逝世,你知道吧?想到你在昆明多年,你们也是活跃人物,故只好找你的麻烦(贤夫人较闲,肯动笔吗?)李宗藻当时在女生中发挥了重大作用,女生有什么活动?②

初到昆明不久,有诗自道由贵迁昆的隐衷,兼忆从军之际怀念滇黔之情,并述志抒慨。

《率成三章》③:

其一:北居日夜忆南鄙,梦接斯文每慨然。匡复有人且揽辔,横流何地着先鞭。驰驱戎马三年后,敝屣功名歧路前。四月南风归计决,飘然又到蜀江边。

---

① 《追忆逝水年华》,第135—136页。原文省略部分列举任教数理化地诸科的名家。

② 熊德基任天祥中学第一任教务主任在1944年8月前,此时,他已离校别去。

③ 诗题原即小序:到昆明一月,颇忆高阮,偶想旧游,遂温往事,率成三章,兼寄宗复山西、宗瀛贵阳、新桂成都。

其二：花溪一载堪留恋，儿女情深复友生。风雨青灯他日话，文章白首百年心。溪山处处皆成梦。鱼鸟依依亦有情。不谓安居才到夏，鹓雏猜意又西行。

其三：四年梦里昆明树，苍绿依然上小楼。议论有心夸独到，边愁无奈入离忧。翠湖明月成新话，曲巷清宵忆旧游。煮酒已难评世局，书生鲜不为身谋。

《十月十七日得重庆友人信因寄》：

人皆逐利轻名节，我亦浮沉任去留。家国阽危忠义绝，扪心欲恸泪难流。

《为人》①：

为人性癖耽孤往，末世天真独不磨。丧乱论交文字始，飘零相问死生多。潜心数理雕肝肾，托兴诗文远鬼魔。伊洛壮游情未已，昆明寂寞只君过。

9月，参加过王逊、丁则良组织的“十一学会”的学术集会，对学会互相标榜不以为然。

1968年8月31日“我和‘十一学会’的关系的交代”：

1944年9月，我重到昆明。我的朋友王逊、丁则良当时是“十一学会”的负责人。我到昆明两三天，“十一学会”有一次集会，讨论吴宓的一个学术报告，王逊和丁则良邀我去参加，我去了。参加了这次学术讨论，我对它是不满意的。我当时的印象是：这是一个互相标榜的地方。我也毫不隐讳地对王逊和丁则良说了。这次集会还有我过去的熟人翁同文，还有以后认识而成为朋友的陆钦墀参加。此外，我记得西南联大教授闻一多、吴晗、潘光旦、沈有鼎，讲师王乃

① 此诗原稿失题。

樑、王佐良，沈自敏（研究生）都是这个学会的成员。当时，王逊、丁则良是要我参加这个学会的；因为我对它表示不满，以后他们也就不提了。

抵昆以后，继续与沈从文交往同时，与闻一多、吴晗交往渐多，与民盟发生关系。开始作政论，呼吁政治民主与思想自由。

《程应镠自述》：

闻一多先生是四四年才熟的，我向他借阅《楚辞校补》的手稿，和他论诗。从屈原、阮籍说到李白，我以为他们都是不满现实，有所追求的人物。从思想境界说到艺术意境，说得很兴奋。闻先生是诗人，又是学者，听我说时，目光像冬天的太阳。我说完了，他说："So far, so good."他还要我读《说文》："不论治史，或是研究古代文学，都要一字一字地认真读一遍。"但我对中国诗的研究一开始便夭折了。为了衣食，我教很多课，尤其是抗日战争胜利到了上海之后。①

1968 年 6 月 21 日"'文革'交代材料"：

这两年当中，在政治上和我有关的人为闻一多、吴晗、丁则良、陆钦墀。1944 年秋，由于丁则良的介绍，我和闻一多、吴晗认识，因此和民盟发生了关系。由于吴晗的介绍，丁则良和我曾在唐家花园整理过图书。唐家花园是民盟一个集会的地方。那时，我和丁则良都不是盟员，但参加过民盟邀集的座谈会。《民主周刊》发行后，我还写过文章，记得的有《"一二·九"回忆》和《一个十九岁的上等兵》。文章都是交给闻一多，由他拿去发表的。对于闻一多，我是很敬重的。那时，他的生活十分困苦，而极乐观，对于像我这样的后辈，完全像朋友一样，一点架子也没有。我认为他是一

---

① 《世纪学人自述》第 5 卷，第 318—319 页。

个强者。我那时受资产阶级思想的影响，认为“个性必须解放”，所谓强者，在我看来，就是一个“独立不惧，朴质自然”的人。当时，我为了宣传这种主张，还写过一篇文章，在陈新桂主编的《天风》杂志上发表。在是否要参加民主同盟这个问题上，我考虑得较久。王逊和丁则良当时都是不愿参加的。直至1946年4月，我才决定参加。

《南北朝史话·后记》：

平生有限的几位师友，吴晗同志是其中的一个。在昆明时，我常去看望他，分别之后，又还通信，虽然不多。①

这一时期，主张政治上取法欧美。据1969年4月15日“‘文革’交代材料”说：1944年，我公开主张在中国建立一个在政治上取法欧美，在经济上取法苏联的国家，取法苏联是假的，取法欧美是真的。

《政治的改革与人的改造》：

此文匆匆写成，实在言不尽意。我们最主要的意思，在于呼吁当政者和社会上思想学术的先进，促成一“恢复人性”的运动，不要再以一套什么来约束人心。人心是不可约束的，尤其是今天，我们都快成为槁木死灰，约束了也没有什么用处。我们必须让每一个有知识的人，有知识，也有感情；让他们在无论哪一方面，尽量表现自己，发挥自己；这样才慢慢可以达到每一个人都有真实的感情、丰富的生活的地步。其具体的办法，开放政权，达到政治上的民主，达到思想上的自由。②

① 《南北朝史话》，第166页。

② 《流金集》（诗文编），第205页。

编年文　《说中》《心声》《政治的改革与人的改造》《新春试笔》《贵州印象》《中国的希望》《花溪的春天》《没有雪的冬天》《“一二·九”回忆》

编年诗　《岁末怀旧游兼呈高阮悌芬》《新春示宗蘽》《正月二十一日作》《喜得祖淳兄自坪石来信并赐诗奉答》《三月十二夜寄郁廉》《四月三日游半边山归来作》《民国三十三年五月白怀寄诗因为两章奉答》《五月十六日作》《孟夏花溪作》《招宗蘽》《病起》《将之滇作》《率成三章》《十月十七日得重庆友人信因寄》《为人》《十一月五日偶成》《为人》

1945 年　乙酉　中华民国三十四年　三十岁

仍在昆明天祥中学与云南大学任教，移居天祥中学的宿舍，经常参加学生举办的时事座谈会。

1968 年 7 月 31 日“‘文革’交代材料”：

> 我是第二年搬到天祥中学去住的。这一年和这个学校的关系也较深。解放之前，我曾在《新民晚报》副刊写过一篇《种树》的短文，说到我在这个学校的一些工作。在这个学校工作时，我宣传“独立不惧，朴质自然”。

1968 年 8 月 6 日“‘文革’交代材料·我和冯契的关系”：

> 1945 年，“一二·一”学生运动前后，天祥中学的学生（主要是高三、高二的学生）时常举行时事座谈会。有一次座谈会，冯契和我都参加了。谈的是国民党反动派在东北发动内战，向八路军进攻。当时，大家对东北的前途作了估计，我和冯契的论点大致相同——这就是不能从一时、一地的失利，一时、一地的胜利来看问题，要从大势所趋，人心所向来看问题。

《程应镠自述》：

在中学教国文是非常开心的。从小就欢喜中国诗，十几岁在一位堂房叔祖指导下读剑南，陆放翁很多七言律诗都背得出来。在北平学习时，对陶潜、杜甫发生兴趣。四二年在安徽太湖，穷山无书，偶得《十八家诗抄》，便爱上了黄山谷。教国文讲《九歌》，屈原对我的吸引更超过以前接触过的那些诗人。①

据许渊冲《天下第一中学》：

姜为藩回忆说：程应镠先生是我们高一、高二年级时的班主任，是非常好的国文老师。有一次他请沈从文先生到他家做客，挤一些时间给我们壁报社开座谈会。沈先生给我们讲了许多问题……这些经验之谈值得有志写作者参考。②

6月，长子程念祖出生后二日，有《真儿初生有作》志喜，并自述经历与志趣：

三十喜得子，所喜志有托。我生三十年，志业最落落。识者怜孤往，愚者恣笑谑。十五诵诗书，二十气磅礴。廿二遭国难，立志填沟壑。两度黄河去，从军在汾洛。目击生民艰，抗言论民瘼。廿八投冠归，传经甘藜藿。得意青云间，性理穷冥索；涕泪阮公咏，壮心结山岳。高吟李白诗，耻效阮公哭。举世在罗网，我欲奋飞跃；心灵自永恒，安用不死药？去年在花溪，喜结同心约，汝母识吾情，慰我长寂寞。汝生才两日，我心即恢拓。汝我赤子心，将令世人觉。及你而立年，我当仍矍铄；我志有未就，汝我同奋作。

① 《世纪学人自述》第5卷，第318页。

② 《追忆逝水年华》，第142页。姜为藩，原天祥中学校友，后为云南师范大学附中校长。

是月起，因沈从文的关系编辑《观察报》副刊《新希望》，邀钟开莱、王逊、丁则良、冯至等师友为撰稿人。

据吴世勇《沈从文年谱》：

年初，沈从文应昆明《观察报》之邀，主编副刊《新希望》，日常编务由在云南大学任教的程应镠负责，直到抗战胜利。①

《永恒的怀念》：

从文先生住在呈贡，每周来昆明上课、改卷子，西南联大给了他一间工作休息的房间。1945年初，他要我参加《观察报》负责人的一次邀请，座中有田汉、安娥。《观察报》副刊由他负责，取名《新希望》，日常编辑工作由我来承担。那时开莱还没有出国，王逊正在西南联大教逻辑学，丁则良教中国通史。我便请这些老友帮忙，直到抗日战争胜利。有一次和王逊到呈贡乡下去，他用上官碧的笔名，为我写一个条幅，写的是我在抗战胜利后一首七律。②

1968年6月21日"'文革'交代材料"：

1945年5、6月间，因为沈从文的关系，我编过昆明一份叫作《观察报》的副刊。这个副刊定名为《新希望》。在这个副刊上，我写过一些短文，狂热地宣扬"独立不惧"和"个性解放"。在这个副刊上写文章的有丁则良、王逊、陆钦墀、冯至等人。

8月末，抗日战争胜利后，与弟程应铨重晤。

《昆明喜晤应铨》：

① 《沈从文年谱》，第263页。

② 《长河不尽流》，第118页。

腾说收京日，边城晤弟初。八月慈母泪，万里故乡鱼。哀乐终宵并，艰难志未舒。连床听夜雨，有梦亦江湖。

在政见上进一步接近闻一多，试图调和闻一多与沈从文关系。1968年6月21日"'文革'交代材料"：

闻一多是不赞成我编这样的副刊的，认为这个副刊是脱离政治的。我不同意他的看法。闻一多和沈从文本来是老朋友，这时，他对沈从文也很有意见，认为沈从文搞的还是老一套，没有进步。但是，我却打算调和他与沈从文的关系。他曾经这样对我说过："过去，我反对过鲁迅。现在我知道鲁迅是对的，我错了。"但是，我却打算调和他和沈从文的关系。我认为他们都是好人。

《人之子》：

那时我多么矛盾，多么固执，想要走近他而又畏缩，觉得是真诚的而又迟疑；有时，我还向往着一条和他不同的道路。不久我编了一个小小的副刊，告诉他时，他阻止我，劝说我不要把生命虚掷，不要信任那个我以为还可信任的人，我没有听他的话。他在我的朋友面前骂我。我自问没有做过违背良心的事，当他骂我的话传到我耳边时，我写了一封信托人转给他，在信里强硬地驳复他的"偏见"。昆明在这一年里不知经过了多少风波。我因职业的关系移居在距城十里的郊外，一星期进城上课三天，最末一次下课后，遇着空闲总到他家去看他。先生始终是宽恕我的，对我也有所期望。他相信有一天我会如他一般澈悟，能跟着他走入"地狱"，"放弃"自己。①

12月1日，国民党政府在西南联大制造了"一二·一"事件。期间，坚定支持学生的正义斗争，与闻一多走得接近。其

① 《流金集》(诗文编)，第245页。

《书愤》当即有感于"一二·一"事件而作:

百死难为魍魉身,哀时有泪亦潜吞。志存家国嗤心性,血写文章论本原。大地烽烟连海静,人生意绪逐江翻。故园亲老归无计,蛮雨蛮烟正断魂。

1968年6月21日"'文革'交代材料":

"一二·一"学生运动,我则较坚定地站在正确的一面,但其动机则在于要求发展资本主义的国内和平。很长一个时期,我认为自己既参加过联大的座谈会,又参加过潘琰等四烈士的奠仪并送了挽联,不能说这也是投机。

《追念闻一多先生》:

"一二·一"以后,有一天我到联大去,在路上碰见他带着他的大女儿也去联大。进了联大的新校舍,他在民主墙边停下看壁报。我说回头去他家里,问他回不回去。他叫我离开新校舍前到壁报附近找他。那时正是冬天,那天又是昆明很少有的阴霾的日子,他足足在那里看了一个半钟点的壁报,等我催他走时,他才离去。一路上,他就和我谈那次的学生运动。①

尚丁《遗札三复待春归——缅怀程应镠教授》:

程应镠在西南联大,是闻一多和吴晗的得意门生,又是往来亲密的挚友。就在昆明西仓坡程应镠常去的吴晗的那间小屋里,在挂着闻一多篆书条幅前。1945年,吴晗和闻一多介绍程应镠加入了中国民主同盟。他是民主运动中义无反顾的斗士。②

---

① 《流金集》(诗文编),第250页。

② 《芳草斜阳忆旧踪》,第322页。1945年应系记误,据次年引1968年8月6日"'文革'交代材料"有1946年"4月即正式加入民盟"之说。

1945 年 30 岁生日在昆明寓所

撰文《论个人主义》,提倡个人的解放,摘其主旨如下:

世界上,从来没有一个民族,未经过一度个人的解放,而能得到解放的。个人主义是达到个人解放的唯一的道路。什么是个人主义呢?照我们的看法,个人主义应当具有两种特点。一为独立不惧,一为朴质自然。所谓独立不惧,就是我们俗话所说的"好汉做事好汉当"的好汉精神。所谓朴质自然,就是我们俗语所说"惟大英雄能本色"的英雄性。要实现个人主义,对于旧的传统,新的传统,是一律要加以否定的。二千年来的孔孟,七百年来的程朱,五十年来的英美,二十年来的苏联,重重叠叠,压在我们身上。五四运动,虽然喊出了打倒旧的呼唤,却来了新的引诱。我们在这新旧的交迫之中,迷了道路,失了魂魄。多少年来,中西优劣,喧论不休。其实,中亦优,西亦优,中西之于我们,不是优劣不优劣,而是适用不适用。我们今日,既不能皈依孔孟,也不能膜拜苏联。我们自己,自有路在!个人主义是使我们重返于健康人性,恢复生命的活力的唯一的路。我们要有勇气去做一切,要有勇气去承担一切。我们要做我们想做的,说我们想说的。让生命的力量充实我们每一个人,让我们每一个人的力量都得到发挥的机会。这样,我们将可找到我们的路,创造一种丰富的民族的生命。①

是年初,收到父亲寄来的衣物。岁中,父在江西兴国去世。据《新建大塘汪山土库程氏家谱》:"懋坤,又谱名懋琨,名觉吾,生年不详,殁于民国乙酉年。"但讣音迟滞,故岁暮益发思念父母姊弟。

《新生》:

---

① 《流金集》(诗文编),第 207—208 页。

一月九日，父亲从江西寄来的衣服，辗转从贵阳带到。路上，已经过半年了。说不出的感激，和流不出的眼泪，充满着我的心胸。又快乐，又怀念。念母，念姊姊，念远在印度军中的弟弟。①

《岁末念母》：

别母已七年，年年远作客。况值干戈际，音书久断绝。忆当别母日，童心犹未歇；忽忽期而立，母发应已白。岁暮多北风，绕屋声惨恻；倚门望远方，母泪应如织。幼弟适异国，大姊滞异县；老父亦飘零，母情真可见。七年岁月赊，艰难惟一面；敌近陷赣州，江西苦征战；我情常恻恻，思亲心如煎。昆明少阴寒，今日亦雨霰。

编年文　《牛车》《论个人主义》《纪念屈原》《花鸟云树》《真我——我说之一》《默想的光——我说之二》《一个冬夜——我说之三》

编年诗　《真儿初生有作》《昆明喜晤应铨》《书愤》《岁末念母》

1946年　丙戌　中华民国三十五年　三十一岁

1月，全国政治协商会议举行，通过《和平建国纲领》，国共双方颁布停战令。据1969年4月15日"'文革'交代材料"："旧政协之后，我梦想走'从实业到政治'的资本主义的道路。"

仍在云南大学任教。任天祥中学训导主任数月，组织迁校工作，请冯契为迁校写歌词。

1968年8月6日"'文革'交代材料·我和冯契的关系"：

1946年3、4月间，我担任了天祥中学的训育主任，主管学生工作。有一天夜里，我去查夜，有很多学生还没有就

① 《流金集》(诗文编)，第117页。

寝,我便催他们熄灯就寝。在高三的一间宿舍外面,当我叫他们就寝时,有一位教师叫许寿谔的跑出来,对我催促学生熄灯的举动很不满,和我争论起来。当时,冯契也在这一学生宿舍,听到我们在争论,便出来排解。事后,我知道许寿谔是"民青联"的,那天晚上,他、冯契和一些学生正在开会。在争论时,我向许寿谔暴露了我的政治立场(当时我和民盟的关系较深,4月即正式加入民盟),对许寿谔对我不应该催促学生熄灯的指责很愤慨。这件事发生以后不久,天祥中学即迁往距昆明七八里地的小坝。当时,迁校的组织工作和宣传工作都是由我主持的,迁校时,我请冯契写过一首迁校的歌词,以后即作为这个学校的校歌。迁校之后,冯契好像就不在这个学校教书了。我记得这时他和赵芳茵结婚,我曾去过他的新居一次。当天祥中学欢送毕业同学(即张国士那一班)时,开过一次晚会。他曾来小坝参加晚会返回。我和他有过一次长谈。这次谈话,他谈到在延安鲁艺(鲁迅艺术学院)时认识天蓝。抗战初期,天蓝曾写过一首长诗《队长骑马而去了》,曾经传诵一时。我们对这首长诗作了一些评论。

许渊冲《天下第一中学》与《西南联大的师生》:

1946年春,天祥中学从昆明南城迁到小坝,我是迁校后的教务主任。训导主任是程应镠,他和闻一多先生很熟,请闻先生到天祥来讲话。闻先生对我们这些联大毕业生心甘情愿在中学教书大加赞赏。他曾请闻一多先生来天祥做报告,并在他家午餐。他加入民盟也是闻先生介绍的。①

自上年"一二·一"事件后即与学生投入民主运动。4月,

① 《追忆逝水年华》,第141页;《续忆逝水年华》,第177页。

加入民主同盟，并为《民主周刊》撰文。

1968年6月21日“‘文革’交代材料”：

加入民盟，还是由于闻一多的影响，当我初回昆明时，闻一多还不是盟员，但他表示一定要过问政治。后来，他加入民盟了，特意告诉我他对民盟的看法，希望我也能和他一样。

在联大离滇前，与许渊冲等参加在龙公馆举办的联大校友会。

许渊冲《西南联大的师生》：

龙公馆举行的联大校友会，是联大离开昆明之前最大的一次餐会，东道主是当时云南省主席龙云的长媳，地点在盘龙河畔龙公馆的大花园中，到会的有联大历届毕业校友好几百人……流金和我都去参加了宴会，那时天祥中学迁往小坝，缺少资金，我们就向校友募捐，龙少夫人也慷慨解囊，算是酬谢联大校友对云南教育事业的奉献罢。①

7月15日，闻一多被暗杀，次日，冒险亲往吊唁。

《人之子》：

我也准备着回我的故乡，等待着可以分到我名下的飞机票。先生的西仓坡的宿舍里。已是十分冷落了。他们的两位公子先去了重庆，在那里等候一家人同回北方。我最后一次去看他的时候，他说他也许比我要晚些离开昆明，叫我不要在故乡久留，快点去上海，他也想到上海去看看朋友。联大最后的一批学生走的那天，李公朴先生就被杀害了。十五号早晨②，一位同学从城里匆匆跑到我家里，说：

① 《续忆逝水年华》，第178页。

② 此当记误。闻一多是参加李公朴追悼会发表演讲当晚被暗杀的，故同学早晨来告必是次日，下文引“‘文革’交代材料”所说16日去医院瞻仰遗体可为佐证。

“闻先生被暗杀了。”年轻的眼睛里盈满了眼泪，声音也有些颤抖。我十点钟雇了一辆马车跑进城去。在云南大学的门口，我看到有人悄悄地进去，我也默默地走了进去。走过两年来不知走了多少回的路，一步步地迈上那高坡；大楼前面站着一些人，楼前高大的柱子上贴着抗议李公朴先生被害的标语。一进大楼，碰见几个我教过的学生，他们无言地领着我向前走去。我顺从地跟着他们，一路上碰到的人，都默不出声。闻先生躺在停尸室的一间小房子的地上，左手蜷在脑后，胸部的衣服是敞开着的，有两个年轻人用棉花在擦洗他身上的血。强忍住泪，克制住留在他身边的愿望，扭转身走了。经过学校的宿舍，我敲开了一个同事的门，约他一起去了×××的家。他家里的人说他不在（后来听说是避入了美国领事馆）。我们无言地在翠湖分了手。我又出了城，走回自己的家。①

1968年6月21日“‘文革’交代材料”：

1946年7月15日，闻一多被暗杀，昆明一片白色恐怖，他的遗体陈放在云南大学附属医院。7月16日，我去附属医院瞻仰了他的遗体。这件事对我是有很大的影响的。我对国民党反动派如此无耻地暗杀一个正直的学者，充满了愤恨。我认识到中国在国民党统治下是绝对没有可能实行民主的了。但我的政治观点并没有因此而改变，我所追求的仍然是资产阶级的民主与自由。

7月下旬，传闻自己也上了黑名单，仓促离开昆明，飞抵汉口，在等候妻儿的日子里，悲愤作诗吊唁闻一多。

1968年6月21日“‘文革’交代材料”：

① 《流金集》(诗文编)，第246—247页。

这一年7月，我一人匆匆离开昆明，把妻、子都留在那里。我到武汉后，等妻、子从昆明出来，在武汉住了十天左右。1946年8月，我和妻、子回到故乡。

《到汉口吊一多师并念滇中师友》：

西南漂泊佳人死，忍泪脱从虎口来。契阔死生诚梦寐，斗争文字疾风雷。望门投宿思张俭，酹酒临江吊楚间。家国阽危忠义绝，江声东去隐沉哀。

《重到汉口有怀》：

汉阳绿树武昌山，百样情怀逐浪翻。南去北来多旧约，东行西上失朱颜。旌旗父老诚无恙，生死艰难岂等闲。障目烟尘怀旧侣，楚云犹映泪斑斓。

李宗蕖《从昆明到上海》：

接连两位先行者——我们的老师闻一多、李公朴——倒在特务的枪口下。应镠的学生们为自己的老师担忧，想方设法弄到了一张机票，催促还沉浸在悲痛中的老师快点离开昆明，并承诺短期内“师母和孩子就可以和你在汉口会面的”。应镠走得很仓促，没有带行李，只带了一只纸盒子，里面是几件换洗的衣服和几本实在舍不下的书。（我）到达武汉，飞机降落在跑道上，立刻有一群货运工人涌进来。他们都赤着膊。看到我还穿着大衣，正手忙脚乱地为孩子脱下一件又一件衣服，都笑了，我也笑了。应镠赶到舱门，看到我的狼狈相，就赶紧接过孩子，让我空出手来为自己“整装”。事先对机舱内外的温差已经有了心理准备，我走出舱门时，已经整整齐齐像个人样儿了！在汉口的旅馆中住了五天，等候船票。旅馆到了晚上热得像火炉，每晚都抱着孩子去旅馆的屋顶花园乘凉，哄孩子入睡，自己却不断地为孩子的哭声惊扰得在半睡半醒中。总算买到了船票,可以在九江换长途汽车去南昌了,“万里”的行程就要结束了!买了去南昌的车票,我们已经几乎花完了全部旅费。①

8月,与妻儿经南昌买舟归里,颇有诗作实录八年离乱终于还乡的情绪与场景。

《还旧居》:

父亲逝世刚过周年,母亲还守着旧日的规矩,穿着重孝。父亲是独子,祖父三十二岁便客死桂林,祖母颤抖的声音,更使我的眼泪像泉一样的涌出,但我终于抑制住了哭声。②

《自南昌泛舟归里门》③:

买舟自南昌,清秋奋诗思。江野旷无人,愀然多所悲。客行逾十年,丧乱久别离。山川殊不异,井邑非故时。自经沦陷后,十室九不炊。妇孺辗转死,土地久废弛。乱定已一年,壮丁犹未归。舟子为余言,感叹亦唏嘘。忽听浆声寂,江水流澌澌。我生经变乱,久矣失仁慈。今日闻此语,不觉泪亦垂。默默俯长流,欲语拙言词。

《到家》:

远客归三伏,离家已八年。蓦然悲喜极,久矣魂梦牵。乐事天伦里,哀心遗像前。夜阑说丧乱,惊悸母犹怜。

---

① 《留夷集》,第76—78页。

② 《流金集》(诗文编),第42页。

③ 此诗作于1946年,题下自注“三十三年故乡”,疑误。诗中“唏嘘”疑作“嘘唏”。

《十年》①：

十年久倦登临兴，邂逅初为九日游。眼底湖山惊壮阔，酒边清碧梦温柔。天明气澈堪高坐，市远身闲得小休。待晚西风吹鬓乱，薄寒如水浸清秋。

入秋以后，曾作散文总名《感旧集》，次年发表的《望庐楼》即其首篇。

《感旧集》小引：

我今已回到故乡，既欣侍温颜，姐妹和弟弟也俱先后回到家，乡里故老虽十年来凋零殆尽，但田庐尤在，衣食之虑也不必忧虑，照理当更无所恋，尤不必有淹留之感。但自入秋以来，夜窗岑寂，所思不论远近，或为虫鱼木石，或是朋友亲师，偶有感触，便随手掇写，虽都不过是一个人的感怀，然亦有关一时一地的兴废，一人一物的气运。②

《望庐楼》：

又十年过去，回家的第二天，到望庐楼去，昔年的花木一点也没有了。只剩下一片空地，小学先生在那儿做体操，仅存的一个大花台子中，竖了一支木竿，一面约两尺大的国旗，歪歪地插在竿头上。楼外那一片树林，也只剩下三两株，小弟弟告诉我说是日本人投降以后，住在我们家里砍了当柴烧的。③

乡居期间，有诗作寄赠亲友徐高阮、熊德基与李宗瀛。

《寄高阮宗瀛上海》：

赋归敢诩田园兴，衣食无营亦苟安。南北此心系烽火，

---

① 此诗原稿失题。

② 《人世间》，1947年第1期。

③ 《流金集》（诗文编），第46页。

江湖是处有饥寒。斗争文字拼刀刃，丧乱亲朋易肺肝。历历望中山色好，秋深迢递慰凭栏。

《柬德基兄厦门》：

其一：还乡未遂清游愿，君已南行我后来。咏史已多悲愤泪，纪程诗好亦堪哀①。

其二：论心犹忆昆明日，曲巷清宵意兴奢，最是绿堤风景好，差池燕羽看移家。

《故乡怀不歧北塞》：

荒凉故宅沈秋感，零落亲昵异旧欢。千斛泪应悲豆煎，一秋闲为警风寒。未成白首归毋亟，得惜朱颜石可刊。慷慨思君天北极，夜阑灯炧意如湍。

回归故里，虽无淹留之感，但毕竟不是舒展抱负的久留之地。李宗蕖《从昆明到上海》：

经过八年抗战，老家已破败不堪，我决定不在这儿住下去；应镠也不应该在这儿住下去，他必须和外面的社会接触，我也不愿意把自己埋在这种灰暗的、无望的生活中。我决定在这儿再住半年，应镠父亲的灵柩接回，归葬入老宅的墓园后，我们就离开这儿，去上海教书是那时我唯一能想到的出路。②

约是年，撰文《论民族主义》，论述民族主义与民主革命及社会主义之关系，兹摘其主旨如次：

近代的民族主义，有心的读者，一定会觉得它和帝国主

---

① 原注：德基兄寄示近作，有读史诗甚多，入闽诗又有"变生伉俪太堪悲"之句。

② 《留夷集》，第79页。

义有一种奇异的混合。资本主义的国家，用一种奇怪的论据来强调它的民族的优越，发展为帝国主义（这本是西洋的传统）。但在那些被征服、被奴役的民族心中，民族主义又演为另一种意义。就我们来看，真正的民族主义，是只存在于这些被压迫的人的心里的。因此，我们又可说，民族主义在某种意义上，和社会主义是一致的。中国的民族革命，或者说，中国的民族主义，和民主革命、社会革命是无法脱离关系的。因此，我们非对后二者有了清楚的了解，所谓的民族主义便无法谈下去了。请读者记得，经我们分析的结果，民族主义是一个十分空洞的名词。①

编年文　《论民族主义》《昆明沉思集》《感旧集》

编年诗　《八月的青天》《到汉口吊一多师并念滇中师友》《重到汉口有怀》《自南昌泛舟归里门》《到家》《十年》《寄高阮宗瀛上海》《柬德基兄厦门》《到南昌有怀百年天津果行南京》《晤屏孙兄有作》《素梅三姑乱定还乡长句哀逝敬步元韵亦以咏怀》《十一月廿九日新晴》《初寒》《喜晴》《故乡怀不歧北塞》

1947 年　丁亥　中华民国三十六年　三十二岁

1 月，仍在新建乡居，有诗纪事抒怀。

《灯火》②：

灯火杯盘酒报春，殷勤珍重百年身。诗来道韫情何厚，归赋东山屈暂伸。烽火田园如梦寐，文章青眼属家人。依依绕屋清流水，隔岸庐山日夕亲。

2 月，由江西故乡抵沪，以西南联大同学翁同文介绍，任新陆

---

① 《流金集》（诗文编），第 210—212 页。

② 此诗原稿失题。

师范学校社会科学系教员。

李宗蕖《从昆明到上海》：

> 尊重老人的意愿，我们接受了过完了年初七才外出的惯例，去上海找工作。只是在孩子的安排上，我做出了让步；留在老家，交给婆母照看。去上海，住房是一个极难解决的问题。总算在一位在堂叔的帮助下，我们找到了一间后楼。要预付的三个月房租，恰好是我前三个月一次发放的工资。在物价暴涨中，后三个月的房租，靠工资来支付肯定是不够的。第二个孩子将在七月底（学期终了时）出生，我们不能不接受这样的条件。接受了，也不能"入住为安"。应镠的工作还没着落，想去山西。山西大学的校长是他大学时的同学，但拖家带口到那么远的地方去就业，也太冒险了。真是天无绝人之路，应镠很快在上海新陆师范找到了一份工作。新陆师范开办不久，校长认为应镠可以既教历史又教语文，交谈之下，很投机，他不仅找到了工作，还分到了一套日本式的住房。我也在附近一个只有六个班级的中学里，找了一个英语教师的教职。一个星期十二小时课。这下，我们的生活可以解决了。①

期间，与师专同事孙大雨、戴望舒来往密切，但未公开民盟盟员的身份；而与民盟总部工作的陈新桂、陆钦墀常往来。

1968年8月11日"'文革'交代材料"：

> 在新陆师范（和师专在一所大楼里，校长亦为董任坚）工作时，我知道孙大雨是民主同盟的盟员，但孙大雨并不知道我是盟员，他还表示希望我参加民盟。1947年下半年，师专盟员，据我所知，只有孙大雨一人。

---

① 《留夷集》，第80—82页。文中所说"大学时的同学"即指赵宗复，但其时为进山中学校长，出任山西大学副校长乃鼎革以后。

1968年6月21日"'文革'交代材料"：

1947年有一个时期，民盟总部设在上海思南路中共办事处旧址。陆钦墀、陈新桂都在那里工作。我和他们常有来往。民盟被国民党反动派打入地下之后，陆钦墀的情绪甚为消沉，对中国的前途，也很悲观。陈新桂则不如此。那时，我比较同意陈新桂的态度。陈新桂随即去了南京，住在他前妻工作的金陵女子文理学院，还不时在《展望周刊》上发文章。

期间，与在沪的燕大旧友宋奇、张芝联、郭心晖也颇有往还。1968年9月6日"有关张芝联的情况的交代"：

1947年2月，我来上海，在新陆师范教书，从宋奇那里我知道张芝联在光华大学。我去过几次宋奇家里。在宋家，可能遇见过张芝联。从宋奇的谈话中，我知道这时张芝联和宋奇的来往是很密的，傅雷和他们也有较亲密的关系。当张芝联还没有去英国之前，我曾去光华大学看过他，也看过他的爱人郭心晖。

5月12日，吴晗来函谈闻一多遗著出版事。

应镠弟：

不但山城快叙，已同隔世也，就是我现在提笔和你通信，也是隔世了，所幸大家都还挺得住，还有这一点热，一点感情，一点力量。不但今天，就是我十年后也还可以见面，不会有生疏之感，以此自慰，并慰亡者而已。

你的文章我见到了，挽词怕要到能纪念时才用。

一多的书已和开明订了合同，最近抄写完毕即寄沪请郭老编定付印。

闻太太在平，前两天还在我处，她也开了刀，身体好多了，孩子们也都好。

内人经去年在沪开刀后,现已恢复健康。

很想暑假能到上海,有太多的事要做,只是能不能来权不在我,这一点你是明白的。

不过,还是有这一么一个希望,暑假见面,假使我还能同你见面的话。

耑候即颂

近安

晗上 五月十二日

7月,长女程炎出生。8月起改任市立师范专科学校社会科学系副教授;兼训导主任。9月起,因戴望舒之荐,兼任上海法政学院教授,每周担任世界通史与中国通史课程各三小时;同时,以陈科美介绍在培明女中、越旦中学兼国文课。

1968年11月24日"'文革'交代材料·我和前私立上海法政学院的关系":

1947年9月,戴望舒(已故。那时他和我同在上海市立师范高等学校教书,同住在师专现名四平路当时称为美其路的新绿村的宿舍)介绍我去法政学院教书。戴当时告诉我,法政学院要教世界通史的教员。这个学院的院长李辛阳是他在法国留学时的同学,问他有没有能担任这一门课程的朋友,他便介绍了我。

《程应镠自述》:

来上海后,教学工作压得我透不过气来。最多的时候,我每周上课三十节,在三所大学、两所中学任教。剩下来的时间,还要在几个刊物上发议论,当然,这些议论引证的都是历史,外国的比中国的多。①

① 《世纪学人自述》第5卷,第319页。

9 月起，与孙大雨、戴望舒等一起支持师专进步学生反对校长贪污学生伙食费的斗争。

1968 年 8 月 11 日"'文革'交代材料"：

> 1947 年下半年，我在上海市立师范专科学校社会科学系教书，校长为董任坚。9、10 月间，我还兼任这个学校的训育主任，因为董任坚贪污学生的伙食费，我站在学生这一面和董任坚进行斗争，11 月被伪上海市教育局撤去兼职。这一期间，我和师专的进步学生有较多的接触，谷钱国即其中之一。学生往往来我家里(那时，我住在师专在四平路新陆村的宿舍)，商量和董任坚进行斗争的问题。在师专教师中站在学生一面反对董任坚的还有孙大雨、戴望舒，他们都住在新陆村。学生来我家商量问题时，孙、戴也在。有时，学生去孙家商量问题，我即去孙家。

1968 年 6 月 21 日"'文革'交代材料"：

> 在反对董任坚的斗争中，孙大雨、戴望舒也是支持学生的。孙大雨想当校长，我曾去南京通过周诒春的关系为他活动过，但没有成功。当时师专两派的学生壁垒甚为分明。进步的学生是反对董任坚的。我记得的有周晓峰、张厚芳、谷钱国、任晓初、孟昭辰等。前面四个学生四八年暑假都去了解放区，解放后回到上海，我都见过面。

秋，因孙大雨、戴望舒加入中共地下党领导的进步组织上海大学教授联谊会(简称"大教联")，积极参加反饥饿、反内战、反迫害的进步斗争。

1968 年 6 月 21 日交代：

> 在这里①，我认识了孙大雨和戴望舒。这一年秋天，他

---

① 指市立师范专科学校。

们介绍我参加了大教联。这个组织,当时对于学生运动是支持的。我记得上海教育界曾经发表支持反饥饿、反迫害和反美扶日的宣言,大教联的成员都签了名。

《回忆大教联片断》:

1947年秋,我任教于上海市立师范专科学校,还兼任上海法政学院世界通史的教授。师专同事,和我来往最密切的是孙大雨和戴望舒。我视他们为前辈。在中学读书,我就喜欢望舒先生的《雨巷》,大雨先生则是我的老师闻一多的同学,沈从文先生的好友。这一年春天,我们都在反饥饿、反迫害的宣言上签过名;接着,和学生一道,反对那所学校校长的贪污,反对国民党的腐朽统治,要求民主和自由。这所学校的学生,时常来我们家里的有周晓峰、张厚芳、任晓初、孟昭长……有时是共商学校大政,有时是学习上的问难。一次印象最深的是他们在同济大学开会,被反动军警打散,不能回学校,直接到我们家里来,一直坐到第二天天亮才陆续离开。大约中秋前后,孙大雨和戴望舒介绍我参加了大教联(上海大学教授联谊会)。这时,民盟已被打入地下,陆钦墀和陈新桂都离开了马思南路为中共代管的那一所房子。孙大雨先生那时已经是盟员。我来上海后,从未参加过盟的组织生活,也没有暴露过我的盟员身份。钦墀因为是在云南大学的同事,新桂因为自1943年以后常常约我写文章,在《天风》这个刊物上,我还十分明确地表示过中国应该走什么样的路,特别是1947午在上海过从甚密,都知道我的政治面目。第一次参加大教联集会,认识了复旦大学很多教授。张志让、潘震亚、周予同、李炳焕、卢于道、陈望道、章靳以都已经作古了,周谷城先生、陈子展先生、张孟闻先生也均届耄耋之年。此外,我记得还有朱伯康和张明养教授。沪江大学教授蔡尚思，大夏大学教授吴泽、张文郁，也都是在大教联认识的。麦伦中学校长沈体兰，在成都燕京大学当过教授，燕京同学葛力出国时，我曾经陪他去过一次麦伦，曾有一面之雅。民盟盟员在大教联中是很多的，我现在还记得的有林穆光、董每戡、彭文应、孙大雨、陈仁炳、赵书文。后来我由尚丁接上了上海盟的组织关系，和他们一起在民盟上海第五区分部过组织生活。沈体兰、李炳焕、朱伯康解放后都入了盟，许杰同志好像也是其中的一位。我在燕京大学时的老师郭绍虞先生，阔别十年之后，在大教联才得重见，当时，他任教同济大学。时光流逝，我参加大教联的时候，才三十出头，可能年纪最轻。①

1968年6月21日"'文革'交代材料"：

我参加过的还有两次集会，一次是欢迎吴晗的，在麦伦中学举行。一次是欢迎周建人的，开会是在青年会九楼。前一次集会，到的人数不多，吴晗问我："孙大雨怎么样？"我把我参加大教联是由孙大雨介绍的事告诉了他，吴晗对孙大雨也过问政治的事感到惊异。后一次集会到的人数较多。这时，我的一些同辈的朋友如汤德明、冯契、郭森麟等都加入了大教联。

徐中玉《论史传经序》：

我们相识得很晚，那是在抗战胜利后的上海。当时我从青岛复校后的山东大学被迫回上海，写作以度日。应镠则在上海师专任教。在上海相识的时候，我们都是民盟盟员，都参加了大学教授联谊会，都已经发表过不少文字。几次交谈下来，发现彼此竟还有些共同的朋友。更重要的是，

① 《上海民盟专辑》，第161—162页。

我们性格相近,喜欢直言,坦率,谈起共同关心的问题,总是一发而不可收。①

9 月,丁则良在赴英留学途中先后来函,介绍航程见闻与感想,11 日来信:

应镠、宗蘽:

我九月九日下午上船,舱位很好。和江泽涵先生同屋。九月十日上午十时开船。到现时已走了廿四小时以上了。船名 Empress of Scotland,重二万六千吨。船上中国人很多。每日三餐一茶。菜味道不好。海上风浪平静,看书写信都很写意。你写的扇面很得人的赞赏。同行的人似乎都比我有钱,带罐头的有的带了一整箱。至于衣服更不必说了。我自己觉得也可以安慰自己,我带了一个不太世故的头脑去。将来总要打出一个天下来。

你们计划如何,在念中。回乡乎,留沪乎?宗蘽□□□□还是多休息好。再谈。祝

□□(原信残损)

弟良上

十一日

10 月 22 日,翁同文转寄丁则良 9 月 27 日函件:

应镠、宗蘽兄嫂:

则良兄函到已多日,忙甚,至今始能转奉为歉。淑蓉想久已返乡,计当亦来书矣。Baby 近况如何?宗蘽如有兴光降约翰一游兆丰公园,请先赐通知,当恭候也。不尽即颂双安!

弟同文手白

十月廿二日

① 《论史传经》,第 1—2 页。

翁子①、应镠二兄同鉴：

别后曾托内子转上二函，谅均收到。此刻已置身红海，明日即可到达苏夷士运河，预计十月六日可到利物浦。红海为全程中最热之地带，昨今两日在百度左右。幸此船并非顺风，否则将不免更热。船上以英国军队为主力，系由日本、香港、孟买等地撤回英国者。次则为中国及印度学生。弟曾与数印度学生交谈，彼等无一不痛詈英国。认为巴基斯坦完全为英人一手造成。现印回冲突渐息，而欲使印度变为康乐和平之国家，当非一日可几。彼等对中国情形不了解，谈及内战，颇令人窘于作答。弟愚见认为印度虽苦，其前途实较中国当为光明也。

英人之种族观念似当不浅。所以船上而论，吃住二项中，印人与英人可享同等待遇，但在同等之中，仍故意将白人与有色人分开。即白人与白人一屋，而中国人与中国人一屋是也。即令有余位可补，亦系使印人与中国人同吃住，而不令与白人在一起。中国人之国家观念似不及印人之强（印学生仍多服印服，不用西人之布料），此其或因中国今日之问题不如印度之单纯，但中国人之反英情绪亦随时显露。在今日尚未大一统之际，国家仍有其意义，而非到外国，似不能深切体会国家地位关系之大也。弟认为英人亦有其长处，在如此艰苦之中，而不放弃其苦斗之意云。rationing system 已实行于船上，烟，酒，均用coupun，饭菜不得过三道，自入红海后，饮水亦将受限制。社会主义之精神端在于公平享受，此点今日英人不分贫富，行之均无怨言。当然亦非无例外。有一大陆报记者 Mr. Shaw，为弟谈及英国，即批评工党甚烈，说将来连空军均将行 Ration 制，此种愤激之语，固非可认真看待者也。不过有二英人均为弟言，如

① 即翁同文。

工党不能渡过危机,则保守党、自由党将走上合作,以推翻工党。由此可知,英国之问题实至为严重。

到船上练习英文,甚有意思。中国学生中能以英文表达思想者实甚少。而印度学生则英文均较佳。有一二香港学生英文较好,但头脑思想则远不及联大出身者之成熟。如中国之像样的大学,能使学生之英文达到能说能写之程度,则出国之后,获益将远较今日之留学生为多,而其成就亦非若干买办子弟所能企及。故今日如下功夫为之,当不为晚,且绝对为有益而无害之事也。在船上常与熊秉明谈话,此君天分甚高,头脑亦清楚。颇为可爱。小徐常晤否?甚念。中秋已近,翘首云天,固不胜莼鲈之思也。

则良拜上

廿七日

岁末,为支持上海师专学生的斗争,赴南京往访周诒春、顾毓琇与陈雪屏,与葛果行、刘成骏相晤。

1968年7月31日"'文革'交代材料":

在葛果行家中住了一两天,在刘成骏家中住了一天。这一次是为反对董任坚而来的。那时,上海师范专科学校学生反对董任坚贪污学生伙食费,我和孙大雨、戴望舒站在反董斗争这一面。我到南京的目的是找周诒春,请他介绍我去见顾毓琇,希望顾不去支持董任坚。周诒春是我在清华中学教书时认识的,他的儿子和女儿在清华中学和我同事,那时任国民党卫生部部长。顾毓琇是他的学生,那时在国民党中央政治大学当教育长。我通过周的介绍找到了顾,顾表示他不能过问师专的事。我又去国民党青年部找陈雪屏,陈雪屏是孙大雨的朋友,我在昆明时曾由于周树人(我在心远中学的同学,现在江西师范学院工作)的介绍认识他。陈雪屏怎样表示已经记不清了。在这之前或在这之后我在孙大雨家中曾经碰见过他。他曾问过我凤子的情况,问她还演不演戏,在上海干些什么①。凤子和她过去的丈夫孙毓棠和陈雪屏是很熟悉的。

1968年8月23日"'文革'交代材料":

1947年冬,我在国民党办的上海市立师范专科学校教书,支持学生反对校长董任坚的斗争。伪教育局长李熙谋亲自来过这个学校,要把反对董任坚的斗争压下去。那时,和戴望舒住隔壁的周大雄(或周大荣)和戴望舒讲,陈保泰很关心师专的问题,建议戴望舒去找一下陈保泰,说反对董任坚的斗争可能得到他的支持。戴把这一件事和孙大雨与我商量。我们认为,找一下陈保泰是可以的,陈保泰当时好像是国民党市党部的要人,而董任坚则是由三青团支持的。后来由戴望舒告诉了周大雄,我和孙大雨还直接去过周家,和他商量去找陈保泰的事。一个星期天的早晨,周大雄陪我们(孙、戴和我)去溧阳路陈保泰家。陈保泰见了我们,我们和他谈了董任坚在师专的贪污罪状。陈保泰却没有对我们作什么肯定支持的表示。

自是年起,在教书之余,以"况且""沈思"等笔名撰写杂文、随笔、时论等在报刊上发表。

1968年6月21日"'文革'交代材料":

除了教书之外,我还写过一些文章,先后发表过文章的报刊,有《文汇报》《新民晚报》《时与文》杂志、《人世间》杂志《中建半月刊》《文讯》《中国建设》《启示》等。《文汇报》是投

① 据1968年7月7日"'文革'交代材料",凤子"当时主编《人间世》杂志,我为这个杂志写稿"。

稿的。《新民晚报》是由于李嘉的关系。《时与文》《启示》和《中国建设》是由于汤德明的关系。《文讯》是臧克家主编的,《中建半月刊》好像在北平出版,文章是寄给吴晗转去的。

约是年前后,曾与臧克家有短暂来往;往访在沪任教的碧野,邂逅谢东平。

1968年7月7日"'文革'交代材料":

> 臧克家,抗战时在武汉认识。解放前,他在上海编《文讯》月刊,曾为这个刊物写过文章。有一个短时期(47—48年),和他亦有来往。……谢东平,解放前,黄碧野和他住在同一所楼房里,我去看黄碧野,曾经遇见过他。后来,听说他到解放区了。①

编年文 《帮忙与扯淡》《望庐楼》《人之子》《追念闻一多先生》《照片》《论天才》(译文)

编年诗 《灯火》《戏答念兹南京》《贺志阽新婚》《病中有怀》《九日游无锡有作》

1948年 戊子 中华民国三十七年 三十三岁

年初,回故乡探亲返沪,取道南京,往见周诒春。

1968年7月31日"'文革'交代材料":

> 1948年初从江西故乡到上海,路经南京住了一晚。这次在南京上岸,是把从江西带来的酒送给周诒春,当晚好像是住在周诒春那里。

春节,设席招待程天放夫妇、陈科美夫妇与弟程应铨的岳父

---

① "他"即指谢东平。据百度百科"碧野"条《大事年记》,碧野"1940年后,先后在荆门前线、河南叶县写成《乌兰不浪的夜祭》等四个中篇",其时,谢东平正在编《北战场》,三人首次交集或在此时。

母等。

1968年7月31日"'文革'交代材料":

> 1947年,我来上海,和陈科美稍有来往。这年的下半年,程天放好像也在上海,我去看过他一次。我那时教西洋通史,在和他的谈话中,我稍稍表示了我当时的政治观点,我以为当时中国民主空气太淡薄。那时,我弟弟的未婚妻的父亲和程天放在美国是同学,曾问过我程天放的近况。(我弟弟程应铨的前妻姓林,她的父亲是在美学城市建筑的,当时住在离我家不远的溧阳路,我住在四平路。)1948年春节,我请林家的夫妇吃饭,便请了程天放夫妇和陈科美夫妇,①还有我的一位远房叔祖程仲远。

仍在上海师范专科学校任副教授,兼任上海法政学院教授,讲授中国通史与世界通史。继续参加大教联有关民主活动。

《回忆大教联片断》:

> 大教联当时的活动是不公开的,开会的地方也常常变动。曹未风的姐姐在培成女中当校长,他自己是光华大学的教授,可能在培成还兼一点课。培成就成为我们经常聚会之所。西藏路上的青年会九楼,和已近郊区的麦伦中学,我们也聚会过。麦伦校舍,当时是很幽静的。沈体兰担任校长,我记得在那里的一次会议,还是在晚上开的。开会是没有书面通知的,只口头传达。我去参加会议,都由孙大雨通知。1948年初夏之前我和他还有戴望舒往往相约同行。大雨先生是每会必到的,彭文应、林穆光也很少缺席。②

---

① 据1968年8月23日"'文革'交代材料","程、陈俱是林在美留学时的同学"。

② 《上海民盟专辑》,第162页。

尚丁《风雨如晦鸡鸣不已》：

如民盟的大学教授盟员，全部参加了中国共产党领导的“上海大学民主教授联谊会”（以下简称“大教联”）。沈体兰同志任“大教联”副主席，孙大雨、彭文应、许杰、陈仁炳、董每戡、林穆光等7人担任了“大教联”干事，参加“大教联”的盟员还有楚图南、夏康农、张文郁、程应镠、杨村彬、王元美、赵书文、顾执中、勾适生、赵铭彝等等，他们都成为了“大教联”的骨干。①

邵华强《恩师程应镠教授与我沈从文研究的点点滴滴》：

邵老师还建议我求教他念大学时的老师程应镠教授，说程先生是沈先生的学生，也是好朋友。邵老师四十年代求学于上海市立师专国文系，诗人戴望舒是系主任。1948年春戴望舒离职，程先生兼代其职，并代授戴望舒原在国文系的课程，与邵教授有了师生之缘。②

夏，因支持学生运动，被师范专科学校解聘；继续在上海法政学院任教。8月起，因张芝联介绍，被私立光华大学聘为历史系兼任副教授，讲授世界通史。

1968年9月6日“有关张芝联的情况的交代”：

1948年暑假，我被师专解聘。张芝联介绍我去光华大学当兼任副教授，教世界通史和欧洲近代史。后来，他告诉我，周尚曾对朱经农（当时光华大学的校长）说我是共产党；朱曾问过他，他说他可以保证我不是，这样，我才接到光华

---

① 《上海民盟专辑》，第18页。

② 《纪念文集》，第352页。“邵老师”，指时为上海师院中文系教师邵伯周。但邵伯周谓“兼代”戴望舒的系主任之事，在本人回忆与“文革”交代中均无提及，疑邵记误。

的聘书。那时,他从英国回来不久,带了一些书回来,他介绍了几本给我,我看过而记得的有 E.H.H.carr 的一本小册子,好像是讲民族主义什么的;还有一本是 Carl Becker(?)的 World History。这些书所持的观点大抵是费边社的。

《回忆大教联片断》:

1948 年夏天,我被师专解聘后,复在光华大学兼课。周熙良当时任教外语系,吴逸民在数学系任教,都是大教联的成员。①

李宗蕖《从昆明到上海》:

就在这儿生活了将近一年半,女儿也已经一岁多了,我决定带着她回大塘去接我的大孩子。回到上海,过了没有几个月太平日子。金圆券狂跌,让最低的生活条件也成问题了。在反饥饿、反迫害的声浪中,学生要求老师对他们支持,老师也因自身所受的迫害,和学生们站在了一起。不久,不仅衣食成了问题,连自身安全也成了问题。生活又没有了保障,我只得把刚接回上海的两个孩子又送回老家,在那里,他们至少还有饭吃。等我再次从乡下回到上海时,应镠已经被师专解聘了,正在找工作。这时,小哥的岳父周先生提出要我们为他照看一下在上海的家,他和老太太要去香港避一避。我们答应了。谁想到这一决定使我们帮助了好几个同学、朋友,逃避了特务的追逐,也帮助了自己。我们是在周先生家迎接解放的,和我们一起得到这座住宅庇护的,还有七八个人呢!②

在光华大学任教期间,与吕思勉同事,常聆其讲论,叹为淹

① 《上海民盟专辑》,第 164 页。
② 《留夷集》,第 82—83 页。"小哥"即李宗津,"周先生"即周诒春。

博渊深。

夏，蔡剑鸣突然来访，对国民党前途表示悲观，决意解甲归田。

1968 年 7 月 31 日“‘文革’交代材料”：

> 1948 年（或 1947 年）将近暑假时，蔡剑鸣来我家找我，他是通过在《大公报》工作的李宗沄知道我的住址的。……当时，他对国民党的前途是很悲观的，他告诉我将不在军队工作了，要回广西老家去。此后，我和他音问即断（当时，蔡剑鸣是十三军的副军长）。

7 月 2 日，在上海文化界《维护祖国安全和独立的声明》上签名。

尚丁《风雨如晦鸡鸣不已》：

> 上海文化界发表维护祖国安全和独立的声明，费孝通、吴晗、史良、沈体兰、孙大雨、陈仁炳、程应镠、顾执中、董每戡、张文郁、胡毓秀、孙晓村、勾适生等 397 人参加签名。①

9 月，参加吴晗南下时的秘密集会，为其寿四十岁。

《回忆大教联片断》：

> 1948 年夏天②，吴晗从北京来上海，住在他的弟弟春曦

① 《上海文史资料选辑·上海民盟专辑》，第 38 页。

② 据《叶圣陶全集·日记》与黄裳《来燕榭文存·拟书话西行书简》，都说吴晗是 9 月南下的。但据吴晗在《1946、1948 我的两次沪上之行》回忆：“1948 年 8 月间，我又到上海了。原来准备第二天就乘飞机到香港，和在香港的朋友们一道进入解放区的。不料当天的报纸登载了到香港买飞机票得凭相片的消息，香港是去不成了。当天晚上西谛（郑振铎）先生就来看我，并立刻用电话通知一些朋友，一起在一个朋友家吃晚饭商量办法。这次我在上海停留了个把月。他谆谆告诫，行踪一定要严守秘密，切不可在公开场合露面。”（《上海民盟专辑》，第 91 页）上海 8 月自是夏天，由于吴晗此行“停留了个把月”，兼之行踪严守秘密，见到叶圣陶与黄裳时已是 10 月初，故推测其 9 月南下也是可能的。

家里。大雨先生通知我，大教联要请吴晗谈谈北京的情况，夜里在麦伦中学开会。我们都住在现在四平路的新绿村，当时叫做其美路。我和大雨从其美路雇了一辆三轮车去麦伦中学。会议由沈体兰主持。吴晗讲了北京的情况，主要是清华、燕京和北大的教授们对时局的看法，反对蒋（介石）是主流。他特别提到了张奚若先生和金岳霖先生，还有北京大学的樊弘与曾昭抡，燕京的严景耀和雷洁琼。潘光旦先生和费孝通，在吴晗看来，是不用说的了。李正文发言，特别推崇清华大学的民主战斗精神，也提到了北京的教授在学术上的成就。我接着就讲了"一二·九"，讲"一二·九"运动中的积极分子都是成绩优异的学生，中国的士大夫和知识分子关心政治，以天下兴亡为己任，和认识是分不开的。这次集会，很晚才结束，大雨先生和我就从麦伦中学散步似的回到新绿村，走进家门已经过十一点了。吴晗来上海之后就去了解放区，我在来喜饭店请他吃饭。这一年，他正四十岁，我说："就算是为你祝寿吧。"席上有春曦，好像还请了陈仁炳作陪，他们两人同年，因此一直留在我的记忆中。我和吴晗说了我所知道的大教联的情况，对于孙大雨这样走出艺术宫殿颇使他感到喜悦。①

尚丁《遗札三复待春归——缅怀程应镠教授》：

应镠自己说是个有点孤僻的人，其实，他是个正义感极强，对同志、对朋友赤胆忠心的热心人。在"大教联"和民盟的大学教授区分部中，他和孙大雨、陈仁炳、彭文应等同心同德地奋战在革命斗争第一线，情深谊重。他对孙大雨从艺术殿堂里走出来，投身于革命斗争，非常敬重。1948 年

---

① 《上海民盟专辑》，第 163 页。

夏,吴晗来上海,他特地向吴晗介绍孙大雨的情况,并安排他们见面共餐。吴晗也为之十分高兴,说他很了解大雨先生的过去,也是一位闻一多那样拍案而起的学者,在北平也有许多与大雨先生交好的共同朋友。当年,民盟的大学教授盟员,全部参加了"大教联",沈体兰担任"大教联"的副主席,孙大雨、彭文应、许杰、陈仁炳、董每戡、林穆光等七人,是"大教联"的干事。参加"大教联"的盟员还有楚图南、夏康农、张孟闻、吴藻溪、程应镠、徐中玉、张文郁、杨村彬、王元美、赵书文、顾执中、勾适生、赵铭彝等等。他们做了很多工作,对民主革命是有重大贡献的。①

冬,接续与冯契始自昆明的交往。

1968年8月6日"'文革'交代材料·我和冯契的关系":

1947年,我来上海,那时我们的一个朋友汤德明(中共党员。在昆明由于欧阳琛的介绍,我认识他。他在昆明和冯契已很熟识)编《时与文》周刊。汤德明时常约我为《时与文》写文章,他告诉我冯契也常有文章在《时与文》发表。那时,我写文章用笔名流金。冯契当时的名字为冯宝麐,冯契是解放后用的。当时是否即用此名发表文章,我不记得。在上海我和冯契有来往大约是在1948年的冬天,我知道他住在同济大学的宿舍,我去同济大学在四川路的宿舍看过他。后来,他搬到礼查饭店(也是同济的宿舍),我也去那里找过他。那时,他在同济大学教书。

是年末或次年初,因陈新桂关系而结识彭文应、尚丁、罗涵先等。

1968年6月21日"'文革'交代材料":

① 《芳草斜阳忆旧踪》,第324—325页。

1948年底或1949年初他又来上海，和张澜、范朴斋住在一起，在中华工商专科学校教书。由于他的关系，我知道了一些民盟的内情——民盟内部的派别斗争，而他基本上是站在张澜、罗隆基一面的。由于他的关系，我认识了彭文应、尚丁、罗涵先等人。解放之后，他又向彭文应推荐我，担任了民盟的组织委员，后来又成为临时工作委员会的委员。

是年，在报刊上频频发表政论与杂文，批判国民党政府的和平阴谋与专制统治，呼吁真正的民主与法治，表明了自己"和人民共在"的坚定立场。据其学术自述或"'文革'交代材料"，"《论所谓中国式的代议制度》，是在一个晚上写成的，天黑动笔，直写到天明，有一万字"；而《论持久和平》"是针对国民党反动派的和平阴谋而写的"。兹摘录相关文章要点。

《论所谓中国式的代议制度》：

近代的代议制度，产生于中产阶级抬头了的国家。中产阶级为工商业发达后自然的产物。这有一部欧洲史可以作证。近代的政党政治和代议制度是民主政治的两面。过去的中国，既不可能有"代议制度"，也不可能有"政党政治"，这是过去中国社会决定了的。①

《痴人说梦》：

七月十八日上海《大公报》发表了一篇《论大学毕业生下乡》的论文。作者罗季荣先生更天真地提出六种基本的措施，恕我说句不好听的话：那更是'痴人说梦'。"民主""法治"……这些调调儿，在我们有现实感的人看来，顶好不要弹了。知识分子不也要求了很多年的民主吗？我们看看

① 《流金集》(诗文编)，第224页。

它的结果:冤冤枉枉的死的死了;扭扭捏捏的甘心做爪牙的做爪牙了;不生不死的在等待着的也在等待着了……民主只还不过是迫害和饥饿。远的且不说,最近立法院连一纸保障人权案都被否决的事实,难道罗先生也不知道么?①

《论持久和平》:

这种斗争,以各种不同的方式出现,或凭政治为武器,或以战争为手段。其目的,则在建立一个以人民利益为基础的和平,一种永久的和平。只有在这种和平之下,战争才会消灭。这种斗争正在全世界进行着。这种战争就在我们的目前。懂得历史的人,便知道人类距离永久的和平已经不远了。行文至此,本可告一结束。但为求读者更易明了我所说的这种斗争正在全世界进行的说法起见,我不妨举一个尽人皆知的例子。十一月二日美国的大选,我们不是也听到了美国人民的声音?美国人民,就利用了他们那个民主制度的武器——不记名的投票——打倒了那个完全代表特权阶级利益的杜威,选了那位比杜威好一点的杜鲁门。在美国这个国家,人民的声音不是无法传达的,由于大选,也使我们得到了一个有力的证明。②

《民主主义的真谛》:

民主主义也是一种武器,社会主义是它的道路。真正的民主主义是包括社会主义的。严格地说,民主主义是一种精神,这种精神,包括自由、平等与博爱。换句话说,这种精神是高度的理智与感情的混合,表现在历史上的,是反君主政治的斗争,反贵族政治的斗争,反宗教的斗争,反封建的斗争,反资

① 《时与文》1948 年第 3 卷第 16 期,署名“况自”。

② 《流金集》(诗文编),第 227 页。

本主义的斗争,反帝国主义的斗争,以至于消灭阶级,消灭战争。它是使我们人类生存到今天的一种维他命。①

《停战乎? 和平乎?》:

这种斗争,或以战争为手段,赢得胜利,求得和平;或以和平为手段,赢得胜利,求得和平,但不论用哪一种手段,必消灭那些剥削者而后已。历史的事实告诉我们:被压迫的人民,是到了非万不得已的时候,才以战争为手段来对付他的敌人的。历史的事实也向我们证实了:那些吮惯了人民的血的统治者,是非到山穷水尽之时,不放下屠刀的。培根说得好:"历史使人聪明。"停战乎? 和平乎? 人民乎? 法统乎? 凡有眼睛的都看得清清楚楚的。②

《知识分子的路》:

今天中国的知识分子,正徘徊在歧路之中。自有历史以来,这也许是第一次,我们得由自己来决定我们的命运:做主人还是做奴隶,进步还是沉沦。这也许还是最后一次,让我们来决定:做人,还是帮凶。这是我们所受到的最严重的一次考验。和过去历史上所遭遇的不同。但现实也有的是启示。知识分子中,除了少数攀龙附凤的以外,大部分苦于迫害与饥寒,更无可被剥夺的长物了。我们今天的命运,正是二千年来被剥削的人民的命运。时势成就了我们。面对着历史,我们的路只有一条:和人民共在。③

编年文　《知识分子的路》《论所谓中国式的代议制度》《痴人说梦》《停战乎? 和平乎?》《论持久和平》《民主主义的真谛》《谈〈混沌〉》

---

① 《流金集》(诗文编),第215页。
② 《流金集》(诗文编),第230页。
③ 《时文》1948年第3卷第8期。

编年诗 《闻宗复以事系狱书愤》《卅三初度》

1949年 乙丑 三十四岁

1月,《一年集》由文化生活出版社列入"文季丛书"改版重印。

仍为上海法政学院专任教授,为政治系讲授中国政治思想史;兼任光华大学历史系副教授(8月起改聘为教授),继续讲授世界通史。年初起,频繁参加大教联迎接上海解放的地下活动。

《回忆大教联片断》:

> 淮海战役之后,我几乎每夜都在孙大雨家里收听解放区的广播,我们估计全中国的解放已经不远了。在这之前,大约是1947年的冬天,我们从广播中听到中共中央估计全国解放和蒋家王朝的彻底覆灭,比我们估计的要晚几年。大教联开会,也讨论过这个问题,大家都希望共产党的胜利早日来临。1949年,大约已经有春意了。在青年会九楼开了一个上午的会。这时,国民党反动派已经由"呼吁和平"变为要"和共产党周旋到底"。周建人先生在这个会上讲了许多话,很多人发了言。这是一个以聚餐为名的会议。我走出会场,走进餐所,周谷城先生和夫人已经坐在那里用餐了。他样子非常安闲,用他那别有风味的长沙官话和我们打招呼。在国民党作垂死挣扎的时候,大教联的会员,只有过一次在陕南新村的集会,是应王艮仲的邀请而去的。大教联存在的日子里,也有过对学术问题的讨论。张志让冷静而入理的分析,蔡尚思热烈而激昂的议论,给我的印象是很深的。对梁漱溟先生的批判,蔡先生的话,当时叫我这个三十才出头的人也感到失之偏颇。谈国际问题,张明养的话是娓娓动听的。从这方面来说,大教联也是当时一个地下的学术团体。①

① 《上海民盟专辑》,第164—166页。

当时借居周诒春的静村四号成为当时地下活动与避险之所。

尚丁《遗札三复待春归——缅怀程应镠教授》：

> 在上海解放前那段黎明前最黑暗的时刻，程应镠在绍兴路静村四号的住所，就成了许多革命者的避难所。他们都在那里受到很好的接待。静村四号是国民党政府农林部部长周诒春的寓所，周在解放前去了香港，请程应镠一家去住，邻居都把他们当成部长的亲戚，正好掩护了他们，成了他们的乐园。孙大雨、陈新桂等同志，都在他家住过不少日子。大雨先生住在那里时，为“大教联”草拟了揭露蒋介石贪污、腐败以及暴行的材料，经常晚上工作到深夜，白天打字，一连十几天。工作完了，自己亲自把材料送交当时美国派到中国来的特使魏德迈，和几家西文报纸。①

2月10日，《论社会主义的成长》在是日出版的《中建》第1卷第1期刊出。

3、4月间恢复民盟组织生活。

1968年8月11日“‘文革’交代材料”：

> 我于1947年2月来上海，直到1949年3、4月间，从来没有参加过中国民主同盟的组织生活，和民盟上海市的组织无联系。在师专工作期间，也从来没有暴露过我在昆明是参加民主同盟的。1949年3、4月间，我始由尚丁（孙锡纲）接上民盟上海市组织关系，参加民盟第五区分部的组织生活。这个区分部的专任委员即为孙大雨。

1968年8月6日“‘文革’交代材料·我和冯契的关系”：

---

① 《芳草斜阳忆旧踪》，第325页。

解放前数日,大教联在上海八仙桥青年会曾有过一次集会,人数较多,约三四十人(过去开会,不过十多人或廿人),冯契也来了。这是我在上海第一次看到他参加这样的社会活动。由于我的关系,他为《展望周刊》写过一些文章,也是由于我的关系,他在私立上海法政学院暑期学校讲过哲学。这个学校距我家甚近(当时我住在绍兴路静村四号),我常约他来我家吃饭。

尚丁《遗札三复待春归——缅怀程应镠教授》:

由于他的积极活动和对学生运动的大力支持,不到一年,即被上海师专解聘,乃到光华大学任教。我是先从"大教联"的负责人张志让先生那里知道程应镠其人的。张先生说程应镠是"大教联"中最年轻的教授。因为程应镠来上海后没有参加民盟的组织生活,所以,我一直不知道程应镠是民盟盟员。在我负责上海民盟地下组织之后,吴晗通过他弟弟吴春曦,把程应镠的盟组织关系转到我这里,我才和他取得联系。记得他当时住在四平路新绿村,当时叫其美路,是人迹稀少的一片荒郊,在那里和他见了面,我们一见如故。我立刻把他介绍给孙大雨先生,编入民盟上海市第五区分部,这是民盟的大学教授区分部,大雨先生是区分部主任。此后他就成了民盟的大学教授中最活跃、最积极的一员,并担任了上海民盟的解放工作委员会委员,为解放事业作出了重要贡献。①

3月29日,拜访顾颉刚。

《追念颉刚先生》:

我最后一次见到他,是在三十一年前,上海解放前夕,

---

① 《芳草斜阳忆旧踪》,第323页。

他移居湖南路一所有花园的宅子的时候。上海解放前夕，要往香港或去台湾的人，大抵都已走了。留在上海的师友，平时很少来往，因为见面无话可说，对于当时的重大政治问题，彼此又心照不宣。不作走计，就足以说明一切了。看到颉刚先生的住处，到处都堆的是书籍，虽然我自四〇年离开昆明北去，已经有九年不曾和先生会过面。对这一代学人，我心里充满了崇敬。①

3月，成为上海民盟解放工作委员会成员，领导盟员迎接上海解放的工作。

《上海文史资料选辑·上海民盟专辑》附录《上海民盟大事记》：

3月，经上海区执行部批准，组织了解放工作委员会和政策研究会。解放工作委员会的任务是领导迎接上海解放的各项工作，成员有冯亦代、尚丁、罗涵先、黄静汶、申葆文、张绍桢、陈仁炳、孙大雨、程应镠、林穆光等廿人。政策研究会成员有申葆文、尚丁、储一石、陈新桂等七人，上海市支部翻印了中国共产党的城市工作政策和工商政策文件，组织学习研究。②

是月，作《论新中国文化的创造》，阐述对创造新中国文化的见解。

《论新中国文化的创造》：

这篇文章包括三部分。一为说明中国文化的物质基础；二为说明中国文化和西洋文化不同的地方；三为说明新

---

① 2016年8月11日《南方周末》。这段追忆有1949年3月29日顾氏日记为证："理书，略讫。程应镠来"。见《顾颉刚日记》第6卷，第436页。

② 《上海民盟专辑》，第333页。

中国文化的创造需要一个根本的技术的革命和社会政治的革命。这篇文章的性质，是历史的，比较的；换句话说，是从历史的观点，就中西历史作一比较，而推得一个结论的。不是从哲学的或其他的观点上来研究中西之异同的，来空盼一个新文化的创造的。……古今中外，大思想家的理想，莫不相同。最高的理想，莫不在求得人类的和谐相处，理想一个充满了和平与快乐的社会。但因受时代环境的限制，其达到此理想的办法则受当时物质环境的支配。工业革命之后，科学的社会主义者，从人类发展的历史中找到了一个正确的途径，经过了一百年，历史更证明了它的完全正确性，在实行上因为这百年来的经验，又使我们多了一些宝贵的启示与教训，新中国的社会和新中国的文化的创造，正在期待着我们去完成。①

《回忆大教联片断》：

王艮仲那时办了一个《中建半月刊》，还办了一个大型期刊叫《中国建设》。在半月刊上，吴晗要我写过一些文章。《中国建设》创刊，汤德明是主要编辑之一，我为他写过一篇《论中国新文化的创造》，我记得吴泽似乎也有关这方面的论文，其中用了毛泽东《新民主主义论》中有关文化的论点。②

4月，被国民党列入逮捕名单。

1968年9月6日“有关张芝联的情况的交代”：

四八年底或四九年之初，廖世承任光华大学校长，光华附中校长由张芝联继任。一九四九年四月底③，我正在光

① 《中国建设》1949年第8卷第1期。

② 《上海民盟专辑》，第165页。

③ 据其本人其他“‘文革’交代材料”，应即4月27日。

华上课，朱有瓛来告诉我，说国民党反动派在师专贴了要逮捕的人的名单，第一个便是我。我当即去找张芝联，要他用光华的车子把我送走。

1968年6月21日"'文革'交代材料"：

这年四月，国民党反动派又在上海市立师范专科学校贴出告示，把我列入应予逮捕之人，因此，我蛰居了将近两个月，除了几个最亲近的人以外，什么人都不见面。

李宗蕖《解放前夕》：

解放前夕，上海有过一次大逮捕，喧嚣的警车日日夜夜奔驰在大街小巷。一天，应镠一早就去了学校，不久跑回来对我说，情况不好，他要出去躲一躲。学校门口张贴出要逮捕的人的名单，他是第一个。这显然是有意制造恐慌。但为了安全起见，他只能到大姐家三楼的放箱笼的房子里躲一躲。我收拾了几件衣物，让他去了。知道四哥①回来后，应镠在大姐家呆不住了，当晚就回来了，只是在后阳台上拴了一盘绳索，说，实在不行就攀绳索下去，后面的那条弄堂弯弯曲曲的，要逃避追逐还比较容易。②

5月，积极参加民盟与《展望》周刊的复刊工作，迎接上海解放。有《闻解放军云集江岸喜成一绝》反映其时兴奋激动之情：

大军已集江南岸，亿兆生民盼解悬。不信长江是天险，精诚所至海能填。

月末，撰写《欢迎人民解放军》，以流金署名作为社论在《展望》特刊上发表，欢呼上海的解放。全文如下：

---

① 即李宗瀛。

② 《留夷集》，第84—86页。

解放军进兵江南后,四月二十二日解放南京。国民党反动派匪首蒋介石,犹妄想作困兽之门,悍然不顾上海六百万人民生命财产的安全,调集残余匪军,大言不惭,要进行所谓保卫大上海的战争。自上月二十五日深夜逮捕大批学生,二十七日解散交通、复旦等国立大学,光华、大夏等私立大学,以至本月二十四日举行那无耻的胜利游行的一月当中,残杀人民,强征捐税,偷运物资,用各种方式勒索财物,破坏公私产业,无所不用其极,其黑暗恐怖之统治,实为古今中外所未有。上海人民,处水深火烈之中,对于这种暗无天日的行为,嫉之如仇,非语言所可表达,尤其是对于那个头号匪首蒋介石和汤恩伯、毛森一类的刽子手,更恨不得食其肉而寝其皮;这种愤嫉之情与日俱深,对于解放军待盼之心则日切。

我们知道黑暗之后终必有光明来临之一日,但期待之苦,诚有似于倒悬。自本月十日,初闻炮声,我们沉重的心情才渐渐舒展,望里的云天,才觉得第一次添上了动人的颜色,迢迢地传来的炮声,仿佛就是亲人的呼唤!

国民党反动派的无耻谰言,终掩不住人民真实的胜利。炮声日近一日,我们的心情,就像含苞待放的花朵。英勇的人民的军队,一天天的和我们近了,二十四日的深夜,解放军胜利地进了市区。二十五日清晨,朝晖灿烂,云淡风轻,我们和伟大的人民解放军握手了。我们真如重见天光,复感有生之乐。

我们从来没见过这样的军队:当他们进市区时,正在深夜,鸡犬不惊!当战争迫近市区的时候,诚如《大公报》所说:"没有向市区发炮,避免向市区射击,他们承当国民党的海陆空三面火力,将牺牲留给自己,把幸福带给人民。"这不就是我们的先圣往哲所梦想的仁者之师么?我们禁不住向他们欢呼万岁!

现在上海解放了,全国的解放亦在指顾之间。我们谨向中国共产党的领袖毛泽东先生致敬!人民解放军总司令朱德将军致敬!一切光荣都属于人民解放军!一切光荣都属于全体人民!

1968年8月25日"'文革'交代材料·国民党十三军情况":

钱之光在光华大学找我时,《展望》周刊已经复刊。我记得解放前被国民党反动派查封的杂志《展望》周刊是最早被军管会批准复刊的。复刊的第一期,我就写过欢呼上海解放的社论。

尚丁《遗札三复待春归——缅怀程应镠教授》:

上海解放后,程应镠一面忙于负责办学工作,还帮我复刊《展望》周刊。他为《展望》撰稿,还为《展望》组稿和看稿,处理具体的编辑工作。①

5月底或6月初,参加上海鼎革以后大教联首次也是最后的集会。

《回忆大教联片断》:

5月28日,上海解放了。月底或6月初,孙大雨、彭文应和我正在大世界附近一个饭店里,参加上海工商界人士(其中我清楚地记得有张絅伯、胡厥文)的聚会,忽然接到大教联开会的通知,我们都去参加。其时,陈仁炳还在南京没有回来。会上,我看见李正文穿了军装,他离上海已多时,现在跟着解放军回来了。那次也是第一次见到李亚农,我知道他已久了,他也穿了军装。章靳以、张明养、陈望道等

① 《芳草斜阳忆旧踪》,第325页。

> 复旦大学的人大部分都到了。见到这些人,我是很高兴的,都已经很久不见了,要说的话很多。我特别希望从解放区来的人多谈一点我们希望听到的人和事。但主持会议的人,却十分匆促地宣布本次为改选干事会,使我感到非常吃惊。这是为什么呢?民盟在干事会中的人都落选了。但这却是大教联最后的一次集会。①

尚丁《遗札三复待春归——缅怀程应镠教授》:

> 但在上海解放后还不到一星期,有人穿了军装回来,立刻召开了“大教联”的会议,大家原本希望从解放区来的同志,能多谈谈新鲜的人和事,但令人意外而不解的却匆匆宣布改选“大教联”的干事会,民盟的同志全部落选。这是为什么?而这次集会却成了“大教联”最后的一次集会。程应镠感到很吃惊,也很沮丧!我也很惭愧,没有站出来为民盟同志说话。其实,我和那人是很熟的。②

仍任光华大学教授和上海法政学院专任教授。6 月,应上海法政学院之邀,为全校学生作讲演,讲演稿在《大公报》刊出。

1968 年 11 月 24 日“‘文革’交代材料·我和前私立法政学院的关系”:

> 约在六月上旬,法政学院开了一次全体学生会议,约我去讲演(是谁来约的,我已记不起来。陆伯康当时不是学生会的负责人,则是可以肯定的)。我的讲话内容,第二天或第三天即在上海《大公报》发表了。这次讲话,据我所知,是受到大多数学生欢迎的。

---

① 《上海民盟专辑》,第 166 页。
② 《芳草斜阳忆旧踪》,第 325 页。

与此同时,积极参加上海民盟的活动。

1968年月日不详的"'文革'交代材料":

这时,以彭文应、赵文璧为首,不定期约集陈仁炳、孙大雨、周永德、孙斯鸣、薛葆唐等人座谈,有时聚餐,地点多在卷烟业俱乐部。座谈的内容,主要为如何在临工会中争取领导权,召开盟员大会,进行选举。

7月,参与筹备上海纪念李公朴和闻一多大会。

1968年6月21日"'文革'交代材料":

解放后,我便以"进步"自居,积极参加了民盟的一些活动。例如,7月15日纪念李公朴和闻一多的大会,我不但参与了筹备工作,而且是主要负责人之一。

约7月末起,兼任《展望》周刊编辑部主任,同时设想另办刊物。

1968年8月25日"'文革'交代材料·国民党十三军情况":

7月底8月初,我担任了《展望》周刊的编辑部主任。8月20日以前我下午常在《展望》周刊社办公。那时《展望》的负责人为尚丁,他提出要建立各地的通讯网。这时,我可能介绍过(会上提出)钱之光担任在无锡写通讯的工作。

日期缺失的"'文革'交代材料":

在我编《展望》周刊的时候,不愿意参加党所主持的期刊编辑人的座谈会,认为没有这样的座谈会,也可以把刊物办好。

1968年6月21日"'文革'交代材料":

6、7、8三个月,我想办刊物,合作的人是陈新桂,刊名定为《天明》,但刊物没有办成。由于陈新桂的关系,我在《展望》复刊之后,为它写文章,后来担任编辑部主任。

8 月 23 日，被民盟总部任命为民盟上海市支部临时工作委员会委员。

顷奉中国民主同盟总部临时工作委员会执字第八十六号函开："本部为加强上海市支部组织，积极推进盟务整理起见，兹经第二十二次执行委员会议决：上海市支部临工会委员除原有委员申葆文、彭文应、孙锡纲、冯亦代、季洪、张绍桢、罗涵先七人外，加派闵刚侯、陈仁炳、程应镠、华丁夷、储一石、钱天起、孙斯鸣、何济翔八同志为委员，并指定闵刚侯同志为主任委员，负责今后上海市本盟盟务整理事宜在案，相应函达，即希查照办理具报。"等因奉此，自应遵办，除另行具报外，合行函请查照为荷。

此致

程应镠同志

中国民主同盟上海市支部临时工作委员会秘书处

一九四九年八月二十三日

1968 年 8 月 11 日"'文革'交代材料"：

解放后，我曾担任民盟上海市支部组织委员会的成员，后又被任命为民盟上海市支部临时工作委员会的委员，好像还兼任过组织委员会的副主委。我曾看过民盟上海市支部地下时的盟员名单。整理组织时，我也参加过一个时期的工作。

因忙于工作而无暇接回寄养故乡的幼年儿女，只能委托妻子车马劳顿。

李宗蕖《解放前夕》：

（我）时刻怀念着在江西乡下的两个孩子。八月一日是我的生日。那天应镠突然显得比平时更关心我。问他为什么，他笑我“闲得发慌了！能有什么事呢?”和几个朋友一起吃了晚饭。才回家，他就从口袋里掏出一张去杭州的汽车票，告诉我家里涨了水，两个孩子都有些不适，他相信我是愿意回去看看的。第二天清早我就去了长途汽车站，绕道杭州回江西去了。到了南昌，给孩子治病是当务之急。姐姐不顾天热，事情又多，天天陪我去医院，并设法打听车船的行期。我们终于踏上了归途。到家那晚，儿女们都入睡后，应镠把这首诗默默地塞在我手里：“半年四度劳车马，迢递征途两地心。儿女几曾系归梦，田园虽好亦沾襟。哀余偃蹇无长策，累你沉吟入暮砧。愁绝一楼风雨夜，前缘如海涌骎骎。”读着这页纸，我深信今后生活会一天好似一天。①

约在此前后，因汤德明与冯契介绍，参加了教协。

1968年8月6日“‘文革’交代材料·我和冯契的关系”：

解放之后，冯契在高教联工作，是比较活跃的。我当时主要是在上海民盟市支部临工委工作。在高教联召开的一些会议中，我和冯契时常见面。我曾向冯契谈过希望他多找一些民盟的人去开会，觉得他们有意见。当时，孙大雨、陈仁炳都表示过高教联“搞宗派”，流露过不满。……解放之后，由于汤德明和冯契的介绍，我参加了教协。教协在高教联是核心。光华大学的陈青士、王惠稼是通过我(由曹未风的决定)参加。教协存在的时间很短。教育工会成立之后，冯契担任文教部长，我和郭森麒则代表教育工会出席上海在1950年2月召开的工代大会。这时，教育工会的会议很多，我和冯契常常在这些会议中见面。

9月，由上海市军管会中教处派往高桥中学任代理校长，经

---

①　《留夷集》，第88—90页。

高教处指定仍在光华大学担任政治教授。

1949 年 9 月 2 日《上海市军事管制委员会文化教育管理委员会市政教育处派令》(市中字第四二〇号):

令派程应镠代理高桥中学校长由,兹派程应镠代理市立高桥中学校长。此令。

处长白滔 副处长舒文(签名章)

1968 年 6 月 21 日"'文革'交代材料":

去高桥中学,满足了我办学校的要求。到高桥中学去,是由于汤德明的介绍。汤德明那时候在军管会高教处工作,本来我是想去复旦大学的,但迟迟没有决定下来。我本来有一套办教育的想法。在昆明天祥中学时,曾经实行过这一套想法,但遭遇到阻力。这一套想法,其本质的东西,便是资产阶级的个性解放。我反对当时对学生的管理办法,主张学生自治。我主张学校应当有各种各样的活动,让学生自由选择,发展其所长。到了高桥中学,我便把这些主张付诸实现。我以为这是进步的东西。

1968 年 8 月 6 日"'文革'交代材料·我和冯契的关系":

1949 年 9 月,我去高桥中学当校长,要请一批教员。当时联大同学通过冯契(或郭森麒)介绍过几个去高桥工作,我记得为教育局(当时称军管会中教处)批准的有巫宁慧、王家栋。

《祝高桥中学成立四十周年》:

上海解放的时候,它不过三岁。1949 年 9 月,我到这里来,它还是衣衫褴褛的乡村儿童,仅有十几间教室,几十本图书,潇洒秋雨,道路泥泞。但这个学校的师生,在中国共产党的领带下,对祖国解放充满了欢欣鼓舞之情,以改革现状为职志,对未来怀着无限的希望。他们修路、种树,节电节水，甚至是一支粉笔、一个信封，用不足二十万元(今二百元)的学校办公费节余购置图书，教师捐薪助学以减轻国家对学校经费的负担，学生则纷纷放弃助学金的申请。①

九十年校庆筹备组《高桥中学的新生与发展》：

程应镠校长来校时又充入了李家玉、焦北辰、任雨霖、杨树培、巫宁慧、李宗蕖、遇鲁士、狄平初、金风和胡钧升等一批得力的老师，后来这些老师多数调至大专院校任教或调去其他中学任行政领导。接管后的高桥中学当务之急是尽快地着手整顿旧学校，改造旧教育，给学校注入革命的政治内容和组织管理的民主化，使学校教育迅速纳入新民主主义教育事业的新轨道。为此，新生了的高桥中学首先废除了禁锢学生思想，为反动派服务的训育制度、公民课、童子军训练和体罚学生的规定，代替的是新民主主义的教育秩序，民主平等的师生关系和革命的政治思想教育。1949年底经过民主选举正式成立了"校务委员会"。第一届"校务委员会"委员十一人，内有学生代表二人，主任委员为校长兼任，前任为程应镠，后任为戴华，此制度一直延续到1966年6月"文化大革命"开始时为止。②

孙建纲《母校记事片断》：

老校长程应镠先生是解放后党派来的第一任校长。程校长经常教导我们要又红又专，要为解放了的新中国贡献青春。我记得在全校大会上老校长说："青年要把为人民服务放在首位，如果不是这样，方向就不对，那么即使学了飞天的本领也没有用。"他是江西人，说普通话时带着些乡音，所以

① 《高桥中学校史》，第126页。
② 《高桥中学校史》，第39、45页。

把“飞”字读成“灰”的音。三十多年了,这句话我始终牢记着。程校长是非党同志(可能是民主同盟成员),但对党的认识、党的方针政策的贯彻,对工作的责任心,却引起了我们的议论:“程校长是党员吧!”(因为当时党组织没有公开)。毋庸置疑,解放初期母校各项建设,与程校长的努力是分不开的。母校当时所以有生气勃勃的局面,老校长花了很大的心血。他应该作为一位重要人物载入母亲[校]史册。①

刘关袁《回忆高桥中学党支部的重建》:

高桥中学解放后的首任校长是程应镠,是民盟上海市委委员,在程应镠的影响下,高桥中学的主要行政干部和许多业务骨干先后加入了民盟组织。如副校长兼教导主任顾芳三同志、总务主任黎尚曙同志、语文教研组长李宗蕖同志、历史教研组长项宇澄同志、地理教研组长任雨霖同志等都是民盟的成员。②

10月,周游来信,戏剧性地接上了中断十余年的联系。

流金兄:

足下是否即一九三五至三七年在北平燕京大学生程应镠兄? 如是,我这封信就写对了,请接信后即函覆“北京市人民政府新闻处周游同志”,如不是程兄,那么我就写错了。因为我的同学程兄原来的笔名也叫“流金”,不过多是写文艺作品。在《展望》上常读大作,则都是评论文字,所以此人是否即彼人,颇有狐疑之处,将先致函一询,请赐覆。

敬礼!

得齐　十月十五日

① 《高桥中学校史》,第42页。

② 《高桥中学校史》,第59页。

11月3日，周游来信，历述武汉别后的经历，兼告在京与外地共同旧友的近况。

应镠：

前天接到你的信，真是喜出望外，因为当我经过《展望》周刊给你写信时，不过是抱着碰碰运气的心情，结果，断了十一年以上的联系又缝合上了。在政协会场中，我曾遇见王永祺，他是青年团的政协代表，在南京工作，他告诉我你可能在上海，因为在《展望》上常常看到你的文章。这以后，我才注意找寻《展望》周刊。后来在新华总社开会时接连翻了几期，果然发现了你的名字，这才给你写了短短的第一封信。

得知你十年来的生活经历，虽然很简略，我仍然是很高兴的。这里我得说说自己的过去和现在。

三八年春天武汉一别，我去延安住了两个月的抗大，即转入鲁迅艺术学院文学系，念了半年即走向前方——敌后根据地，在晋东南、冀南、鲁西北转了一圈，即经冀中越平汉路至晋察冀边区，在这里一直工作了几近十年。到敌后不久我就扔开了文学，回到新闻工作的岗位(你该记得我是新闻学系的学生)，在部队里工作了七年，直到日本投降，解放了张家口，我才离开军队，参加地方党报的工作。四六年秋，我作为新华社的记者，曾一度由张飞平，在平津一带随同执行小组调查安平[镇]事件，不久返张，战争大规模开始，从张家口撤回阜平，仍在报馆工作。四七年冬解放石家庄，我又奉调到石主持新华分社。去冬平津战役开始，我又调到平郊随军，待北平和平解放，我即随军入城，初任文管会新闻处副处长，担任接管报社通讯社的工作，事毕，四月间市府建立新闻处，即被调任为处长以迄于今。除此之外，我还兼任新华社北京分社的副社长，但我主要的工作时间是在市府新闻处。从一九四五年一直到现在,我一直是担负新闻行政工作,因而写作一门,是断了很久了。这就是说,五年间,我连新闻通讯也没写过。

在个人生活方面,结婚是在一九三九年,孩子已有三个。由于经历了长期敌后游击战争的生活,吃苦是习以为常了,比之过去苍老了许多,但过得很健康愉快。

抗战期间,我还在《大公报》读过你一篇文章,此外在重庆的报纸上还看过你出了一本书的广告(书名仿佛是《一年间》),其他没有得知你任何消息。

前天接获你的信的同时,柯华的信也到了。他在西安任中共市委宣传部长。前年在冀西召开全国土地会议时,我曾与他见过面,他一直在陕北,亦已娶妻生子。他信中并告我:赵荣声夫妇刚从兰州抵西安,不日即来京。

朱启平、柯家龙均在国际新闻局工作,已见过数面。龚维航、龚普生也见过。萧乾和朱启平在一起工作,但我不认识他。

天蓝在沈阳,全国文代大会时我们在京见过。余建亭(即朱哲均)也在沈阳,二月间在京一度碰头,他现在担任东北工业部化工局的局长。天蓝则是搞职工会工作。陈翰伯夫妇也在京,陈任新闻专科学校校长,属中央新闻总署管辖。陆振南任国际新闻局新闻处副处长,其他老同学还很多,不能一一列举了。上期我曾在燕大新闻系讲过一两次话,本期曾约我讲课,因无时间而婉辞了。

请问候张芝联和郭心晖两兄。李宗瀛我自然记得,听说他到广州采访去了。

经过十年变乱,你府上情形若何?双亲仍健在否?我已无家,老一辈全死光了。

你与嫂夫人及小家庭的合照,如有请惠我一帧,不久我也可以寄你。

《展望》周刊我不易看到，可能时乞寄我一份。你这几年的写作，如已成册且有多余，亦请寄我一些。

寒假有暇，能来首都一游吗？希望能来。

盼常通信。热烈的握手！

周游　十一.三

11月10日，在高桥中学作《两月来工作报告》，总结任职以来的成绩与问题。摘要其有关办学思想与重要措施的论述：

上海解放之后，我们的教育起了一个本质上的变化。过去的教育，是为少数特权阶级服务的，是封建的、买办的、奴化的教育。现在呢？现在我们的教育是为人民服务的，是民族的、科学的、大众的教育，是新民主主义的教育。

我一到学校来，我们学校重大的问题是在教职员座谈会上解决的。座谈会只不过向校长提供若干意见。校长的权很大。后来座谈会变成教职员工全体会议了，在这个会议里校长的权变小了，一切校务上的问题，是全体教职员来商讨决定的。最近又进了一步，教职员全体会议变成校务会议了，在这个会议里，有了同学的代表，我们更扩大了民主的基础，师生共同商讨解决学校的重大问题。

此外我们有各级导师会议。从开学以来，导师会议发挥了巨大力量，例如免费问题就是由导师会议决定的。现在为了要加强课外活动，我们又成立了课外活动委员会。有了课外活动委员会的组织，我们更能使导师会议发挥效用，更能把正课和课外活动统一起来。同学方面的组织呢，除班会外，还有级会。高三的级会已经成立，高一的也在酝酿。最近学生会又成立了。这表明同学的组织也进一步健全了。最近学校里成立了一个稽核委员会。我们希望事务处多考虑钱如何使用,我们也要认真的审核。钱要用得得当,节省下来的钱,我们可以多买几本书、几个球,使先生同学多占到一些实际的好处。

最后我要讲到我自己。有许多先生、同学批评我性子太急,一下子就要把同学变成个个是生龙活虎,先生个个是大学名教授,能把学生教好。我确实是有点性急,几个月来,我用了种种方法来纠正自己。但是我希望先生、同学的性子也要稍微急一点。这学期,我们是进步了,但我们不要满足。满足就会要退步。①

12月,周游收到寄赠有《论新中国文化的创造》的《展望》,来信给予评价并抒己见。

应镠:

来信和所附大作一篇、专集一册,收到已有多日,因为忙,未能及时作覆,请原谅。

三周之前,赵荣声从兰州来,在我处住了十几天,现已参加中华全国总工会文教部工作,我们常常谈到你,从他口里,我更知道这些年来,你在学问上真正下了功夫,而且有了很大的收获。他和我一同看了你寄来的《论新中国文化的创造》,根据他的说法,你在解放前,思想观点上已有明显的进步,不禁为之惊异,大叫"士别三日,刮目相看",在我则认为这是当然的。虽然在抗战之初,你我对革命的现实和前途,都很朦胧,但我们都不甘于落伍,随着年事日长,阅历日丰,主观上有进步的要求,便终能追上时代的轮子,一同前进。

对于你这篇论文,我是提不出什么批判性的意见来

① 《高桥中学校史》,第94—101页。

的,因为我对历史,特别是西洋史,是不仅没有研究,而且这方面的书也是读得很少。如果说点感觉,那就是:由于你当时所处的环境,有些问题不可能说得明确,只能在含蓄中来表达自己的意见,这种心情,我是可以理解的。在结论与总的方面我也没什么意见,而在具体问题上,在某些地方却仍有可商榷之处,比如在最末一页所说,"要使这个半殖民地的社会变成一个新的社会,第一步是推翻封建主义的统治。第二步……",我感觉意思不很圆满,中国的社会性质,在解放之前是半封建半殖民地,这你当然是早已知道的,在这里,你只提变半殖民地为新社会(虽然你在p13最末一行已说过"其结果更铸成了这个半封建半殖民地的社会形态"),而半殖民地社会的特点主要是帝国主义的压迫,因此也就不好说第一步是推翻封建主义的统治。在解放战争期间,我们是前方打仗,后方进行土地改革,但打仗的对象是蒋介石国民党匪帮,它是帝国主义、封建主义、官僚资本主义三股恶势力集中于一身的政治代表,只有打倒了它,土地改革(反封建主义主要的标志)才有可能,才有保证。因此并不是第一步。今天看更为显然,战争快要过去,全中国都要解放了,即是说,打倒了帝国主义在华的势力,打倒了官僚资本主义,在政治上,封建主义的统治也打倒了,但全国范围内的土地改革运动还未完成(四分之三的——按人口计——地区尚未着手进行土改)。

我啰啰嗦嗦地说这些,只解说一个问题,即变旧中国为新中国,不好说第一步是推翻封建主义的统治。

论文原件寄回,请查收。

先寄奉单照一帧,这是最近才照的,你会看出它[他]的苍老。你的照片也该给我寄出了,我在盼望着。近日在旧箧中找出你我和林德常于一九三七年①在武大门首照的一张相,那时我还穿着航空学生的服装,这是很值得纪念的。

紧紧地握手

周游

十二月十六日

编年文 《论社会主义的成长》《欢迎人民解放军》《论新中国文化的创造》《两月来工作报告》

编年诗 《闻解放军云集江岸喜成一绝》《寄宗蕖》

① 应是 1938 年。

卷四　1950—1956 年

1950 年　庚寅　三十五岁

仍为光华大学聘为历史系兼任教授。年初，和《展望》正式脱离关系。

1968 年 8 月 25 日“‘文革’交代材料·国民党十三军情况”：

> 9 月，我便去高桥中学，对《展望》不能兼顾，但有时还代表《展望》出席上海杂志编辑人的座谈会。1950 年初，我和《展望》正式脱离关系。

鼎革初期与吴晗仍有通信与晤面。

1968 年 6 月 21 日“‘文革’交代材料”：

> 1949 年解放后不久，我和吴晗写过一封信，希望他和《展望》写文章，并谈了我对上海民盟和上海高教界的情况的一些意见。他复信要我有关高教界的工作找李正文。对民盟的工作，他认为“要搞”，“不搞不行”，“知识分子不能搞工农群众的工作，难道搞知识分子的工作也不成?”50 年去北京时，我又去看了他。

《南北朝史话·后记》：

> 遗札指的是 1950 年夏吴晗给我的一封劝我认真学习马列，而不要在大学里担任马列名著讲授的信。教育者必

先受教育，他的意思是很清楚的，而我那时却自以为是懂得马列主义的。这封信，当然也和其他几封信一样，被当作我的罪证，从我家里搜去，不知下落了。①

1月末，郭绍虞来函，委托为其幼年业师之女介绍教职：

应镠吾兄大鉴：

去年曾恳吾兄介绍之陆承曜女士，刻仍在苏州苏民中学任教，惟以收入过少，每月只一石有半，不足供一家生活，因此复有来沪之意。但弟与各中学殊为隔膜，不知兄处下学期有无变动。如尊处无适当机会，能否介绍给其他中学（私立亦可）或文化机关。以陆女士父亲系弟幼时业师，而现在年届古稀，失业已久，一家生活惟伊是赖，故弟只能多方托人，请兄在可能范围内留意介绍为幸。陆女士思想亦甚前进，另附简历，希詧存。此致

敬礼

弟绍虞谨启

一月卅日

2月1日，在光华大学教育工作者工会工作会议上，被推为教授会六人代表之一。同月，该工会工作会议经批准改为工会筹备会，通过筹备委员三十人，其中"教授会九人：程应镠、吕思勉、曹未风、姚舜钦、朱有瓛、薛迪符、祝永年、周熙良、吴逸民"②。

3月，专任高桥中学校长，仍兼任光华大学教授，但工作重心基本放在办好高桥中学上。

上海市人民政府1950年3月31日《委任令》（市人委字第四十四号）：

---

① 《南北朝史话》，第165页。

② 《光华大学编年事辑》，第380、383页。

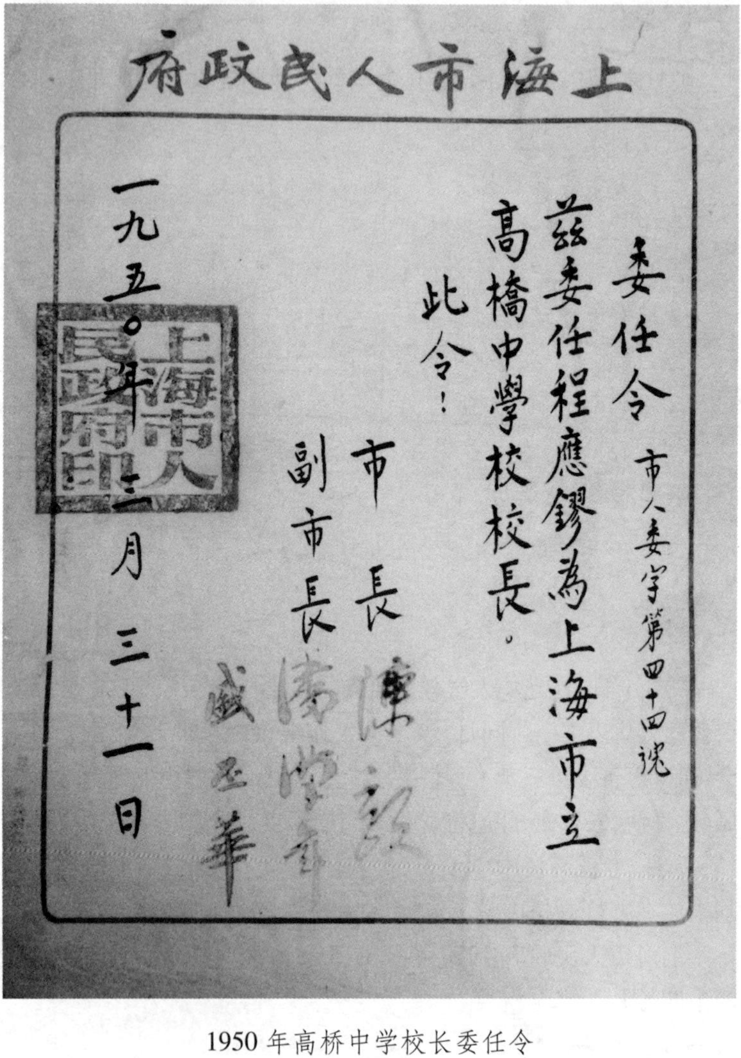
上海市人民政府

委任令　市人委字第四十四號

茲委任程應鏐為上海市立高橋中學校校長。

此令！

市長　陳毅

副市長　潘漢年　盛丕華

一九五〇年三月三十一日

1950 年高桥中学校长委任令

兹委任程应镠为上海市立高桥中学校校长。此令！

市长陈毅　副市长潘汉年、盛丕华（签名章）

1968年6月21日“‘文革’交代材料”：

在极端困难的经济条件之下，我把从办公费中节约下来的款项，购买图书。短短几年中（以后，图书费成倍成倍的增加），资产阶级的文艺作品便充塞了图书室。我鼓励学生阅读这些东西。在“教学为压倒一切的中心任务”的口号提出之后，我更是努力贯彻，不遗余力。每年高三毕业，我最关心的是多少学生考取了北大、清华、交大等校，我把升学作为考察这个学校办得如何的标准。多年来，我认为自己在高桥中学的工作是“积极”的。解放之后一两年，对于学生参加劳动建校的工作，我也是自己抓的。多年以来，我也认为我这样的做法是正确的。

张宏涛《教师的教导，给我留下深刻的印象》：

课外阅读是程应镠校长、李宗蕖老师大力提倡的。程校长来校后很快把图书馆建设起来，他曾以奖品形式送给我们班一位同学一本《日日夜夜》，在他们的影响下，我们都看了不少新时代的小说，特别是描写苏联卫国战争时代的书，而且李宗蕖老师在课外还经常组织我们讨论阅读过的书，帮助我们提高阅读水平和写作水平。程校长的历史课是非常引人入胜的，他在课堂上培养我们记笔记的本领。这一点使我在以后的大学学习生活中得益非浅。①

王有恒《回忆程应镠校长》：

1949年，我考入母校高中。程校长其时正值中年。他

---

① 《高桥中学校史》，第87—88页。

治学有方，深得当时师生的称赞。他教过我们历史，他学问渊博，课堂讲授方法很好，这使我至今难忘。他平易近人，关心同学的学习和生活，经常问长问短，常活跃于校园、操场，在课余和同学能打成一片。其音容笑貌至今犹历历在目。他要求学生严格，经常教导我们读活书，不要读死书，要求同学重视基础。他重视文体活动，经常走出办公室了解文体活动开展情况，多次和我们打过球、下过棋。在他领导下，学校搞得生气勃勃，单我们这个班的同学，在50年抗美援朝参军的就不少，政治觉悟很高；考上名牌大学，如清华、交大、北大、一医等的为数也甚多，有些德才兼备的优秀生被抽送到市区当干部。①

李宗蕖《从高桥中学到师资培训班》：

解放初期，物价稳定，日子过得没有那么窘迫。我经人介绍，在一个私立中学教了两年国文。两个孩子已经接到了身边，在附近一个幼儿园上学，有一位保姆接送。路很近，也少车辆，我不用操心。应镠一解放就去了高桥中学，当上了校长。他认为这是一个有创意的工作。为了一家四口的生活，他还在市内两个大学——光华、法政学院——教政治。每星期，我们都能聚在家里一两天，和朋友们议论生风。带孩子去街上玩，也是常有的事。日子如果就能这样过下去，我会很满足的。但房子不是我们的，我得考虑找房子的事。在上海找一间房子，那时少不了廿两金子，房子已越居“五子”之首了，我们可连一星金子也没有。我和应镠商量了多次，决定写信给我的老师曹日昌，请他为我在北京[中国]科学院心理研究所找一个工作。曹先生同意了，说

① 《高桥中学校史》，第41页。

学心理的人不多,包括在校的学生,不到二百人,同意我去北京,在心理研究所儿童观察室工作。信里还附上了聘书和以后工作的待遇等。没有比这更好的事了,把两个孩子带在身边,做的工作是自己的专业。但上海教育局找应镠去谈,师专正在筹备,应镠是教育局需要的人,是内定的历史系主任人选,在教务主任没有确定前,还要兼任这一个职务。他们把我也调到高桥中学教语文。那时,不接受这个安排,是不可能的——一切服从需要,个人的得失是不容考虑的。①

出掌高桥中学期间,与张芝联、冯契、孙大雨等交往仍频,并邀请冯契、汤德明、郭森麒等来校演讲。

1968 年 9 月 6 日"有关张芝联的情况的交代":

解放之后,张芝联曾在我面前流露过中学的工作不好做②,问我在高桥中学的情况。当时我是自以为进步的,我也确无"工作不好做"之感。在他决定去北京时,曾打电话给我,说要去燕京大学教书,问我愿不愿意兼任光华附中的校长。我告诉他高桥距市区这么远,兼任是不可能的。要离开高桥也不可能。他那时以为只要我答应当光华附中校长,教育局必可同意。而他认为可能的人选朱有瓛,教育局不一定能同意。解放后,他还请我去附中作过一次演讲。

1968 年 8 月 6 日"'文革'交代材料 · 我和冯契的关系":

冯契后来(1950 年)被选为上海市人民代表,我曾请他去高桥中学传达过人代会的决议,也请他去高桥为教职员讲过哲学。

---

① 《留夷集》,第 91—92 页。

② 张芝联时任光华附中校长。

1968年6月21日"'文革'交代材料"：

对于民盟内部右派小集团的人，和我来往的有孙大雨、孙斯鸣。孙大雨总是我去看他，一年有两三次，不是寒假，就是暑假。那时，他就有很多牢骚，认为解放后他受到了"排挤"，凡是"排挤"他的人，都是"反革命"，只有他是"革命"的。我当时虽然感到他的精神状态不正常，对他有过规劝，但总认为他"在解放前做过一些工作"，在民盟，在高教界的工会中，都为他作过辩解。

暑假，随市高教界参观团赴京，参加教育部座谈会，会晤分别多年的在京旧友吴晗、周游、赵荣声等，旋因高桥中学工作，一人先期回沪。

1968年8月6日"'文革'交代材料·我和冯契的关系"：

1950年暑假，上海教育工会组织过高教界一部分人去北京参观，我参加了。冯契、刘佛年也参加了。他们二人一方面是参观团的成员，一方面还代表教育工会去北京参加全国教育工会的会议。我在北京随参观团去过一次教育部，参加了由教育部召开的座谈会。这次座谈会，马叙伦讲了话，但内容已不能追忆。其他时间，我都是个人活动。因为高桥中学工作，我一个人先回上海，冯契和刘佛年在归途中还去山东济南参观过。我记得在离上海时，我和冯、刘曾去找过杭苇（当时上海教育局副局长），请杭写介绍信给山东文教局，我也是准备去山东参观的。

9月，在京期间前往探望沈从文，对其鼎革后的遭遇表示慰问，也与他谈及自己的工作，多承勉勖。沈从文1950年秋来信，兹摘录其相关部分：

流金：

我以为会再见面谈谈，不想又即回上海了。国家在发展中,事情多,问题多,旧制度已崩溃,新秩序刚建立,尤其是新手接新事,凡事都不免有脱节处。一个负责人总抵得三五人用,望事事忘我无私的作去,才不至辜负历史时代所嘱托任务。中学校校长事更麻烦,盼能凡事耐烦细心作去,任何困难都莫灰心,更莫因小小人事周折而生气,因小失大。流金,要爱人以德,不要恨人。国家因权力过大,新当大转变时,总到处不可免有不必要牺牲损失。要看大处远处,望好好作事,凡事谨慎细心,免误事。流金,望好好工作。国家太大了,社会又变得那么快,不要为我挂心。过不久我得出来了。你在学校望为学生多预备些书,且鼓励那些笔下活泼,又诚实用心的初三到高三学生,对阅读打个广泛底子,对用笔把叙事能力得到吧。一些剩余时间有些壁报文娱吸收到文学方面,另一面将音乐也当成一种文化教育媒触剂,将来有意义。因一到大学,可能什么都得不到了。中学校长,对青年一代,要负些责任了。这可说是一种崭新的责任,尤其是这些学生大部分或一部分,将来或学工,或毕业后转入企业服务,或转业,或下厂,在中学若有个好底子,对他们明天是什么意义,你应该懂得的。图画似乎也得在中学时即加强,即可不用从艺专学那些要不得的摹仿,将来可以从业余出大画家!这些问题都一时不会为什么教育会议能设想得到,为的是展开的远景和事实需要,学校中人还缺少认识。应当有人来注意了。①

10 月 27 日②,李植清来函谈及沪上晤面后回家探亲的

① 《沈从文全集》19 卷《书信》,第 89—94 页。但沈从文在 1950 年秋写完此信并未立即寄出,次年在前往四川参加土改途中,又找出加了一段说明,然后才付邮。

② 此信未书年份,似为鼎革后不久,姑系此年。

近况：

> 六日离沪，先至苏州，后又到南京，现在家里已住了十几天了。多年离家，一旦相聚，欢乐自不待言。可惜心境已非当年，不能像一个单纯的孩子样地享受天伦之乐。相反，我们集体生活过久了，到家中离去了大众，似觉很不习惯。父母亲年迈，对新社会的光明前途认识不足，对于旧的优裕生活每多留恋。因此，我们姐妹都担负着教育老一代的任务。

11月，抗美援朝运动中，动员高桥中学学生参军参干，走在全市中学前列。

《祝高桥中学成立四十周年》：

> 五〇年抗美援朝，学校顿时沸腾，学生报名参军，参干，走在全市中学的前列。年轻人，充满着激情的誓言，至今还在我心中回荡，对于我们这些三十左右的教师的教育，真是一辈子也忘不了。①

1951年　辛卯　三十六岁

仍任高桥中学校长；期间，兼任光华大学政治课教授，讲授新民主主义论；曾因冯契之约为纺织学院作专题讲演。

1968年8月6日"'文革'交代材料·我和冯契的关系"：

> 解放之后，冯契在未去华东师大之前（那时师大还未成立），在几个学校（大专）担任政治课教授。我在光华教的也是政治课。我记得他曾约我去纺织学院做过一次专题演讲。1951年上半年，我在光华上课常常下课后到他家里，有时就在他家吃中饭。那时，他住在吴淞路附近的一所公寓里，距光华是较近的。

---

① 《高桥中学校史》，第126页。

1月9日，赵宗复来函，自述工作情况，并欢迎前来山西大学任教，兼及共同友人丁则良、徐高阮与陈矩孙等近况。

流金兄：

一月二日信收到。我五六月间亦在北京，不知你是否那时在京，若在，则未能一晤，真是当面错过了。去年四月起，我因邓初民先生健康关系，专职到山西大学专任副校长（已不在文教厅）。大致情形，和你相同，帮助学校有些成绩，但性急过火，欲速反而拖缓，主要经验也正如你所说，"教师的积极性和创造性不能发挥"，影响了全校进步。不过我努力克服我的苦闷，我想还是不能急，形势教育是主要的，只要方向不误，迟早总是向前的，迟些不妨碍大事，也许进步的还可踏实进步，少犯些形式主义。

如果你同意，今夏来北京玩玩，我们碰碰头，你觉着山大还合适的话，我是极欢迎你来我们这里教书和工作的。当然，你如果能获得到人民大学做工作的机会，我想那样更好些，总之我同意你到高教机关做工作，如果可能时，我还愿尽一切力量。提高普及二者都重要，以你的条件是该走提高的路。

去夏在京，见到宗沄的哥哥①，约略知道他的情形。丁则良君的文章报上读到了。高阮的沉沦，实在绝情。矩孙在上海解放后有信北上，北上抵津后，又因历史问题折返上海，此后即再无消息，你如能得知他的消息，尚望告我。陈伯胤大约是在京津一带，有个机关曾写信向我要他的证明材料。

① 即李宗恩。

《展望》还是你主持吗，经常读到的。我这里还有你旧作一篇，给你保存着。以后寄还你保存吧。

即祝

好

赵宗复

一月九日

1月8日，周游来信，通报去冬在京的燕大友人在“一二·九”那天纪念性聚会的情况，希望老友再作北京之游：

十二月间，林德常自西安来京开会，张福垕自莫斯科参观回重庆也道经北京，因此在一二·九那天，我们同游了一次燕京，并由柯家龙作东，在常三吃了一顿饭。“一二·九”之夜由柯家龙、陆振南等发起约集了在京的所有“一二·九”时期的燕京战友在徐海超家中有一次鸡尾酒性质的聚会，前后到场的近四十人。今天接你来信，你的忙我是可以想得到的。但寒假两周，很希望你能再作北京之游，能带太太小孩们一起来最好。

2月，由市教育处委派，兼任上海工业专科学校秘书长，负责行政领导；暑假后即坚辞这一兼职。

邢丙彦《深切怀念我的大学老师程应镠教授》：

程老师对我说起过这一插曲。1950年代初，上海市军管会教育处委派程老师负责上海一所工业技术学校的行政工作。程老师说学校日常开支以及仪器设备购置均须经其签字批准。程老师说他不懂理工科的实验，不知道学校实验室是否需要购置这些仪器设备，也不知道这些仪器设备的购置费用是否合理。为了对国家教育经费负责，程老师任职后不久坚决要求辞去该职务。教育处的负责人则坚决不允并有微词。为此，程老师颇感到困惑，不得已与他一位燕京大学同学谈及此事。这位燕京大学同学时任上海市军管会交际处负责人，他十分理解程老师的心愿。经那位同学与教育处负责人沟通后，教育处才批准了程老师的请辞。①

7月18日，周游来信，谈及他正试刊《北京晚报》，同意老友改作高教工作的打算，但建议不宜操之过急。

应镠兄：

春天接奉来信，因忙未覆，今夏再来一书，也已收到多日。迟答之罪，请你原谅。

我自三月中旬起，奉命筹办报纸，是北京市委的机关报，定名《北京晚报》，是一张通俗报纸，四开六版。同时我仍兼着新闻处的工作。这样一来，我就忙不过来了。报纸的筹办，除找房子，没工厂而外，主要的问题，是找干部，把办报的队伍组织起来，并加以训练。四个月来，我们出了三十期试刊的报纸，先在内发行，听取各方面的意见。由于干部多系新出校的同学，缺乏骨干，因此，在筹办期间，实际上是在办训练班，这一工作，尚未完成，现仍继续试刊之中。

由于两头忙，所以就没有给你写信了。

我很同意你来作高教工作。我曾与吴晗先生谈过，并要求他加以协助，他表示无能为力。我意，你还是从上海着手，如能获得沪市教育局的同意，事情就很好办。只要将现有行政职务卸却，那末无论在上海或北京都会有高教工作的岗位。

但此一问题，亦不宜操之过急，一方面向市局表示此种意愿，请他们预为物色后继之人，以免你一走开而影响两校的工作，这样也是不好的。

---

① 《纪念文集》，第356页。

你意以为如何？

暑假中作何打算？在家休息，读书，著述，还是另有暑期工作？

我仍住原处，来信可仍寄新闻处。

柯华似已离开西安，详情不明，我们也是好久未通音讯了。

匆复祝

俪安！

周游　七月十八日

秋，妻子李宗蕖调入高桥中学工作。在行政工作中时感苦恼与困惑。

1968年8月6日"'文革'交代材料·我和冯契的关系"：

李宗蕖之去正中女中教书，就是冯契介绍的。李宗蕖在这个学校教过两年书，至1951年秋才去高桥教书的。

1968年6月21日"'文革'交代材料"：

我经常强调"校长负责制"，来和党支部（1952年思想改造之后，学校成立了党支部）相对抗。我埋怨教育局不应把我当作"民主人士"看待。我认为这样便是"不信任"。

11月4日，周游来信，对老友在高桥中学工作上遇到的苦恼以及与行政工作和研究学问的矛盾有所劝慰与建议：

你热爱自己的工作，这是能够把工作做好的一个重要条件。至于你的同事们还不能像你一样，倒也不必苦恼，因为这还是一个教育改造或培养与提高的问题。而这样的问题是不能操之过急的，你要耐心的诱导，增进他们的事业心，使他们认识自己光荣的岗位和教育后代的伟大的责任。你看过一张苏联影片《万世师表》（又名《乡村女教师》）吗？

我看过两次，每次都非常感动。何如你的同事们也都去看看，而且看后，再组织一次讨论，我想也许会获得益处的。

做行政工作与研究学问似乎有些矛盾，至于我自己是这样的，从没有把它处理的很好。由于会议多，公文多，行政事务多，几年来，连一本文艺书都没有认真地读过。最近在整风中加以检讨，我觉得最大的问题是个人思想上的懒惰，同时事业的雄心也不大，这是很危险的，会使自己不能前进。现在正在计划加以有效的克服，我相信你不是这样。如何来处理自己的时间，计划自己的工作和学习，这方面你有何心得或经验，希能告我。

11月，参加教育局组织的由中学行政负责人与教师组成的土改工作队，由翁曙冠带队，赴安徽宿县王堂村参加土改，为时一月有余。

11月15日家信(残件)：

昨日下雨，村路泥泞不堪。我牙痛大发，中午饭后即睡。前夜有好月色，乡村月夜真是动人得很。我因牙痛，夜里睡不好，起来了几次。午睡后，牙痛好了些。晚上和村干部谈了一些问题，这里因五年水灾，地极贫苦，地主的生活和农民的区别不大(和南方我的故乡比)，阶级仇恨不深，虽这边农民政治觉悟较高，对党和政府亦忠诚拥护，村中斗地主的情绪还是不十分高的。

来此后，住在礼拜堂，除我以外还有一位华东师大的同学和本村民兵五六人。礼拜堂也是草屋，这个村子是一所瓦屋也没有的。礼拜堂已久不做礼拜了，也没有任何一点可以令人想起这曾是礼拜的地方。住了一天后，只发现屋前有两株不大的柏树，两棵月季花，是和其他的住屋不同的。在这村工作的还有一位师大的女同学，从来没有离开过上海的孩子,你可想像她如何对待目前的工作和生活。

村里的居民到今天和我已大都认识,大部分不再叫我做先生而叫“老程同志”了。这种称呼上的改变,可以省了我许多文字来向你说明我工作的情况。

今天又是好天气,我的牙痛好了很多。昨夜睡得很熟。早晨又重新读了一遍土改重要的文件。下午调查本村土地情况,采取开调查会的办法,计调查了二十二家。二十二家中,没有碰到什么难问题。初冬的淮北平原上,雨后远山积翠,晴明村树,簇簇如画。我开毕调查会,便邀师大的同学在村道上散步,直到夕阳时,这也是村中一乐。

从明天起工作要大紧张起来,我只希望今夜睡得更好,牙不再痛了。

12月,外地某大学署名“云起”者来函,欢迎离沪调至其主政的中国语文系任教。

应镠兄:

前书稽复,甚歉。弟自调任中国语文系主任后,力薄而任重,工作甚为被动。最近领导上已批作参加土改,但临行时××突然咯血,遂中止南行,坐失改造机会。明春兄明年有无可能离沪,能否考虑来此,如由教部行文调用,想无困难。此间教务长为虚职,明春想尚无适当人选,兄来后可斟酌情形予以考虑。江西大学情形之不如此间简单,领导作风亦不如此间正派。弟来时即作长远打算,故于此有极周详考虑。行彬兄长于统战工作,领导能力甚强,兄如来此,定受重视,弟亦可多一师友。望决定后早日见示,以便准备。鲁士兄思想政治水平如何?可胜任那[哪]些课程?下期兄可否允其离职?亦恳示知。明暑开办附中,嫂夫人可于附中或语文系任选工作。沪盟近况何如,此间统战部属催转关

系，总部迟迟未复，不知何故。便中乞时赐书。专致
敬礼！

云起 十二月二日

邻居有李教授喜旧诗，满纸肮脏思想。昨和一诗云："征途初上事多艰，会罢归来意未闲；怀想英雄旧战绩，废书坐对太行山。"盖针对其闲适思想而作者，抄奉一笑。①

是年，坚决辞去市民盟委员候选人，与孙大雨、孙斯鸣仍有私人往还。与吴晗会晤于上海。

1968年6月21日"'文革'交代材料"：

1951年吴晗来上海，我在民盟的会谈中见到他，后来又去锦江饭店看过他。此后，我去北京，他来上海，我都没有找过他。一则因他已经很有架子，二则因我犯过"严重罪行"，不愿见他。在昆明以及其后，我和他的关系，本在师友之间，和老同学不同。

1952年 壬辰 三十七岁

仍任高桥中学校长，在学校图书馆建设与校园环境改善上颇见成效。

《十七年前的今天——回忆"一二·九"》：

在我工作的那个学校——高桥中学，最近开了好几次苏联文学座谈会，同学们都是那么激动地讨论着《我的儿子》《卓娅和舒拉的故事》《普通一兵》。

---

① 作者"云起"待考，以信中提及"已批作参加土改"，全国性土改于1952年9月基本结束，故系于此年。又其老友赵宗复时任山西大学党组书记兼副校长，而云起嘲邻居李教授诗有"废书坐对太行山"，似即山西大学或其附属师范学院之中国语文系主任。

李宗蕖《从高桥中学到师资培训班》：

> 在高桥，应镠除了上课、读书、办学外，把全部时间投入到学校的恢复和建设中。他才去高桥时，我还留在上海，家里的开支都由我负担，他没有把工资带回来过，大部分投入了图书的购置。和他情投意合的教师们，也捐出自己工资的一部分来购置图书。短短几个月，图书从约七百本小册子增加到几万册书，还有像二十四史那样的大部头。副校长顾芳三、总务主任黎尚曙都根据各科的需要，自己掏钱购买文史、理科的参考书和读物。本属于图书项下的经费，则买了马列的文集和国内领导人的著作。解放前，金圆券危机到来时，应镠兼课的政法学院，不是发的货币工资，而是白米和龙头细布。应镠将存下的这些东西，都按建校时的需要，拨做建校经费使用。我记得，高桥中学礼堂的天篷和幕布是以一匹龙头细布换七十五尺紫红布的比价买回的。学生课后投入建校劳动时，应镠总走在他们前面。掏泥沙，打通流经学校的小河，挖深校园内的一个池塘，把原建在它上面的一座八角亭修理得整整齐齐，用作音乐教室。在旧建筑中找到可用的石料，打磨整齐，造了跨河的小桥。用这个旧花园改造成校园已经不易，还要派他和总务主任一起到教育局属下的工专，整顿、修建那里的校园。他好像成了流动人员，什么地方需要，他就去什么地方。①

主政高桥中学期间，十分重视学生体育活动，还亲自与教师组成教工队，与学生队进行比赛。5 月 28 日，在校运动会上发表演说，而后亲为表率。

何咏梅《程校长在校运会上》：

---

① 《留夷集》，第 93—94 页。

1952年5月28日，正值校庆大典，学校照例举行一年一度的运动会。开幕式上，在主席台上就座的有程应镠校长以及教导主任顾芳三、黄万寿，体育女教师周其高等。接着，在蓝白两色校旗的指引下，一千多名身着蓝裤白衫的学生，踏着进行曲的节奏，精神抖擞地步入运动场，其场面之壮观，秩序之井然，为当地民众交口赞誉。

程校长照例发表了“读书不忘运动，运动不忘读书”的演说，他的演说，内容精要，措词得体，那潇洒的姿态俨然像一位学者，其声调抑扬顿挫，优美动听，具有中国书法艺术的魅力，时而如楷书那样端庄峻厚、气象沉穆，时而又像狂草跌宕流变、飘逸生致，讲到得意时，神采飞扬的脸上，目光坚毅，又伴以有力的手势，师生们无不为之动容，不时报以热烈的掌声。

话音刚落，校长即脱去西装鞋履，只穿一件圆领汗衫，一条卡其平脚短裤，脚上穿是[着]自备钉鞋，在几千双眼睛亲切注视下，他从容不迫地伸了伸胳膊，弯了弯腰，踢了踢腿，旋即振臂一呼，带领运动员奋知驶[奋力奔驶]在跑道上。当时，随着校长快速奔跑的节奏，整个运动场沸腾了！掌声、欢呼声，此起彼落，就如大海的波涛，一浪高过一浪，浪声中，我们的心呵，也随之激荡。程校长呵，您已步入中年了，在工作那样繁忙的日子里，您总是严格要求，身体力行。晨曦中，海高路上，暮色中，篮球场上，总能见到您健美的身影！校长呵，您是个三十年代的运动员，其雄风仍不减当年！您用自己的行动为全校师生树立了德、智、体、美如何全面发展的榜样！①

---

① 《高桥中学校史》，第108页。

在陈琳瑚负责的市思想改造学习班参加思想改造运动。其后由教育局指定兼任高桥中学高中政治教员。光华大学和大夏大学合并成立华东师范大学,遂辞去原光华大学的兼职教授。

8月,幼女程怡出生。

11月12日,周游来信,回忆燕京大学北方"左联"活动与1938年汉口三人行以及当年分道扬镳的旧事。

应镠:

一年多来未通讯。虽然如此,我想彼此都是不会忘怀的。

接到你上月二十四日的来信,我很高兴。

一年来,你参加了土改,又参加了思想改造的学习,在实践中,我相信你一定获益不少。

谈到你在燕大参加"左联"和1938年五月去汉口脱离八路军的一段历史,我也记不很清楚。参加"左联"是在1936年一二月间,似乎你我和杜若是一个小组,数月以后,由于党的统一战线政策(即为了团结一切主张抗日的文艺工作者,而不仅是左翼文艺工作者),"左联"乃宣告解散(当时北平党的市委曾派文委的一个同志向我们说明这一道理),而改组为"一二·九"文艺社(在燕大)。

至于去汉口的时候,我与柯华北上去延安,而你未去,因而脱离了八路军。情形大概是如此:我们去汉口八路军办事处接洽在前线建立火线通讯社,因国民党不许立案而未成。当时八路军办事处吴志坚同志转达周恩来同志的指示,让我们返回八路军前方搞新闻报道工作,国民党不许立案就算了。当时我们都因为通讯社不能成立而有点颓丧,我和柯华决定返回延安,你则与我们相约,打算先回南昌老家一趟,然后也去延安。我与柯华到延安后,久等你不到,后来接你来信,说是因为不愿使老母难过而决定不到延安来了。从此你我音讯隔绝,直到1949年全国解放以后。

1950年代前期与高桥中学毕业生合影

就我记忆所及，大概就是如此。我想事情的细节今天不甚记得，那倒没有什么。关键还是在如何分析与批判当时的思想。应该承认你是中途脱离了革命队伍，虽然你当时不是共产党员，可是你已经加入了八路军，并取得了八路军的军籍。因此这是一种开小差的行为，其所以如此，依据我今天的看法，那主要还是小资产阶级知识分子对革命的动摇性，同时也是小资产阶级极端个人主义在作怪，为了造成个人在社会上的地位，你是决定只搞学问而不搞革命，因而你就到昆明上大学去了。

事隔十五年，思想的真情是否如此，我也不敢肯定，但既然谈到这一层，我就还是主观地提出自己的见解，好在你在思想上对此已作过批判，对自己问题的分析与批判，可能远比我的看法更深刻。

你是否全力担任高桥中学的工作？抑或是兼着高工的职务？

一年来，我的工作主要是筹办北京市委机关报——《北京日报》。市府新闻出版处的工作只是挂着名而已。最初我们是筹备出一张晚报（《北京晚报》），经过长期试版（主要是为了训练干部），情况变了，北京《新民报》要求公营，于是市府就把该报全部财产买过来，《北京晚报》也就决定改出《北京日报》了。今年四月我们接办了北京《新民报》，到十月一日国庆节，《北京日报》才正式创刊。

《北京日报》每天出版对开一大张（现寄上一张样子给你看看），报馆的事情比新闻处繁重得多，我在报社的职务是副社长兼总编辑（社长是一位市委宣传部副部长兼任）。报社共有工作人员近五百人，编辑部有九十人左右，报社设在东长安街二号，我的住处已迁往报社的宿舍，地点是东单苏州胡同125号。

柯华可能仍在西安,我们长久未通音讯。赵荣声仍在《工人日报》编副刊,也不常见面。

我现在是五个小孩的父亲,大小孩已上小学,罗雯在铁道部政治部工作。

明年夏天希望你有机会到北京来。

匆覆,祝

好

周游

十一月十二日

12 月,应冯契之介①,在上海人民广播电台“青年学生节目”讲“一二·九运动”。兹节录《十七年前的今天——回忆“一二·九”》首尾部分:

同学们,我知道你们这几天正在严肃地向祖国汇报学习的成绩,我想你们的心情和平常的日子是有些不同的吧。你们知道,祖国对于你们的期望是多么的大啊!我们老一辈的青年是非常真实地知道这一点的。当我讲到这里的时候,就不禁使我回忆起过去的日子,那一些充满了年轻人英勇的斗争,然而还是极其艰苦的日子。十七年前,我曾是那个伟大斗争、伟大的爱国运动的目击者和参加者。我今天就打算来和你们谈谈这一切。……

亲爱的同学们,我深深感到,我能和这样多的青年们谈我们往日的斗争与心绪是多么幸福啊!我祝你们在学习上不断地取得胜利,紧紧地握你们的手。

---

① 1968 年 8 月 6 日“‘文革’交代材料·我和冯契的关系”:“1952 年或 1953 年冬,上海人民广播电台约我去讲过一次‘一二·九’运动,事后我知道是他介绍的。”现存讲稿底稿原题作《十七年前的今天——回忆“一二·九”》,当是 1952 年。

1953年 癸巳 三十八岁

自去年思想改造运动后，屡辞高桥中学校长职务未准。

1968年6月21日“‘文革’交代材料”：

我后来公开对朋友讲，“不是党员，不好做行政领导工作”，几次向教育局辞职，打算回高等院校教书，搞学术研究。

有《屡求去回高校任教不获忽四年矣因春感赋一律》，反映有志难谐的苦闷：

万里春风喜莫加，卅年委运恨如麻。回天力已成诸夏，起死恩今感万家。快意恶除萧艾尽，会心人惜蕙兰花。自怜才薄当斯任，有志难谐鬓渐华。

7月25日，周游复信，同情老友希望摆脱行政工作而回归学术岗位的意愿，告知正为其调动事努力。

应镠：

接到你的信，已经有好些日子了。

你打算摆脱学校的行政工作，回到搞学问或搞创作的岗位上，我同情你这种愿望，因为我了解你的志趣，也相信你这方面的才能。几年来，你一直处在工作需要与个人心愿相矛盾的情况中，你的心情，我是不难体会的。我以为把自己的意见和要求，向组织提出，争取其实现，这种做法是不能算错的。

你的意见既经反映到市的领导机关，不知现在是否已有结果，甚念。

林德常（柯华）现在是西北行政委员会文教委员会秘书长，他调京的消息，是中宣部白汝瑗告诉我的，据说可能调中宣部工作，也可能调北京大学工作，但现在尚未到京。在他到京以后，我将把你的问题提出与他商量，看是否可能把你协助调京。

另外，何其芳同志现任北京大学文学研究所副所长，他曾非正式跟我谈过，让我物色文学研究人才，我准备相机和他谈谈你。不过，假如你能把你过去与现在的创作、论文给我寄一些，那么我可以先把作品寄给他，并找他谈。还有就是严文井目前在中宣部文艺处工作，我也准备跟他谈谈。

困难的，是事情不能太急，因为我们虽同在北京，可是碰一次面颇不容易。

想来学校早已放暑假了，我还是希望你能在假期中来京一游。

匆此，亲切握手！

周游　七月廿五日

12月15日，赵宗复来函，谈及嘱写历史证明材料与请调山西大学诸事。

应镠兄：

十一月廿五的信收到几天了，非常喜欢，但是因为忙乱，终于覆得太迟。一年余未通信，时在念中。我仍在山大工作，三反、思想改造，一直搞运动，十月中才转入完全的教学秩序中。但这又是更新也是更难的工作，我深感力不胜任，学习又差，正在大力地转与钻中。可是身体不够强，往往心有余而力不足，过去主观主义作怪，群众路线走得很坏，力不足的现象是有过的，现在的“力不足”却又是一种滋味。愿共勉之，愿共勉之！

关于你的历史材料证明，当然赵荣声同志写最合适。依时间算来，我可以写在校印象、昆明印象和我对你的认识等等。不过准确年代，记不太清楚，请你要告诉我一些。将来写材料，仍应通过党的组织关系，我们这里属于山西省委省直属党委会文教分党委山西大学支部。

非常希望您能北来。山大师范学院，一九五三年可能改制独立扩大，你要能来最好了。我们可以请调，但把握不大，华东很难同意你离开，我可以估计到的。

再谈，盼来信。陈絜兄在福州，三反中，他的爱人曾来信说他浪费多花了些钱嘱帮助，数目太大，那时也无法凑足，回了信，后不见陈絜兄自己的信，大约已无问题，陈才及魄力均好，我甚关心，有消息时请见告。

即致

敬礼

赵宗复　一九五三年十二[月]十五日

你校有些制度成文者请检寄，山大也有个附中，刚办起，需要学习。

是年与上年，曾陪同熊德基数访冯契。

1968 年 8 月 6 日"'文革'交代材料·我和冯契的关系"：

我的一位朋友叫熊德基的，在福建工作（先在厦门大学当教务长，后在福建师范学院当副教务长。现在中国社科院历史研究所当副所长，中共党员）。一年中，或去北京开会，或来上海开会，我们总可以见面。他对冯契是很佩服的。当冯契住在淮海中路一公寓时，我同他一道去过冯契家里。他们谈哲学，谈文学都是很投机的。当时，我对搞学校行政工作已经不发生兴趣，想回高等学校教书。冯契的看法是，我们这批人在学术上是承先启下的，老一辈的年纪大了，新的东西学不进去，而年轻一辈的历史文化知识又比较缺乏，我们应当努力。他这一看法我是同意的。我当时认为搞行政工作和作学问是矛盾的。我很羡慕他虽然在师大作系主任，但能摆脱事务性的工作，仍能读书写作。

编年诗 《屡求去回高校任教不获忽四年矣因春感赋一律》

1954年 甲午 三十九岁

仍任高桥中学校长，经过五年努力开拓，这所名不见经传的远郊中学一跃成为浦东名校。期间，据其自述，“业余读《说文解字》和理论书籍。《资本论》读了第一卷，深感古典政治经济学知识不足，打算回头读李嘉图和亚当·斯密的著作”。

《祝高桥中学成立四十周年》：

> 这所学校当时鼓励学生学好三门课，语文、数学和体育。但没有什么重点课，所有课程都受到重视，例如课外活动，歌咏队、话剧团和文学会都同样有教师和领导参加。课外活动中表现了特殊才能的学生，教师和领导引导他们投考可以发展其才能的学校，例如，戏剧学院就使我们一位毕业生成了著名的演员和导演。①

李宗蕖《从高桥中学到师资培训班》：

> 上海教育局出过一本书，称他是上海当时十二个公立中学中的四位学者型的校长之一，也没有忘记把他称为一位用行动来证明自己的有办学理念的校长。就在这五年，他把自己最有活力、最富有创新的理念，精力最饱满的岁月奉献给了这个中学的建设。②

谈宗英《缅怀程应镠先生》：

---

① 《高桥中学校史》，第126页。那位演员兼导演指李家耀。

② 《留夷集》，第94页。

有位过去在高桥中学读书的学生告诉我，说该校原来是一所名不见经传的远郊中学，师资不足，设备简陋。先生担任校长以后，情况大变。他延聘了多位名师，以加强教师队伍，又在极端困难的经济条件下，把办公经费中节约所得购买书籍，充实图书馆，并大搞基本建设，甚至带头赤脚下工地劳动。在“教学为压倒一切的中心任务”的口号下，努力贯彻，不遗余力。他还亲自带领学生清晨跑步，以加强体育锻炼。他把高桥中学办得有声有色，成为上海一所有名的模范中学。①

程炎《炎炎之火：父亲对我的期盼》：

小时候在高桥中学，亲眼看到父亲把整匹的白布送出去染红，给高桥中学的礼堂当幕布。李家耀等演话剧缺少道具，父亲便动员各个办公室拿来台灯照明；演《放下你的鞭子》从我们家拿走一小抽屉铜钱，让台下的观众往台上扔，父亲根本不管是不是文物，等送回来只有半抽屉了。②

4月，幼子程念祺出生。

春，上海市政府决定筹建上海师范专科学校，与束世杰、沈德滋、宋兰舟、张斌等16人同被聘为以陈琳瑚为筹备委员会主任的筹备委员。

7月起，从高桥中学调至上海师范专科学校。7月8日，出席第一次筹备委员会会议，参与筹备工作。

8月，上海师范专科学校正式成立，出任历史科主任，兼任工会主席，并代理教务主任一年。尽管行政事务杂多，仍坚持在教学第一线讲授中国通史。到任伊始，即大量引进人才，着手充实

① 《纪念文集》，第305页。

② 《纪念文集》，第288页。

资料室,着手筹建历史陈列室。

《一位为人师表的学者:纪念张家驹同志逝世十周年》:

> 我当时因为行政事务多,只为中文科的一个班讲中国通史,每周三小时。对这一安排,意见是不少的,有人认为我把重担子丢给别人,自己挑轻的,有的说我不行,不敢给本科生上课,有的则认为我有私心,抬高自己的同学(家驹和我都是燕京大学的学生)。而家驹对此从不置一词,更没有抱怨过工作繁重。①

萧善芗《半世相从心似玉　岂独情亲如手足——琐忆程应镠、张家驹、魏建猷的“文人相亲”》:

> 1954 年上海师专成立,三人先后从不同岗位调至师专历史科。程任中国通史教程兼历史科主任;张任中国古代史教程兼古代史教研组长;魏任中国近代史教程兼近代史教研组长。虽然职务不同,学术各有建树,但一起共事,从无文人相轻之习,而处处体现出文人相重相亲的传统美德。张、魏所写的讲稿,必让程过目。程为建设好初创的历史科,在不少重要问题上都征求张、魏的意见,张、魏都能为共同办好历史科坦诚地各抒己见。程、张、魏出身于完全不同的家庭,年龄相距在五至七岁之间,性格各异,但都心胸宽阔,举止儒雅,且都身材高大,站在一起,酷似兄弟,走在一起,常常成为校园年轻学子叹为仰止的风景线。争名夺利是许多人之常态,而程、张、魏于名利之前,却各有自己的淡泊。1956 年,学校进行评级评薪。评定的结果程与魏同为四级,而张因来自中学,当局有规定,最高不得超过六级。程为此深感不公和无奈,而早已在宋史界享有盛誉的张先

---

① 《流金集》(诗文编),第 254 页。

生却淡然处之，照样勤奋工作，且直至离世，从未为此发过牢骚有过怨言。①

蔡继福《缅怀恩师程应镠先生》：

历史系文物陈列室原来是桂琼英先生负责的。她是复旦大学历史系教授、中国著名甲骨文专家胡厚宣的爱人。她说这些文物是上海师专时候，程应镠、张家驹和她三人，从上海市文管会仓库中一件件挑选出来的。其中有不少精品，货币部分可以构成体系，如战国时齐国的刀币、王莽时的错金刀、秦汉半两、宋代对钱等等。瓷器中的清代五彩龙纹大碗、雍正兽耳灯笼尊、乾隆彩华堂盏等。这年寒假后，桂先生随胡厚宣先生调到北京中国科学院历史研究所，师院的历史陈列室由我一人负责。程应镠、张家驹要我一起到桂先生家送行。②

调任上海师专以后至上海第一师范学院期间，与冯契仍有密切交往，与陈旭麓、刘佛年也有往还。

1968年8月6日"'文革'交代材料·我和冯契的关系"：

当我在高桥中学工作的最后两年，有时因事在上海不得回去，便去他家里聊天，住在他那里（淮海中路靠近天平路的一所公寓）。1954年夏，我来师专工作，他那时已搬到师大的宿舍去了。我和他的来往，不如过去那么多，但往往也能在一些会议上见面（如听报告）。暑假寒假也曾相互探望。1955年，上海人民出版社派人来师专约我写有关中国哲学史方面的小册子，我说我在这方面是外行，他认为我这样说是谦虚，他说是冯契介绍他来的。我去师大看他时，他

① 《纪念文集》，第247页。
② 《纪念文集》，第258—259页。

也往往邀了陈旭麓、刘佛年来他家，或去他们家里。在《上海教育》创刊时，冯契是编委，他曾问过我愿不愿意写有关教育的文章，可以送到这个刊物去发表。

11月28日，出席上海市历史学会座谈会，评论尚钺著作，与会者三十余人，与吴泽、李旭、谭其骧等都发表了意见。

1955年 乙未 四十岁

仍任上海师范专科学校历史科主任，为学校历史学科建设奠定了基础。

1968年6月21日"'文革'交代材料"：

> 在各种会议上，我总是要求尊重教师，主张学校应以教学为中心。大量封建的历史文献被我提出来塞进了图书馆，像《明实录》《册府元龟》都是由于我的关系而购买的。一师院的历史陈列室也从这时开始筹建。

虞云国《程应镠评传》：

> 为了加强图书、资料、教具的建设，他一方面从当时的地图出版社聘请专职的历史地图绘制员，为历史教学绘制挂图，一方面物色了徐先麟、吴秉文等专业翻译人员，从事外文史料的翻译工作，为世界史教学与科研服务。①

7月，周游来函，告知与其弟程应铨晤面细节，兼及李植清姊妹与柯华等旧友近况。

应镠：

> 好久没给你写信了，昨得来书，至极高兴。
>
> 在我接到你的信的前一天，我在中央建筑工程部的一

① 《程应镠史学文存》，第14页。

个会议上，已和令弟应铨同志认识了。那天开的会是中国建筑学会常务理事会和建筑学报编委会的联席会议，我一见到他，就判定是你的弟弟，因为他的模样跟你差不多，因此，会一散，我就主动找他谈起来了。他曾说到已给你去信，请你作个中介，以便有机会进城来找我。当时我曾说，最近期间，我将抽时去清华看他。因为我就住在颐和园，相距并不太远。

他写信给你说想找我"谈谈建筑问题"，你一定会有些惊讶吧，因为我不是学建筑的，也不懂建筑。但是他提出这个问题也不是毫无根据的。原因是，近半年来，我在报社是主持反对建筑中铺张浪费的宣传的，随着事情的发展，现在进而打算批判资产阶级建筑学的问题，为此，组织上指定我和其他若干同志暂时脱产来研究建筑学术问题。两个月来，我一直住在城外，先是在西郊公园，五月底又搬到颐和园来了。和我在一起的还有清华党委会的书记和清华建筑系的几个同志。我们在此一面学习，一面组织稿件，看样子可能要在颐和园度过整个夏天。

李植清在北京找过我一次，也是未曾见着。李植清①在师大附中教书，有一次我去找柯华，柯华打电话请她到外交部宿舍见过一次。

我原想这个暑假你可能来北京一次，现在你因工作忙又不能来了。我不知道你母亲也住在北京，待我去清华找令弟时去拜望她老人家。

---

① 应是"李植人"之笔误。据1968年7月7日"'文革'交代材料"自述社会关系：李执（即李植清），"解放后，在上海见到她，其后，她去福州，后又去南京，一九五七年以前，曾通信多次。五七年她在中共南京市委文教部工作"；李植人，"五六年她在北京师大女附中教书"。《丙申日记》1956年3月24日："晚偕柯华、周游找植人"。

我每周末回城一次,同时《北京日报》与颐和园每天有一次交通来往,因此来信请仍寄《北京日报》。

祝你全家好!

周游 7、5

1956年 丙申 四十一岁

仍任上海师范专科学校历史科主任。自3月1日起至次年8月31日,记有《丙申日记》。兹摘录其记及的主要校务活动:

3月10日,"参加教育实习委员会"。15日,"参加教育实习指导组长联席会议"。16日,"和刘芳谈历史科总结"。18日,"晚写毕历史科科学研究十二年规划"。5月3日,"请刘校长、沈主任参观历史科科学小组展览会"。5月29日,"晨六时即起。八时廿分越南文教代表团来"。31日,"六时未到,到北站送越南代表会[团]去南京"。6月16日,"民主德国有人来校参观,看得甚认真。此德国人不苟之精神也"。6月26日,"早晨参加为武汉教育参观团所召开的座谈会,谈科领导工作"。27日,"和刘芳谈历史科确定教师职务工作"。29日,"午学校为武汉参观团饯行,应邀参加"。7月13日,"参加校委会,继续讨论[评级]升等问题"。

3月,为上海学术筹委会历史组成员。5月20日,上海市历史学会理事会会议决定今后分组活动安排:"中国史方面,中心问题由陈守实、吴泽负责,通史断代史由胡厚宣、程应镠负责,专史周予同负责,资料由杨宽、顾廷龙负责。"①8月26日,上海历史学会理事会确定编委会初步名单,有李亚农、金兆梓、蔡尚思、吴泽、杨宽、李平心、周谷城、周予同、陈旭麓等共12人。摘录

① 《史魂》,第405页。

《丙申日记》记及是年参与上海史学界相关活动：

> 3月3日，“参加上海学术筹委员［会］历史组会议，吴泽简单传达了中央指示”。3月7日，“收到［周］谷城先生所寄综合大学世界古代史教学大纲”。5月11日，“参加上海学术委员会历史组会议，讨论上海规划，第三部分极不恰当”。5月28日，“去复旦参加科学讨论会”。6月14日，“遇周予同，告以所介两人消息”。7月25日，“座谈百家争鸣。田、靳二君①谈北京讨论教学大纲情况。晤周谷城”。9月9日，“往看周谷城先生”。9月27日，“下午去文化俱乐部参加史学会和上海学术委员会召开座谈会，谈上海成立历史研究所问题。晤吴泽，与商选译世界史资料计划”。10月7日，“晨起去文化俱乐部参加师大召集的关于历史教学与研究的编辑会议”。11月2日，“周原冰、尚丁来访，为《学术月刊》征文也”。12月3日，“下午主持学术讲演会。陈守实讲土地关系，甚有见地”。12月23日，“去苏渊雷家参加《历史教学问题》社召开的座谈会。会已过，晤吴泽”。

3月初起，李宗蕖赴北京师范大学进修俄文一学期。

李宗蕖《我是怎样成为“右派”的》：

> 五六年三月初，我争取到了去北师大跟一个俄国专家进修的机会。她是北师大物理系请来的专家的妻子，据说只是十年制中学的高级教师，不论用中文或用那时我们常用的英语都无法沟通。北师大请了四位学俄语的年轻教师为她口译和笔译。教材用的是当时已译成中文、早已用作课本的《俄国文学史》，我们原来用的也就是它。②

---

① 田、靳二君即田汝康、靳文翰。

② 《留夷集》，第98页。

1956年与柯华(左一)、周游(右二)、葛力(右一)在北京

3月21日，赴京参加高师工作会议，4月21日返沪。期间晤李宗恩、李宗津、程应铨、周游、柯华、葛力、赵荣声、熊德基、王逊、张芝联等亲友。

《与周游、柯华、力野、荣声集于中苏友谊餐厅》：

> 摇金柳色春如梦，畏病中年酒未酣。想得燕京读书日，尚余春梦足清谈。

《丙申日记》记其北京之行，节录如下：

> 3月22日，"同宗蕖去看周游，和周游谈到深夜"。23日，"会议今日开始，听了张奚若部长和两位副部长的报告。晚去看宗津、王逊，不遇宗津"。24日，"晚偕柯华、周游找植人。在柯华家中聊天，旋后去国际俱乐部。住周游家。和柯华一别十八年矣，许多旧事，涌现心头，亦乐亦惘然也"。25日，"早晨偕宗蕖去看宗蕖大哥①。下午复返周游家中。晚在从文先生处吃饭"。27日，"晚和宗津约，在康乐吃饭。宿美术学院"。28日，"上午听费拉托夫专家报告。下午参加教研组讨论培养研究生等三种规程草案"。29日，"去琉璃厂买书，得胡刻本《文选》一部，价十八元。去柯华家聊天至夜深，宿周游家中"。30日，"上午听纪司长报告，下午小组讨论（历史专业）普通课与较繁难普通课问题"。31日，"讨论科学研究问题。晚在周游家吃饭，晤赵荣声夫妇、非垢、葛力。非垢已十九年不见，②葛力出国前，曾在上海一面，别来亦近十年矣。夜宿周游家中"。4月1日，"偕宗蕖、鸿锦、于力到清华，在应铨处吃饭。下午

---

① 即李宗恩。

② 非垢，即张非垢（1917—1958），1934年入燕京大学新闻系，1937年赴延安。时任国家体委副主任。

访宗津、珊凤,得遇王传纶夫妇。傍晚偕宗津去北大,未名畔风景如昨,雪后群山比画图还美丽。归途中碰见芝联,别来也五年矣”。2日,“小组讨论教材编写计划、教学计划、科学研究室诸问题”。3日,“上午听专家报告教育厅局如何领导高等师范学校。下午偕德基、佛年、旭麓去北海公园。便往团城一观,元代玉瓮及承先殿内的白玉佛像诚希世之宝也。现代石刻、牙刻、竹刻、泥塑、漆器之精,亦美不胜收。晚偕德基在康乐吃饭,去宗藻大哥家中打桥牌,至十一时始归”。4日,“上午小组讨论教学工作量。下午柳副部长作总结报告。去大哥家,偕宗藻往看周先生①。夜宿大哥家中”。5日,“听陈副部长报告访苏经过及四个问题的报告。讲综合技术教育甚精彩。荣声来不遇,留《在建设的日子里》一书而去”。6日,“北师大报告教育实习及各种教学形式运用的经验总结。后一报告甚空洞。宗藻偕于力、鸿锦、秀娟②来。去全聚德吃烤鸭,无空席,遇徐悲鸿夫人,她强邀我们和她一道吃饭”。7日,“晚应荣声兄夫妇之约去全聚德吃饭,有非垢、力野、周游夫妇。微醺。饭后去周游家打桥牌,至夜四时”。8日,“游明十三陵,同去者有周游夫妇、葛力、柯华和他的孩子。过清河,陈靖同志亦来。在长陵下野餐。陵殿建筑之壮丽,世罕其共匹。归途在陈靖处吃饭。陈为长征战士,幼年牧牛,现对文学音乐均极爱好,已开始从事电影剧本的创作。晚住周游家”。9日,“夜请刘芳校长吃饭,她明晨返上海也”。11日,“听取了十四

① 即周诒春。

② 舒鸿锦、周秀娟、施于力皆原高桥中学毕业生。施于力时在北京大学中文系学习,当年毕业留校任教,次年划为“右派”,1962年自请下放云南个旧,“文革”中受迫害而死。

个经验报告。晚荣声来,谈至十一时”。12 日,“在北师大听专家解答报告,甚精到”。13 日,“在师大听解答报告。听北师大等校经验报告。下午去北师大找宗蘽,偕去看母亲”。14 日,“夜应非垢约在森隆吃饭。这次焕栋夫妇、柯华夫妇也来。夜宿外交部街”。15 日,“中午应力野之约在莫斯科餐厅吃饭,共二十人。至北京大学访芝联,流连湖上不欲去。晚住周游家”。16 日,“上午小组讨论系主任工作,下午听专家解答报告”。17 日,“上午柳副部长总结,下午专家解答问题至七时。赶到宗恩兄家已七时四十分,饭后打桥牌一小时。去柯华家,谈到夜深。住柯兄处”。18 日,“与宗蘽逛故宫,遇德基。建筑之美,二十年前实未能领略。下午回东方饭店,马茂元送钱来,去琉璃厂买书。晚偕宗津在康乐吃饭,饭后去看从文先生,谈到夜十时。住宗恩兄家”。19 日,“周游下午未去办公,偕吃晚饭,遇凤子。周游旋送我至车站”。

高师会议期间,数访沈从文,希望协助征集供教学之用的文物。

《丙申日记》记载:

3 月 23 日,“偕王逊去看从文先生,又五年多了,从文先生身体精神较五年前为好。和王逊别后竟十年矣”。25 日,“晚在从文先生处吃饭。宗蘽饭后回学校”。26 日,“夜访从文先生,劝他下乡,恢复文学事业”。

《永恒的怀念》:

我主持上海师范学院(即上海师大前身)历史系系务,筹建古文物陈列室。在此之前,他在给我来信中,说研究中国古代史,必须充分利用地下发掘的资料,做到实物和文献资料结合。我对这个意见非常赞成,认为历史教学也要充分利用实物,便向学校建议,托他在北京收购博物院不收购的东西。学校当即批准一万元为收购之用。①

《〈沈从文笔下的中国〉中译本序》:

一九五六年,他为上海师范大学(当时称上海第一师范学院)在北京购古代铜器、瓷器、玉器、兵器和大量的碑帖,其中有很多精品。他以为学习历史、研究历史,要把文献知识和地下发掘的实物相结合。他还把自己收藏的丝绸、拓本和纸张送给师大,有极不易得的东魏高贞碑和乾隆的织锦。②

《丙申日记》:

8月26日,"寄从文先生五千元,托收购文物"。9月15日,"得从文先生信,甚感他为人办事的认真"。10月5日,"从文先生寄来清单两册"。

沈从文8月23日来函:

得信,知道学校要一点文物作教学配合用,要的是什么?……这里东东西西正有人在大量收购,你学校闻将改师院,已经有什么文物?教学上(从全面计)需要什么文物?目下有多少款项可供支配?望具体示知。最好是即早把钱寄来,才可即时处理,为争取时间作[操]作。……你们如已觉得师院教学或研究应走新路,对文物感觉有真的需要,认为投点资对上千学生将来作用大,就万莫再迟时日。有五千到一万元可动用,就即早把钱寄到天安门历史博物馆(航空汇沈从文),并在函中说明,文物由我计划收购,斟酌定

① 《长河不尽流》,第118页。

② 《上海师范大学学报》1986年第2期。

夺，即可为奔走几天，把事办好。不宜再迟，应以日计争取时间。①

沈从文9月中旬来信：

信得到，钱可寄来。如前办法，寄馆中转我。东西碑拓部分已寄申，铜陶待一号后才装运。有些相当好，有些比较不甚出色。过些日子，即这些平常物事，也不容易征集了。我大致在十月中要来南方看看，拟在上海住十来天，到各博物馆学习学习，也想来看看你们学校，找二三熟人，交换一下意见。如东西能运到，还可就便为分分类，做些卡片。还想到十来处博物馆搞点照、拓材料，如果你们有需要，也可便中为你们弄一些。②

李宗蕖《写在心头的"跋"》：

碑帖是他主持系务时买进的文物的一部分。56年春，他去北京参加教育工作会议，在东堂子胡同沈从文先生的斗室中，聆听沈先生议论实物在历史教学中的重大意义。一席话激励了他创业的激情。他向沈先生提出为师院购买一些文物的要求。当时，沈先生允许在为博物馆收购失散在民间的文物时，把略次一些的分给几个大学，也把师院列入其中。运来的是一只很大的木箱，内容之丰富，令人目眩神移。碑帖只是其中的一部分。③

4月，建议学校领导在评级问题上关心知识分子的正当利益。

---

① 《沈从文全集》第19卷《书信》，第475页。

② 《沈从文全集》第19卷《书信》，第478页。

③ 《留夷集》，第248页。

1968年6月21日"'文革'交代材料":

对于学衔,我认为应当从速确立,在北京开高师工作会议时,我公开对刘芳讲:"师专哪里像个高等学校?都是教师!"当双百方针提出来时,我把这个方针和封建社会中所说儒家理想"一致而百虑,殊途而同归"相提并论,把它理解为自由化的。

1956年4月29日家信:

昨夜正准备读书,马茂元来了,后来魏建猷和朱延辉又来了,才使我过了一个不太冷落的周末。昨天晚上他们又谈到评级问题,情绪极不好。我打算再和刘校长谈一下,再通过市支部向统战部反映一下。知识分子的正当利益,我校在评级上是表现得关心不够的。

以民盟上海师专支部负责人,参加校、市民盟活动,并与沈志远、孙大雨等盟友保持较多往来。亦据《丙申日记》节录主要活动:

5月19日,"去锦江饭店,应志远同志约饭也。便访大雨,不遇"。6月23日,"参加九三学社师专支社筹委会成立会"。7月9日,"便访孙大雨"。12日,"入市购物,访孙大雨"。7月12日,"访孙大雨"。8月12日,"在大雨兄家吃晚饭"。9月7日,"盟一院支部在文化俱乐部成立"。9月9日,"访大雨,遇彭信威"。9月15日,"参加一院民主促进会支部成立"。9月21日,"下午主持盟支部大会"。9月23日,"参加盟上海市委会第一次会议。在文化俱乐部吃中饭,彭文应付了钱"。12月27日,"上午去看孙大雨"。

5月2日,毛泽东在最高国务会议第七次会议上讲话提出:"在艺术方面的百花齐放的方针,学术方面的百家争鸣的方针,是有必要的"①。受到鼓舞,决心为历史研究"用功"十年。

1956年5月8日家信:

> 十五年来,我第一次真实地感到研究历史是为了现在活着的人们的幸福,人民群众无穷无尽的智慧,就在那陈旧得发黄的有光纸上闪耀着宝石似的光辉。一个要过好日子的愿望,会以那么多的形式(多得令人惊奇的)表现出来,千百年不灭地流传下来,有意无意地激励着人类向善的心愿,使这种心愿变化为坚强的意志。我应该这样地用功十年,默默地再过十年吧,对待我国人民的历史,我们是绝不可以不认真,绝不可以把过去和现在分离开来的。

7月14日,上海第一师范学院成立,任历史系主任,继续擘划历史系的建设与发展。仍据《丙申日记》摘录重要系务与校务活动:

> 8月2日,"参加圕[图书馆]设计讨论。拟定教研组主任名单及八月工作计划要点"。5日,"写完培养助教及教材两种方案"。22日,"决定教学计划的修订"。30日,"写毕历史系计划"。31日,"为历史系新生作报告两小时"。9月8日,"参加招待教部陈司长座谈会"。26日,"参加学校工资改革委员会会议"。11月10日,"早晨朝鲜教育代表团来参观第一师范学院"。11月14日,"参加院教学行政会议"。12月,"主持历史系'百家争鸣'方针如何在教学工作中贯彻的座谈会"。

苏智良《程应镠:上海师大历史学科的奠基人》:

> 程应镠先生慧眼识人,他主张优先引进北大、清华、燕

---

① 《毛泽东年谱》(1949—1976),第2册,第574页。

京等名牌大学的杰出人才。所以已故的李培栋教授言，1956 年的师院历史系，俨然是北京名校的校友会。程先生本人是燕京大学 34 级历史系毕业生，中国古代史及中世纪史教研室主任张家驹先生是燕京大学 32 级学生，中国近代史教研室主任魏建猷先生毕业于无锡国学专科学校，30 年代初曾在燕京大学的图书馆工作过数年；世界古代及中世纪史教研室主任朱延辉先生，是清华大学历史系 34 级学生；主攻近代史的季平子先生是清华历史系 35 级学生；世界史的徐先麟先生，为清华大学历史系 33 级学生，她是安徽省的会考状元，名气很响的才女；来历史系客串的徐孝通先生隶属于哲学系，他是清华大学哲学系 35 级学生，金岳霖先生的弟子。这部分专家构成了上海师院历史系的基本教师队伍，为历史学科的发展打下了扎实的基础。①

谈宗英《缅怀程应镠先生》：

1956 年毕业留校，在上海师范学院院刊编辑室任编辑。有一天在食堂偶与先生同进午餐，他告诉我近几期院刊都已看过，认为图文并茂，很有特色，同时也问起工作中有否困难等等。我说过去在保险公司也是搞宣传的，所以比较顺利，就是感到有些不太结合专业。过了几天，他突然通知我到历史系中国古代史教研室报到，师从李旭先生，搞教学工作。先生的厚爱，使我大喜过望。当时李先生住在校外，有课才来校，因此我除了上好李先生布置的辅导课外，其他进修等问题，都是在先生的亲自过问下进行的。在我的记忆中，先生对我们这些青年教师的进修是非常重视的，经常谆谆教导，严加督促。我的进修计划是结合任课内容制订

① 《纪念文集》，第 1 页。

的，主要是精读《资治通鉴》和《通鉴纪事本末》，并浏览有关论著，以熟悉史料。此外，他还为我安排了一些教学辅导工作，印象较深的有三：一是协助布置他筹建的历史文物陈列室，准备展出工作；二是利用夜自修，辅导学生熟练使用文史工具书；三是提倡朗读古文，以唐文治先生灌制的唱片示范。这些教学活动，后来在“反右”运动中，都成了先生的罪行，受到批判，真是匪夷所思。①

蔡继福《缅怀恩师程应镠先生》：

1956年9月4日，我拿着上海市教育局介绍信，到上海第一师范学院报到。在人事科干部陪同下，到历史系主任室，人事干事把我介绍给程应镠主任。程先生和蔼可亲，生活上安排好后，程先生就领我到中国古代史教研室主任张家驹先生处，张先生指定我坐在他的对面办公桌，这样工作方便。他对我工作作了具体安排，负责资料室及历史文物陈列室。程、张两先生知道我的学历，鼓励我到历史系本科随堂旁听，学习专业知识，这样有利于资料室工作。以后，我就在两位先生的培育下成长。我首先选听了钱卓英老先生的中国历史要籍介绍及选读课，这是历史系学生必修课。同时也听程应镠先生为本科生开设的中国历史文选课。这两门课对我的资料工作有很大帮助。②

9月20日，周游来函，告知前不久的苏联、芬兰之行，关切老友主政历史系近况，兼及在京旧友。

你在上海第一师范学院学院专搞历史系，想来也还是很忙吧。在学问上能多下功夫，是令人羡慕的。

---

① 《纪念文集》，第302页。
② 《纪念文集》，第258页。

柯华已调西亚非洲司司长，最近未见他。张芝联是否在北大历史系，已晤盼告，以便把我们在北大的合影寄给他。

9 月，第一师院院方约谈加入中国共产党事。兹节录《丙申日记》有关记录：

3 月 7 日，"晚听党课，感想甚多。应顽强地自我改造"。9 月 22 日，"宋兰舟①和我谈入党问题，要我把在十三军这一段历史弄清楚，这是第二次"。10 月 1 日，"晚写申请入党材料"。11 月 13 日，"把自传交给宋兰舟同志"。

9 月 23 日，当选为民盟上海市委委员，任市民盟高校工作委员会副主任委员。《丙申日记》记其以此身份参加沪上文化界活动：

9 月 25 日，"去中苏友谊馆参加市委高校部召开的肃反工座谈会。舒文做了总结，魏文伯在会议结束时，做了一个半小时的发言"。10 月 23 日，"去人民大舞台听党八代大会的传达报告"。11 月 2 日，"下午去学校传达八大文件学习计划"。11 月 12 日，"参加孙中山先生诞辰九十周年纪念会"。11 月 13 日，"下午参观中山故居。去民盟市委，同斯鸣兄在绿杨村吃饭"。12 月 13 日，"晚参加民盟市座谈会。萨空了报告北京近况"。12 月 18 日，"上午列席政协全体会议，柯庆施书记作政治报告"。20 日，"去中苏友谊电影院参加政协全体会议"。25 日，"参加政协常委会扩大会议"。26 日，"晚参加民盟座谈会"。

《程应镠自述》：

1956 年讨论百家争鸣，我发表了一点意见，以为大学里

---

① 时任第一师院党总支副书记。

权威太多，校长、系主任是权威，党委书记、总支书记是权威，以至教研室主任，等等，都是权威，而真正的专家、各门学科的教授只能在这些权威下面喘息。不到一年，百家争鸣不提了，我成了阶下囚。①

10月1日，到人民广场参加国庆观礼，据《丙申日记》，"遇到许多熟人。冯契甚消瘦"。

10月14日，据《丙申日记》"晨六时半到万国公墓，八时随鲁迅先生灵至虹口公园。参加移葬及逝世廿周年纪念仪式。"

11月，接待南下上海的沈从文，请其指导文物陈列室工作。《丙申日记》：

10月31日，"下午得从文先生两信，谓已到上海，即往看之。未晤"。11月1日，"清晨去看从文先生，同去四川路吃早点"。2日，"去上海购物，巧遇从文先生及王君，同在淮海路吃早点。晚请从文先生便饭，夜谈至十时半"。5日，"晨去上海大厦，买了两盒点心，送给从文先生"。6日，"上午偕张家驹去靖江路朱先生处看铜器，以一千七百元成交。下午赶去车站送从文先生返京，差五分钟未赶上，黯然而返"。②

---

① 《世纪学人自述》第5卷，第320页。据其1968年6月21日"'文革'交代材料"，这次发言是"在一次民盟市委召开的座谈中"，交代承认，他当时还说："只有教授不是权威。而学术问题，真止的权威是教授，是每一门的专家。不去掉这些权威，学术就不能发展。"

② 据吴世勇《沈从文年谱》第379页，所记有所不同："11月1日，上午，与程应镠到虹口公园参观鲁迅墓。下午，与程应镠一起游览城隍庙。"据《丙申日记》11月1日，"同去四川路吃早点"下即记"赶回学校参加汇报。中午和王其元谈中文系评级事。"疑无上午参观鲁迅墓与下午同游城隍庙之暇。而6日之购入铜器亦当在沈从文影响下为充实陈列室展品之举。

蔡继福《缅怀恩师程应镠先生》：

一师院的历史陈列室文物，以上海市文管会调拨的为基础，也陆续向上海收藏家选购。最集中的一批是十件商周时代青铜器，藏家是杨冯署先生，解放前原是上海一个大学教授。他爱好文物，当时有人要把文物出口，他知悉后有强烈的爱国心，花重金买下，使文物不致于流失海外。程、张两位先生把十件青铜器请上海博物馆专家鉴定，然后买下。这天已近中午，程、张两人奔波了半天，不顾饥饿，把文物直接送到历史陈列室底楼下，我们几个人搬到楼上陈列室，交给我保管。以后我到杨冯署家去过几次，他家收藏的清乾隆缂丝龙袍，已装裱成大小七幅，还有清康熙刺绣花卉图、清乾隆缂丝狮子戏绣球图，这两幅绣品已用红木镜框装裱。这些文物我都先到上海博物馆请专家鉴定。①

11月14日，周游夫人罗雯来访，共话旧事。次日，与妻同陪其游览外滩。

11月17日，赴闽参加福建师范学院和上海第一师范学院联合举办的科学讨论会，与熊德基、陈矩孙等老友欢晤。

《丙申日记》记录其此次南下行止：

11月18日，"下午四时到福建[州]。福建师院学院徐教务长在车站迎接。晚晤德基，在温泉洗浴"。19日，"参加[观]生物系、历史系。晤王文杰君②，清华九级学生，与

---

① 《纪念文集》，第259页。

② 据其同年11月19日家信："历史系主任王文杰君，清华九级的学生，和朱延辉熟，丁则良也熟。真巧，他就是接替我在史地工作室作助教的。"史地工作室作助教事，参见1940年事辑。

则良极熟。下午参加科学讨[论]开幕式。学院欢宴来宾。宴罢去德基家”。20日，“上午去历史系，王文杰兄陪往看矩孙，不遇。下午参加科学讨论第一次全体会议”。21日，“参加文史两系合组会。德基约晚饭”。22日，“上午参加学校行政邀约的座谈会。下午参加历史系分组讨论。矩孙约饭，偕程世本同往，又八年不见矣。席上，颇忆昆明故人”。23日，“上午访矩孙，谈了三小时。中午民盟约饭。饭后参加历史系第二次分组讨论。师院历史系欢宴。晚去德基家聊天”。24日，“早晨偕德基去看矩孙。在同春园吃饭。偕矩孙去福龙象洗澡。买明板《管子》一部。下午参加科学讨论闭幕式。福建省委及省人民委员会欢宴”。25日，“上午游鼓山，有考亭读书遗址。风景佳绝。涌泉寺藏经甚富，有梵文、藏文诸种。并有顺治寺约四十四条，颇有参考价值。晚德基约饭”。26日，“早晨参加学校座谈。矩孙送来肉松及橄榄两事。六时去码头，师院负责人送至码头，至八时十分始开船”。

19日晚，陈矩孙以老友来访未晤，留函以示：

宵深返寓，片纸置案头，赫然“程应璆”三字，询知为福建师院刘松青先生所留，想璆字当为镠字之误，则吾镠兄果来矣。廿载阔别，云飞泥沉，相见有期，慰情曷已！戊子申江之役，结念相违；熊君前岁之归，遥承款曲。禽尚生平，难为胸臆；思我远人，劳心怛怛。专讯旅佳。

弟絜上　十一月十九夜

附录两诗①，旧时陈迹，久要不忘，亦忆之耶？

另眎《劝方锜》诗：穴线吹风到彼池（此七字迄未得其

① 其一参见1938年纪事之《赠矩孙》。

解,询诸耆宿亦不能言之),天涯孤绪短檠知。未因失志难为梦,但是经秋便可悲。阅世渐嗟同调寡,读书已被古人欺。较量勋业矜侪辈,惟有青青两鬓丝。

与其把晤后即赋诗相赠。

《丙申十月于役福州喜晤矩孙申江一别已过八年距昆明相聚之日忽忽十七年矣论事怀人遂成长句》:

何期百嶂千峰地,邂逅居然别久逢。情重故人心尚赤,语开生面气如虹。西风依约山前水,晴日槎枒寺外松。生事一瓢仍足乐,艰难忆往与君同。

是年,作为教育专家,参加各种社会活动。摘录《丙申日记》有关记载:

3月19日,"去第二女中演讲"。7月30日,"参加本市教育工会临时代表会议"。8月4日,"去华东师大听纪司长作有关教学改革的重大问题的报告"。12月9日,"在庆祝建国七周年和纪念'一二·九'二十一周年会上向高桥学生做报告"。10日,"下午去工会参加上海教工第二次代表大会预备会议。晚为二师院物理系学生讲"一二·九"。15日,"晤冯契";"教工第二次代表大会开幕。刘季平做了五个小时的报告"。19日与20日,"参加教代会全体会议"。21日,"教代大会上午结束"。

是年,与许渊冲、董每戡、胡山源、冯契、陈旭麓、王逊等友人颇有往还。

据《丙申日记》:

7月26日,"许渊冲来,已五年不见矣"。8月1日,"遇鲁士作东,每戡由京经此往温州,因饭约晤也"。8日,"胡山源夫妇约饭于康健园"。10日,"渊冲、余雅声来"。12月

1日,“去华东师大,看冯契不遇。在陈旭麓家聊天”。30日,“王逊来不遇。晚去韦特孚家看王逊。王逊送《中国美术史讲义》一册”。

编年诗 《解放之后七年重到北京两绝句》《与周游柯华力野荣声集于中苏友谊餐厅》《七月二十三夜作》《怀森弟》《丙申之秋得念兹金陵书并促其东来》《读念兹近诗》《丙申十月于役福州喜晤矩孙申江一别已过八年距昆明相聚之日忽忽十七年矣论事怀人遂成长句》《入闽杂诗》

卷五 1957—1965年

1957年 丁酉 四十二岁

仍任上海第一师范学院历史系主任。1月19日,向院长廖世承汇报总结及计划。

1月3日,熊德基调任北京,过沪来访,邀请他为师院历史系作讲座。

《丙申日记》:

> 1957年1月2日,“德基来信告已调去北京科学院工作,今日将到沪。但至下午五时还不见来”。3日,“德基来,上午陪他聊天”。4日,“晚邀德基便饭。德基夜宿我书房中”。5日,“请德基为我系助教讲工具书及其应用。下午请德基在老半斋吃豆丝、包子”。

《怀念老友熊德基同志》:

> 抗战结束,他去厦门,我来上海。解放后,他先在厦大,后在福建师院,除教课外,还担任行政职务,一年去北京几次,到上海去总来看我。五六年①他调往北京任历史所副所长,过沪时,为我系教师作了一次学术演讲,给大家印象很深。有一位青年教师说这次演讲给他开了窍,使他懂得

① 此为记误,据《丙申日记》应为1957年。

甚么叫做做学问。①

1月16日，李植清来函：

应镠：

许久未通信，夏深齐来信才知你在师范学院。身体仍旧是那么健康吧？夫人和孩子可好？

记得你曾经想脱离工作，研究学问写书的，看来愿望是没有达到。怎样？培养人材的工作比以前感兴趣么？我想，教书和研究学问应该没有很大的矛盾，如果有所长，订个个人规划，只要实际可行，组织上也会帮助你的，对吗？

你还写文艺性质的东西吗？

想起一件事。不知你和出版社等方面熟悉不熟悉？植人的丈夫吕守先能作些俄文翻译，现休养在家，有劲无处使，想找些东西翻翻可以拿些稿费。他的名字仍挂在人民银行，故不是找工作的性质类，类似业余翻译工作者之类。

我现在市委文教部工作。已有三个孩子，最小的幼之已一岁半了。老大老二都上了小学，石昂仍在老地方，我身体仍和过去差不多，只是眼睛不大好。

有全家合照的照片寄我一张，家庭地址请告我。

祝你好！

植青　1. 15.

3月8日，参加在上海博物馆召开的史学会常务理事会，讨论年会议程。

---

① 《江西社会科学》1990年第1期。

3月24日，在市工商联合堂作《社会存在与社会意识》的演讲，与严北溟去年所作《上层建筑与基础》的演讲展开学术争鸣。

3月29日，接待省亲过沪的程应铨之妻林洙，次月19日，复送其北归。

4月1日，接待福建师范学院历史系主任王文杰等来访。

4月以前，委托沈从文代为收购的文物运抵上海师院，历史系文物陈列室建成。

蔡继福《缅怀恩师程应镠先生》：

二大间陈列室没有牌匾，1957年春，程应镠先生找我要写牌匾，我诚惶诚恐，心想历史系有很多德高望重的老教师，古文根基深厚，书法精湛，我是历史系年纪最轻，学历最低，怕写不好。程先生就鼓励我，大胆去写，我不得已，就根据《康熙字典》临摹篆体，根据尺寸大小，从右到左写了"历史陈列室"五个篆字，请程应镠先生审核，先生认可后，同意做匾额，我就设计成古色古香的两块匾额，挂在陈列室门框上方，一直到一师院并院后。一师院建院时，程应镠先生具有超前意识，他认为一定要办好文物陈列室，就请中国历史博物馆（今国家博物馆）沈从文先生购置大批文物。据记载沈先生一生经手过上百万件文物，凡是不够国家博物馆收藏级别的，他就收下给一师院。我从运来的文物标签上看，从名称、年代、价格，一件战国时代的青铜编钟，品相很好，只有80元。50年代历史文物价格便宜，一件明清瓷器只有几元钱。1957年沈从文先生购置的文物，数量大，种类多，有不少精品，如果作为国家博物馆收藏陈列还不够级别。装了20大箱，为了防止文物损坏，箱内塞满破旧棉花，甚至破布、报纸及废纸、木屑等等，由我一人负责拆箱，取出清洁，保管，室内灰尘飞扬，充满陈列室。待全部文物从木箱内取出，先放在室内地上，然后分类，如青铜器、陶瓷、玉石、货币、铜镜等等，然后放入柜内，撰写说明牌，包括名称、年代、用途、来源，对同学进行讲解，平时还要打扫卫生、接待外宾等等。①

4月25日，沈从文南下来访，25日，邀请其到校指导文物陈列与历史教学的关系问题。27日，在老正兴邀请冯至、沈从文聚会。

《永恒的怀念》：

五六、五七两年，古物陆续从北京运来。乘政协委员视察之便，他来我校对管理陈列室的一位青年作了具体指导。他自己所藏乾隆宫纸、数种丝织物也都赠给了学校。②

沈从文4月21日致程应镠信：

我已到上海，约有六七天住下，拟用一天为看看东西，整理一下如何搞说明卡片。（内中似还有些贵重的，北京已不易得到。）另外拟用半天和历史系二三先生作次小小座谈，好明白文物结合教学应用要求和可能情况。③

蔡继福《缅怀恩师程应镠先生》：

“乾隆宫纸”，是由我保管的乾隆澄心堂纸，粉红色，纸质较厚，质地精良。“数种丝织物”是指明代织锦缎标本，装裱成大小相同的，长约一尺二三寸，宽约三寸的硬纸上，共

---

① 《纪念文集》，第259—260页。

② 《长河不尽流》，第118页。

③ 据吴世勇《沈从文年谱》是日所记，误作“下午给程应铨写信，告知自己到达上海的消息”，程应铨时在北京清华大学。

约二十幅左右，色彩鲜艳，颜色不同。还有一部明版《妙法莲华经》，宣纸手抄本，正楷写的，共七卷。这几件文物精品是沈先生送的，一直保存在文物仓库。还有原来程应镠家藏捐献历史陈列室的各种丝织品被面，其中一幅《百子嬉戏图》被面，我印象很深，在陈列室展出过。沈从文先生当时是全国政协委员，他到全国各地视察。程应镠先生请他留几天，沈先生连续三天手把手教我。我对他很尊重，虚心好学，沈先生喜欢我的勤奋好学。后在主任室，程先生叫我到他处，当着沈先生的面，要沈把我带到北京考古所学习文物，沈先生高兴的接受。我听后充满欢喜，这是千载难逢的机会，我等待着。沈先生为我学习文物奠定基础。沈从文先生代购的上千件文物中，大部分实物上有标签，但部分因搬迁等原因，标签已无，无法定名陈列。我请示程先生，他说你先定名，等陈列出来，以后请专家来更正。由此说明程先生是用人不疑，大胆使用年青人，发挥人之所长，让青年人去摸索前进。

4月28日，参加史学会理事会暨座谈会。“程应镠、陈守实、杨宽、徐仑、周谷城、顾廷龙、周予同、姚舜钦、吴泽、束世澂、戴家祥、张玫、李家骥、洪廷彦、王国秀等出席。会议通过新会员26人，决定每月最后一周召开一次座谈会，学术活动分组举行，由常委会领导”。史学会分为中国古代中代、中国现代近代、世界古代中代、世界现代近代四组与亚洲史后备组，中国古代中代组负责人：程应镠、束世澂、陈守实，“各组名列第一者为第一召集人”。①

5月1日，《人民日报》公布中共中央4月27日《关于整风运

① 《史魂》，第407页。

动的指示》时指出：这次整风，采取“开门”的形式，既在党内开展批评与自我批评，也欢迎党外人士参加，对党和政府及党员、干部工作中的缺点错误予以批评。①

《丙申日记》记其在整风运动中相关内容：

5月6日，“晚参加党委邀集的座谈，提了一些意见”。14日，“参加一个座谈会（即民主党派负责人座谈会[宋②主持]，七月十八日注）”。21日，“下午找陈云涛③，谈约半小时（将支委记录交给他，并工会事。七月十八日注）”。25日，“下午宋兰舟约谈（似为鸣放问题，七月十八日注）”。29日，“《解放日报》退回为整风所写一千字的短文”。6月7日，“学生已大放鸣”。

5月，院方再次约谈入党事。

《丙申日记》：

1957年5月28日，陈云涛为谈入党事，说历史已调查清楚，作风亦有改进，党委讨论数次，俱认已合入党条件。惟与××系数人群众关系不好，尚须努力改进，以秋为期。

6月以前，继续参加民盟市委与民盟市高校工作委员会工作。

摘录《丙申日记》相关记载：

1月3日，“参加第二师范学院盟支部大会，应邀简述盟的历史”。5日，“参加盟高教委员会主任会议”。26日，“参加盟高教委员会主任会议”。28日，“访大雨。旋往参加民盟晚会”。29日，“晚参加盟市委会议”。2月23日，“去法律学校参加盟直属小组成立会”。3月7日，“参加民

---

① 《中国共产党历史》第2卷（1949—1978），上册，第440页。

② “宋”即时在师院党委任职的宋兰舟。

③ 陈云涛，时任师院党委书记。

主党派座谈会”。20日,“去文化广场听魏文伯传达毛主席报告”。22日,“下午去政协参加讨论会”。24日,“下午参攷[加]欢迎捷克西罗基总理大会”。26日,“晚听陆诒传达毛主席在宣传工作会议上的讲话”。29日,“上午去政协开会”。4月11日,“晚去民盟开会”。12日,“下午参加欢迎波兰总理大会”。29日,“听周总理报告”。①

同期,参与沪上学术文化界重要活动,与海上学人往来密切,或拜访晤面,或约饭聚会,或邀请讲座。

仍录《丙申日记》有关纪事:

1月17日,“早晨去大光明听凯洛夫报告。凯洛夫与马卡伦柯为同时代人,苏联著名教育家也”。19日,“下午听苏步青教授‘东欧观感’报告”。3月10日,“傍晚去赵书文家,晤邓衍林夫妇”。11日,“请周谷城至我院讲演”。4月7日,“看胡山源和陈翰夫妇,均不遇”。11日,“下午约吴泽来讲演”。24日,“下午去文化俱乐部听叶留金报告”。14日,“孙大雨夫妇来,在康健园吃饭”。26日,“晤冯至。下午邀冯契讲演②”。5月2日,“孙大雨晚约饭,晤林同济”。3日,“收到冯契告去北京的信”。12日,“上午胡山源来,童懋堃来。下午参加史学会常务理事会”。16日,“胡山源来”。19日,“看孙大雨,遇陈子展”。6月6日,“下午去华东师大,与谭其骧同返”。

上半学期,主讲中国古代史魏晋南北朝断代。

① 《周恩来年谱》(1949—1976),中卷,第38页,1957年4月29日:“在上海党内外干部大会上作《关于正确处理人民内部矛盾问题的解答》的报告。”

② 1968年8月6日“‘文革’交代材料”:1957年上半年,我请他来第一师范学院历史系为教师讲过一次哲学。

李培栋《魏晋南北朝史缘·自序》：

> 我与魏晋南北朝史结缘，当始于1957年春。当时，程师应镠在上海第一师范学院正主讲中国古代史的魏晋南北朝史段。我任助教，随堂听课，校印资料，为学生辅导答疑。因为程师课上大量引证原始资料，有时直接把珍贵的《晋书斠注》（嘉业堂本）带进课堂，课间课后在学生中传阅，这就逼我非多读书不可。有次程师对我说到刘弘、陶侃，说此二人与清谈时流不同，可以研究。于是，我在课余就重点阅读《晋书·陶侃传》，由此探入下去，果然感性认识大增，颇感古人须眉表情皆可再现之乐，终于写成《〈晋书·陶侃传〉读后》一篇读书报告。不料，此文甫成，反右骤起，程师的课讲到初唐也就不得不终止了。①

6月8日，《人民日报》发表题为《这是为什么?》的社论，标志着"整风运动"转为"反右派运动"。虽对运动的方式方法颇持保留态度，但仍试图与党保持一致。

《丙申日记》堪称当时实录：

> 6月10日，"反批评已开始"。11日，"学校开全体教师座谈会。我上下午均发了言。下午盟支委交换了一些意见，决定和其[他]民主党派联合召开座谈会"。12日，"深感过去对学生思想教育的片面性，会上对宋兰舟提了一点意见。参加民主党派的碰头会。晚参盟市委的座谈，我发言对整风中二陈论调加以驳斥"。14日，"下午参加各民主党派的座谈会，驳斥反社会主义的荒谬言论"。15日，"下午晚上在民盟开会。重点批驳陈仁炳，有些人提到他生活作风上的问题，我以为不必如此。这两日报告有些反批评

① 《魏晋南北朝史缘》，第1页。

言论,我觉得可以不必如此大喊大骂,应坚持说理,关于鸣放报道,也应当多些。这样才能使反社会主义言论的批判和帮助党整风这两件于国家有益而必要的工作结合起来”。16日,“早晨看报,《解放日报》发表华东师大批评许杰搞乱整风步骤的消息,和昨夜听张文郁所说师大党委在广播中要许杰检讨的事联系起来,觉得极不好。报纸又发表社论,批评王中与陆诒。思想上颇苦闷。这样做,不还太早了一点吗?”18日,“去学校,主持盟支委扩大会。决议三点:在小组中与章、罗等划清界限,明确反批评的必要性及反批评与鸣放的关系,发挥自由思想取得一致认识。今日的会,颇发挥了自由思想,但结果达成了认识的一致”。21日,“上下午都开会。内容大致相同,讨论如何展开反批评及对毛主席讲话的学习”。25日,“下午主持盟支部大会,动员反右派斗争”。27日,“下午四时去看彭文应,谈约一小时半。我最后告诉他反右派斗争是一场严肃的政治斗争,劝他认真交代和罗隆基及其他一切关系,认真检查自己反社会主义的思想。相信党,党决不会冤枉人”。28日,“陈云涛同志作报告,动员反右派斗争”。

1969年4月12日“‘文革’交代材料”:

当1956年以及57年的春季,资产阶级右派分子猖狂向党进攻,我站在资产阶级右派分子这一面,向党投了弹,放了枪;当无产阶级对这一猖狂进攻进行反击的时候,我顽强地抵抗,同情费孝通,公开为许杰辩护,为陈仁炳开脱罪行,为黄云深鸣不平,对他的罪行,民盟师院组织在我的控制下,拒不表态。同情费孝通,我只对李宗蕖表示过。我说,像费孝通这种人,写了一篇文章,就成了右派,以后知识分子不要讲话了。许杰被揪出后,我对陈云涛、廖世承公开表示:许杰过去是个左派,报纸上发表的东西,说不服人。后来我去交大开高等学校入学考试的会,碰到曾乐山,我问曾乐山:许杰到底是怎么一回事?报纸上发表的东西说不服人,你们要搞一些有说服力的材料发表。陈仁炳在民盟上海市委被斗争时,我发了言,认为陈仁炳还不懂得什么是无产阶级专政,所以犯了错误。当到会的某些人对他生活的腐化加以揭发时,我又附和沈志远的意见,以为"不必如此"。黄云深在一师院被揪出时,我跑到他家去,安慰他,叫他注意身体,"看看小说,睡睡觉,没有什么了不起的问题"。群众在大字报上要求一师院民盟组织表态,我拒绝这样做。后来,迫不得已,才空空洞洞作了一次表态,不揭发,不批判,不斗争。

日期缺失的"'文革'交代材料":

鸣放时期,我直接攻击党在学校中的政治思想工作,把矛头指向主管这一工作的学生科,主张取消学生科,以反对"把学生管得太死"为名,以达到使党的政治思想工作退出学校的罪恶目的。

7月1日,《人民日报》发表社论《〈文汇报〉的资产阶级方向应当批判》,全国规模的反右派斗争开始。次日已有大字报对其质询,不久即被划为"右派",被迫做了八次检查与交代。

《丙申日记》对当月的运动过程与真实思想俱有记录:

7月1日,"上午读文件,下午参加学生会反右派斗争大会"。2日,"继续学习。下午返家时,闻已有大字报向我质询者。夜不寐"。3日,"早晨来院,看到一些大字报。甚觉痛苦。找党委谈我的心境。晚主持盟支委扩大会,决定对黄云深错误及群众对我的质询表示态度。""四日至三十一日,反右派斗争猛烈开展。我也被认为是右派分子。我于五日、八日、十日、十二日、十四日、十七日、十八日、二十四日做了八次检查与交代。此外并于四日写了与孙大雨的关系,六日至七日写了和民盟内右派分子的关系。十日至十一日写了和陈新桂及与罗隆基在五〇年见面及五二年聚餐的材料,交给院党委。内心痛苦,为一生所未有。由于群众的斗争和报纸的报道颇有与事实不相符及绝无其事之处,思想上感到十分混乱。真觉得不如死了拉倒。参加了三天哲学社会科学筹委会所召开的会,日日均不愿去,觉得见不得人,只在会内吃过一次饭,是和泪噙下去的,但我眼中并无泪。宗蕖也被语文系斗争了三天。……十七日会后,怒不可遏,我觉得一切完了,但我不愿背着这个恶名以死,我必须以过去的事实和今后的行为证明我不是社会主义的罪人！这一日是我思想上的一个转机！负才使气与少有大志,是我一切病的根！有了这一根,便促令我与党若即若离。这一点也是十七日以后认识的。”

自7月初被指为“右派”以后,继续写检讨与作交代,以怨愤痛苦之心直面自己不得不认领确是“右派”的违心之论。

《丙申日记》对此仍有记载:

8月6日,“宗蕖去学院,民盟整风小组要她交代反党言行。这真是太不实事求是。正如《解放日报》所说我到一师院工作之后,野心越来越大一般。把这件事弄清楚要时间。我仍然相信党,因为马克思列宁主义是实事求是的”。7日,“我做了什么就说什么。检查深刻与否则与自己认识有关。傍晚出去散步。这一个多月的生活真像梦”。8日,“写检讨书二千字”。9日,“续写检讨书”。10日,“傍晚出去散步。忽忆《离骚》:‘众女嫉余之娥眉兮,谣诼谓余以善淫’。我希望党认真地审查我！‘粉身碎骨,不能做社会主义的罪人!'此固非一时之愤激,而是终身的誓言"。14日,"清晨去学院,盟整风小组要我交代问题。我实在已无可交代。老是这样做,真浪费时间!×、×所提问题,均是老问题。迄今我不能承认自己是右派分子。若谓参加过彭文应等的座谈会即为右派,世上无此逻辑;与事实亦不相符。例如×君,现在并非右派。我八年所作所为,倘能作一全面的了解,也绝不能说是右派。倘就反右派斗争开始后我的认识而言,亦非右派。总之,右派头衔,不能承认,否则违背我的良心。"18日,"八月行行将尽,此两月日子,诚不易过。以后更不知如何?事实倘不进行调查,则此生无望矣。读《人民日报》社论《深入些,更深入些》。我院这次对我的斗争,为什么这样不尊重事实?诚百思不得其解。命也夫?!"23日,"历史系反右派学习小组通知明日开会,要我继续交代"。24日,"早晨宋约谈,叫我认真交代彻底批判。陈副院长亦在座"①。

日期缺失的"'文革'交代材料":

鸣放期间,我积极宣传北大的民主墙,认为这是一个新五四运动。反右斗争开始了,费孝通在报上点了名,我认为:"以后知识分子不能讲话了"。在上海,许杰也被点了名,我为许杰辩护,说他在民主革命中是左派,不会是右派。民盟内部批判陈仁炳的时候,我把他反党反社会主义的罪行,说成是思想问题和作风不正。当时,我以为自己并没有"策划于密室,点火于基层",和某些党员处得不好,是由于脾气不好,并不是反党。"把我打成右派,我死也不服。"我对党又怨又恨,诅咒党"冷酷无情"。我对陈云涛说:"我在高桥中学五年,是

① 宋,即宋兰舟;陈副院长,即陈云涛。

怎样工作来的,教育局清楚,你也应当清楚。”我把解放前和解放后参加土改工作以及五六年上半年和李宗蕖的通信,我在解放后的全部日记,土改复查之后安徽宿县王堂村干部给我的信交给了陈云涛和赵宗颇,企图以此来证明我对党并无二心。我无耻地叫嚣自己是马克思主义的相信者。我宣称:宁可粉身碎骨,不能当右派。我曾想过自杀,只是因为儿女尚在童稚,才没有走这一条绝路。后来在强大的群众斗争的压力下,在见到我自认比我进步的一些熟人和朋友也沦为右派分子之后,才开始作反省,有了一些认罪之心,直至这一年的八月底,才承认自己是一个资产阶级右派分子。

李宗蕖《我是怎样成为“右派”的》:

那天正是《这究竟是为什么》那篇文章出现在报端的日子。下午,应镠来看我时,我觉得他神情有些黯然,问他出了什么事。他让我不要瞎想,再过两天可以出院了,他会来接我的。我感到不安,但没有把这事和自己的处境连起来。才出了医院,我就去学校里。走进校门,看到的是一片大字报的海洋。虽然满目是惊心的大字报和画在上面的红色的叉叉,比起后来十年动乱时要少些杀气。对被揭批的人还有“迷途知返”的提示。在“正告”工会正副主席的大字报前,我脱口而出说了一句“恍如隔世”,却被抓住了。还没有走出十来米,一张大字报就贴出来了,用的还是“正告”,口气不同了,说这是对我最后的挽救,要我看清形势,“与右派分子程应镠划清界限”。①

程念祺《〈严谴日记〉读后》:

我二年级时,全家搬到上海师院。之后不久,就听班上

① 《留夷集》,第101—102页。

的同学议论，说我父亲反右派时在楼上办公室拍桌子，甚至把楼下办公室的日光灯都震落了。我当时听了这样的议论，幼小的心里，对父亲甚至很佩服。几十年后，看父亲的《严谴日记》，一边看一边心里在流血流泪，知道他那时实在是很可怜。①

自9月1日起将日记改题《严谴日记》，记至次年3月21日中断。1959年7月19日起续记至1960年2月29日止。

程念祺《〈严谴日记〉读后》：

从1957年9月起，父亲的日记称《严谴日记》。其时，父亲已改变态度，承认自己是右派，日记中时时严厉地自谴自责。此即"严谴"二字的由来。

9月，从系主任之位上奉命入历史系文物陈列室工作，等待处理结论。

期间的心态处境在《严谴日记》里有真实记录：

1957年9月1日，"又有大字报，历史系对买文物向党委提了不少意见。此事我应负责，'多一事不如少一事'的思想又入念中。以后怕不会有此错误，'吃一堑，长一智'，人不能老是这样重复自己的错误。反右派斗争已两月，两月来，日坐愁城。但学习了不少。凡事搞到自己身上，就要求'实事求是'；但这样做需要时间！有时候，即使时间也不能纠正一些不实的揭露。怎么办呢？一个拥护共产主义的人便应当放弃自己。"8日，"今日中秋。为小儿辈强为欢笑。黄仲则诗曰：茫茫来日愁如海，寄语羲和快著鞭。入夜

---

① 《纪念文集》，第293页。

1956 年至 1962 年日记题材

后忽来嘴上”。18日,“晚重写检讨材料,思想斗争甚苦”。19日,“续写检讨。竟日心情郁闷”。20日,“续写检讨”。24日,“连月以来,与外隔绝,终日相对者惟妻与子女,虽强自宽,终非了计也。宋兰舟同志曾嘱主动找人叙谈,但又恐人见疑,徒自取其辱,故迄未与人交”。10月10日,“玄宰论修养有曰:‘忍人之所不能忍,受人之所不能受。’大得我心。此即锻炼也,世无无痛苦之锻炼,能忍此苦,即成器矣。我要下决心不作社会主义的罪人,必须进一步加强这种锻炼”。18日,“本无其事而谓为有,本有其事而谓为无,实大不可。而此则我院在反右派斗争中之失也。个人荣辱不足论,能于社会主义建设有利,我虽粉身碎骨亦不辞。但在斗争中使那些‘哗众取宠’的少数人得不到好的教育,反使其私谓唯如此才算得积极,岂有利之事耶?我在历史系无功,但亦未为恶,此可对天日而无愧者”。19日,“开了一天会,×××要我准备检讨报告”。21日,“写完检讨,心已碎矣”。22日,“上午抄检讨,未毕。虽抄写亦痛苦”。27日,“心情郁闷,走过人民公园,进去后觉得还不开旷。晚上头痛,睡后久不成眠”。11月2日,“今日作第十一次检查,群众仍是极不满意,说没有新东西。我的天,若有新东西,早就出笼了”。3日,“早晨×××来看我,他说早就想来,这一定是经过一番思想斗争的。这是反右派斗争开始之后来看我的第二个人。第一个人是我的外甥女草儿。我很感激他对我的关心。四个月是痛苦的,早一时期的痛苦,主要为感到委屈,感到被人诬陷。以后渐渐明白痛苦还是由于我存在着与人民幸福国家繁荣不相容的思想,倘非如此,是决反不到我头上来的。昨天被斗后心里郁抑之至,不想讲话,孩子们也逗不起我的怜爱,夜里梦后醒来,真不知怎样才可消度以后的日子。×××来后,我为了说明我能支持下去,把我过去所想通了一些话对他说了。心下也觉得好了些。我仍然坚信党会弄清一切问题。即使我受到冤屈,我也应为人民的幸福而忍受一切。我绝不能做对运动不利的事。生命已过去了一半,对于个人,妻子而外,实无可恋!忍受下去就是希望能为这个可爱的国家,多年期望着的社会主义尽一点点力量”。4日,“夜半醒来,辗转未成寐。梦一手被截,但毫无痛苦”。28日,“个人得失苦乐,何足计乎?!何足计乎?!”12月21日,“上午民盟市委来一电话,嘱去学习,其声甚恶,亦太甚矣”。22日,“《历史研究》胡厚宣批判向达文,甚有说服力”。25日、26日,俱在“续写检查”。27日,“找×××谈思想情况,把写好的检讨交给他”。30日,“续写检查”。31日,“一年又过去了,近廿日来对自己错误有更进一步认识,忽然想起浪子回头的谚语,我决心要回头!迎接新的一年。”

唐振常《哀启平兼怀宗瀛》:

宗瀛一向谨慎,即使如此,每返上海,言及他家人中大哥宗恩(北京协和医学院院长),小弟宗津(油画家)、妹夫程应镠(历史学家)皆成“右派分子”,他亦不寒而栗,说是“我如在大陆恐亦不免”。①

程念祺《留夷集·前言》:

妈妈经常跟我们讲起大舅李宗恩。他是妈妈同父异母的大哥,曾经是协和医学院的第一任中国人院长。……四舅和小舅与我妈妈是一母同胞。四舅李宗瀛一九四九年以后到香港《大公报》,任《大公报》英文版主编。小舅李宗津是五十年代国内著名的油画家。五七年反右,除了四舅在

① 《川上集》,第467—468页。

香港得以幸免，我的大舅、小舅和妈妈、爸爸（再加上我在清华建筑系任教的叔叔程应铨），都被打成右派。这样的“一网打尽”，真是让人无语。①

尚丁《遗札三复待春归——缅怀程应镠教授》：

1957年，我们都被“扩大”进一只巨网之中，我远戍青海，使我俩的往来中断了二十年。程应镠一生光明磊落，言行一致，爱说真话，也敢于说真话，坚持真理。这是中国知识分子极可贵的大节。他曾不无感慨地说过：这也就是他的致命伤！其实，这是特定时代的悲剧！②

9月，在“待罪”发落期间，为历史系收藏的近二百部金石碑帖撰写了十几万字的题跋，以历史研究，略略忘却现实的创痛。《严谴日记》：“1957年9月17日，通知去系办室。下午按时去，谓奉院长指示分我去陈列室工作。当即允编写碑帖目录及说明。”

李宗蕖《写在心头的“跋”》：

六月里掀起的那场风暴把他卷了进去。在等待组织作结论和处理的一段时间里，他提出了为买来后未及整理的碑帖写跋，得到历史系的同意，作了一定的安排。要为那么多碑帖写跋，不是很容易的事。于是，在不接受批判，不当众作检讨的日子里，他就去市里的图书馆、藏书楼翻检资料。有时还带上我——一个对历史文物一无所知，但也是那时唯一能助他一臂之力的人——帮他抄写查到的资料。渐渐地，他对这项工作有了兴趣。晚上，孩子们睡下后，他常反复把玩写好的卡片（碑帖则从不带回家中）。偶有一得之见，想谈，也只能对我这听不懂的人谈。第二年五月，对

① 《留夷集》，第6页。

② 《芳草斜阳忆旧踪》，第325—326页。

他作出了“极右”的结论。不久,由市里组织他们一些人去颛桥劳动、学习。去前,他赶着做完了手头的工作,交出这份字迹清晰、整齐的约二百张卡片。①

蔡继福《缅怀恩师程应镠先生》:

程先生蒙难,于是,由沈从文先生介绍我到北京进修,付之东流。程先生被撤职,降职到资料室,负责多年无人问津的古代碑帖提要撰写。当时形势,对右派直呼其名,我却难以启齿。人多时,我不叫,人少时,我仍叫程先生。当时领导指定,程先生工作由我负责。陈列室已由二间扩充至四间。我把东头最安静的一间(二楼共有四间)给程先生办公,放二张课桌,一把椅子,一只热水瓶,为了能自由出入,给他一把房门钥匙。他需要的古籍线装书,列出清单,我替他到图书馆去借。我是资料员,对图书馆较为熟悉,特别是古籍组徐恭时先生很热情。我校没有,通过馆际,到上海图书馆、华东师大等处去借,由我搬运给程先生,准时归还。程先生呕心沥血写提要,“躲进小楼成一统,管他冬夏与春秋”。经过几个寒暑,数百种碑帖提要完成,誊写稿纸,最后整合。程先生调到社会主义学院学习,要我代为抄写,上交系领导,保存于资料室我处。程先生临走前把原稿赠我留作纪念。②

程念祺《〈严谴日记〉读后》:

这些碑跋,每以碑文与史互证,也具有相当的学术价值。而非常令人感动的是,当时历史系资料员蔡继福先生,保留了父亲写在练习簿上的这些题跋尚未誊清的手稿。蔡先生说,父亲在去社会主义教育学院之前,将这些题跋誊清之后,便将这些手稿送给他留作纪念。事隔58年,蔡先生将父亲的这些

① 《留夷集》,第248—249页。
② 《纪念文集》,第260页。

手稿重新送还我母亲，深情厚谊，实在是令我们感动、感激。“人是有感情的。”父亲在他的日记中好几次提到这一点。父亲这个人非常真实，在那样的情况下，他这样做，却不怕人家认为他“自作多情”，此亦足以想见当时蔡先生的为人了。①

12月8日，因划为“右派”而决定放弃撰著中国通史的计划，寄还出版社预支稿费100元。

《程应镠自述》：

1954年重回高校，讲中国通史和魏晋南北朝隋唐史。曾想写一本三四十万字的简明通史，1956年还和湖北人民出版社订了约。1957年被错划为右派，退回了预付的稿费，心想再也不会做这种工作了。②

自划为“右派”后，除与母亲、姐弟通信外，与校外师友音问俱断，惟同系魏建猷、张家驹等仍对之持有同情与交谊。

《追念颉刚先生》：

解放之后，他还在上海，我因为去浦东一所中学工作了五年，一次也没有见到过他；当我调回市区，他已去了北京，不久就是整风反右，我被打入了地狱，虽然去过一次北京，但我不愿见人，更不愿见旧日的师长，在北京住了两个月，竟一次也没有去看过他。但四十多年来，我是时常想念他的，他有什么著作，一发表，我总是千方百计以先睹为快。③

---

① 《纪念文集》，第300页。

② 《世纪学人自述》第5卷，第319页。

③ 顾颉刚似仍关注着他，据其1958年日记卷首云：“此数月中，受揭发之右派分子不少，就所记忆，书于下方，以资儆惕”，其下开列自章伯钧、罗隆基领头的近三百名著名右派名录中，就有程应镠及其妻兄李宗恩，而与程应镠有直接交往的学界与民盟名人更是数以十计。参见《顾颉刚日记》第8卷，第362—364页。

1968年8月6日"'文革'交代材料·我和冯契的关系":

1957年反右斗争之后,我和冯契的来往即断。1961年我看到郭森麒,曾问过他的消息。郭告诉我他在1958年也受到批判。1962年市政协在人委大礼堂组织过一次传达广州会议的报告会,我在开会时碰到过他,只匆匆作了问候。那时,我的心情是羞见故人,特别是在那么大规模的听报告的场合。

萧善芗《半世相从心似玉　岂独情亲如手足:琐忆程应镠、张家驹、魏建猷的"文人相亲"》:

1957年程[应镠]被打成"右派",罢了系主任职(那时师专已扩大为师院,科也提升为系)。学校改聘魏建猷为系主任。魏一方面心存畏惧,不知在此形势下如何工作;另一方面接程之职,作为朋友心有不安,便不避嫌疑牵连,直接去程府向程告知校方的决定和自己的心情。程十分坦然,劝魏不必介意,大胆工作。而在以后程被批斗的日子里,张、魏与其见面时仍像过去一样必打招呼,眼神里还送去几分同情和安慰。①

虞云国《程应镠评传》:

反右运动以后,程应镠被迫离开系主任的位置,这时候,历史系的建设已奠定了基础,初具了规模,走上了轨道。他对接任系主任的魏建猷说:"我们关于历史系教学工作的想法是一致的。由你来接手,我就放心了。"②

周育民《风雨八十载　心血付丹青:中国近代史专家魏建

① 《纪念文集》,第247页。
② 《程应镠史学文存》,第14页。

猷传》：

> 就该校历史学科的变化而言，在上海师范专科学校时期设历史科，第一师院时期设历史系及专修科，均由历史学家程应镠教授任主任。1956 年，程应镠介绍魏建猷加入民盟。1957 年程应镠错划成"右派"之后，由魏建猷、张家驹分别任系主任和副主任。程应镠是治魏晋南北朝史的，张家驹是治宋史的，三人领域各有不同，但相互敬重，志同道合，处得十分融洽。①

编年诗 《丁酉新春病起一绝》《五七年春假答念兹金陵盖先有西游之约也》

1958 年　戊戌　四十三岁

1 月至 8 月继续检查与交代，参加民盟市委与院系组织的"学习"，等待所谓结论。仍逐月摘录《严谴日记》相关自述以见其当时活动与心境：

> 1 月 1 日，"早晨起得很晚，听说楼下有人来，心下更觉愧悔。我现在仿如海上孤舟，正临薄暮，党则如灯塔，全在我能否努力与风波搏斗，向之指引的方向走去。"4 日，"早晨在民盟学习。下午二时重作第十二次检查。还是嫌我交代得不彻底！在第一师院是有一些思想还未作分析的，至谓孙大雨等人还有阴谋，乃是绝对不实事求是的妄测！今日心情，因认罪之情深，故痛苦大不如前。我应当受到惩罚，惩罚越重，我则越心安"。6 日，"续写全面的交代与检查"。7 日，"续写检查与交代。下午去盟市委学习，颇有收获"。8 日、9 日、10 日，"续写检查与交代"。11 日，"早晨去

① 《史魂》，第 373 页。

民盟学习”。13 日至 17 日,“写毕交代与检讨,约一万六千余字”。21 日,“下午去民盟学习,陆诒等检查对知识分子的错误言行”。23 日,“上午去民盟学习。沈志远、徐铸成发言使我获益不少”。28 日,“上午去民盟市委学习,听沈志远检查,历三小时半”。

2 月 1 日,“把×××、×××、×××历年给我的信交给组织。廖院长找我谈话,嘱写材料”。2 日,“写材料”。4 日,“晚写材料,和宗藻谈认识错误问题”。5 日,“上午听关于右派分子处理问题的报告,思想上没有什么波动,但觉得必须重新考虑孩子们的问题,原来只想到降级降薪,没有想到有立刻去农村劳动的可能”。7 日,“去民盟学习”。9 日,“写检查”。10 日,“续写检查”。11 日,“上午去民盟学习,作了检查。所提意见对我均有帮助”。13 日,“颇怪半年来领导上无一人与我谈话者”。14 日,“在政治问题上,和任何人都无调和余地”。20 日,“晚写检查。宗藻认识有进步,已着手写交代材料及检查”。21 日,“写材料竟日。念祖来信,甚愧对此儿也”。22 日,“晚写材料”。23 日,“炎儿(编者按:即长女程炎)终日帮助母亲作家务,这孩子颇知双亲痛苦,念之真愧恨此一生! 晚写材料”。

3 月 1 日至 9 日,“双反给我甚大教育,写毕师院历史系工作的检查。希望早一点处理,好定改造及工作计划。”12 日至 21 日,“处理已不远了。”

2 月,李亚农发表《斥史学界右派》,专文批判上海史学界“右派”代表程应镠与戴家祥,兹摘录其有关部分:

随着反右派斗争的胜利开展,全国各地史学界都先后批判了一批右派分子,我们上海史学界右派分子程应镠、戴家祥等也在反右派斗争中暴露出他们的丑恶面目。

有人说，像右派分子程应镠、戴家祥之流没有什么学术地位，值不得批判。我们不能同意这种说法，他们既然在上海史学界进行政治阴谋活动，不经过批判就不能彻底肃清他们的恶劣影响；何况他们这些反动言行在上海史学界还没有经过系统地批判，从历史教学方面来看还有些历史教师利用课程散布反动言论，引起学生思想混乱。如不经过彻底地批判，就不可能彻底粉碎右派分子企图恢复资产阶级历史学的政治阴谋。

（一）上海史学界右派分子共同的特点之一，就是他们恶毒地向党进攻。程应镠一贯地仇视共产党，他污蔑党说，“当前主要矛盾是党和非党人士之内的矛盾”。程应镠曲解国内当前主要矛盾，其用意在于煽惑群众起来反对党的领导，攻击党的干部，把共产党赶出学校去。这还不是想在中国制造一个匈牙利事件吗？

（二）上海史学界右派分子第二个共同的特点，就是他们仇视社会主义，否定我国社会主义建设的伟大成就，并且坚决反对走社会主义道路。他们这种“今不如昔”的看法，显然是从那些没落的剥削阶级的思想情感所产生出来的。例如：程应镠不能再当国民党军队的上校秘书了。戴家祥不能再到农村去收地租了，毋怪乎他们对于解放后的一切社会主义建设事业充满了刻骨的仇恨。

（三）上海史学界右派分子第三个共同的特点，就是他们反对马克思主义，特别是历史唯物主义。程应镠在工商联会堂对民盟盟员讲“社会存在与社会意识”，他居然无耻地在讲解历史唯物主义时进行反对马克思主义的宣传。他说；“斯大林对存在于两个阶级间的矛盾谈得多，说明工人阶级与资产阶级的斗争性。但是他没有说明两个阶级还有同一性。工人阶级和资产阶级也有相同的地方，地主和农民是相斗争的,但他们也有相同的地方,举个例子,在封建社会中,地主也吧,农民也吧,他们都有宗族的观念”。他还引用中国历史为例说,“从曹操的某些措施中可以看出确确实实有一些是农民的思想意识”。依照程应镠这种谬论,社会的阶级矛盾就变成为阶级协调的同一性了,地主与农民在思想上有同一性,地主的思想中也有农民思想意识,如此说来,曹操就成为农民和地主思想的共同代表了。我们认为像程应镠这样曲解历史唯物主义是不能容忍的,程应镠有意识地反对马克思的阶级斗争理论,不是为了别的,正是为了反对中国资产阶级和资产阶级知识分子接受社会主义改造。程应镠歪曲曹操的阶级性,也是为了在解释中国历史时,否认阶级斗争是社会发展的动力。

总之,右派分子程应镠和戴家祥都从反对阶级斗争学说来反对马克思主义。他们的目的,在于反对马克思主义对历史科学的指导。我们是否可以容忍这些右派分子向马克思主义进攻呢?不能。我们必须捍卫马克思主义,粉碎他们向马克思主义的猖狂进攻。

(四)上海史学界右派分子第四个共同的特点,就是他们对知识分子和青年学生经常散布反党反社会主义的思想毒素。程应镠在民盟讲“社会存在与社会意识”时说,“社会的生产力怎样,人的意识就怎样”,又说“我们的意识决定于生产力”。大家知道社会意识的形成并不直接产生于生产力,而是经过生产关系的中介作用而产生。程应镠故意不讲生产关系,抹煞阶级关系和阶级斗争,其目的在于煽惑民盟盟员抗拒社会主义的思想改造。

(五)上海史学界右派分子第五个共同的特点,就是他们的右派活动和章罗联盟有密切的政治关系。程应镠是罗隆基小集团的成员之一,又是民盟上海市委高教委员会副主任,对于章罗联盟在上海高等学校放火负有重大的责任,他本人在第一师范学院内亲自放火。他的反动言行显然是执行章罗联盟指授的任务。

我们认为,上海史学界应该展开一次坚决彻底粉碎右派政治阴谋活动的斗争,揭露和批判右派分子和右派言论,消灭右派分子在史学界造成的恶劣影响,粉碎右派反党反社会主义反马克思主义的政治企图,这对于保卫社会主义和发展历史科学都是完全必要的措施。①

其时,绝望孤独感绞啮心灵,十余年后即便在"文革"期间仍难以忘怀。

1971年8月23日家信:

十三年前,大概也是这个时候,你住在音乐新村后面那幢房子,常常在晚饭后,我和你同去桂林公园,有几次都是雨后;旧日的回忆,仿佛还是那么实在,竟绞着我此时的心灵。当一个人感到和身边的人和事都隔了一重什么似的辰光,生活就是那么灰暗。但毕竟这种日子很快就过去了,而且从那时以后也不再来,即使在无产阶级文化大革命的头几年,我也从来没有感到过是那样的绝望和孤独。

程念祺《〈严谴日记〉读后》:

几个月来,父亲一直担心母亲总是对运动采取抗拒的态度。那时,他对母亲的这种态度,多半是同情,认为"这难怪",只是告诫母亲"怨人之心不可有,更不可意气用事"。但是决心"严谴"自己之后,父亲对母亲却很有些无可奈何:"宗藻屡发脾气,实大不好。'心胸要开朗些',我屡为她如此说,但终无用。"在当年12月份的一则日记中,父亲写道:

① 《学术月刊》1958年第2期。

"连日和宗藻谈她的问题,在认识上颇有距离。"隔了不久,父亲的另一则日记:"与宗藻闲谈,她心有结,终不能解。"我母亲的倔强、刚烈,在日常生活中是看不出来的。这恐怕连我父亲自己也意想不到。父亲日记上,屡屡有"和宗藻谈认识错误问题","宗藻连日心情均恶甚","宗藻心情至恶,说了一些激愤的话"。不断地谈,母亲都没有接受父亲的劝告。估计在与父亲的谈话的中,母亲会有很多难听的话,让父亲感到受不了。而父亲因为母亲完全是受自己的牵连,除了忍受,还要担心母亲这样下去会遭到更多的不幸。总算到了1958年的2、3月里,母亲开始接受了父亲的劝告。父亲在日记中写道:"宗藻认识有进步,已着手写交代材料及检查";"宗藻近来心情转好,认识错误是重要的"。父亲当时的心情与思想,亦可想而知。①

9月至12月,在上海县颛桥乡参加由市委统战部直接领导的"右派"分子劳动学习改造班,只有周末允许回家。

日期缺失的"'文革'交代材料":

有一次,颛桥乡的负责同志,和我们讲这个乡的历史,讲了一个多钟点。我听了深有感触,认为是上了一堂最好的中国现代史课。我对自己夸夸其谈的讲述历史主动作了一些批判,我承认真正懂得历史的是亲自参加阶级斗争和生产斗争的人们,只有他们才真正懂得历史。但这一认识,稍纵即逝,没有在我思想上生根。

李宗藻《秋收》:

(我)第一次下乡的身份是"右派"分子。地点是下沙,干的是秋收。回到上海,进入市区的第一个印象就是店铺

---

① 《纪念文集》,第296页。

几乎“十室九空”，特别是卖吃食的。离开家半个多月，回来最想做的事是给孩子们带些吃食，但店铺的柜台都是空荡荡的。看得到还开着门的吃食店中，除了以薯为馅的点心可凭票供应外，其他货柜都空着。走进家门，孩子们都拥了上来。问他们爸爸哪里去了，他们都说不清，只说是去了一个叫颛桥的地方，在那里学习，没有回来过。晚上，把孩子们打发上床后，就在灯下苦思冥想：“今后的日子怎么过。出路在哪里？”门一响，是他回来了，我们相对无言。打量着四个已入睡的孩子，觉得更无话可说。应镠从衣袋里掐出几颗糖，看着已经睡着的孩子们说：“我们那里的小铺里还有些糖，我买了些给孩子们解解馋的。你吃两颗吗？”我摇了摇头。不能吃什么东西已经有几天了，说什么呢？不说更好些。我们前面不远处就是闸北公园，应镠说那里还可以买到一些糕饼。第二天，他就带着几个孩子去了。孩子们高兴得不得了，特别是两个小的。我能做的就是忍住泪，不让自己的脸色吓着孩子们。我已经意识到，这不是苦难的终结，而是开始。应镠告诉我，孩子们的祖母或将来上海，帮我们照顾他们，特别是那个最小的，没有人照顾很难挺过这一灾难，农村里听说已有饿死人的事了。①

徐中玉《论史传经序》：

“反右”时，我们都被不容分说地网罗进去，成为各种各样批判的靶子。“反右”结束后，我们一度都被纳人一个劳动“学习”组织，在郊区颛桥半天劳动，半天学习，历时两个月。一道参加“学习”的，以民盟“分子”为多，如沈志远、徐铸成、王造时、许杰、彭文应、陈仁炳、吴茵、陆诒、陆晶清、钱

① 《留夷集》，第105—108页。

瘦铁、姜庆湘、李小峰等近五十人。就在那里，我们直接看到了“人民公社”的成立，看到了公社社员吃大锅饭，看到农民早晚排队出工，看到农村的土高炉大炼钢铁。亲眼目睹了农业“八字宪法”的掘地三尺式的所谓“深耕”，跟农民一起敲锣打鼓去捉麻雀，实际上也就是赶麻雀而已。当时各地都在“放卫星”，年产量天天在报纸上直往上翻，直翻到亩产若干万斤，犹未尽兴。两个月后，我们一起被编进上海社会主义学院第一期各组学习，作为原属“敌我矛盾”而作“人民内部矛盾处理”的一个开始，为期半年。我们先是在同一个小组，后来虽说不在一个组，实际却仍然生活在一起，我们所有的活动都在同样的氛围里。即使在社会主义学院结业，各自回到本单位分配工作后，我们每隔两星期，仍有一次在市政协内“巩固成果”的学习活动。①

1959年　己亥　四十四岁

2月起，与原在颛桥参加“右派”分子劳动学习改造班的四十余人转入由统战部筹建的社会主义学院第一期“学习”。7月17日，写毕在社会主义学院第一期的“学习总结”结业。19日，上午结业典礼。次日，回上海师院历史系工作，根据领导要求，每月应向党组织汇报思想，这一汇报持续了三年。

1968年6月21日“‘文革’交代材料”：

颛桥劳动学习结束之后，又去社会主义学院学习了四个多月。五九年七月，我回到学校，仍在历史系工作。在我回校之后，直接和我联系、我经常向他汇报思想、工作的为姚震寰。那时，我一方面在学校学习，一方面在市委统战部和民盟市委

---

① 《论史传经》，第2页。

学习。我是第一组(高校的"右派"分子)学习的召集人,我经常向彭云飞同志汇报学习的情况和我自己的思想情况。

自7月19日起续记《严谴日记》至1961年8月31日止。《严谴日记》仍记其严苛自谴与自我改造的经历与心情:

7月22日,"五个月来,我的心情变化很大。年初去学院怕见人,现在却希望碰见更多的熟人。去人事科报到,知道下半年的工作。"23日,"早晨去学院。王其元同志接见了我,谈话约一小时。党肯定了我这一年来的进步,也指出了我在改造中的缺点。昨天知道了下半年要教书,第一个反应是'怕',然后才是对党的感激。"27日,"下午去统战部看彭云飞同志,他问了我回上海以后的情况,再四叮嘱不要自满,并指出前天我在民盟座谈会上的发言已有自满情绪。最后,他要求我随时向统战部汇报思想情况,争取组织的帮助。我未见彭同志之前,一点也没有想到找我就是为了了介[解]我回上海后的情况。我心里充满了感激之情。党对我的挽救、关怀,真是远胜父母对一个愿意回头的浪子。"28日,"过去不愿见人的心情现在是消失了!下午三时向总支汇报了十个月来学习的情况,随后系的党政负责同志对我提出了一些要求与希望。"8月24日,"写一月思想情况。给彭云飞同志一信"。

9月起,允许担任历史系的历史文选教学,继续进行自我改造。《严谴日记》记录了自我改造的炼狱心路:

9月6日,"写毕改造规划"。11日,"今天早晨上了两节课,又感激,又惭愧,又害怕,又兴奋。走进教室的时候,心有点颤动。十分钟后,自然了。我似乎体会到这对我的改造是更好的。上课,迫使我细致地考虑许多问题。上课,使我和群众的关系加强了,也具体了,我对群众,究竟采取什么态度呢?从自己对群众的态度,也可以检查对党的态度。一节课完了的时候,我问问学生快慢如何?有的人说合适,讲解得也很清楚。两节课下来之后,我的心里似乎充实了。'在任何情况下,相信党,依靠她的引导和教诲,我总会得救的!'我又一次重复自己在这两年来痛苦的自我斗争中所得出来的结论"。16日,"报上发表毛主席邀请各民主党派负责人开了一个座谈会,对于确实表示改好了的'右派'分子将摘去'右派'的帽子。心里有一些动。自己问:我可能摘掉帽子吗?假如没有摘怎么办呢?情绪是复杂的。二年来的事实证明:党对我的认识与结论,比我自己对自己的认识与估计正确得多。合乎摘的条件,就会摘去。不能存侥幸之心,非分之念。相信党到永远。下午刘书记找我去,要我写鉴定。彻夜未睡好。鉴定还是写未[未写]出,要写的过去都写了啊!"17日,"上午勉强写了两千多点字。送到学校去。下午民盟市委召开座谈会,谈摘帽子的问题。大家的看法和心情都差不多。只有彭文应特别,坚持反动观点到底。"18日,"下课后姚震寰告诉我晚上要检查。匆匆回家准备,觉得太匆促了一些。晚上,我谈了一个多小时,充分谈下去,要超过两个小时。许多意见都是对我有益的。回家的路上有好月色。今天的心情是不平静的,谈过了便觉得轻松了。"29日,"离国庆节近了,摘帽子的希望与悬虑迫切了。昨夜做梦[摘]掉了帽子,心里充满了感激。早晨去学校上课,知道刘书记听课,有些紧张,但一进教室就自然了。知道明天学院要宣布第一批摘掉'右派'帽子的人,心下有些骚动,希望自己的帽子摘掉,又怕摘不掉。这个会后来改在今天下午四点半开。宣布摘掉了三个'右派'的帽子,内中并没有我,听的时候,脸有点发热。但随即平静下来。相信党这一思想给了我和不正确的思想斗争的力量。'右派'是一个客观存在,党永远是实事求是的,我应当严格要求自己,在改造的路上走快一些。"30 日,"十年来,我也是有收获的。由于反右斗争,我开始认识了自己,也已经在改造自己的路上开步走了。这些日子,又常常想:假如在更早一些时候,懂得对党千依百顺就能走向真理的道路多好!现在是不是晚呢?我国先哲关于闻道的古训又使我对于来日带着无限的激动之情。我相信总有那么一天,我会肯定地对自己说:我对于人民还不是无用的。"10 月 1 日,"这是一个欢腾的夜,我似乎是第一次感到人民在节日的欢乐与希望,多么美妙的未来啊!去年在颛桥度节日的心情,在回忆中显得那黯淡。我们是变了。"6 日,"向刘书记汇报最近一个时期的思想情况。刘书记再三叮咛要防止自满,要检查自满的原因,进行必要的批判。关于摘帽子,不要和人比,不要因没有摘掉帽子而对党有意见。话都是听过了的,但对我仍是十分宝贵的。"14 日,"寄彭云飞同志一信并规划"。11 月 18 日,"早晨写汇报,即寄彭云飞同[志]一份"。12 月 24 日,"把昨天写好的汇报交给老姚①"。

《程应镠自述》:

1959 年恢复教学工作,为学生讲历代文选,因此又对古典文学做了一些研究。但用力最多的还是在汉末开始出现的坞壁,北魏实行均田的地区与对象,拓跋部汉化的过程,以及西魏北周时士兵地位重新恢复,被称为兵农合一的府兵制,即陈寅恪先生所说的鲜卑兵制。②

自 8 月起,与同为"右派"的亲友偶有往来或函电,重新参加沪上学术活动。兹据《严谴日记》摘要如次:

---

① 即姚振寰,时任上海师院历史系党支部书记。

② 《世纪学人自述》第 5 卷,第 319—320 页。

8月16日，"去政协参加民主党派经验交流会。遇到许多灏桥劳动学习时的朋友，觉得很亲热，也遇见徐国屏同志，也很亲热。会后偕中玉去吃饭，什么也没有吃到，去到一小店吃瓜和月饼，别有风味。偕中玉去陆诒家"。30日，"访陆晶清不遇。在刘哲民家谈了两个多小时，陆诒亦来。"

9月1日，"得应铨信，知道他心情还好，工作颇努力，很高兴"。2日，"偕宗蕖往看陈仁炳病"。13日，"午睡后往看陈仁炳病，途中遇陆海云，也病之甚也"。20日，"下午睡后去看陈仁炳的病。黄云深来，不遇。吃过晚饭去看他。"26日，"便往看刘哲民，与陆诒通电话问国庆相聚与否。"

10月10日，"下午去民盟市[委]参加座谈会，会后偕陆诒、徐中玉去一小馆子吃饭，吃得很好，也谈得很好。"18日，"下午去科学会堂参加史学会理事会扩大会议，碰到很多熟人"。

11月1日，"下午去陈仁炳家，参加在耑[灏]桥劳动学习的老一组组员的聚会。和吴赞廷、徐中玉、刘哲民在绿野吃晚饭，贵而不佳。"25日，"下午去史学会开会。便去陈仁炳家。"12月18日至20日，"史学会开会，听了陈部长的报告"。

10月，"反右倾"运动开始，自觉应"教育自己"。《严谴日记》亦有所记录：

10月30日，"反'右倾'、鼓干劲、提高教学质量的运动即将在我校开展，我应当在这次运动中认真地教育自己。晚上的会，开得不好。沉默的时间和发言的时间几相等。要揭露系党总支和院党委领导上的'右倾'保守，实在亦不易。这个道理也很简单：存在着资产阶级思想较严重的人，对'右倾'保守思想是不容易辨别的。"11月3日，"下午晚上讨论，写大字报"。16日，"又要写'汇报'了，觉得没有什么可写的"。21日，"下[午]去民主党派开会，陈书记号召继续积极深入地帮助党反'右倾'、鼓干劲。"

1960年与母亲、夫人李宗蘩及子女会影(右排右一长子程念祖、左一长女程炎;前排右一次女程怡、左一幼子程念祺)

12 月,应约为《辞海》撰写历史条目。

是年起,始鬻藏书,以补家用。

《至乐莫如读书》:

> 家里的藏书,五九年之后,一批一批的卖去,所剩已经不多。不肯卖的,除《资治通鉴》、廿四史之外,一律上了小阁楼。①

程炎《父亲是座山》:

> 于是,先是用家中的存款来填补,然后就靠变卖妈妈的首饰维持家用。妈妈的首饰卖得差不多了,爸爸开始卖书。有时让我把妈妈的外国小说拿到徐家汇的旧书店寄卖。哥哥的同学拿着书问扉页的署名,让哥哥很窘。也有书商到家里来买爸爸的珍藏本,书被拿走了,爸爸怔坐在藤椅上,很久都不说话,“剜却心头肉”。②那时爸爸很瘦,已经快撑不住了!

1960 年　庚子　四十五岁

在上海师院历史系,元旦赋诗歌颂形势,感激党的“九重恩义”,表示要力争上游。

《庚子元旦》:

> 浩荡春光一望收,河山壮丽世无俦。万千烟突排云出,大小村庄竞自由。四十年华惊电速,九重恩义感山丘。从今慎把光阴惜。跃马挥鞭立上游。

继续思想检查与改造,与“右派”旧友偶有往还。摘录《严遣日记》所记:

> 1 月 10 日,“去天蟾舞台听石西民部长报告”。23 日,

---

① 《新民晚报》1986 年 8 月 26 日《夜光杯》。

② 引自 yanyan1329.blog.163.com。

"下午去民盟市委开会，晤陆诒等"。29日，"去陈仁炳家，晤徐中玉、吴企尧、陆诒"。30日，"下午去政协，参加统战部座谈会，至晚七时半。和刘哲民、徐中玉、徐际唐在外面吃饭。"2月2日，"写教育思想的检查"。3日，"写毕教育思想的检查"。4日，"把教育思想检查的思想汇报交给老姚。另寄彭同志①一份"。6日，"阅卷我没有分[份]，有一些惭愧。下午参加盟小组生活"。29日，"写完改造计划和每月汇报。寄彭云飞、余国屏两同志的信"。②

9月底，摘去"右派"分子帽子，但须为中文系讲师作助教，在历史系直陈己见而不改其旧。

李宗蕖《社会主义学院》：

第二年九月，他摘去了"右派"帽子，去了我心上的一块病。不久就调回学院上课了。也许又有人认为这样做，未免太宽大吧，就留了一个"尾巴"，指定他做中文系四位讲师的"助教"。这件事他没有告诉我，大概是怕我为他鸣不平。校方的这一措施是后来我从他的日记上看到的。③

由于反右以后被降级降薪，兼之"三年自然灾害"，生活之累日渐沉重。

李宗蕖《第二次下乡》：

年初才从社会主义学院回来。三月初，陈云涛书记就向我们宣读了一份名单，这些人要去佘山那边的农村里劳动，没有时间限定，要看改造得怎样。户口暂时转至农村。除了带队的，大部分人是"右派"。女的只有三人，其他两个

---

① 即彭云飞。

② 《严谴日记》终止于此日。

③ 《留夷集》，第109页。

是受家属牵连,已经划为“右派”的只有我一个。回到上海就进了离家最近的第八医院。我很清楚,是饥饿、超常的劳动和被歧视造成的心理压力,把我推向了接近死亡的边缘。从医院出来,医生说要休养几个月,我却立即回了图书馆。打成“右派”时,工资已降了三级,还要因病假再打八折,拿什么养活我的孩子啊!供应是那么的匮乏。我虽然还没有见过四哥的妻子,对她的性格一无所知,但相信他们会帮助我的,就让应镠给四哥写了告急的信。不仅回信很快就来了,他们还寄来了我急需的食物和药,并告知另有一个渠道,可合法地给我寄来营养品——在南京路上的华侨商店,一次可以寄10磅左右的食品和药物。我成了家里最享福的人。每晚应镠回家来,就为我冲牛奶,在烤得黄黄的面包上涂上黄油,看着我一口一口地咽下去。那么爱孩子的人,竟不让和孩子分享。为此,我还和他争吵过。他说:“有吃的好,还是有妈妈好?”我的回答是:“都有才好!”经过不短的一段时间,苦难过去了,我们都活下来了。①

程炎《父亲是座山》:

反右之后,爸爸从四级教授降到讲师的最低级,薪水减了一半,妈妈被赶出中文系,安排在图书馆,薪水也减了三分之一。家里的生活每况愈下,日子过得捉襟见肘,窘况日现;三年自然灾害更是雪上加霜。嗷嗷待哺的四张嘴对父亲而言实在是沉重的负担。父亲想尽了办法让我们吃得饱些,身体好些。我家的肉票很少买生猪肉,因为一斤肉票只能买一斤肉,而一人一月只有一张四两的肉票,但一张肉票可以买一罐清蒸猪肉,我家每月可买六罐啊!每个星期天

① 《留夷集》,第112—115页。

吃完早饭,我们就盼着午饭,四个[兄弟]姐妹把放在饭桌上的清蒸猪肉罐头摸过来摸过去,待会儿它就会和一锅白菜或青菜煮在一起。于是我们午饭之后嘴都油光光的,爸爸看着我们心满意足的样子就会开讲:苏东坡看着那挂着的条条腊肉越来越短越来越少……不知爸爸是从哪里看到的,苏东坡穷得要计划吃肉。①

自9月"右派"摘帽以后,陆续恢复与北京师友通函往来。1968年6月21日"'文革'交代材料":

1960年9月以后,重新和周游通信,1962年又和熊德基、沈从文通信,1961年以后,周游来过上海几次,我们都见过面,作过长谈。熊德基也来过上海两次,两次都是路过,我和他也见过面,作过长谈。

《寄周游北京》在伤叹往事之际,仍不忘与友人的青春之约:

自叹中年百不如,韶华逝去得追无?革新人物开生面,跃进江山好画图。未尽涓埃伤往事,宁思安乐惧长途?青春有约从头践,白尽髭须誓不渝。

编年诗 《庚子元旦》《简宗蘖》《国庆前一日感成一律》《寄周游北京》

1961年 辛丑 四十六岁

2月5日,收到"反右"以后周游首次来信,信中庆幸老友"没有丧失自信"。

应镠:

音问久隔,萦思为劳。接来书,不胜高兴。高兴的是:

---

① 引自 yanyan1329.blog.163.com。

老友虽然一度跌跤，但没有丧失自信，而是努力改造自己，真正从个人的小天地中走出来。“一起沉疴二十年”，从痛苦中认识了旧我而又决心与之决裂，这就真正愉快地走向了新生。这是很值得为故人贺，为故人庆幸的。

我仍然在报纸工作，57 年以来，我出国三次，访问了不少欧洲名都，如柏林、维也纳、布拉格。至于莫斯科，则是先后去过四五次。去年春天，藉着去广州开晚报座谈会之便，曾去游了一次海南岛，北返途中又去桂林、阳朔，欣赏了漓江两岸的美景。可是我一直没有找到机会去一趟上海。迄今为止，我还没有到过上海和南京，也没有去过苏杭。我很想在今年能够作一次沪杭之游。如能实现这个愿望，我一定来看你和你的全家。

我去年十一月去苏联参加十月革命节，回国后就下乡参加郊区农村的整风整社，到现在还未结束。春节前可能告一段落。

柯华刚从几内亚回到北京，我曾把你的近况告诉他。他大概要到春节后才离国返任。

学校快放寒假了吧？寒假中作何安排？如能在寒假或暑假来京一趟，我是竭诚欢迎的。

握手！祝你全家好！

周游 2、5

2 月上旬，立春日收到妻兄李宗瀛寄自香港的食物，以诗代书怀旧明志。

《十二月十九日立春细雨从邮局取回宗瀛寄宗蕖食糖枕上吟成长句因以代书》：

冬尽江南雪尚希，春回细雨润如酥。楼头依约天边笛，枕上沉吟海外书。失马塞翁知祸福，亡羊歧路极踟蹰。昆明风雨花溪夜，敢话平生说故吾。

春,在市政协学习会上与刘海粟同组,预期他"回到人民队伍"以后,将来必有以他命名的纪念馆。

1969年4月12日"'文革'交代材料":

> 在政协学习(1961年春),刘海粟和我在一组。徐悲鸿的纪念馆正式对外开放,在一次学习会上,我对刘说:"你不必灰溜溜的,争取早日回到人民队伍中来,改造好了,将来也会有你的纪念馆。你在中国现代美术发展当中,还是有贡献的。党不会抹杀这一点的。"我这种言论,充分暴露了我对刘海粟是个什么人,我自己是一个什么人,毫无认识。一个反党反社会主义的"右派"分子,在党的宽大政策下,只有老老实实地改造,才能取得重新做人的机会。而我还是满脑子的"重理旧业"(这在上次交代中已作了交代)的反动思想,妄图重新在意识形态领域里,专无产阶级的政,居然会想到将来还可以有刘海粟的纪念馆,真是"蚍蜉撼大树,可笑不自量"。
>
> 春,妻兄李宗津来函言及"右派"摘帽,作诗贺其"脱胎换骨"。

《喜得宗津信并简王逊》:

> 难得燕京一纸书,脱胎换骨证双鱼。春风又绿江南岸,柳色摇金病欲舒。

中秋,收到原高桥中学学生、时在北京大学任教的施于力寄奉新词,以诗作答并致期勉。

《辛丑中秋于力寄新词诗以答之叙心境怀旧欢亦有所期也》:

> 年来发薄不胜梳,论史论文每自疑。春雨向荣舒万木,青毡惟恐负明时。风生万壑鹰思奋,月到中秋梦欲痴。鲈脍莼羹乡味美,待君横槊赋新诗。

9月15日,《教育部直属高等学校暂行工作条例(草案)》(简称"高教六十条")经中央工作会议讨论通过,发布试行;同时指示,在党内党外讨论这个条例草案的时候,必须使师生员工畅所欲言,以达到集思广益,弄清思想,团结一致,群策群力,把教学和其他工作做好的目的。①受此鼓舞,主动要求讲授三国两晋南北朝史的教学任务,并愿为开设中国史学史新课程而作准备。

1969年4月12日"'文革'交代材料":

> "高校工作六十条"下来之后,我感到其中有许多东西是我欣赏的,和我过去所主张的大致相同,和1958年、1960年上半年学校里搞教育革命的气象则不相同。高校中一些曾下了讲坛的资产阶级知识分子和学术"权威"又重新占据了社会主义的讲坛。为此,我感到兴奋,感到自己也"有奔头"了。资产阶级和无产阶级在意识形态领域内的斗争正在加剧。曾经被批判的东西又出笼了。沉渣迅速泛起。我就是这样的一种沉渣。我欣然接受了讲三国两晋南北朝史的任务,通过这门课,宣扬资产阶级的学术观点,我表现得十分"积极"。我毛遂自荐,要担任中国史学史这一课程的讲授,要求组织上给我充分的时间,从陈腐得发霉的故纸堆中,收集糟粕,来炮制放毒的有效毒药。我的尾巴翘得很高,傲视正在成长的革命的一代,污蔑他们过去只能在教室里讲一些空洞的历史唯物主义的教条,历史知识不多,基本训练不行。我这种心情,在学生面前,也禁不住有所流露。(在这方面,我在张家驹和徐光烈面前说过一些,在魏建猷和朱延辉面前说过一些。但具体怎样说的,记不起来。在为五八级或五九级讲课时,我说:"在掌握历史知识方面,在

① 参见《中国共产党历史》第2卷(1949—1978),下册,第589页。

语言文字方面,老教师是强一些的。青年教师现在也注意到这一点了,正在努力做。")

11月,周游南下来访,欣然晤谈,流连尽日,赋诗相赠。

《一九六一年十一月周游来沪流连尽日欣然有作》:

久绝亲朋会,欣为一日游。青衫怜旧雨,白首记同舟。春雨江城暮,西风海国秋。悠悠廿四载,惭愧此淹留。

秋起,准备重理旧业,著书立说。

1968年6月21日"'文革'交代材料":

1961年,我看到陆侃如经常发表文章。我在燕京大学读书时,陆侃如曾经教过我。陆在1957年是划为"右派"的。我感到一个人还必须要有一点"真才实学"。从这年秋天开始,我又认真读起书来,仿佛回到了1956年的日子。一边读书,一边积极准备作论文。

日期缺失的"'文革'交代材料":

当时,我认为陆侃如还是有一些东西的,这样,也就可以逐渐和一般的学者、教授一样,著书立说了。从这时候起,我考虑改造少了,注意力逐渐转到如何重理旧业,掌握魏晋南北朝的历史资料,为著书立说作准备。

是年,从原上海第一师范学院新村迁居上海师院东部音乐新村。

程念祺《〈严谴日记〉读后》:

我家是62年春节搬到上海师院的。住在一师院的新村(现在的上工新村)时,因为远离上海师院(漕河泾),受单位的影响不大。但一搬上海师院东部宿舍的当天,就有一帮小孩,小的不过七八岁,最大的不[过]十三四岁,就聚集在我家门前，没完没了地喊“老右派，程应镠”，还不时用土块抛过来。从此，我也有了一个“小右派”的称呼。①

编年文 《农业劳动力与三国两晋南北朝田制的变化关系》《魏晋南北朝民族略论》②

编年诗 《十二月十九日立春细雨从邮局取回宗瀛寄宗蕖食糖枕上吟成长句因以代书》《喜得宗津信并简王逊》《闻加加林宇宙航行归来欣然有作》《辛丑初夏随社联参观青浦发掘新石器时代遗物并游淀山湖率成四绝句》《一九六一年七月十五日闻一多先生殉国十六周年》《辛丑中秋于力寄新词诗以答之》《一九六一年十一月周游来沪流连尽日欣然有作》

1962年 壬寅 四十七岁

自本年起至1965年恢复参加民盟上海市委的政治学习。

1968年6月21日“‘文革’交代材料”：

> 从1962年开始，我就不参加学校的政治学习。而参加由民盟上海市委组织的政治学习。其中，有一些摘帽右派参加，有的是过去的人民代表，有的是政协委员，有的是民盟市委委员，我就是因为过去当过民盟市委的委员，而被吸收参加学习的。我参加学习，直到1965年4、5月间，才由民盟市委通知仍回学校学习。

年初，中共中央召开“七千人大会”，“七千人大会取得了在当时历史条件下所能取得的重要成果，对推动国民经济全面调整起到了积极作用。会议发扬党内民主，实质上是一次党内关

① 《纪念文集》，第302页。

② 二文当作于是年至1965年之间，后收入《流金集》（学术编）。

系的调整。"①

1969 年 4 月 15 日"'文革'交代材料"：

1962 年，在社会上刮着翻案风的时候，我在思想上完全卷入了这一股黑风之中。我怀疑党内反右倾的斗争是否搞错了。我以为：反右斗争之后，党外很多人不敢讲话了。反右倾机会主义的斗争使得党内也没有人敢讲话。在 1962 年学习会上，我胡说干部之所以会犯错误，一个重要原因是由于知识不足。工业方面，没有多去请教"专家"；农业方面，没有多请教老农。在文教工作方面，我没有说，但意思是十分明显的，那就是没有多请教资产阶级的学者、教授。我的反动世界观，在这里，也暴露得很露骨。

1969 年 4 月 12 日"'文革'交代材料"：

1961 年之后，在教学工作中强调"三基"，注意工具书的使用，一些老教师重新占着重要的教学岗位。对此，我十分赞成。四十五岁以上的教师不参加劳动了，我认为这一决定也是正确的，可以让他们多有一些时间搞业务。1962 年全国人大报告的学习中，我参加民盟上海市委所组织的学习。在学习会上，我便就这样一些具体问题发了言。在学校行政管理方面，我说我们应当学习抗日战争以前的清华、燕京，行政人员很少，而学校秩序井然。学校的卫生环境也是第一流的，校园里没有痰盂，而地上不见痰迹和果皮；抽水马桶永远是洁白的。我说在助教培养方面，要学习解放前的北大、清华，要选拔基本训练好的，主要是文字能力强的，加以培养。听到华东师大对助教进行外语的考试，我立即肯定这个办法是对的。对于青年教师的工资，我以

① 《中国共产党历史》第 2 卷下册，第 598 页。

为也可以调整,五、六年的青年教师,也已有了家庭负担,他们的生活很苦,党应该在这方面加以照顾。……也是在1962年,在一次学习会上,我说:现在农村脱离生产的人太多。从公社一级到生产队,有许多干部脱离生产。在全国范围内,这个数量是很大的。而这些干部,绝大部分是农业生产中重要的劳动力。这对农业生产是不利的。我说这些话时,仿佛只是从生产着眼,而没有从政治着眼。但我以土改时在宿县所见为例,说我当时在一个村工作,这个村五六十户,一个脱产的干部也没有。以此例彼,我的意思是很明显的:人民公社化后,干部多了,脱离生产的人多了。这在实际上是我对于人民公社的攻击。

2月15日,熊德基经沪赴闽,来函表示"五、六年没见面,至念",希望返京途中能在沪上把晤。18日,得读其随信寄示的《东蒙纪行杂诗》①,作古体诗述感以报。

《不作古体垂二十年壬寅二月十八日读德基访问内蒙古自治区诗欣然尽日取其自由得一百三十八字》:

喜读德基诗,塞北风光入眼迷;牛羊成群豆成堆,牧草如云牧马肥。江山自古惊辽阔,今日江山非复昔;抱山拥水新成市,灯火人家迎远客。霸业千秋余古迹,议论终须大手笔;上京遗址有长篇,议古论今俱第一。与君结交三十年,我昔花溪君蓝田;君时致力在汉史,以诗论史意拳拳。楼头日日看春柳,岂意君诗胜春酒!望断天边绛色云,东风嫩绿浮南亩。

《怀念老友熊德基同志》:

---

① 据熊德基著《鉴堂诗草》作于1959年,有《过鄂伦春新居》等纪行诗与《访金上京遗址》等访古诗。

1957年的狂风暴雨，摧折了他一些朋友，我也在内。有几年不知道他的音讯，郑成功的学术讨论会，他由上海去福建参加，在上海停留两天，匆匆忙忙约我见面，说我还和过去差不多，很高兴。这个对历史充满感情的人，春天给我寄来了参观内蒙古历史古迹的诗，诗写得极好，读后我写了一首古诗说“上京遗址有长篇，议古论今俱第一”。那时，听说又要搞什么运动，心情不大好，那诗给我很多快乐，因此，遂有“岂意君诗胜春酒”之句。①

2月末或3月初，与路经沪上的熊德基小聚半日。3月17日，熊德基来函，述及晤后观感，对老友未被丁酉之灾摧垮，深为欣慰，兼及在闽与共同友人相见的情况。

应镠兄：

在沪匆匆小聚半日，亦快事，小憾事，尚未能促膝深谈也。

这次，我感到安慰的是你精神仍很旺盛，谈诗说史豪情如昔，足见老兄心胸开朗。过去有所错误，大丈夫便应抱“错了就改”的决心，悒悒于怀，终无益于己于事。社会终要前进，个人也要前进，何必感伤、懊恼！其实，牢骚，仍是个人主义的沉淀物，有何价值。做人做事，搞政治，搞学问都难免犯错误。弟亦如此，年年检讨，满身疮痍。当时亦不免懊恼，事后想想，的确也有错误，惟以“改过”自励自解而已。放眼世界形势，多少大问题值得关心，斤斤于个人是非，实在无味。此种心情，吾兄亦必有同感。

此次在厦门，见到郑朝宗等熟人，虽早已摘去帽子，但精神状态仍显颓唐，曾为之婉喻，亦为之惋惜。胡正谒于旧

① 《江西社会科学》1990年第1期。

历年前亦摘了帽子，据伯瑜来信，亦有所觉悟，惟胸怀似欠开朗。弟曾函伯瑜耐心帮助，使老朋友都再并排前进。

李宗蕖兄望你好好谈谈。可惜这次我没时间去看她。她是绝顶聪明人，只要从大处点破，是容易谈清楚的。我们正是盛年，还可以做不少事。

我一直苦于搞行政，其实无此才具。实在对党的嘱托无贡献；而又无暇读书，年年检讨，这是主要内容之一。你目前很清闲，如果能立定计划，专攻一点，南北朝史是大有可为的，拿出成绩来！书生报国，也只有这一条本领。上海图书馆、博物馆条件都不错。

最近三联出版的《哲学唯心主义与资产阶级历史思想的危机》是苏联近年一本难得的好书，老兄看过否？特别是第二部分，很富于启发性。这本书谈的是外国史学情况，我不了解，你看它肯定比我更实惠一些。

我家仍住在雍和宫大街小三条 15 号。暇时望来信谈谈。

握手！

弟德基　3、17

春，张芝联来上海师院，邀其来家叙谈。

1968 年 9 月 6 日“有关张芝联的情况的交代”：

1962 年春，我[他]来我院找包玉珂。魏建猷告诉我他来了，我便去中文系找他。我邀了他一道去我家里。这次谈话，我记得的有下列几点：(1) 他劝我不要消极，要跌倒了爬起来。我告诉他我并不消极，现正在搞魏晋南北朝史，以后还打算搞中国史学史。(2) 我问他现在搞些什么，他说在编教科书，集中在高级党校搞了一个时期。在高级党校时，还看见过葛力。(3) 谈到了吕思勉，我认为吕思勉读史是极勤的。最近出版的《隋唐五代史》，我也买了一本，并把在这本书上写的一段题词给他看了。他说,吕先生可能还有遗稿,他还准备找吕的女儿去。(4)他告诉我郭心晖现在北大教外国人中文。(5)他告诉我这次来上海,复旦也大都去过。他认为上海搞世界史是有力量的。

约略同时,因周游和吴晗的促成,开始撰写《南北朝史话》。《程应镠自述》:

1962年的春天是难忘的。吴晗同志主编一套《中国历代史话》,从原始社会开始,直到清代,共十三册。《史话》将由北京出版社出版,周游是这个出版社的社长。他们都想到了我,周游给我写信,问我要不要写一本。这时,我已卖完了妻子的母亲遗物,开始卖书了。能够写一本书,拿一笔稿费,是求之不得的。写一部通俗易懂的中国历史,是30年代初期张荫麟先生的愿望。他写了十几篇,从上古写到汉武帝,后来结集成书,叫《中国史纲》。张先生的文笔是很好的,议论也使人心喜。我二十几岁时也有过这样的设想,发过议论,主张语必己出,要是实录,又有文采。1956年也几乎成为事实。我给周游写信,表示愿意写;不久,又和吴晗通信,承担了《南北朝史话》的写作。吴晗告诉我,他自己写明,邓拓写清,两晋由何兹全,金由冯家升,春秋由陈懋恒,秦由翦伯赞,南北朝剩下来了,就给了我。①

《范仲淹新传·自序》:

我第二本书是在极为困苦的条件下写成的,当时,谁都不会发表我的文章,更不会出我的书。由于老友的见怜,要我在一套《中国历代史话》中选作《南北朝史话》。②

---

① 《世纪学人自述》第5卷,第320—321页。
② 《范仲淹新传》,第2页。

春夏之交，高校传达周恩来总理的《论知识分子问题》报告。报告强调党组织要做好团结知识分子的工作，首先解决“信任他们”的问题；要求“过去对同志们批评错了的、多了的、过了的，应该道歉”；并代表中央“利用这个机会，再作个总道歉”；希望知识分子把由于党的工作没有做好而形成的“扣子”解开。①听了传达，思想上仍持顾虑，未敢畅所欲言。

日期缺失的“‘文革’交代材料”：

1962 年广州会议传达之后，我思想上有过一次反复。旧市委统战部组织了几次有关传达报告的讨论，气氛有些像 1957 年。我过去发言，本无什么顾虑，但一想到 1957 年，我的顾虑就来了。“自以为正确的话，可能完全不正确”，我常常这样提醒自己。小组讨论时，大家都说应当打消顾虑。我承认有顾虑，并且说：“除非我的孩子都能自立，我可以不为儿女操心了，我才能想到什么说什么，现在不行。”

1968 年 6 月 21 日“‘文革’交代材料”：

1962 年春夏之交，听了广州会议的传达和人大会议的传达，思想上出现过“反右倾是不是反错了？不然的话，党内怎么没有人说话？”这种想法，当时不敢说出来，在八届十中全会的公报发表之后，即向党组织作了汇报。

5 月，关心弟程应铨处境，通信致问。

《壬寅五月十八日风雨骤作追忆前日森弟上海之行并示应铨》：

怜君巴蜀长为客，我亦江东逐俸钱。昔日少年俱老矣，旧时乡梦尚依然。莺花三月舒青眼，哀乐中宵感逝川。危

① 参见《周恩来年谱》（1949—1976），中卷，第 461—462 页。

坐一楼风雨急，声声珍重问吾铨。

8月5日，周游自北戴河来函，希望能为其主持的报纸与出版社撰写随笔与著作：

文艺随笔和学术随笔都是我们报纸所需要，秋凉后你能经常写是最好的，写好可陆续寄我，我们现在出版一张日报和一张晚报，北京出版社也是由我负责。你如果能够有系统的写点什么，出版社还可以出版。目前知识性的读物特别需要，吴晗为中华书局主编了一套《中国历史小丛书》，以及像王力所写的《诗词格律十讲》都是十分畅销的，在书店不易买到的。

10月，沈从文来函慰勉，双方恢复通信。

沈从文10月15日来信：

王逊到我家来，谈到你，才知道你们还在学校工作，十分放心，十分高兴！孩子们想必都已长大了。几年来总想到你们，可不知道如何通信。我和兆和今年春天由江西回北京时，路过上海，住了三四天，想打听你们消息，问陈蕴珍，她也不知道。流金，国家发展十分伟大，个人实在渺小，不宜为任何个人小小挫折而放在心上，盼望你健康依旧，情绪依旧，趁着年龄盛茂，把一切精力用到国家有利工作上去！①

沈从文10月29日来信：

得信，知种种，极高兴。不过听说过你在整理那份碑帖，我倒觉得还值得注注意，可惜一时来不了上海，如另一时到上海来，希望还可到你学校，同看几天那份碑帖。因为

---

① 《沈从文全集》卷21《书信》，第242、245页。

从帖中有好些古代名人法书，我对于真伪和来源及相互关系尚有些常识，一定对你还有益有用。①

沈从文12月31日信：

寄了些碑拓来，有一二种还好，你留下作个纪念，不必再送学校。这些东西北京容易找，要什么可告我个名目，过些日子，便中即可为弄来。②

《永恒的怀念》：

就在这样的时候，先生给我来信。信照例是长的，说到的事情也很多。除开他的工作，还讲了一些熟人的近况，有的飞黄腾达，有的落魄沉沦。③

是年起，再授魏晋南北朝史，继续教历史文选。秋日有诗自述读书、营生与心境。

《程应镠自述》：

1962、1963两年，为学生讲授魏晋南北朝史，大部分内容是1954年开始，以后逐渐深入，做出了结论的研究所得。“十年动乱”之前，因为讲历史文选，对我国古代史学史也做了一些探索，重点地重读了《史记》《资治通鉴》《史通》《通志·总序》和《文史通义》。在讲授此课时，学生认为有些新意的东西，就是这种探索的点滴成果。④

《秋后渐凉闲中得句》：

少逐声名翰墨场，晚于青史识沧桑。九年蝶梦迷归路，

① 《沈从文全集》卷21《书信》，第254、257页。

② 《沈从文全集》卷21《书信》，第286页。

③ 《长河不尽流》，第119页。

④ 《世纪学人自述》第5卷，第320页。

三斛纯灰净秽肠。绿色侵簾瓜豆蔓，好风穿户午阴长。夜窗卧看星河落，清露无声枕簟凉。

编年诗　《不作古体垂二十年壬寅二月十八日读德基访问内蒙古自治区诗欣然竟日取其自由得一百三十八字》《壬寅五月十八日风雨骤作追忆前日森弟上海之行并示应铨》《示炎女》《秋后渐凉闲中得句》《车中望海大小金山如碧螺浮现晴日中》《读朱东润作陆游传两首》

1963年　癸卯　四十八岁

上半年，在教学工作上依然直率谈出自己的看法与主张。

1969年4月12日"'文革'交代材料"：

1962年前后，在教学工作方面，我的右派立场也很鲜明。在教研组内，我曾说过：写文章，不要多引经典著作（包括主席著作）的原文，引得太多，反而不好。最好是把经典著作的话融会贯通了，用自己的文字表达出来。目前，有一些文章，经典著作引得很多，却不能说明问题，这是教条主义，不好。在讨论"三基"时，我认为各门学科都有他自己的基本理论。马克思列宁主义是研究各门学科的指导思想，不能把马克思列宁主义和各门学科的基本理论混为一谈。像历史这一门学科，历史唯物主义是指导思想，而又有其基本理论，像摩根关于古代社会的学说，像刘知幾关于中国古代史学发展的某些论述，像陈寅恪关于隋唐史的某些论述，就是研究古代社会的历史和我国史学史以及我国隋唐史的基本理论。恩格斯的《家庭、私有制和国家的起源》，是研究希腊、罗马古代史的基本理论，毛主席有关我国历史和我国近代现代史的论述，是研究我国历史的基本理论又是指导思想。这些话是1963年上半年说的，其时，姚震寰还在我系工作。

与此同时,对封建地主阶级和资产阶级的史学,我却极力的吹捧和宣扬。

1. 我反复强调学习中国历史,《通鉴》是必读的;教中国古代史,不读《通鉴》,要求提高质量是不可能的。我指定《通鉴》为历史文选一课的课外读物,以为既可以提高学生阅读文言文的能力,又可以增加学生的历史知识。

我吹捧司马光是我国古代最了不起的编年史家,我和翦伯赞一样,认为今天编写历史,还可以向司马光学。

口头上,我讲封建时代的史学是为封建地主阶级服务的。在这一点上,我是"言行一致"。在社会主义讲台上,我讲这些鬼话,就是为这个已经被推翻了的阶级招魂,为复辟资本主义效劳。

2. 我吹捧资产阶级学术权威陈寅恪,说他研究历史,用的是"科学方法";说他用这个方法从大量历史材料中所得出来的结论,是合乎历史事实的。

这不是白昼见鬼么! 世界上,只有用毛泽东思想作指导,只有站在无产阶级的立场上,才能恢复历史的本来面目,才能揭出历史的真相,把封建地主阶级历史家的伪造,把资产阶级历史家的伪造,一一揭穿。

撰著《南北朝史话》过程中与吴晗曾有交流。

《南北朝史话·后记》:

我写这本书的时候,是尽可能想给读者以正确的关于这一时期的历史知识的,也尽可能利用我在青年时代学习过写作的一些知识,把它写得具体、生动。写完了南朝,把稿子寄到出版社,吴晗同志很快便通读了全文,回信鼓励我:"就按这个样子写下去。我们打算把它印出来,作为担任其他各朝史话作者的参考。我想你不会反对。"后来这一部分印了出来,在北京讨论过,出版社还把讨论的大致内容寄给我了。写作过程中，我和他通过四、五封信，讨论的问题，大的如民族融和，小的如斛律光父子，他都明确地表示了意见。①

《程应镠自述》：

出版社后来还约请了在北京的史学家讨论过这一部分，把许多同志肯定这一写法的意见抄了给我寄来。1963年全书完成，13万字，注文比正文少不了多少。吴晗不赞成加注，说是通俗读物，不必说明句句都有来历。注作成未全寄，已寄的被退回。这未全寄和被退回的东西，"十年动乱"中全成了灰烬。②

1968年6月21日"'文革'交代材料"：

1963年曾因为北京出版社写《南北朝史话》，和吴晗写过一封信，他回了我一封信。后来《南北朝史话》第一部分写成寄给出版社，他又来过一封信，我回了一信。全稿写成后，我给了他一信，却无回信。他来信的原件以及我去信的内容，都于1966年5月和6月先后交给了旧总支或作了交代。

是年，熊德基前往牯岭，路经来访，重忆旧游，别后作诗寄赠。

《怀念老友熊德基同志》：

六三年他去牯岭，路过上海，雇了辆三轮来找我。那时，我正在写《南北朝史话》，写得差不多了，对"幹"、"吏"、均田有些意见，纵论古今，和他谈得十分高兴。③

《寄德基牯岭重忆旧游》：

---

① 《南北朝史话》，第166页。

② 《世纪学人自述》第5卷，第321页。

③ 《江西社会科学》1990年第1期。

当年载酒归宗寺，痛饮狂歌九月天。旧侣青春云散尽，重寻乐事晚窗前。

8月31日，熊德基来信，提请注意“修正主义渐次侵入史学领域”的趋向：

现来，因赫鲁晓夫叛变，反修势力积极努力。修正主义已渐次侵入史学领域，北京史学界亦已大为准备。前次晤兄，弟曾劝吾兄多注意理论工作，因时间匆促，未及细谈。近年，苏联史学界修正主义观点及荒谬观点，早有反映（如《世界历史》及报纸“历史问题”等方面，多有和平过渡、和平共处、大国沙文主义之色彩）。在此斗争中，望兄亦有所贡献。

编年文 《拓跋部汉化过程中问题述论》①

编年诗 《六三年一月十九日参观松江山阴人民公社》《初夏偶成》《读碧野月夜青峰有怀》《读雷锋日记》《寄德基牯岭重忆旧游》

1964年 甲辰 四十九岁

2月上旬，故友丁则良遗孀李淑蓉探亲道经上海，邀其小住六七日。

2月18日，李淑蓉来函：

我到家后一切也都好，就是紧张一些。我们已经开始备课了，22日上课。见到则民曾给你们代好。他们也让我向候你们。这次在上海住了六七天，担[耽]误你不少时间，并给你们添了不少麻烦，心中感到很不安，但是想到老朋友这一点，也就觉得没什么了。

---

① 此文是年写成，正式发表已是1986年。

春,《南北朝史话》完稿,不久即看毕三校样;以副本寄呈沈从文,请其帮助提供插图片;但终因政治大气候而未能出版。

《范仲淹新传·自序》:

> 书写完了,很想写一篇序。1961年和1962年,对于历史问题,不同意见已见于报端;1964年的初夏,又在酝酿一场批判。我对当时讨论的历史问题和批判,是有自己的想法的,虽然我并不相信自己这些想法一定正确。经过史话的写作,这些想法更明确了,很想写一篇序,但这个念头,只在脑子里转了一下,便放弃了。书稿是1964年春天交出的,这年初冬,出版社正式通知不能出版了。①

《程应镠自述》:

> 我看这本书的清样大约是在64年春夏之交,估计年底可以出版。不久,李秀成是个叛徒的小文章为全国所注目。我那本史话当然不久也就被"工农群众"和"青年学生"判为不通俗,存在许多问题而不出版了。出版社的同志煞费苦心地按这个调子给我写了一封信。收到信,我有些黯然,也预感将有一场风暴要来了。②

《〈沈从文笔下的中国〉中译本序》:

> 这部史话的插图全部是从文先生选制的,其中《北齐校书图》和《南朝农民》都是摹本。在这些插图上面沈先生所费的心力,每一回看到,每一回都使我回想起青年时代寄文章给他经他修改发表以后我的感激之情。③

---

① 《范仲淹新传》,第2—3页。

② 《世纪学人自述》第5卷,第321页。

③ 《上海师范大学学报》1986年第2期。

沈从文 6 月 14 日、7 月 25 日与次年 10 月 15 日先后来函谈及《南北朝史话》:

得信并《南北史话》,谢谢。小册子写得很好,我一口气读完,又再看一次,文字有感情又有思想,且简而扼要,增加知识不少。惟太像政治史,文化方面没有适当位置,事实上或是受字数限制,不大好安排。如能交代一下文学艺术,自然更全面,不然,似乎也可单独写一本。要的图片都属于文化成就,有关政治不多。似乎可以换些并加到十个左右,一页也不妨排两个。只要印得好,图小也无妨。

家里孩子们读你写的小册子觉得很有益,他们平时是只读文学和政治书的,可知你写的方法对他们是能接受的,也得到成功的。

日昨出版社来人,把我为你小册子需要写出的插图各部门照片凑齐,内容还不错,大致不久即可付排了。一共似廿来个。①

6 月,长女程炎赴新疆建设兵团。当月及其后多次作诗勉勖。《炎女去新疆参加建设诗以勖之》:

其一:中华儿女志气高,吾儿志气亦凌霄。伊犁河水天山雪,好画新图颂舜尧。

其二:广厦方今已奠基,青春灿烂仗明时。叮咛骨肉情深语,战士雷锋是你师。

《得炎女乌鲁木齐长信多作豪语喜而有作》:

万里飞来一纸书,昂扬斗志信吾儿。行军五好夸同辈,革命终身是壮图。沙漠风光堪苦战,明珠世界盼先驱。更

① 《沈从文全集》第 21 卷《书信》,第 424、429、484 页。

期娇女成钢铁,伫待佳音慰倚闾。

1986年6月8日致程炎信:

你在那里的二十几年,我常常以为是我的骄傲,是我们家的骄傲。你去新疆时,我曾有诗说:“伊犁河水天山雪,好画新图颂舜尧。”现在,新疆正需要你,新疆给你的也很多。

《怀念老友熊德基同志》:

六四年我大女儿在新疆缺少皮衣,我托他在北京买个皮统子。他说有件旧的给我寄了来,其实是新的,他知道我的负担重。五七年降了五级,家里有些困难。①

王曾瑜《程应镠先生杂忆》:

程先生过去的情况和磨难,我还只是从其好友熊德基先生处,稍知一二。尽管程先生身处逆境,而作为中共党员的熊先生,却在事实上并未与挚友“划清界线”,一直保持了真诚的友谊。这在当时确是难能可贵。②

秋日,先后与赵荣声、刘钟颐等同窗旧友再逢,有诗忆往述旧。《甲辰秋日与荣声相晤于上海追述旧事成四绝句》:

其一:怜君少有移山志,中道覆车亦可伤。我昔漫漫望天晓,何期歧路哭亡羊?

其二:一天霜雪风陵渡,万丈尘埃古洛州。少小不知家国恨,却收热泪叹淹留。

其三:生年五十从头学,犹有丹心似旧时。相对夜窗如梦寐,千回百转只君知。

---

① 《江西社会科学》1990年第1期。

② 《纪念文集》,第251页。

其四：易老人生不老天，好收心力惜华年。相逢后日从头问，敢逐声名作郑笺。

《甲辰秋日与百年再逢上海为别不觉十六年矣忆往情深相期语重爰成两章聊为别后相思之资》：

其一：十六年前君少年，而今我发渐皤然。已成初志除三害，更尽青樽着一鞭。锻炼久惭亏后辈，瞻依仍许望前贤。长江后浪推前浪，莫向人间哭逝川。

其二：新秋皓月竞光华，论史论诗意未赊。迢递关山思往事①，艰难岁月护新芽。满天星斗能为梦，遍地桑麻可作家。彩笔待君千气象，九州生气起龙蛇。

11月，生日赋诗忆旧述志兼怀旧游。

《四十九岁初度有怀旧游》：

四十八年今日过，敢将心事悔蹉跎。知非岂在古人后，鉴往应随白发多。寥廓霜天看雁字，苍茫月夜渡黄河。秋深岂有江湖恋，却忆青春学枕戈。

是年，长子程念祖休学归家，委婉有所告诫。

程念祖《我和爸爸》：

1964年我因病休学回家，向爸爸谈起一年来在学校的经历。爸爸却不淡不咸地说了句，“以后在别人面前要说正面的话，不要说反面的话”。很明显，他不赞同我在组织面前暴露那些被批判为“错误”的思想观点。②

编年诗 《初春》《炎女去新疆参加建设诗以勖之》《得炎女

① 句下原注：一九四八年秋，百年由沪去解放区，临行前数日语余，曾促成之。百年，刘钟颐字。

② 《纪念文集》，第283页。

乌鲁木齐长信多作豪语喜而有作》《甲辰秋日与百年再逢于上海》《我国第一颗原子弹爆炸成功》《四十九岁初度有怀旧游》《甲辰秋日与荣声相晤于上海追述旧事成四绝句》

1965年　乙巳　五十岁

1月，熊德基来信对寄示的诗作发表评论，并谈对旧诗的意见：

你的诗，越来越老练。我喜欢《炎女》一首，——对那三首，尽管我觉得好，但我感到“旧诗如何写新感情，新事物”是个问题，不大好处理。（报纸上，田汉有时有几首，似解决得较好。如他挽梅兰芳的几首之类。）词汇、气氛，往往表现为“悲老”“念旧”“怀古”……等感伤情调。实际上，写不出我人今日的意趣、情怀，我甚至感到还不及龚定庵的《杂诗》，梁任公的少作，以及柳亚子的七律，他们尚能自铸新词，在一定的范围内，写出他们当时的心情和思想。我每试，但觉得自己仍是“旧诗”（不脱旧窠臼）。报纸上载的一些诗词，如赵朴初、左海等人写得像“诗”的，大都是“纪事”之作，写感情的很少见好的（有许多内容稍好，但也不太像“诗”）。——因此我觉得，京戏改革实在了不起！既是新事物、新感情，却仍是“京戏”（如《智取威虎山》中杨子荣进山一段，《芦荡火种》的茶馆刁德一与阿庆嫂斗智一段等等），保留了京戏的基础（?）、韵味，却真正改变了他［它］的内容（我不懂戏，姑以之作比喻而已）。大作中“莫向人间哭逝川”的句子，我不喜欢。旧诗中“泪”的字眼，我总觉得不舒服。

你的诗学诗才都在朋辈之上，能不能也像“京戏”改革一样，来个真正的革命。试试看！我盼望朋友中有人闯出一条路来！——你想，新诗我们根本不喜欢，老实说，至今它还没找到自己的路（我只记得阮章竞有一首《漳河曲》，还可爱），旧诗又写不出今人的感情，诗就没有出路。你能不能做个拓荒者！

自年初起,已隐隐预感政治风暴即将来临。

《程应镠自述》:

学校已经充满了火药味。我依旧上课,同事们见面,不交一言,非常严肃。时代精神的讨论,使人瞠目结舌,只有农民阶级和无产阶级才是时代精神的代表!我内心十分痛苦,十分清醒地以为马克思主义是在被玷辱、被宰割。但我这个"满身是资产阶级泥污"的人,只好独坐斗室,叹息"中年儿女犹为累,四卷雄文学去私"了。①

9月,与同系朱延辉等参加上海师院农村学习访问队,赴松江城东公社参与编写村史乡史,历时40天。有诗记大队贫协成立大会。

《一九六五年十月松江城东人民公社兴隆大队贫协成立大会》:

歌声遍地欢成海,秋色宜人稻始花。破浪乘风帆尽发,翻江倒海事无涯。须知狐鼠终为祟,好趁风雷狠打蛇。热火朝天敢胜利,泖江潮涨映红霞。

1968年6月21日"'文革'交代材料":

1965年9月,我和政史系朱延辉等八人参加我院组织的农村学习访问队去松江城东公社学习访问。在城东公社住了四十天,参加了公社、大队和生产队的一些会议,主要是成立贫协的会议。访问结束时,当时院领导号召写家史,我当时参加了两篇家史的讨论,写了一部分初稿。

沈从文11月18日来信,评议其下乡与期间所作诸诗:

得十四日信,知曾经短期下乡,并且写了村史乡史,工

---

① 《世纪学人自述》第5卷,第321—322页。

> 作一定极有意义。应当凡事重新振作起来,不怀任何消极感情为是!二旧诗很好,过些日子当试写个屏条看,如还看得去,即寄给你。……你能有机会教作文,我觉得极可庆幸,为学生得好教师庆幸。务望十分热情十分耐烦十年八年作下去,对国家有益,有长远利益,事情十分明显。①

11月10日,上海《文汇报》发表姚文元《评新编历史剧〈海瑞罢官〉》。这篇文章在学术界引起普遍反感。许多著名学者斥责姚文元"陷人于罪",表示"如果整吴晗,所有进步知识分子都会寒心的"。②

1968年6月21日"'文革'交代材料":

> 从松江回校,不久,姚文元□□批判《海瑞罢官》的文章在上海《文汇报》发表。当时,我对于吴晗的问题是学术问题还是政治问题是拿不准的。我以为是个学术问题,也希望是个学术问题。但是,我在表示自己的意见时,是非常慎重的,我想:我是一个犯过错误的人,不能再犯错误。

1969年4月12日"'文革'交代材料":

> 姚文元□□《评新编历史剧〈海瑞罢官〉》一文发表之后,出于阶级本能,我为吴晗辩护,在一次小的座谈会上,我以暴露思想为名,说:"吴晗过去是左派,怎么会反党反社会主义?"说了这两句话,又连忙掩饰这种为吴晗辩护的心情,说:"我过去在昆明,对他是了解的。反右斗争后,知道他是个左派,入了党。但十多年没有和他见过面,虽然前几年和他通过信,他在北京的情况我是不了解的。"

---

① 《沈从文全集》卷21《书信》,第488、499页。

② 《中国共产党历史》第二卷(1949—1978)下册,第754页。

1969 年 4 月 15 日"'文革'交代材料":

当姚文元□□《评新编历史剧〈海瑞罢官〉》一文发表之后,我又跳出来为吴晗辩护,说:"吴晗民主革命时期是左派,反右斗争中也是左派,怎么会反党反社会主义?"我叫嚣要把学术问题和政治问题区别开来,以达到掩护资产阶级右派分子借研究学术之名行反党反社会主义之实的罪恶目的。我完全站在资产阶级右派这一边。

11 月 19 日,周游来信告知工作调动情况:

参加工作二十大几年,一直是和知识分子打交道,一直是从事意识形态的工作。因此,这次调动,我希望不再呆在文教宣传部门,而希望到经济部门。组织上也满足了我这个愿望,把我调在北京市财贸办公室工作。

11 月 25 日,熊德基来函,评鹭老友寄示的下乡诗作,兼论知识分子为农民服务问题:

应镠同志:

信收到,大作两首与过去诗风迥然有别,可见短期下乡,感情亦有所不同也。弟近看电影《北京农业大跃进》,大为惊异。久居京垣,近郊变化如此之巨,亦无所知,可见脱离社会实际之甚矣。士君子不知民间疾苦,为千百年来传统。我辈生当今日,虽自许参加革命,实则积习亦未消除。日夕埋头故纸,纵论古今兴亡,究有几许灼见,是否有裨生民,真堪反省。近有咏史诗,中有"半生呕尽心头血,史笔诗情更为谁?"实以自遣也。

兄欲下乡,自是好事。目的无非想为农民服务。窃以从我辈生活经验、能力、年龄而言,究竟如何为农民服务更有实效,亦应切实考虑。最好听从领导统一安排。个人提出,不仅使上级难于安排,亦易引人误解。只要心中有五亿农民,有志为农民服务,随时可响应领导号召。即使留在师院,如有心为农民作些事,亦不无机会。如业余写一点农民读物(如立场正确、生动浅近的历史故事),亦未尝不是好事。目前农村,小学初中毕业生渐多,中年农民亦多脱了文盲帽子,颇欢迎此类读物。弟亦多年想写一本生动浅近的《中国社会发展史》,供工农阅读。几曾试笔,每每不及一章,即行撕毁。缘近十年来,事务纷纭,又多读旧籍,以致文笔枯涩,满纸党八股腔调,令人无法卒读。回首少年时爱好文艺,下笔千言,真有暮年才尽之感!去年去山东,亦曾写一篇"村史",费尽精力,但亦因文字干瘪,成为废品。可叹!拟待明年去搞四清,再试一试。

弟近年亦翻阅六朝史,曾写一篇批评日人宫崎市定《九品官人法の研究》的书评,文长五万余言,由于过长,一般杂志无法容纳,故未发表,只好留待以后设法结集。余再谈。

此候

俪安!

弟德基　1965.11.25

编年诗　《沁园春·忆南昌》《一九六五年十月松江城东人民公社兴隆大队贫协成立大会》《十一月七日青浦观获稻》

卷六　1966—1976年

1966年　丙午　五十一岁

2月10日，沈从文来信托购其著作旧书，并提醒注意《海瑞罢官》的讨论：

> 日来血压如何，戒戒烟或有好处。闻上海旧书店（内部可买）还有我旧书可买，便中望看看，若有《湘行散记》（商务版、开明版）可为各买一本来，有《月下小景》早年版也好，又若有《自传》（金屋版，最早的一种），也找一本来，谢谢。……吴晗《海瑞罢官》由上海讨论开始，近日似已成为全国性历史院系师生注意集中一个问题，牵涉及此间“大专家”恐亦不少也。①

1968年6月21日“‘文革’交代材料”：

> 《吴晗与胡适》这篇文章发表之后，我感到吴晗的问题是个政治问题了。于是，我便表示要和他划清界限，把他在1963年给我的信交给了系总支。民盟的寿进文要我准备一个发言稿，说盟市委要开一个会批判吴晗，民盟北京市委已经这样做了。我的发言稿已经写好，但盟市委的会没有开。这时，我已经预感到一个阶级斗争的风暴的来临。我充满

---

①　《沈从文全集》卷22《书信》，第1—2页。

了恐惧，希望自己得保平安。

程念祖《我和爸爸》：

直到1966年初，才接到爸爸的亲笔信，我回了一封。爸爸在信中直截了当劝诫我，不要去管《海瑞罢官》的事，专心念书。在当时，这封信让我彻底放下了思想包袱，自以为完全看清了父亲"反党"的本质，便毫无顾忌地投入"文革"，决心要在大风大浪中闯荡。同样是这封信，两年多以后，让我体会到，只有爸爸这样的亲人，明知儿子会彻底反目，也要规劝儿子。他义无反顾地尽了做父亲的责任。①

初春，母况宝琴病逝，回南昌奔丧。

1986年6月8日致程炎信：

我这一生能有一点成就，是我对母亲的尊敬的结果。我的母亲，为了别人，为了子女，从来不惜自己的一切。

6月1日，全国范围的"文化大革命"正式开始，随即被抄家游斗。

1969年4月12日"'文革'交代材料"：

"无产阶级文化大革命"开始了。最初一个阶段，我怕大字报，每次去看大字报的时候，总是担心大字报集中揭露我的罪行。吸取了反右斗争的教训，主动交代了我和吴晗的关系，和周游的关系，交出了周游和我的全部通信。

1969年4月15日"'文革'交代材料"：

对红卫兵小将抄了我的家，认为"不合法""太过分"，我诬蔑红卫兵小将不要文化，全面地否定过去的文化。

---

① 《纪念文集》，第285页。

李宗蕖《在那荒诞的年月里》:

这天早晨,校门外已有设了摊在查身份的人了。我在进校门前被拦住;承认了是"右派"后也就放行了。十时左右正在图书馆三楼采编组中做一些革命群众已无暇顾及的分编扫尾工作时,忽然一屋子的人都涌向窗前争着看热闹—— 一个示威的游行队伍正经过窗下。忽然窗前的人都回过头来看我,我知道麻烦已迫在眉睫了。我瞄了一眼楼下的队伍,心就窜到了喉咙口:是历史系的队伍。被驱赶着走在最前面的是几个高大的人,其中有应镠。一顶尖顶的将军帽戴在他头上,将军的衣服则分别穿在两位系主任身上,另一位主任和书记挂着和举着分量不轻的文物。几十位教师托着、抱着冥器、陶罐、瓦当……被驱赶着的人的沉默和驱赶者的喧嚷,形成鲜明的对比。从五七年起我就身受株连之苦,知道这次也躲不过了。果然,队伍经过时,经图书馆的革命群众交涉,停了下来。我被押了下去,临行还为我做了一顶两尺多高的纸帽子。——也许应该感谢这一延误——队伍才到大操场已经点了火准备烧"四旧"的地点时,上面来了指令:不要烧,要留作程应镠的罪证。以后这些年中我常常想,这极有权又极聪明的人是谁呢?消解了阻力,保住了文物,可苦了我。浩浩荡荡直奔现场,可焚烧"四旧"的壮举被阻遏了,积聚得接近燃烧点的狂热怎么发散呢?于是在已点燃的木柴旁演出了一场闹剧:戴着将军帽的应镠和戴着纸质高帽子的我成了戏弄的对象:"并排!靠近!绕火堆走三圈;向群众鞠躬请罪!不许用手扶帽子!"帽子掉了,引起一阵哄笑;不紧随命令行动,惹来一片呵斥。在哄笑中,在斥骂声中,我看到的是应镠眼中流露着的关心和歉意;我希望他知道的是,我最看重的是他的心血保住了,是他的襟怀坦荡。①

① 《留夷集》,第 242—243 页。

蔡继福《缅怀恩师程应镠先生》:

1966年扫"四旧"风暴席卷中华大地。历史陈列室成为封资修被打倒的目标。一天学生红卫兵到历史系扫"四旧",重点是历史陈列室。我一人掌管陈列室已十多年,熟悉陈列室的所有文物。平时学校进行学生活动,组织学生到办公室、资料室、陈列室打扫,常常由我负责带领。我与学生的关系很融洽,他们到资料室来,我总是欢迎。这天我拿着陈列室大门钥匙及一百多只陈列柜钥匙,带领同学到文史楼三楼的陈列室,我打开一间,同学蜂拥而入,挤满房间,群情激昂。当年政史系68级二个班级同学,大部分是调干生、干部、复员军人,共产党员、共青团员很多。有一位赵忠新同学是海军复员军人,共产党员,年龄较大,为人正派,原是学生会干部,现是红卫兵负责人,威信很高。平时我们相互尊重,师生关系很好。我与他先交代几句,然后由他登高一呼,历史文物是我们祖先留下的历史遗物,已有千百年的历史,我们要爱护文物,是国家规定的。现在大家扫"四旧",请蔡先生把封资修的、封建迷信的东西拿出来。我当即打开陈列柜,取出几件,交给赵忠新同学,当二传手,分给大家拿着,然后立即把柜子锁上。当时人声鼎沸,混乱之中,我怕意外发生。然后再选择第二个陈列柜,四间陈列室我依次进行。我挑选的标准,心中牢牢记着,泥塑木雕的菩萨,虽然是明清时代,但可作为扫"四旧"的主要目标,是封建的、迷信的。其次是陈列室过多重复的古代陶器。我挑选了大约20件,因历史系所谓牛鬼蛇神的中老年教师也只有20人左右。还有一件是同学感兴趣的清代将军服装,认为是封建人物所穿,陈列室中专门购置一具模特儿穿着。同学们拿到这些文物,到历史系办公室集中,叫老教师出来,每人捧上一件。陈列室是程应镠创建的,他原是系主任,成为头号人物,让他把将军服穿在身上,走在队伍最前面,左右是张家驹、魏建猷两位主任,后面是历史系中老年教师,以及青年教师,历史系同学在后面。这支游行队伍浩浩荡荡,红卫兵带领喊口号,队伍中有铜锣等敲打着,看热闹的人很多。在东部校区兜一圈,然后到西部校区兜一圈,队伍在教学大楼前的大操场门口停下,这时有人已堆了些木柴等燃烧物,把泥塑木雕等菩萨当众焚烧,部分陶罐等被砸,浓浓黑烟平地而起。这就是师院历史系扫"四旧"唯一的一场闹剧,也是扫"四旧"的一次革命行动。焚烧结束,这支游行队伍回原路,连将军服在内,仍送回陈列室,由我保管着。这次行动由于赵忠新等同学通情达理,保护了文物,功不可没。我是这次行动全过程的参与者,详记之,留后人。①

王永兴《怀念应镠》:

在"十年浩劫"中,我们被迫中断了通信,但我偶尔也听到应镠的一些情况,使我悲愤。在我被木棍痛打因而半昏迷的状态中,或被拳打脚踢跪在地上挨批斗时,或在土监狱中在被监视下交代"罪行"时,我的师友们和孩子们的形象突然都浮现在我的脑海里。应镠似乎担着从土厕所里掏出的粪便桶,从上海师院的前门走到后门,借以示众。②

徐中玉《论史传经序》:

再后来就是更加"史无前例"的"文革"。我们这些人从"右派分子"到"摘帽右派",再到"老右派",二十年来,"右派"的"帽子"始终牢牢按在我们的头上。在此期间,我听说应镠受苦比我更多、更大。"文革"中,他更因倔强反抗

① 《纪念文集》,第261—262页。
② 《纪念文集》,第237页。

侮辱而遭到毒打。他从未告诉我自己所受的这些苦，国家民族的前途究将伊于胡底是我们最大的忧虑。①

蔡继福《缅怀恩师程应镠先生》：

“文革”初期红卫兵全国大串联，北京红卫兵纷纷南下。一天东一梯形教室贴出布告，勒令历史系程应镠、魏建猷、张家驹接受批判，历史系教师全部参加，我去得晚，教室内连走廊都站满人，我站在最后一排。开始时是批判，后来，见红卫兵走到台上，用解放军军用皮带的铜扣，猛抽程应镠头部，鲜血顿时从头顶流下，程应镠还是站着接受批判。就在这次，有人用盛红漆的漆桶扣在张家驹头上，头上满是红漆。这次批判会，令人惨不忍睹。②

孙逊《校园“独行侠”》：

我1965年分来上海师范学院留学生办公室工作，作为一名青年教师，最关心的莫过于自己学校有哪些名师。于是稍一打听，便知道中文系有马茂元、朱雯、胡云翼先生，历史系有程应镠、魏建猷、张家驹先生等，听后很是以此为自豪。“文化大革命”的风暴骤然而至，所谓的“反动学术权威”首当其冲，成为这场运动的第一批受害者。当时满校园都是贴的揭发和批判他们的大字报，不时还可在校园里遇上他们戴着高帽子被学生押着游街的场景。程先生因为个性耿直，1957年成为我校第一个戴帽的“大右派”，师母李宗蕖也受牵连被打成“右派”，他俩自然成为这场“文化大革命”的主要对象，其所受到的屈辱和磨难，远非我们今天所能想象。③

---

① 《论史传经》，第2—3页。
② 《纪念文集》，第262页。
③ 《纪念文集》，第267页。

编年诗 《示宗蕖》《试为拗体简宗复》

1967年 丁未 五十二岁

2月,愤起反击"红卫兵小将"与"革命群众"对其无端的污蔑。1969年4月12日与15日"'文革'交代材料"对此事先后有所述及:

这是1967年初当社会上翻案妖风刮起来的时候,我趁着小将犯错误的机会,以拥护中央特急电、欢呼上海人民公社成立为名,贴出了2月6日那张反动的大字报,对革命群众行反攻倒算之实。……我把自己装扮成为资产阶级反动路线的受害者。当我这一反攻倒算的行为受到反击,我疯狂地对革命群众"戳一枪",辱骂革命群众:"写这些话的人,有胆子,请留下狗名。"并签上自己的名字。

1969年4月12日"'文革'交代材料":

革命群众对我说:"你的'右派'帽子是走资派摘的,不算数。"我心里便想:"是走资派戴上的,算不算数?"我完全站在革命群众的对立面。《文汇报》的社论《不准在红卫兵小将脸上抹黑》发表了。我初步认识到我是站在垂死的阶级那一边,我把自己和这个阶级连在一起。

夏,突然被提审讯问燕京大学《大学艺文》旧事。

《"一二·九"讲稿》:

《大学艺文》是由清华大学和燕京大学将近十个人组成的同人刊物,既发表社会科学的论文,也发表文学作品。谁也想不到三十年之后,我会因此而受到审讯。六七年的一个夏天,我已经睡了,突然一个群众组织的小头头破门而入,叫我到学校去,一路上,真是如临大敌,前呼后拥。到了现在的办公楼，把我押进一间坐满了军宣队员的办公室。在没有开审之前，审我的人读了一段语录，接着对我说，××①的案子是个大案子，要我"立功赎罪"。××是我的老朋友，解放以后我们也通过信，因为他官做得不小，通信渐少以至于没有了。我想：有这么严重么！审问是很简单的，《大学艺文》的经费是从哪里来的，是哪些人组成的。我的记忆力特别好，一个一个的名字说得清清楚楚。经济的来源也说得清清楚楚。七七年去北京，我才知道××一直关了七年。他抗战前就是党员，抗日战争之前就到延安去了。

"文革"开始，即被打入"牛棚"，随后与魏建猷、张家驹等下放到上海师院附近桂林二队劳动。《程应镠自述》：

此后七年②，什么事也不能做，什么书也不能读。在学校附近的生产队，拉了两年粪车，目中无人地走在从这个生产队通往学校的大路上，晚上被关在历史系的小屋里读宝书，九点半才放回家。难得有不劳动不学习的日子，就从一半已经作了衣柜的书橱中取出《通鉴》，像看小说一样的看下去，真正感到是在过着史无前例的日子。③

《至乐莫如读书》：

六八年以前，我在学校附近一个生产队劳动。送蔬菜去市场，到梅陇镇去拉砖瓦，去七宝镇车酒糟，在桂林路和漕宝路上拉粪车……晚饭后，和妻子一灯相对，也没有什么可以密谋的事，亲朋来往，亦断绝多年，唯一可以排闷的，便是读书。从中学开始便已和我结识的《资治通鉴》便成了我

---

① 即刘春。

② 指 1965 年至 1971 年的七年。

③ 《世纪学人自述》第 5 卷，第 322 页。

的精神情侣，慰我寂寞。常常是坐在破沙发上，翻到哪里，就读到哪里，读下去，忘记了一切。①

萧善芗《半世相从心似玉　岂独情亲如手足——琐忆程应镠、张家驹、魏建猷的“文人相亲”》：

在“十年动乱”时期，前五年，三人均被打入“牛棚”，除共同被斗以外，都下放劳动，在1966年至1968年，同在桂林大队“改造”，干的是拉粪车，来往于漕河泾和桂林路之间，有时还要去七宝把酒糟拉回桂林二队猪场。劳动强度之大超过他们的承受能力，但大家都很认真，并抢着捡重活干。程、张两人十分照顾年岁最大而体弱的老魏，每当两人扛物、提物时，他们总是把重心向自己这边移，为让魏稍微轻松些。体贴之情，令魏感动而无以言表。一次在收工途中，遇到一群附中红卫兵。他们在无数次的抄家中都认识了老魏。因此见到他，便举起手中皮鞭，迎面抽打魏的头部，有的还拳打脚踢。魏当场头部出血，摔倒在地，不省人事。红卫兵见状，撒手而逃。程、张急忙向附近农家借了拖车，将老魏抬上拖车，连奔带跑至八院就医。经过急救，魏才逐渐苏醒而活了下来。1967年夏，魏与我因不堪再被“武斗”到处躲避，红卫兵不断追寻，最后上海已无处藏身。为了活命，我们夫妇只能抛开儿女，去北京上访避难。但身在北京，心挂上海。无奈之下，魏冒险写信给程先生，想了解家中情况。程一家不仅早在暗中照顾魏家儿女，又不怕雪上加霜，连累加罪，给了回信，略谈上海形势和家中尚平安的消息。这一切，无疑是对魏全家的雪中送炭。②

---

① 《新民晚报》1986年8月26日《夜光杯》。

② 《纪念文集》，第248页。

“文革”初起之际，仍与沈从文函告平安，关心其健康，后即信函中断。沈从文是年10月下旬致李宗蕖信：“得流金信，知大小佳好。谢谢好意，药物□（原缺）托朋友从香港寄寄。”

1968年　戊申　五十三岁

1月1日，即写履历“交代”。

5月，全国性的“清理阶级队伍”开始。王年一《反“右倾”和“清队”》：

> 在反“右倾”的狂潮中，姚文元于1968年5月13日把《北京新华印刷厂军管会发动群众开展对敌斗争的经验》送毛泽东参阅。5月19日，毛泽东在批示中特别指出：“在我看过的同类材料中，此件是写得最好的。”“建议此件批发全国。”5月23日，中共中央、中央“文革”小组转发这一材料，要求各地“有步骤地有领导地把清理阶级队伍这项工作作好”。“清理阶级队伍”即在全国展开。①

约5月末6月初，即被作为“清队”对象，反复写交代检查，现存是年有日期可查的“‘文革’交代材料”计有：

6月21日，写完交代二十二页，计三万余字。前十四页交代1949年前，后八页交代解放后的活动经历与人事关系。

7月31日，写交代六页，内容涉及20世纪40年代前期在洛阳的行止与蔡剑鸣的关系，几次到南京与重庆的人事活动，与程天放的关系，大塘读书会的情况，与凤子的关系，在天祥中学的情况。

8月3日，写关于1940年至1943年在洛阳军中经历的交代九页。

6日，写“我和冯契的关系交代”七页。②

---

① 《大动乱的年代》第一篇第七章，第297—298页。

② 据现存这份“‘文革’交代材料”笔迹，应是当时专案组人员重抄的副本，原件或已交付前来的外调单位。

11日,写关于其姐夫曾昭明的情况兼及其姐程应锦的交代三页,关于在上海师范专科学校的情况交代二页。

12日,写关于1940年至1943年在洛阳军中的活动经历与人员关系的交代十一页。

17日,写“关于李宗真的一些情况交代”二页。

22日,写“1935年至1937年在北平燕京大学读书的一些情况的补充交代”三页。

23日,写燕京大学期间、洛阳从军期间、市立师专期间人事关系二页。

25日,写“国民党十三军情况交代”二页。

28日,写“关于‘大塘读书会’的情况”交代二页。

31日,写“我和庄德明的关系的交代”三页与“我和‘十一学会’的关系的交代”一页。

9月6日,写“关于我所知道的刘伯文(刘春)的情况的交代”四页与“有关张芝联的情况的交代”三页。

12月24日,写“我和前私立法政学院的关系交代”六页。

是年,另有不署日期的交代多份。

岁末作诗怀念季弟程应铨。

《简应铨》:

岁末怀吾季,芸芸谁独醒?有身成大辱,何人问死生。除夕风兼雨,孤灯暗复明。梦回惊岁换,不尽古今情。

编年诗　《简应铨》

1969年　己酉　五十四岁

约2月前后,宣布被隔离审查。

4月12日写长达二十页的“罪行交代”,主要交代1949年以后的“罪行”。约25 000余字。

15日,“我的交代”八页,内容包括隔离审查以前的主要“罪行”与现在认识,约万言。

4月,解除“隔离审查”,作出按“人民内部矛盾”处理的结论。

1969年5月致程炎信:

炎儿:

四月上旬,组织上对我的结论是:

1. 曾参加过八路军,担任宣传队员。

2. 曾当过国民党第一战区长官司令部和十三军的同上校秘书,参加过国民党。

3. 一九四五年参加中国民主同盟,走第三条道路。

4. 一九五七年划为“右派”,一九六〇年摘去“右派”帽子。

5. “文化大革命”中表现恶劣,工宣队进驻后,能老实交代问题。

6. 作人民内部矛盾处理,回班组学习。

你的哥哥也来信问过我这一切,我也向他作了如上的说明。

反右斗争时,你不过十岁,当然你什么也不知道。这一点你可向组织说明。有关我的情况,你们那里需要知道什么,都可向我们的组织上了解。

我和你妈妈的成分都是教师,按照这样填写是不错的。

此时,才得知弟程应铨已于上年12月自杀。

《至乐莫如读书》:

后来被隔离,写检查,读《资治通鉴》的快乐也被剥夺了。这一年的除夕,从学校回来,随手取出《通鉴》第十册,读之忘倦。忽然想到在清华大学建筑系教书的弟弟,便写了一首诗。第二年四月,我才知道,我的弟弟这时候已经因为受不了侮辱自沉于荷塘中了。①

李宗蕖《回到昆明》:

应锼对弟弟的事从来不置一词。弟弟是个极聪明能干的人。他也想活得洒脱些。不幸的是在"十年动乱"中,为维护自己的尊严死于非命。看到过一篇友人写他死前一天,把他为清华同事们和家属照的照片,送到一个年长又颇有声望的同事家,交给他的老夫人,为的是怕这些照片在他死后被从他的住处抄检出来,累及被拍摄的人。他当时的心情——没什么值得留恋,除了曾让他恋恋不舍的友情。②

程怡《父亲、叔叔和那个时代的人》:

我小舅舅的儿子他们去清华游泳池游泳,常常看到我的叔叔,而且他们都知道叔叔游得很好。谁也没有想到像他这样一个成天满不在乎的"乐天派"会自杀,会在1968年12月13日投水自杀,死在结了冰的清华游泳池里!据说当时迟群他们带着工宣队进高校"清队",每个老师都要叫去交代,"要写出来。人人都得这样做"。我叔叔被他们找去谈了一次话,就自杀了。69年初,清华通知爸爸说叔叔"畏罪自杀"。爸爸整晚默默地坐着,看着窗外,冬天的夜很黑,外面风很大,爸爸只说了一句:"他真是不负责任!"我后来才明白,爸爸这句话是为叔叔的两个孩子说的。③

5月初,即编入"教育改革探索小分队"赴横沙岛。

---

① 《新民晚报》1986年8月26日《夜光杯》。"写了一首诗"即上年《简应铨》。

② 《留夷集》,第75页。

③ 《书城》2004年第9期。

1969年5月13日家信：

来此已十日，劳动了几天之后，前天去公社一先进大队，看那里复课闹革命的情况，早出晚归。明天开始办学习班，为期三天。今后怎么搞，要在学习班里解决。听了一些报告，参加了一些会议，看了几次红小兵的演出。一股强烈的毛泽东时代的气息使我既极兴奋，又极惭悔。黄[横]沙岛上尽朝晖。假如有时间，我的确有不少东西可以告诉你的。这是五八年到颛桥之后，我从未曾有过的心境。但在我思想上，也还存在不少问题。首先是对接受再教育想得多，对教育工作想得少，甚至想了一些，也不敢说出来。归结起来还是一个“怕”字在作怪。到底怕些什么，要说，一时也说不清楚。昨天老师傅找我谈过一次，指出了这一点。认真想一想，这的确是对我改造不利的。这里教师缺得很，现在已开始培训外语教师。小分队内外语系的教师和李伯黍都调去参加培训工作了。

李宗蕖《“文革”来了》：

1969年4月，应镠被从“牛棚”中“解放”了出来。因为是已经摘了帽子的“右派”，而且曾经也有些名气，应镠不久就作为“麻雀”被派往了横沙岛——这个在小说里与解送犯人常常联系在一起的地名——供教育改革怎样利用此类知识分子作“解剖”之用。同去的另外几位教授和教师，他们与应镠一样，身份也都是“待解剖的麻雀”。①

程怡《夜窗犹忆惊风雨》：

四月中的某一天，我们正在翻地，突然，大家都停下来

---

① 《留夷集》，第124页。

不干了,顺着她们的目光望去,一个熟悉的身影出现在远处的田埂上,那是我爸爸,他迈着大步向我们的村子走来。我扔下铁锸就往那条小路上跑,我真的没想到爸爸会到乡下来看我!爸爸跟我说的第一句话就是:“爸爸解放了,昨天工宣队已经宣布了!爸爸就要和教改小分队一起去横沙了。走前来看看你。”……爸爸所说的“解放”,就是从“棚里”出来,不再是“敌我矛盾”了;后来我们才知道,到横沙几个月的教改,实际上是把他当作“反面教员”的。①

其后,在横沙探索“教育革命”,当年情况在致妻子家信中颇存其实况。兹摘引相关段落。

6月20日家信:

这几日非常忙,早出晚归,一天起码步行三十里,多的时候五十余里。我在青年当中,毫无老态,别人喊累,我却不大觉得。这也得感谢“文化大革命”中革命群众对我的冲击和审查。否则,现在老态是不免的。我们在一个大队里访问了各种各样的人,召开了各种类型的调查会,这里的土语,我能听懂百分之八九十。假如是在松江,一半也听不上。今天,一位不识字的老贫农(妇女)和我们谈情况,《语录》背得那么熟,有一些是不常用的,真使我惊叹不已(有一段是二六五页第二节)。小学教师大部分也是可爱、可敬的。一般只有二三十元一月,工作那么辛苦。想想自己过去的工作和待遇,真是十分惭愧,十分惭愧。新的人,新的风格,真真令人感到剥削阶级在我身上打下的烙印实在是太深了。对于大学里的知识分子,农村是一个最好的接受再教育的学校。

---

① 转引自作者2012年6月19日博文,http://blog.sina.com.cn/u/2230065860。

7月13日家信：

十一日上午安抵横沙。昨日即参加公社土记者学习班，今晨去海塘，开始调查研究，为期约一周。同去者为政史系一同学。

8月1日家信：

“双抢”已经开始。我和你说的反修圩，已被海潮冲破了一个缺口，听说正在紧张地修复。这里人说，今年不仅是“双抢”，而是“四抢”或“五抢”，海塘上听说也将有紧张的战斗。昨日和今日均大热，此时正在作雨。从明日起，我们将在附近生产队里参加“双抢”，早晨六点半至十时半，下午二时自[至]七时为劳动时间，不作早晚工。这里贫下中农，早晨三点即开始劳动，晚上八点之后，还要劳动几小时。

8月11日家信：

这次劳动，拔过秧，插过秧，收过玉米，更多是收玉米和拔秧。有两天去八里路外一个圩拔秧，中午休息，别人去海塘，我一个人睡在堤岸树荫下，这倒是平生所未有过的。我想起四十多年前在故乡背后河下老船夫和我们几个孩子讲故事的情景，真感到生命正在开头。走向劳动人民是一件艰苦的事，但认识上得到了彻底的解决，社会主义和共产主义的理想在脑子里不再是过去那么抽象的东西，一直走下去，总可以达到目的的。就以这次劳动来说，我还不觉得自己已是斑白的人，和青年知识分子在一块，我还能急起直追。最后一天，我不断鼓足勇气，不松劲，一切认真做去，年龄并不能成为限制。前些日子写了一篇杂文，也打算抄出来。老师傅不断鼓励我写，但这里没有参考书，大的文章是写不出来的。回家后，想写一篇关于高等学校课程设置的意见,可能有很多人和我的看法是不同的。我倒很希望从这里接受批判。对我来讲,摆事实、讲道理的批判,只有好处,可以提高我的认识。这次批判孔孟之道,是极为了不起的战略措施。斯坦尼我虽然不懂,但其思想实质是具有普遍性的,必须彻底批倒它。

9 月 8 日家信:

我这几天仍在搞伙食,明天结束。天天四时起床,去镇上买菜,沿路农村,在月色下宁静无匹,此亦数十年来所未见也。这两天抽空读了徐景贤同志的报告全文(在一办[办一]学习班),颇有一些体会。我这个人的确是浸透了资产阶级的思想的。

12 月 12 日家信:

□□□□□□□的教材刚刚写完,接着又是刻写。刻了十三张蜡纸,写的当在二万字以上。有若干部分是写得很用心的,但了解的人不多。新的任务专搞中国人民革命斗争史的教材,还要准备上课。写教材是愿意的,上课则不愿。这里有思想问题,也有一些具体困难,例如对学生情[况]吃不准,自己在近代史方面没有过任何研究,讲起来不容易少而精,对学生益处不大。编教材,反正是把一些必要的材料加以综合,可以使不知道的人懂得一个大概。原来说月中可以去上海的话,现在不能实现了。据排下来的课表看,我须待月底才能回去。

12 月 24 日家信:

我的课程,还在新年以后,去上海,家里有书,还可以充分准备。现在用教育局编的中学课本作教材。这份教材,我已看了几遍,我是不满意的。打算印发一些参考资料和要讲的讲稿。教学方法,我认为还是一个大问题。在旧学校,我教课,凡是受欢迎的都是自抒己见,摆事实,讲道理。那时,有的学生听得很有劲,有的却不懂。但我不管这一切,现在,我要把知识还给贫下中农,就必须一切都管。现在打算上三课:古代三次农民战争,太平天国革命和辛亥革命。

“文革”以来,惊魂不定。在横沙期间,屡对海浪江涛有感赋诗,意境迥异,耐人寻味。

8月11日家信:

前回做的诗,改了一句,似乎有些味道。抄给你看:

江涛汹涌横沙岛,海浪掀腾六月天。满目葱茏人换世,红旗飘荡晓风前。①

另有《无题》却云:

海上涛来云似墨,天边雁字月如霜。夜窗犹忆惊风雨,老眼婆娑泪万行。

程怡《夜窗犹忆惊风雨》:

后来我们才知道,到横沙几个月的教改,实际上是把他当作“反面教员”的。白天他要帮着伙房买菜、挑水,晚上他要帮教改队的年轻同事修改他们的调查报告和讲义。中国史怎么讲,凭什么听你这个老“右派”的?但他们连文献都看不懂,历史事实都弄不清楚,又怎么完成历史学科的教改呢!爸爸在那几个月里的心境可以从他的一首诗中读出。②

① 另据1971年6月5日《“文革”日记》:“六九年六月三日师院教改队至横沙,晚间无事,检阅旧日纪事,有诗一首:江涛汹涌横沙岛,海浪奔腾六月天。大地葱茏人换世,长堤环护卤为田。可能是没有写完的。”

② 转引自作者2012年6月19日博文,http://blog.sina.com.cn/u/2230065860。“他的一首诗”即上引《无题》诗。

11 月,小儿女程怡、程念祺同赴黑龙江插队落户。

程怡《夜窗犹忆惊风雨》:

11 月,爸爸他们的教改队因为受台风和大潮的影响也回到了学校。有一天,别人来叫我,说爸爸在音乐新村和师大隔开的铁丝网那儿叫我,我赶紧跑过去。爸爸的表情有点儿异样,他告诉我说,陈行公社来电话了,问我还想不想去黑龙江。我突然就哭了,因为我读懂了铁丝网那边父亲的表情。父亲把手从铁丝网那边伸过来,摸了摸我的脸,说:"不要哭,自己决定吧！你决定了,爸爸就去跟他们说。""你为什么不直接告诉他们?""这事情必须你自己选择,爸爸不会代你做决定。"我哭着做出了我的选择,爸爸就转身走了。①

编年诗　《无题》《江涛》

1970 年　庚戌　五十五岁

春季,仍在横沙"教育革命探索队"。仍摘引家信以为实录。

1 月 9 日家信:

回到这里后,即忙于实习,每天去距此五里的一个中心小学,在那里实习的学员有六人,教的是语文,年级是中学预备班(即七年级)和六年级。明天这项工作便要结束了,但上课期又迫近,老师傅希望讲得细一些,讲稿还要发给学生,因此,工作量较大,只能尽力为之。新年后,院探索队有调整,这里理科的人已全部调走,将有一些文科教师调到这里来。我们这个大学要到三月中旬结束。松江闻日内即将开始休假,下一步即办五七干校。

① 转引自作者 2012 年 6 月 19 日博文,http://blog.sina.com.cn/u/2230065860。

1月24日家信：

这回到海塘，感受极深，参加土记者的调查、研究和写作，也学得不少东西。在我二十几岁的时候，一切都暗中摸索。现在的青年人是幸福的，大的方向有人指，而随时随地又能得到各种各样的帮助，使他们内心充满了高尚的感情——这就是毛主席在《纪念白求恩》一文中所说的那一种。住在海边（和海只隔一海堤），夜夜听到海涛声，的确想得极多，其中也有对旧时生活思想的忏悔。……这几日将要忙着写总结，在大学文科应怎样办这个问题上，我也有一些看法，初步和老师傅谈了。他鼓励我写出来，我也决定要写出来。

4月中旬，从横沙岛归家与自新疆回上海探亲的长女程炎作短暂团聚，妻虽也“恩准”回家，但在见到女儿次日必须返回黄山茶林场，送别妻子次日即作诗寄示，表示要“且抛恩怨”。

《怜君》①：

怜君此日黄山去，正值炎归万里天。昔日儿童今长矣，旧时意绪竟茫然。且抛恩怨舒肝肾，欲为桑榆惜晚年。春梦已随青草远，不知明月照窗前。

李宗蕖《“文革”来了》：

1970年的春天，大女儿带着一岁的小外孙女来探亲。应镠去了横沙岛，我又被派去黄山采茶，弟妹们是69年11月去了黑龙江的，哥哥自69年底失踪，一直下落不明。我

---

① 此诗录自1970年4月18日家信，原诗无题，有说明与小序如下：昨夜送炎归，独坐窗前，又凑了一首诗。一九六〇年，宗蕖下放青浦劳动，曾有诗寄，之匆匆已十年矣。今春炎儿归宁，而宗蕖又支援采摘春茶去黄山，积习未除，仍用前诗韵，凑成一律。

请求了多次,才获得在家等大女儿回家,再去黄山茶林场的"恩典"。女儿抱着才一岁的女儿到家后,知道我必须在第二天回农场,进门就哭了,"我又不是来看这两间破屋子的!"总算是进驻历史系的工宣队还有人情,把应镠从横沙岛叫了回来,和女儿、外孙女团聚了十几天。没有经历过的人,很难懂得这种生离的滋味!①

从横沙返校期间,参加学校的学习班,等待下一阶段运动安排。

4月25日家信:

二十二日全市批斗胡守钧"反革命"小集团,我们在附中听拉线广播。这一天师院有几万人。这两天学习中[央]两报一刊文章,总结了这两个多月运动的体会和收获。我们现在只剩两个组,我和徐光烈、徐孝通、陶樾等在一组。这个组是我的旧组,比后来那个组对我了解得多,学习能得到的帮助也较大些。但是,这次我们都没有谈。学校又在办学习班,政史系又去了一批学生和教师。二十二日上午,政委在动员下一阶段的会议上说,我院的阶级斗争是十分复杂的,问题是很严重的。

约5月起,转至松江佘山劳动,频有书函致黄山茶林场劳动的妻子。仍节录家信以见一斑。

6月4日家信:

我二十九日回江松后即被派在伙房工作。七、八两队现又分开吃饭,我三十日即迁回八队,住在食堂隔壁。干了四五天,我感到这里工作还是顶轻松的,早上三点多起来买菜——这的确是个较苦的差事,但至七点以后,基本上就坐

① 《留夷集》,第124页。

在厨房里和人聊闲天了。中午可以睡三四个小时,可惜我只能睡个把钟头。……“五·二〇”毛主席庄严声明发表后,廿一日北京天安门大会,汪曾祺也参加了。我看到他的名字时,真正感到自己是改造得很差的。我记得六四年他发表《沙家浜》剧作时,我就想到我自己那本书。现在看来,我比他是落后了一个时代。我还是以资产阶级的标准观察自己的,而他的剧本,则是代表着社会主义新时代。不知你看报时注意及此否?我们要加紧努力。

6月15日家信:

我搞伙房工作已经半个月,开始,我只是买菜、挑水,——这本来就很重了,后来,他们希望我还帮助着做些别的杂务,我也就承担下来了。我做什么事都快,闲下来的时候很多。从早晨三四点钟直到晚上六点七点,我基本上保持思想上的活泼。最大的毛病还是以资产阶级知识分子的标准来要求自己,不能以工人贫下中农和孩子们的标准来要求自己,因此,和别的人,就觉得自己还不错。我不断地同这种思想进行斗争。五八年的教训,对我是十分深刻的。那时候,从自己出发要求改造,结果,还是当了一名“精神贵族”。一想到这一点,我现在就强烈地要求走与工农相结合的道路。三夏已结束。系里积极开展革命大批判。我们这些老的,又另编一组。六、七、八月工作中,增加了教育革命一项。我很希望能有些时间搞自我批判的工作。

7月3日家信:

你干些什么?千万不能干重活,六〇年的教训必须吸取,十多年前,我在外冈干过这种活,那时我只有四十几岁,一次腰,就几个月不能劳动。你现在五十多了,无论如何不能干。拉车,跟跟是可以的,掌车则不行。我在松江,坚持不拉四百斤以上的车子,别人也没有什么说的。因为不是我不愿干,而是不能干。出来毛病,我就失却劳动的机会了,而劳动是改造所必需的。

7月初,从松江返校,旋即在全院动员下,自觉“迟去不如早去”,报名去“五七干校”。

7月7日家信:

去大丰的干部教师,政委说将有一百五十人在廿日后去那边,动员也将在廿号左右。我是渴望和你同时在那里受到锻炼的。当然,我也不会去争取。一切服从组织的安排。

7月12日家信:

昨天全院动员去“五七干校”,一、二、三、四连原则上全部去,我系绝大部分去。第一批二十走,第二批八月十号。我已报了名,希望能早走。迟去不如早去,在与工农结合的道路上,我是决心先起步,坚定地走下去的。三十多年的一条教训,就是路子走得不对,没有在灵魂深处闹革命,要做精神贵族,当学者、专家。这样,就精神空虚,行动摇摆,和过去割不断,因而待人接物,和我的父祖一辈也就没有什么不同了。“至今方知昨日非,壮心敢惜少年时,脱胎换骨从今始,好借东风上翠微。”昨夜睡在床上,凑此一绝,我和你都是有此跟着伟大领袖毛主席走与工农相结合道路的决心的,不过我的坏根子比你深,“壮志散惜少年时”,就是指此而言。

自7月20日起,转至江苏大丰“五七干校”,其时妻子仍在黄山茶林场劳动。初至大丰,闻知沪属“五七干校”的教师将动员分配去外地与工农相结合。8月13日家信反映其时思想与心态：

> 动员详细情况，尚无所知。去黑龙江，去南京，都是一样。担心的是你有病，能在南方或较好。下决心和工农结合，由为资产阶级服务转而为无产阶级服务，是我的志愿，也是你的志愿。这三十年，我们生活在一起，现在，这一点又将我们紧密地联系起来了。我觉得很好。这里，决定开办一所八·二六大学，二十日左右开学，我现在参加编新老沙皇侵华的教材，主要是编些资料。小分队热气腾腾，工作的劲头很高。思想工作也抓得很好。我想得很多，立脚于破，情绪与过去又不同了。可能回家要在国庆后，因为一开学就是政史系的师生上课（毛泽东思想课）。

其时，沪属高校"五七干校"成员互有轮换，远在黄山茶林场的李宗蕖希望能轮换至大丰，以便互有照顾。遂以家信表示态度。

11月27日家信：

> 听说将有一批人去大丰，轮换也要有一批，在这个问题上，我的意见是一切听组织安排。能否轮换，都不要从自身便利去考虑，也不必为孩子们能否相聚方面去考虑。我们要从这方面去考虑是很自然的，但必须在这个问题上与自己进行斗争。干校领导以及我们接触的许多人，对办干校的目的，可能还是不大明确的；对自我改造也不一定有很强烈的要求。但我们却必须一切着眼于自我改造，不这样，我们就很对不起毛主席和人民了。

约是年12月30日家信：

> 关于轮换，下月初是有一批。我还是认为不要去想，也不必这样去想。毛主席给的改造的机会，人家不要，我要。

说什么改造得好不好,不必听,我从心底里觉得这是废话。这种话,过去我听到过,我是不理那一套的。什么是改造得好的标准?我看唯一的标准是听不听毛主席的话,是不是用主席思想指导自己的行动。别的标准也有,那只不过是这两点的具体化。我自认为离这个标准还很远。别的人怎么样?我要看他的行动,并不注意他现在是在一个什么岗位上。

是年,闻知族弟程森荣去世,有诗哭之。

《哭森弟三首》题序:

森弟客西蜀近二十年,去冬闻病逝成都,为之黯然者累日。自六四年上海一别,不通音问且五年,岂意遂成永诀。始悟古人中年伤于哀乐之语。①

编年诗 《恰君》《一九七〇年四月炎儿归宁五月送她返新疆》《送炎儿返疆得长句》《枕上作》《哭森弟三首》

1971年 辛亥 五十六岁

自1月起,仍在大丰"五七干校"劳动,其时妻李宗蕖也调至同一干校。4月,获准回校待命。

李宗蕖《干校两年》:

来干校已经二十多个月,到了该轮换的时候了。我希望能和应镠一起回去。他在这里干满了一期——10个月,已经安排他回去参加校点《宋史》的工作。我是干校成立才

---

① 其诗有自注云:兄弟中,余与森荣议论最相合。三十年来,相见日少。解放后,弟两至上海,虽俱已入中年而豪情犹昔。弟每谓余应在学术上有所树立,意甚殷勤。

一个月,就从佘山、茶林场一路调过来的。①

4月16日,结束大丰“五七干校”生活,返回上海。自是日起再日记至12月14日中断;次年3月9日续写,虽非每日皆记,但阙日不多。这册日记无题端,姑以《“文革”日记》名之。

4月17日家信记叙其返沪之际的情景:

> 离开大丰,心中颇有恋恋。半生都搞的是意识形态工作,养成了对书籍的感情。这一回,却真正体会到生产劳动对知识分子思想感情的变化。假如在三十年前,或者是二十年前能有像现在这样的机会作改天换地的斗争,那就会使我真正学到一些马列主义,就会使我对我们伟大祖国能做出一些有益的工作。旧的思想往往使我在一阵迷雾中忘记这一点,但我已下定决心要拨开迷雾了望蓝天。……
>
> 下船后,第一个来接我们的是金师傅。我紧紧握住他的手。我希望我对党的感激之情通过紧紧握住的他的手使他了解工人阶级帮助像我这样的人解放是如何的一种伟业!没有毛主席的伟大教导,没有工人阶级坚决落实毛主席对知识分子的政策,我们是不可能懂得什么是人生的幸福的,也是不可能懂得资产阶级是我们最不能宽容的敌人的(因为它的思想迷了我几十年,特别是它的民主自由、理性、人的尊严、个性解放这一些谎话)。

返校待命期间,自4月18日起,即开始重读《唯物主义与经验批判主义》,至9月24日研读完毕,前后共作摘记60页,近6万字。

4月18日家信:

---

① 《留夷集》,第126页。

在灯下读《唯物论与经验批判论》和十三年前的体会大不相同。留在你那里的书,可先看《自然辩证法》和《哲学札[笔]记》,那是很迷人的,你一定比我懂得更多,在生物学这方面,你知道的比我多得多。……学校领导落实政策,使人感到必须认真改造,从心里感谢毛主席,感谢党。

4 月 22 日家信:

回上海不过几天,天天读书。《唯物论和经验批判论》看了一四六页,又重读了马克思的《费尔巴哈论纲》和恩格斯的《费尔巴哈论》。休息时,又看了一本《清史杂考》(三百多页)。看书的兴趣很大、很浓,也想得很多。……这几天生活是不是走到旧轨道上去了呢? 从表面上是这样的——吃得好些,一个人埋头读书,但实际上和过去是不同的。读书时,解剖自己的心情,是过去很少有的。……昨天学校开了动员深挖五·一六"反革命"阴谋集团的大会。张政委传达了中央文件的精神,在结合我校具体情况时,指出了一些还没有搞清楚的问题:两次炮打、支联站、共向东、武斗、地下红卫军和一些反动标语等。可能不久干校也要搞了。上海高校都是在这个星期作此动员。

4 月 24 日,到历史系报到,参加"天天读",每周六为本系劳动日去砖窑上劳动,其他日子接受分配的工作是"内查"旧讲义与旧教材。"内查"之余,仍对照马恩著作、毛主席著作,联系实际,联系自己,抓紧自我改造。

4 月 25 日家信:

我分配在"内查"一组工作。"内查"是查阅旧讲义讲稿,是准备六月以后教学工作的一部分——在破中求新。这个工作对我来说是好的,我本想有时间来搞学术上的自我批判，但看来还不能从容地去做。譬如说，要批判，还得掌握一些材料，旧的材料，还要批判地使用，这就需要时间。明天办学习班，接着是定计划、分工。昨天是政史系的劳动日，在窑厂劳动。我们做小工，搬运砖块，他们砌窑。一个大窑五公尺高，早已砌好了。现在砌的是新窑，据说也有两公尺高。窑厂就在图书馆旁边，西部礼堂的西头。

4月27日，领到此前被冻结的工资。是日《“文革”日记》：

冻结工资按照党的政策发还了，我领到1 238元。这是我在“文化大革命”中就看到的。在我被冲击得最剧烈的时候，我也丝毫没有动摇过对党的相信，这一点，和我解放后做了八年领导工作有关，和五七年以后当我有些进步时党即对我加以援手这一点也有关。我不禁从内心呼喊毛泽东思想万岁！毛主席万岁！

4月28日家信：

查教材的工作还未开始，这两天大揭大议。我这个人，大概是变得很“淡泊”了。我现在只希望有机会去工厂，即使三两月也是好的。三两年内，假如我真能写一两篇真正触及灵魂的自我批判的文章，到了我六十岁的时候，我就还有雄心搞为无产阶级服务的意识形态工作了。

4月30日家信：

我现在这个工作还没有什么头绪，两天假日，想写一个批判旧学校（就课程设置方面）的提纲。我决[心]按自己打算做的做下去。前天老魏①说修改小学教材（我系编的，

① 即魏建猷。

老张已送了我一册①)还要人,有人提出要我去,还没有决定,我却不希望干这行,因为我不会改人家的东西,也想休息一下,九个月劳动下去,的确有要休息的感觉。回来后,不比在大丰,每天都在动脑筋,想问题。我和老魏说,夏笠去搞比我合适得多,因为他肯跑腿,会和人打交道,我也无此能力和兴趣。

5月4日,因运动要求写题为《剥去假面,揭露真相》的大批判文章。是日起做《唯物论和经验批判论》详细笔记,少有中断之日。同日家信:

这两天很忙,白天大揭大议,晚上写揭露和批判文章。我昨天写了一篇,刚才又完成一篇。早晨还是起得很早,今天开始写读《唯物论和经验批判论》的笔记,写完了序言部分。对照马恩著作、毛主席著作,联系实际,联系自己(主要是过去的一些思想)写,写得虽然慢些,但领会得比过去深一些。知道你情绪好,是很高兴的。我看主要一条是抓紧改造,要认真读书,多想,多和先进人物和思想比较,就会发现自己的问题。我们是很对不起我们伟大的祖国的。这一条要记住,但不容易记住。忘记了,思想上就会觉得自己并不比别人差,就要出很多问题。我越来越感到自己负罪于人民,他们养了我们,使我们受了比极大多数人不能受到的教育,而自己却认为自己比他们高明,比工人高明,农民高明(不愿意儿女当工人、农民,自己当然也是安心于当一名精神贵族),当然,这是从灵魂深处这样看的,在言论上,我们大概都还没有过这样的言论,无论是解放以前或以后。(今天是五四,我早晨就这样想了很久。)

---

① 是日《"文革"日记》:家驹以历史常识一本见赠。这是他从江秋回来之后和徐光烈、王美兴等共同编写的。

5月17日，开始重读《国家与革命》。

5月22日家信：

一周来，写了几页摘记，重读了《国家与革命》。我读此书是在五〇年，当时读了几遍，还在光华讲了两个月。现在看来，有许多东西，我在当时是不懂的。说没有进步，还是不合乎实际情况的。摘要可写得极苦，抓住一节一节的中心，就不太容易。我还是决心写下去。在图书馆借了几本《全集》，列宁的读书笔记，我全部借来了。

5月18日，工宣队发还"文革"初期没收的书物。

5月29日《"文革"日记》：

遇李吉昌老师傅，一见面，他就提起那本从我这里借去的书，并立即从抽屉里取出书来还给我。书且用报纸包好了。小×同老师傅比，真是差得太远了。

5月28日起，接工宣队通知，到廿四史标点组参加标校《宋史》工作，自此开始从事宋史研究与宋代古籍的整理。兹摘录家信与日记相关记载。

6月11日，《"文革"日记》：

和老裴①交换看校点《宋史》稿。我真粗心，有一处竟误以人名作官名。当时也觉得有点别扭，但懒得去查一下，连《续通鉴》也没有查。纠正了老裴几处错误，和他交换看，还是有益的。

6月24日，《宋史》校点工作正式开始。

8月4日家信：

今天下午又去市里开会。从北京带来聂崇岐、邓广铭

---

① 即裴汝诚。

等人点校的《宋史》。我取出两卷和我校点过的对了一下，在主要问题方面，我和他们校的是相同的，在次要问题方面（即读得通，点得断的方面），则各有所遗漏。不通的是北中华的编辑，在一处极为重要的校勘方面（他们和我都发现了），却批了一条只要有普通历史常识的人都感到可笑的意见。

8月13日家信：

校点比较顺利，有时校正一字，说不出的愉快。今天取北京中华校点的《哲宗纪》和我校点的一比，有两处重大的讹舛，他们竟未校出。今天校文彦博一条，我假定"太保"应为"太师"，老张不同意，后来一查《会要》（这是一部晚出的、从《永乐大典》中抄出来的大书），果然为我所料，你可以想到我的高兴。搞这个玩意儿，要用脑筋，要善于联系各种情况去考虑，最重要的是能看出问题来。

8月22日，看历史研究所校点的《赵鼎传》，提出三十余条意见。

8月28日家信：

校点工作似乎已经"上路"了，我曾拜倒过《廿二史考异》，惊其博辩周密，现在看来，我可以远远超过他。主要是我比他多了一个马克思列宁主义和毛泽东思想的武器。为了点得便于利用，我就发现了多处前人和近人（北京的校点）所未发现的讹舛衍脱之处。白天搞的是整理"国故"的工作，早晨和晚上就在思想上"练兵"，埋头于马列的著作——而其乐趣，则是过去所没有的。

9月5日家信：

我们校点工作计划在明年五月结束，按照现在的速度，看来是可能的。现在，我已开始点校专传，有的难度很高，又无对校的本子。有时，解决一个问题，真像发现一颗行星那样愉快。不禁把旁人邀来“共赏”。事后，又感到自己还是孩子气，孩子气有时是会引起误会的。

9月19日家信：

这些日子点校专传，遇到的问题和点校本纪又不同了。发现了的问题，往往无他书可校。有可校的材料，证明自己的假设是对的时候，是很快乐的。有一次我发现一个问题“武昌令刘锜镇鄂渚”（这是不通的。武昌令是一个小官，不能镇鄂渚，镇是拥麾作镇的意思）。检阅了与此有关的一个行状，果然武昌令上，武昌令下都有脱文，真是高兴得很！但我把这个问题说给好几位同校的人听时，大抵都“呆若木鸡”。于是，我有时就怀疑所谓学者、教授的知识来了。就文法来讲，这一句没有什么不通的地方。但其错误正如“黄狗是白的”一般。我又想到解放之后，我有很多事不去调查研究，自己又无实践经验，往往凭主观，作臆断的错误。我之所以能发现“武昌令……”的错误，只是因为在这方面，我有一些经验和知识而已。

9月28日家信：

这两天又忙又倦，回家总在七时以后。忙是想把工作做得快些，当然没有任何人要我晚下班，事实上我的进度已是最快的。一件事不结束，我的脑子休息不了，所以索性做完它。

10月16日家信：

工作是顺利的。校点中没有留下什么问题。我所校点的那一部分已经第一批送出版社付排，排后看了样子（可能还要作一点修改），即送北京。

11 月 23 日，点校《宋史 · 外国传》一卷，颇感趣味，同日《"文革"日记》认为："应当写一部我国古代和东南亚诸国交往的历史，这是极有意义的事。"

12 月 14 日家信：

> 这些日子校点《外国传》，问题很多，真感到知识不够。过去的专家如张星烺，笑话很多，错误百出，这是一类。但像冯承钧（可能是冯至的兄弟）①那样的人，掌握多种语言（如阿拉伯、波斯），工作又那么严肃认真，就在今天也不多见，这又是一类。假如不是自己搞这项工作，也就一辈子不能判断这两位写了那么多有关中国古代和外国关系的书的专门家的优劣了。因而最近也就深悔青年时代学习外文一事放松了。假如有此可能，我还是要重新学习一种和我的专业有关的文字如日文或梵文。当然，多读些英文书，使之恢复像过去那样的阅读能力，也是我所要补习的课程内容之一。

但政治运动仍持续不断，还必须联系自己进行自我批判与自觉改造，标点组亦不例外。仍摘录家信或日记以见其实。

6 月 1 日起，标点组举办学习班。

6 月 2 日《"文革"日记》：

> 学习班已经是第二天了，我作了较系统的发言。无产阶级文化是在三大革命实践斗争中形成和发展的，是在和资产阶级斗争中逐步建立起来的，批判我国古代文化是其中的一项重要内容。批判的过程，也就是分析综合的过程，亦即主席所说的"清理"的过程。校点二十四史就是为了批判的需要，为了从事批判工作的主体提供材料（易于阅读的材料）。

---

①　二冯并无这种关系。

6月9日,下午开大会,批判“国防文学”。

6月17日,上午参加出版社召开的批判文艺黑线大会。同日家信:

> 信写到这里,出门的时间到了。今天市内有一个批判文艺黑线的会,在食品公司后面的红卫剧场。我们要去参加。回来后,又读到你十四日的来信。还是先讲讲开会的情况。会中批判了三个剧本,都是寄到出版社的稿子。“文化大革命”已进行了五年,还会有这样的东西,我是绝对想不到的。但这确是客观存在的事实。批判者都是工农兵,批判得很好,每一个人都打中了要害。对我来说,这次批判会的确是一堂很好的政治课。阶级斗争千万不能忘记!我们往往是以己度人,这就是极要不得的唯心论。有一次学习中,有人问主观唯心主义和客观唯心主义哪一个是先验论。我认为都是先验论,因为两者都只承认思维第一,思维的源泉不是自然界、外部世界。在阶级社会中,各个阶级的人是不同的,思想不同,行动不同……在我们却往往以己度人。我们很多错误都是从这里来的。要改变这一点,就必须使己同于工农兵。倘如此,我们就不会以己度人了,就可以在根本上(政治上)避免犯错误。……
>
> 对于中国古代文化的清理,对于外国文化的清理,都是我们的任务。清理,就包括了研究和批判。在这方面,要做的工作很多。我们缺少的不是业务知识而是有没有在这方面努力干一番的决心,在我看来,这就是政治。你看我,似乎是有此决心的。但我认为在这方面我还是差得很远的。我之所以说不要混日子,就是因为我看到了这一点。饭总是有吃的,这个,我从来没有怀疑过。但我还想为我们伟大的祖国做一些我所能做的事,因此,我在改造方面有些自觉,在学习方面也是如此。我总觉得你只要在这一点上有

了认识,就不会发愁没有事做的。我曾想过,白天作个清洁工,晚上做些清理历史古籍的工作。至今,我还是觉得这是很好的。老实讲,我今天之所以能参加校点工作,并不是我有此能力,而是由于我是中国古代史教研组的。我相信,在机关,在中学,大有比我强的人在。那些比我强的人,假如他有志于此,我相信他是会利用业余时间来作的。我之所以屡次和你谈,选一本书,将来认真翻出来,写一篇批判性的序言,我的意思就是希望我们在晚年都能投身到无产阶级文化的建设当中去。这是空前的盛事呵!

6月23日,下午参加深挖"五·一六"大会。

6月25日,晚上写《认识真理改造思想》一文。

7月1日,上午参加学校的讲用会。

7月3日家信:

回学校后,比在乡下忙得多。我系老的,病了三个,夏、李①和徐先林[麟]都病了。今天徐先林的脸色简直白得和纸一样,很难看。以后,一星期据说只有两晚学习,但愿如此,否则实在吃不消。一连三夜,我都是靠吃安眠药才一直睡到天明。我十分希望能去大丰,和你在一起,彼此可以照顾。

8月27日,一天没有搞业务,学习讨论,至近六时结束。

8月28日家信:

江西师院已迁去井冈山,老教师百分之七八十下乡插队,我要小灰马去看欧阳琛的目的也未能达到。对知识分子的改造,江西抓得较紧,收效当亦较大。插队,我总是这样想,是个改造知识分子的好办法。但插下去之后,还要认真读书,不读书,不彻底清理一下旧的东西,大概也还是改

---

① 指夏笠与李旭。

不好的。北大、清华在江西的农校和分校闻已交给江西省委,不知道他们现在怎么搞法。北大历史系有一部分人在长辛店搞农民史,我知道邓广铭参加了这项工作,住在农民当中,写他们的历史,的确是个好办法。中国农民在历史上投身反封建的斗争,其时间之早,规模之大,影响之深,是世界上任何一个国家所没有的。

8月31日,夜起草《智育第一与知识私有批判》一文提纲,重读共青团的任务和清华大学教育革命经验。同日家信:

你当还记得,在我的处境极端困难的时候,我还想着重写我的《南北朝》。现在我就想一篇《知识私有和智育第一》的自我批判的文章,打腹稿已经有了十几天,我想这样作下去,至少可以供一孩子们的参考,使他们真正避免走我们的老路。从某种意义来说,我们的过去真是一个悲剧。

9月5日,写批判“智育第一”文章。

9月8日,日记记曰:“×××找我和老魏、老张谈话,谈如何联系我们过去执行‘反革命’修正主义教育路线进行批判的问题。我是有思想准备的。批判会可能在下星期一、二。”

9月11日,参加学校批判陈云涛大会。

9月12日家信:

这两天忙得很。新学员来了,批判“反革命”修正主义路线。昨天开了一个大会,开得极好,好像过去还没有过。批判过程中,牵涉到许多事,一些人,有些是我过去所不知的。政史系的新学员也来访问过我,问我五七年以前的情况。和他们谈了一个多钟头,结论极自然地得出来了:资产阶级专了无产阶级的政。事情一摆,一分析,真令人感到过去实在太丑恶了。因而对《教育工作会议纪要》的精神多体会了一分,对主席指示也理解得深了一些。看到,来访的学员还是满意的。

9月18日家信：

劳动时，我精神极佳。坐下来工作四月，便感到不如劳动时，又似乎回到过去反常状态，早晨精神困顿而入夜则兴奋、清醒。好在睡眠饮食均佳，勿以为念。这些日子，系科学习、批判都紧张，大字报多到西部贴不下，又在去食堂路上开辟新阵地。老一代看来是不行的，有些人写了大字报，即作自我批判，亦泛泛言之。我衷心希望四十左右的人狠触灵魂，不如此，以后还要犯错误，给国家带来损失。在这方面，我的教训是很深的。

9月19日家信：

前年，也正是这个时候，我在横沙，也是小雨，读你打算去基层的来信。我对于"八·二六"大学的许多想法，也是这个时候在横沙的大教室内形成的。现在，这样的问题，只是偶然在脑子里转一下，我注意得更多的是对于历史遗产的批判与继承。《文汇报》前日有这样一篇文章，但论述还是泛泛的。

9月23日家信：

要学会对一些牵涉到自己的问题的漠然态度（句子不通）①。这么多年来，我尽力在这方面学习，有极剧烈的思想斗争。我的体会是：一、自己真正能以高标准（即无产阶级的标准）要求自己，因而时时作自我的否定。二、对一切有碍自己改造的言论、行动远之，嫉之；反之，则亲之，近之，无论其动机如何。（做到这一点是更难的，但必努力做去。）另一条经验则是咀嚼自己的痛苦，使之由苦变甘。因为痛

① 原信括注如此。

苦的根源,在于我们还不能脱离资产阶级个人主义思想的羁勒。当然,说说是容易的。但常常说,便能求之于力行实践。我这个人虽永远要求进取的。问题是要常常检讨进取的动机。你在这次的信上写的两个方面很深刻,可以不在组里谈,但写出来,想下去,对自己改造是有益的。无论如何要把学习抓紧。这次学生来"访问"我(好像上信已说过),假如不是我对一些有关教育方面的问题认真想过,我的谈话,要不是把自己骂一通,就必然要躲躲闪闪,不能使来访者满意的。讲一个在学校里无产阶级被资产阶级专了政的问题,一方面要摆大量有说服力的事实,另一方面也要有理论的修养。否则就必然要说得似是而非,划不清正确与错误的界限。

10月8日家信:

昨天廿四史校点领导小组开会。"三秋"劳动,复旦、师大都不去,等校点结束后再集中劳动。历史所决定去奉贤干校(这是他们干校早就要求了的)。因此,四个点统一行动的计划作罢了。我们打算去工厂(中华印刷厂),但还须请示师院领导后(牵涉到车费报销)才能决定。也可能和复旦、师大一样不劳动。看来,去农村的可能性不大。

10月12日至15日,开始准备批判人性论的发言稿。

10月14日,参加学校举行的批判反动教育路线大会。

10月17日,上午在村里挖了两小时防空洞,全身透湿。

10月24日家信:

真正自觉地在劳动中求医,对我们来讲,可能比在过去那样的工作中来得见效。从本质上看,我们这些知识分子没有一个能正确地对待劳动,正确地认识体力劳动和改造自己主观世界的关系的。

10月23日至31日,一周主要都是学习中央七个文件。

11月3日,上午参加系里批判天才史观的大会,下午参加学校开大会,重点是忆苦思甜。写完批判"天才史观"的发言稿。

11月4日,上午去邮电器材厂参加声讨会。写批判天才史观一短文。

11月5日,晚上去牌楼十一队参加声讨会。

11月6日,竟日参加系里召开的学习会和批判会。

11月7日,上午参加里弄人防工程劳动。

11月14日,上午挖防空洞。

11月16日,写完《神物与草芥》一文提纲,共四节,第一节"打着红旗反红旗",第二节为"天才论是和剥削阶级结了不解之缘的",第三节为"是唯心论是先验论,还是唯物论的反映论",第四节为"是英雄创造历史,还是奴隶们创造历史"。在日记里自认:"没有什么新意,只是把读过的马、恩、列和毛主席有关这方面的论述整理了一番。"

11月15日家信:

> 校点组也组织批判"天才史观",我已经准备了三天,但没有什么新意,只是借批判的机会来整理一下自己已经读过的马列书中有关这方面的论述。半小时前看马克思的《关于费尔巴哈的提纲》,真是觉得光彩夺目。这和最近重新读了《史的一元论》和恩格斯的《费尔巴哈论》有关,也和对主席的伟大著作《实践论》有了较多的理解有关。但是,写发言提纲时,还是把握不住"中心",这也可见懂得的仍甚浅也。我希望能有那么一天,能够不翻阅任何书籍,写一个完整的批判天才论的提纲,写得确切而又简练。

11月17日,下午参加学校批判"天才史观"的大会。

11月18日家信:

高校因为学习中央文件,"三秋"都不下去。昨天学校开了一次大会,批判"天才史观",一直开到五点半。我一连几天都在准备在校点组发言的稿子,看了一些书,前天夜里偶然翻到恩格斯给亨·施塔尔肯堡的信,其中谈到拿破仑和马克思的话,是很足以说明问题的。这封信四卷本《选集》和两卷本《选集》中都有,可以一看。信是恩格斯在他的晚年写的,当然更是定论。

11月19日,在标点组召开的批判会上发言。

12月1日家信:

学校合并后①,全在师大旧址,这最近两天才知道的。我们在音乐新村住了恰好十年,能不搬家我还是不想搬。老徐昨天来信,他还希望搬到这里来,而不知我们要往他那里去了。他写完了讲义,有人认为杜甫、白居易的诗只是反革命的软的一手,真是令人啼笑皆非。因此,他颇羡慕我们这个"老朽"成堆的地方。但我以为要坚持马列主义,要坚持以历史唯物主义观点对待过去的文化(包括文学和艺术),鼓励他不要怕摆自己的观点,要在批判中撷取古代文化的精华。《人民日报》上月廿八日有一篇读《反杜林论》的文章,是一篇大文字,望去读一下。不解决正确对待古代文化遗产的问题,我们是什么事也不能做的。因此,我近几年来,常常想的就是认真学习和与工农结合的问题。不在这个问题上取得成就,我们这一生就有负于人民的养育深恩了——作为一个从旧中国来的知识分子,倘真爱国,在今天就不能不认识这一点。其他一切,都是身外之物。就我

① 指1971年末当时的上海市革命委员会决定原华东师范大学、上海师范学院、上海体育学院、上海教育学院与上海半工半读师范学院五校合并为上海师范大学,原各校建制撤销。信中"老徐"指徐中玉。

们的过去而言,“老朽”(这是老徐的用语)是主要的。但“老朽”也可以变为“神奇”的;所谓神奇,也可以叫作“新奇”,视我辈为“老朽”的人,在我们一旦有了质的变化时,他们不就感到“新奇”了吗?

12月14日家信:

五校合并之说已成确定的事。文科办在师院,理科办在师大,还要在安徽办一所理工科大学。领导班子这个月就要建立。有些人已经在办学习班。不久就要正式宣布了。这都是今天下午听校点组的人谈的。对于这些事,我本无所谓关心不关心的,不过总认为这样做是合理的。这样,当然会有一些调动,倘都以大局为重,也就好了。

12月20日家信:

十六日下午传达了七十七号中央文件,讨论了一天半。对主席那些指示,反复玩味,会上体会颇不一致。对于“反潮流”,人们似乎觉得很易理解,我则颇不谓然。从历史上看马恩列和毛主席都能见人所未曾见,为人所不敢为。世界观不是彻底辩证唯物论和历史唯物论的,就办不到。因为敌人不是挂了招牌的,往往是混在党内和工人阶级内,而受其影响的人又往往是革命的同志。此外,还有另一些,回来后再谈吧。是否决心在劳动中和在工农群众中锻炼、改造,也需要有这种“反潮流”的精神。认真读书,也是这样。这些都不足为外人道,也可能我是不对的。以劳动来惩罚犯了错误的人,其反面亦必是以为不劳动才是光荣的。天天盼望你回来,女儿更其如此,这是很容易理解的。四个多月不让人回来,还“振振有词”,我也很不易理解。但也不必去说,因为说既无用,也不能令作此事的人懂得一些道理。

标校工作之余，仍以研读马列原著仍为“日课”。

6月17日家信：

现在正是五点多一点，院子里还是静悄悄的，我每天都是这个时候开始“日课”，写《唯物论和经验批判论》摘要，每日一纸，有时半纸。今天恰好写三十纸，第三章还差三节。也还有一些不懂的地方，主要是引文。看来，写完摘要，还得一两个月。打算联系实际写一篇文章，这样，秋天以前，能读完这本书，就不错了。五九年读这本书，读了半年。文章是在春节中写的。我还记得写这篇文章时，靠卧室窗下西边放的书桌上的阳光。文章的内容还记得一些，而摘要是怎么写的，摘了些什么，就全部忘记了。希望十多年后，能不忘记这回摘要的主要内容。列宁在这一本书中，对以种种形式表现出来的唯心主义，作了具体分析。所得的结论虽同，但我们不能只记这些结论。要学习他分析事物的立场和方法。我过去犯错误，很重要的一个原因，就是在我思想当中占主导地位的是唯心主义。这个问题，我一边读，就一边想。以改造来说，五七年以后，我是真心诚意地要改造，也认识到必须改造。但还不懂得必须认真读书，在与工农兵接触中，不断领会从读书中认识到的那些真理，使它们成为我自己的东西。但比起五七年以前来，我还是有一个显著的变化，就是不易相信道听途说的东西，对自己的一些看法也不像过去那么坚信了。对别人说的，我往往要研究一下，不轻信。但在根本上，还是没有变的。这一点，你是最清楚的。

8月28日家信：

我最近重读《拿破仑第三政变记》，对马克思洞察未来的能力，不禁为之惊叹。这本书过去看过几遍，都没有看懂。为了看懂它，我还不得不重理旧业，抛荒了二十多年的法国近代史我又一条一条从 Langel 的《百科全书》中去了解一个大概。

9月5日家信:

在上海开会,听了一个总理和出版工作会议领导组的讲话的传达,真是既扩大了眼界,又解放了思想。我在开始参加点校工作时的看法(记得已写信和你说过),基本上是对的。总理讲话是对一个一个具体问题的意见,听起来十分亲切而具体。极"左"思潮一定要加以肃清,它否定一切。从右的方面来的干扰,则是肯定一切。这两种东西,我看我都是有的。因此,开了眼界。譬如,对待历史遗产,右的方面是"全盘继承","左"的方面则是"全盘否定",而我们则应当是批判继承。弄清了这一点,我就了解为什么我在"文化大革命"中有"不如不读马列的书"这种感想的真正思想根源。原来,我对马列主义有关历史文化遗产论述的理解也有极其片面的地方。

9月10日家信:

我认为我们现在应把重点放在读马列和毛主席的书以改造思想这个方面。争取各种机会到工农兵群众中去,不去是不行的。二十多年来的教训就是这一条。过去十几年(从五八年起),我是有决心改造的,但路子不对,没有始终坚持认真读马列和毛主席的书,更没有决心和机会到工农兵群众中去。我现在作校点工作,时常想到这一点,时常自己警惕旧思想,旧习惯抬头。

9月21日,开始重读《反杜林论》。

9月23日家信:

大前天开始重读《反杜林论》,读一节,写一节摘要,比在大丰时似乎懂得更多些。以第一节来说，我觉得真是一幅天才的讽刺画，杜林的嘴脸，真正是跃然纸上。你看一下吧，从这里，可以学习的大大超过哲学的范围了。

9月28日家信：

我还是常常这样想的：读经典著作，最好的办法就是读下去，不要看别人的废话(所谓参考资料，往往是废话，而且往往讲得不正确)。读马列，读不懂的地方，放在那里，再看看主席的两论，也许就懂了。我读《时间与空间》这一节，就是反复体会毛主席说的"没有矛盾就没有世界"才看懂的。

10月3日家信：

不脱离实际的人，就是聪明的。而我却是经历了无数痛苦的教训才认识到这一点的。付之于行动，至今也还是很不够的。读《反杜林论》"时间与空间"那一节，使我对主席所说的"没有矛盾便没有世界"有了较多的体会。把复杂的事物简单化是一定要碰钉子的，对矛盾不了解是永远做不出一件正确的事情来的。

10月18日家信：

今晚学习，因未带《全集》，就信手取了一本列宁的著作，是一九一七年四月以后写的，给了我理解无产阶级"文化大革命"中一些问题的一把钥匙。深感过去读书之不求甚解也。

10月23日起，重读恩格斯《路易·波拿巴的雾月十八日》德文版第三版序言。11月1日，写成《不许歪曲恩格斯》一文。

11月12日致李宗蕖信：

《我的一点意见》背得出来吗？这回我破例几乎全部把

它记在心里,也可以一字不漏地背出来。这的确是一篇极重要的文献。这两天重新读了《反杜林论》的导言,和《史的一元论》最后一章(这部书是五一年上半年在高桥读的,那时台风连续了两天,我无法回上海,一口气把它读完了),真正感到是这样。主席是最伟大的彻底的唯物论者,在理论上和实践上开辟了一个新的时代,这的确是历史上罕见的。夏天读《马恩全集》两卷通信部分,我曾模糊地感到过这一点,现在是非常清晰地这样想了。这是我们最大的幸福。为了弄清楚马、恩和列宁著作中使用天才这个词,发现英、法文字中的 Capacity(capaciti), great(grand)中文有译作"天才"的。英文中的 talent, genius 则当然更是如此译为"天才"了。genius 这个字在英文解释中还有"魔鬼"和"保护神"之义,这是我过去不知道的。我看 cap 和 gr 都不能译为"天才",ta 也不宜译为"天才"。原文若为 genius,译作"天才"亦不能以词审意。马列主义认为人们的知识只能是后天才有的,这种证据,可以举出成千成万。你看恩格斯为《拿[破]仑第三政变记》所写的德文第三版序言,不是说得十分清楚吗?马克思为什么能够写出那么一本被恩格斯称为天才的著作呢?一个是马克思精通法国的历史和现状,一个是马克思应用了历史唯物论。这些日子,还利用休息时间看一个美国人写的《世界中古史》,那是为没有进过学校的人写的。就其写的方法来说,我还是认为比苏联那些著作好:简明而又没有删落一些基本的重要史实。

在此期间,也颇读其他文史著作。

10月4日,读《世说新语》,虽已有十年不看此书,仍觉隽永有味。

12月4日家信:

郭沫若最近出了一本书,叫做《李白与杜甫》,其结论和四五年我在昆明和冯至讨论时相同。书中对冯至的一些论点也进行了批评。我当时得出李白高于杜甫的结论时，所持的观点是唯心的。我认为李白是一个在盛唐而有更高的追求的人，而杜甫则恋恋于开元全盛，以此来判其优劣。郭老则不然，他在分析《三吏》《三别》时，是以阶级论点来分析的——分析得令人心折。对于李白，也是如此。很久以来，我还没有过像读这本书那样，一口气读下去，随着作者如涌的文思，心情起伏不已。

12月6日家信：

上信和你说的《李白与杜甫》，是最近出版的。昨晚又重读关于李白那一部分，真有些心动，要想加以重新论述。郭老有许多地方还说得难以令人信服，想加以补充或申诉。在主要方面，我都是同意的。旧时代一些伟大人物，往往充满了矛盾，怎么认识、理解和说明这些矛盾，非下苦功不可。在诗的形式方面，郭老的意见也是对的。李白能破旧，富于创造性。杜甫却有些保守，特别是在晚年致力于排律（这是齐梁形式主义的恢复）。论诗论人，我们都必须从批判旧日诗论和人物品评开始。假如跟着旧时定见走，即使有所创获，也不能不是跟着资产阶级转的。

12月23日家信：

《柳文指要》对我的吸引力很大，除了标校，我全部时间都给它占了去。任何一个在事业上有成就的人，总是吸引人的。我近来颇以为论古人，也要看他对现实世界和历史所持的观点和态度是什么。

自8月起，恢复与徐中玉、刘哲民等老友的往还。

8月2日家信：

老徐①和我九点钟约在静安寺见面。老徐来后，就去襄阳公园，随便聊，快到十一点，便到创新吃饭。饭后，又去复兴公园。老徐不高兴搞那个工作，感到一切都难以适应，这是真的。在横沙，我也有过这种感觉。老年教师参加这次工作的，在中文系只有他和钱谷融。因此，也颇有寂寞之感。冯契的问题还没有解决，最近调到资料室去了，搞一些翻译。我看这也很好，他做这个，还是很适宜的。听说世界史方面要做许多工作，告诉老陶②，他也是可以在这方面效力的。当然，目前要认真改造、学习，不能不安心。我个人的体会是要从国家的需要、社会主义事业的需要来考虑自己的问题，否则必定又要回到老路上去的。我现在时时警惕这一点。

8月5日，刘哲民来函约与陆诒等聚会。

老程：

数年不见，渴念殊深，每欲造访，辄因横沙奉贤，地分东西，假期不定，以至参商难见。昨例假返沪，家人告知，你与老陈曾下访，闻之不胜欢跃。今晨走访老陆，两人乘兴奉访，从宿舍到学校，知你刚逢劳动日，进师院东西园，艰苦寻找，均未获见，老陆健康未复，难以为继，怅然而返。我于九日中清晨返干校，与老陆商量下，你本星期日（八日）如能有暇，请驾临舍间一叙，俾能互相了解数年来改造情况，老陆也约定上午九时到我处。如或无暇，请于七日下午通一电话，转呼284800，喊二号15室即可。问你太太好！

即致

敬礼

刘哲民　1971.8.5

---

① 即徐中玉。

② 指陶樾。

8月9日家信：

昨日还去看了刘哲民，从他那里知道许多事情。我们的处境比许多过去的熟人好得多。陆诒已成老翁，出入要拄杖，去年中风，手脚一个时间不能活动，现在能勉强走一些。上星期四，他还和老刘去师院看我。昨天我到刘家不久，他也来了，由他的外孙"护航"。据老刘讲，直到去年十一月，他才被宣布"解放"。哲民在干校(奉贤)已经两年了，身体顶好，六九年三月就"解放"了，但扣发工资还未发还。

10月1日，与刘哲民同访刘海粟。《"文革"日记》：

在哲民家里吃午饭。访刘海老①，我六年没有见到他。他已七十六岁了，但精神极好，他夫人说她还不如他。他给我看了一些画和画上章士钊先生的题诗，以及郭老的题诗。又送了我一本画册，其中郭老题九溪十八涧是才气洋溢之作。蔡元培先生所题，风味隽永，深得宋诗精髓。

11月28日，徐中玉来访，共去市里吃饭。

自5月18日工宣队发还抄家取去书物，发现当时缴没的旧诗稿本已不复见，遂于暇时追忆重录旧日所作诗稿。10月2日晚录毕，共得五十余首，并作后记七百字。为作跋语，虽自谴严苛，但仍肯定诗草对了解其人其事的价值：

龆龄学诗，至今四十余年。自二十五岁至五十岁，所作均曾留草，"文化大革命"中，为红卫兵取去。当时窃望革命人们可以据此审查我的一生，因其中颇有与时事有关者，即友朋答赠的篇什，也可见交游。今年四月②，工宣队

① 即刘海粟。

② 此或记误。据《"文革"日记》1971年5月18日云："取回发还书物"，则四月当作五月。

领导尽还从我这里取去的书物，但这一本诗草则不复见。星期得暇，辄默以录，得四十余首，仅及原稿四之一二，解放后所作，则不及五之一矣。年事既长，记忆力愈衰，但三十年前旧作，为旧草所未录者，这回也还得了四五首。

这种东西，本来是应当烧掉的。为了使儿女从这里取得一些教训，则还有可以保存的理由。我这个人自幼读孔孟之书，后又受到资产阶级民主自由思想的浸润。三十多年来，始终在个人狭隘的圈子里转来转去。在洛阳，虽有忧愤，但仍幻想改良。在昆明，忧愤深了一些，改良的幻想也破灭了，却仍然拒绝到工农兵中去。“北去南来”“东行西上”，固实有所指，但也不过是对朱颜失去的怅惘而已。这不是大可悲的吗?《给宗藻》一首，是解放前在上海生活、思想的写实，仍旧落了古人的圈套，即有悲哀，也不过是一千年以前嵇康、阮籍的悲哀。

读其诗，想见其为人。我希望孩子们要以我为戒，不要以为古老董[老古董]就不会再以别的形式在你们身上出现。

这两年，我比较认真地读了一些马列和毛主席的书，对自己的解剖也比较多了。重录这些东西，不免和它们一同回到了过去的日子。一九三六年、三七年的北京，有什么可以留恋的呢？多么可诅咒的往日啊！而我在我国解放之后六年重到北京写的几首诗，不独调子是低沉的，而且对过去还有无限的留恋。当时，有的朋友指出了这一点，但我却强为之词，说我所留恋的是青年时代革命的激情。吾谁欺?欺天乎！因为要保存我的本来面目，虽所记不全，录下来的俱不易一字。我是应当受到裁判的。

一九七一年国庆后一日记

1972年与张家驹夫妇(左三、左四)、
魏建猷夫妇(右一、右二)在苏州

10月3日家信：

昨天把我几十年来的旧诗录完了（我最近利用休息，边记边录，约有半月之久），计得五十余首。还写了一个七百字左右的后记，等你回来时看吧。六〇年给你的一首诗，第三句怎么也记不出来，害得我一夜未曾睡好（就是“又是喧喧打麦天”那一首）。你还记得吗？最有意思的是，二三十年前的几乎可以没有遗漏地记出来，而近十五年来的则仅能记其中的十分之一。

1972年　壬子　五十七岁

仍在二十四史标点组，从事《宋史》标点。“批林批孔”运动不时与正常标点工作交错缠夹。仍摘引是年《“文革”日记》相关记载以为实录：

3月15日，“校点《宋史·兵志六》毕，计自一日起初点，中间学习了一星期，约费一周。”22日，“搞完秦始皇资料”。24日，“下午听二十二号文件传达，晚上看完秦始皇资料，并为写一简单说明”。25日，“重看秦始皇资料”。26日，“整理秦始皇资料毕”。4月4日，“开始点校《兵志十一》。《兵志十》最难，点校约费去整整十日，还没有写校记。”13日，“下午讨论《宋史》出版说明”。5月8日，“仍勉力论证《宋史》指导思想为程朱理学，翻阅冯著《中国哲学史》、《朱子大全》中与陈同父、陆九渊论述诸信、《困学纪闻》《越缦堂日记》《总目提要》及《宋史》《元史》有关各纪传，抄摘材料万字以上，复重温《反杜林论》有关部分。至十二日，始毕。”25日，“《宋史》余下来的困难，又由我们承担了”。

4月9日，与魏建猷、张家驹三家夫妇同游苏州拙政园和留园。是日《“文革”日记》云：“这两个园子都极好，的确是封建时代文化的一个典型，由此，也便感到地主文化的确是由农民造成的。”

萧善芗《半世相从心似玉 岂独情亲如手足——琐忆程应镠、张家驹、魏建猷的“文人相亲”》：

> 程、张、魏三人经历坎坷，而张尤为不幸。“文革”中，张先生的独子在广州被迫害致死，丢下了年轻的妻子和幼小的儿子。张把失子之痛，隐藏心中，从不对人诉说，而工作一如既往，只是更沉默了。直到很久后，程、魏这些与他朝夕相处、患难与共的朋友，才知道他所遭的不幸，但也只能心中同情，无法出言劝慰。然而总想以适当的方法，宽宽他的心，哪怕只是暂时的。老魏就同程先生商量，相约张先生夫妇带上小孙子一起去苏州玩一次。张先生欣然同意。那是1972年4月，三人还未得到真正“解放”的时候。三家夫妇带着可爱的张彪彪，不动声色地清早去北站乘火车至苏州。整整一天，在苏州玩了好多个景点。大家把一切都抛至脑后，尽情欣赏苏州许多不同的江南庭院和大自然的美丽风光，拍下多张照片。这些照片既记录下了程、张、魏间永恒的友谊，也体现出三人虽然身处逆境但不为所困的宽阔胸怀。①

4月16日，陆诒、刘哲民来访。

4月26日，学校组织组发还信件、日记和照片百余幅，唯文稿不存。6月24日，“取回旧文稿十之九，仅卡片未见”。

4月29日至5月2日，与妻同游杭州，有诗六首纪游。

《“文革”日记》：

> 三十日晨游灵隐、孤山，在平湖秋月喝茶，饱览湖光山

① 《纪念文集》，第248页。

色。今日上午去六和塔,攀登绝顶。西望重叠山峦,颇动乡思。从六和塔步行到虎跑,又步行至西山公园。中午吃饭像打仗。饭后和宗蕖漫步苏堤,湖山尽收入眼底。

《归途》:

留恋莺声出谷迟,偶然疲累歇云梯。因逢旧物思前侣,且喜同游有老妻。阅历渐深风景异,湖山愈好世时移。驱车直向钱塘去,绝顶登临望欲西。

5月7日,"许杰、中玉来,阔谈终日,快甚"。

《郊居书事呈中玉》或作于是年:

江头日日看春归,每向西郊送夕晖。无病老来原是福,得闲灯下自哦诗。当窗云树成新侣,如梦音容有旧知。偶与异书相邂逅,不知人静夜阑时。

徐中玉《论史传经序》:

从前,过段时间,我们就会相约,不是我去看他和宗蕖,就是他来看我和瑰卿,一道喝几杯酒,谈谈新看过的书,讨论一些我们都感兴趣的问题,关心某种令人忧虑的现象。然后,我们会把对方一直送到可以上车的公共汽车站头。①

5月,主动致信沈从文,恢复因"文革"中断六年的书函通问,除互相关心安好外,颇及论学谈史说诗等内容。兹节录是年沈从文来信的相关段落。

沈从文5月19日来函,谈及程应铨身前死后情况:

得信,欣喜之至。七八年来,社会变化太大,殊难设想。极想明白你一家人消息,无从着手。六七年左右应铨尚经

① 《论史传经》,第1页。瑰卿即徐中玉夫人吴瑰卿。

常相过，后忽闻故去，极感痛苦，最近尚致信清华熟人马文珍，请其探询生前[身]后种种，心实念念不忘。①

收到19日复信，日记称“真是高兴极了”，6月3日，即为寄《唐会要》等三种书籍。

沈从文6月4日来信劝其治宋史应将文献与文物结合起来：

得信，知种种。闻在搞《宋史》，极有意义。传言出土文物已不下五百万，不久将来肯定即将过一千万，搞通史谈生产发展和文化成就同出于劳动人民，不向这么一份庞大材料好好学习，还是老一套以文献为主，那会搞得出好通史来？你史部学条件较好，如果有机会兼把部分时间搞搞文物，即仅以治宋史说，今后得到的便利，得到的启发，也必然大大不同于从文献学出发得出的印象和结论的。②

沈从文6月7日来信，随寄自己诗作，是年其后诸信多附其诗手迹：

小诗随抄随寄。旧话说“诗言志”，似乎还得和“士志于道，不耻恶衣恶食”联系，则可少出事故，别的实说不上也。有关文化史部分也只是一点试验，有的还只就一事物写其历史与社会相应关系，不成其为诗，至多像能作到“说明员”的口诀，即已不错。还有专写老庄，写艺术，写百家诸子之所以兴，到秦本纪，即不能不停止。另有一写文字进展与纸笔墨砚等历史特征的，只能说别具一格的五言散文，当试为陆续抄一份留个纪念。③

① 《沈从文全集》卷23《书信》，第83页。
② 《沈从文全集》卷23《书信》，第116、119—120页。
③ 《沈从文全集》卷23《书信》，第126页。

沈从文 6 月 20 日来函,随信附寄其第三批诗稿:

得见一家大小照相,极高兴。经过那么一回世事大变动,不少熟人亲友多在不同情形下忽成古人,死者长已,生者诚宜自励!彼此还健在,就真是天大幸运。旧词中有"此身虽在堪惊"语,回来后才稍稍懂得意义。……孩子们应鼓励他们多读点书,多懂点杂艺,兴趣广阔些,吸收能力强,此后适应能力也必因之加强。发展将是多方面的。①

7 月 3 日来信:

信收到,对小诗你过誉了。诗不算诗,只近于说明,还有部分生命热情,无使用处……幸亏还有那么一个五十年前从军队中学来的凑句子办法,排除排除心中压抑着的散乱情绪,不知不觉就是一堆。②

8 月中旬来函问及宋史问题:

得信,知工作还能在比较顺利中进行,即是大大幸运!宋代兵器制作之精,种类之多,均为历史所少有。而作战之不得力,恰成对照。主要原因似有两点:一则宋初注意到藩镇割据,尾大不掉,因之用文人带兵,却顾此失彼,对外作战即大不得力。二为"先南后北"说(似赵普主意)得势,南降南唐、吴越,费力不大而所得胜利远远超过所得。如上外行猜想,不知是否还有些些是处?望便中相告。③

约自 6 月起,恢复与好友熊德基通信,除函告近况外,颇多议学论史谈诗内容。

---

① 《沈从文全集》卷 23《书信》,第 162、166 页。
② 《沈从文全集》卷 23《书信》,第 196 页。
③ 《沈从文全集》卷 23《书信》,第 252—254 页。

7月15日，熊德基来函，通报由“五七干校”返京后情况：

应镠同志：

得第二函，因事稽复。

我们已于日昨全部迁回北京。当然，并不是复旧，房子少了许多（理由是难说的），图书、办公桌椅都是问题。反正，仍是要搞运动，只有等上正常化后，才能谈得到一切。……

董易我不熟，经打听，现仍在文学研究所（和我所在一起，地点是“北京市建国门内大街5号”），据说，他没有什么问题，现在是在档“专案”，闻亦垂垂老矣。烦转告冯契。

此次寄来大作，弟极爱《松江兴隆大队农协成立》一首，气势雄浑。《青浦观获稻》一首亦可喜。《悼森弟》一首读之令人酸鼻，至情过人。《六六年清明后示宗蘽》一首，有好句“中年儿女犹为累”，深有同感。惟“寥落晨星忆习池”一句，似不切题。据记忆，“习池”是东晋习凿齿先人庭园，名噪一时，名士多往留连，不应是“寥落晨星”，或兄别有根据，则弟不知。“闷无知”三字，亦可斟酌。

“文化大革命”中，常因感事，中夜往往得小诗，因醒后未笔录，故多不复记忆。大约在1969年有一首，盖记“左”倾下之见闻：

“五月燕霜举国悲，一身何足计安危；中宵梦醒天如墨，隔室犹闻肉鼓吹。（“肉鼓吹”见《五代史》某军阀传）”……

倦极，下次再谈。

祝

健！

弟德基　7.15

又及：芜章万勿外传，阅后付丙！

11月21日,熊德基来函告知王逊病故,并代邓衍林致意:

据宗津的孩子说,王逊早已病肺死了。57年我初到北京时找过他一次,他没来看我,所以一直没来往。只听说他曾戴"右派"帽子,后来摘帽子了。邓衍林56年[前]回国初,见面后,我曾忠告"不争名,不争利"(那时,就他的政治思想水平,也只能这样说)。以后他到北大图书馆系任副教授。不数年,胃累次开刀,健康情况不好。几次运动,虽小受冲击,但不算利害。目前苍老不堪,耳几聋。谈话极不便。现住北大燕东园22号。日前晤及,曾代致意。

12月5日,熊德基来信,与老友探讨春秋战国至秦汉之际社会性质问题。

应镠兄:

两信都收到,照片是玩玩的,没有就拉倒,不值一提,又《初学记》已买得,请勿买。但《丛书集成》本的那几种书,如遇见,仍要。

你女孩子什么时候来京?既然到京,理该游览一番,我家里总可以挤得下的。

近几年,一直在重读南北诸史,想写些笔记(本想写论文,但多年未读到日本人的东西,不知他们搞了些什么,如果偶然雷同,难免被笑话)。因此,你提到的荀、韩等我根本没留心。如你所说,诸子都是针对当时阶级斗争的,战国显然是亘古巨变之秋,故各阶级、各集团的代言人都必然从自己的阶级利益立论。但我实在不能判明,究竟周代是奴隶制或领主制?"积疑"虽久,未敢昌言,盖恐找麻烦也。因社会性质不明确,故经济结构亦不理解,所以长期都不去摸它,以后再说——如"庶人"是农民抑或奴隶,"客"的阶级实质是什么?许多奴隶殉葬能否说明即奴隶社会?欧洲奴隶社会是土地私有制，而周代却明明是土地王有，怎么解释？春秋战国之交的确有巨大变化，但只见“民溃”“亡叛”，看不到多少奴隶暴动，如何解释？刘邦“约法三章”，明明是保护地主所有制。此外，农民起义除反对秦的力役过重外，还表现在哪些方面？秦末虽有“苍头军”起来，但完全不是独立的政治力量，领导者且缩手缩脚，何故？“盗跖”虽无其人，是否即无其事？盗跖的口号，虽属寓言，是否也代表某一阶级的呼声？墨子代表哪一阶级？（过去，郭老《十批判书》以为孔子代表进步的，墨子代表反动的。）老子代表哪一阶级？（为何汉初人称之为“家人”之言？“家人”的阶级实质为何？）当然，荀、韩确是代表地主阶级中主张君主集权的一派，这一点我深信不疑。关键在我弄不清他们的矛头是指向领主？或奴隶主？一大堆的问题，归结起来，就是我对周代的社会性质没有深信不疑的概念。

我以为社会性质没弄清，一错就会全错。我最近想写《六朝的阶级结构》，也是想到黄巢以前和以后的中国封建社会是有所不同。这问题如弄清，许多问题可迎刃而解。对周代，我闹不清，所以多年不问，等以后再说。匆复，并望见教。此信阅后烧掉。

祝好！

弟基　12.5

7月3日，原上海师范学院与华东师范大学历史系合并为上海师范大学历史系。《“文革”日记》：

去师大参加历史系合并会。访中玉、冯契。冯契已近十年不见矣，颇苍老。五七年初，曾去过他家，至今也十二年了。

编年诗　《母亲谢世忽忽六年扫祭无由恸成二十字》《苏

堤》《六和塔》《归途三首》《郊居书事呈中玉》《赠人》

1973 年　癸丑　五十八岁

仍在二十四史标点组，从事《宋史》标点。先后参加标点了《宋史》《尉缭子》《荀子简注》《国语》等，尤以《宋史》标校用力最多。

《杂谈宋史研究》：

> 《宋史》这部书的整理出版，费了我国史学专家和从事大学文史两方面教学工作同志的极大精力。上海师范学院集中了历史、中文两系几乎全部可用的人力，上海历史研究所和复旦大学参加《宋史》校点的亦各有五六人。我是始终参加工作的。这一部分量最大、材料最多的正史的出版，应当说是宋史研究中的大事、盛事。①

《一位为人师表的学者：纪念张家驹同志逝世十周年》：

> 《宋史》标点组的工作是七一年开始的，家驹参加最早。我从干校回来才进入这个组。那时，已经试点过一些东西了，复旦、师大和历史所的人都参加了试点工作。大概是在五月中旬的一天，家驹把一篇未断句的白文拿给我看。按照自幼养成的习惯，我边看边读。读到他们有过争议的地方，家驹让我再读一遍。我读了，家驹笑着说："我还有要考考你的意思呢！"当时，我听了这句话是不高兴的，心想："在文字阅读的能力上，我就不如你？"《宋史》校点工作开始后，家驹开了需用书的书目，从图书馆把书调来，还亲自编了《宋会要辑稿》的简明目录，注明页码，便利大家使用。这一切我都看在眼里。我懂得家驹为什么要考我了。他对我，

① 《宋史研究通讯》第 2 期，1984 年 7 月。

至少是对我阅读文言文的能力，是不知道的，而作为《宋史》校点的通读者，他又必须知道，应当考一考；而作为他的一位朋友，他采取的方式和态度，也是恰当的。我暗暗尊敬他。十年来，在工作中我常常想起这件事，它提醒我要对工作、对同志充分负责。①

陈允吉《"文革"中上海点校二十四史的往事》：

1971年秋，上海派了一个工作小组去北京，和中华书局讨论落实任务。复旦王运熙、华师大李国钧、上海师院裴汝诚、出版社方面叶亚廉，四个人去。上海五史的分工，复旦承担了《旧唐书》《旧五代史》，华师大承担了《新唐书》《新五代史》，《宋史》由上海师院和历史所负责，历史所队伍精干，有方诗铭、汤志钧、刘修明等。参与者名单还是挺好看的，有一些知名度较高的学者，比如华师大有徐震堮、戴家祥、赵善诒等，宋史中最有名的是张家驹和程应镠，罗君惕的文字学是很好的。②

钱玉林《沧海不弃涓滴之微》：

先生坦然说过《宋史·天文志》十三卷，天象记录十分详细，有些地方意思很不好懂，我们决不敢轻易断句，都是请教了上海天文台的古天文史专家，大家一起反复斟酌，才解决了问题。③

旧历岁暮有诗寄怀李植人、李植清、周游、柯华等旧友。《壬子岁暮怀人简植人姊妹周游柯华》：

三十年前塞上行，哀时俱作不平鸣。沸腾热血思三户，

① 《流金集》(诗文编)，第255页。
② 《文汇报》2015年8月14日《文汇学人》。
③ 《纪念文集》，第264—265页。

慷慨论兵誓九京。铁马冰河多壮志，陈言谰语藐诸生。大青山北连天草，雪映飞车喜晚晴。

李宗蕖阴历年前方从大丰“五七干校”轮换归家，感慨不已，有诗《闻宗蕖轮换返沪甚多感触遂成两章》相赠。选录其一：

岁暮多风雪，殷勤望汝归。遥怜小儿女，偏惜少年时。大泽归无计，新书读几回。十年叹憔悴，从此莫仳离。

李宗蕖《干校两年》：

直到阴历年前，我们才放假回家。回到我的住处音乐新村时，已是接近午夜了。应镠正披着他那件去干校前用碎布补过的大棉袄坐在被子里看书呢。第二天一醒，他就把一张纸递在我手里，那是他昨晚等我时写的一首诗。①

春，与妻游览南京，有诗纪游。

6 月 24 日，熊德基来信，从《宋史》标点论及宋史学界近况，评骘老友寄示去岁游杭诗作，兼询沪上学人近况：

老兄标点《宋史》，是大好读书机会，特别是做校点工作，更可精读。国内治宋史者寥寥可数，聂崇岐久死，陈乐素已退休，现只北大邓广铭在。一个较年轻的山东大学的华山，听说不久也病死了。七八年前，法国“汉学家”曾发起一个“宋史中心”，规模很大，我国未参加（台湾只有几个无聊之辈参加了），日本参加者数十人之多，但究竟出了些什么著作，五六年来，我久未看到外国史学作品，消息也不了解。老兄如果能下十年功夫，大有可为（日本周藤吉之，成绩较大，但他的书现在恐亦买不到）。……

大作清丽隽永，但我觉得有些字眼最好换掉。如“少年

① 《留夷集》，第 130—132 页。

游”“堪怜”“衰翁”(足下并不衰)“仙侣同舟却有情”(足下亦是老夫老妻,何仍如此多情? 一笑!)“梅鹤凄凉失处士”(林逋此人,称高士,究竟高在何处? 失之亦似无所谓)。“阅历渐深风景异,湖山愈好世情颓”,亦辞意不明,易引人误解。弟是粗疏之人,所说未必得当。

从66年后,我除写信给老妻外,对亲朋从未与任何人通信,怕别人不了解我情况,而难于回信。故各地朋友和同志消息都久断绝(其实,我既非叛徒、特务,所谓“副所长”,也是第三四把手,也难说是当权派),只从外调的同志口中知道何人健在而已。

上海师范学院是否保留? 廖世承、朱有瓛、刘佛年近况如何? 冯契现作何工作? 传闻上海历史所解散,不知确否? 徐仑传闻有问题,未知已定案否? 杨宽现作何工作? 上海高等学校何人负责? 汤德明干什么? 陈琳瑚运动初尚见报,后无消息,不知情况如何?

7月,与祖姑丈陈科美、叔祖程仲远等同游黄山,颇有诗词酬酢纪胜。

《题仲远叔祖为科美祖姑丈画黄山图》:

玉屏楼望天都峰,落笔云烟兴未穷。迎客松与送客松,搜奇探幽输与公。气吞吴楚两诗翁,峥嵘而立亦从容。画家意匠谁与同? 浩荡山峰落照红。

9月7日,程仲远来函:“新诗寄示敲正,日前自山中还家,星期日上午拟来访谈。”并录示自作纪游诗题云:《奇松怪石云海温泉,景物绝奇,称为黄山四绝,乃他山所罕见者,作长歌以张之,简科美、应镠》,兼示和诗《山居读应镠游黄山之作为之心折,赋此酬之》:

踏遍青庐望九州,当年豪俊孰相俦? 山中爱获新篇读,万壑千峰笔底收。

9月7日,熊德基来函,从《宋史·礼志》校读论及宋史研究与宋代史料之出版,委托在沪代觅所需古籍。

应镠兄:

来信及苏州照片均收到。你提到《宋史·礼志》的校读问题,其中甘苦,非亲历者不能道。由此,亦可见老兄治学态度之认真。所提问题,我一无所知。廿四史中,除宋元二史外,我过去总是从头到尾,一字不遗的读一遍或二遍,对《天文》《历法》《礼》《乐》《舆服》《刑法》诸志,确有许多不懂。反正除要引用的段落即笔记下外,也就含糊过去了。因念搞通这类问题,耗费时间精力太大。一九四五年下半年,我读《汉书·律历志》时,想弄通"三统""四分"历的推算法,每天演算。我除了算术外,代数等等都忘光了,每天在七八位的数字上乘乘除除,整整搞了三四个月才学会了一些推算(但日月蚀等,即未搞下去,实在太累)。那次我才发现有些人如吴其昌、邵次公等自命长于历算,原来并未过关,他们推算的数字,都不能复原。可见盗名欺世的人真不少。来北京后,原来科学院的自然科学史组,当时由我历史第二所领导,偶与李俨、钱宝琮等谈及,其实,我干的工作,在他们看来毫不费工夫。我因数学基础太差,也没想再搞下去。说来是笑话:一九五六年我在厦门大学,还教过一年宋辽金史,当时为啵饭计,除辽金史老老实实读过一通外,《宋史》以卷帙太多,只泛泛读过一些纪、传,所以《礼志》中的问题,我简直未去接触过。据我所知。宋代历史中的名物制度,很不易搞。邓之诚的《骨董琐记》,偶提到一些,曾被一日本人著文,驳斥得体无完肤,几乎无一条不错。《礼志》恐亦极难。我青年时期,对《三礼》没好好读过,所以读诸史《礼志》都感困难。在这方面深感不及前一辈人。六七年前,杨宽同志寄赠我一册《古史新探》,其中有数篇专论古礼的文章,觉得不错。我更钦佩他有此决心,肯在这方面下功夫,较之一般“国故”学家高出不知若干倍。但不知他对诸史《礼志》下过工夫否?我想,老兄这次校点《宋史》,下了苦功,收获一定很大。中国过去搞宋史的几个人,如聂崇岐、邓广铭、陈乐素、金毓黼等,除在职官、食货等方面做了些文章外,其他典制亦未见有何创获。日本研究宋史的人,有成绩的,不下数十人,据我所见他们的著作和论文目录,这方面似亦无人过问。老兄若有所得,似可作进一步研究。有人要你写分期意见,弟以为可写可不写,郭老分期意见,前些年传闻是曾经毛主席首肯的。

看来,上海的文教领导方面甚强,抓工作快!当此时期,作若干校点工作,我觉得比教书或写文章更合适。上海的中华书局,解放后,校印古籍不少。如有机会,似可建议他们把李焘的《长编》铅印一下。此书市上久已难得,即偶一见,索价都在二三百元。六二年,我曾见到一部,即因索价太高未买,以后即未见到过。(《长编》卷帙大,如书局无力校点,至少亦如以前商务印书馆铅印《建炎以来系年要录》那样,只断句读,就可印)此外,《宋会要辑稿》,五七年北京中华影印时,当时向我征求意见,我以为他们缩印得太小,特别是双行的草字,看不清楚。他们不信,结果,事实果如所料。此书,我在湖南蓝田时,尝偶翻阅,感到分类很乱。当时李剑农老先生亦有同感,他曾谈该重新分类剪贴,整埋一下才好用。可是当时人力物力都不可能。这件事我与一些搞宋史的同志谈到,大都有同感。所以,我想,如果你们得便,是否也可向上海中华书局编辑部负责人谈谈?若得同意,组织几个搞宋史的同志重新排比整理出版(铅印),一定受学术界的欢迎。

“文化革命”初期,“左”倾流毒严重,有些私人藏书糟蹋不少。近年北京的中国书店才开始内部出售古旧书籍

(凭单位介绍信)。此次,我回京曾各处跑了一遍,所得甚少,而索价甚昂。如运动初,中华刚影印的《清代考证笔记丛书》(?)两函约十二本,即售十六元。大抵旧商务印影[影印]白纸本书,以前平均每册约五角,现平均需八角矣,且书极少。据书估云,现已无来源矣!(连商务、中华解放后出的古书,除大部头外,也都成了珍本)而社会上,却有抢购古书之风。去年新印四种古典小说,每晨排队者达数百人,真是奇事。今年《考古》每期印五万份,空前未有。旧书店偶出现一部前几年出版的《聊斋评注》或《贞观政要》,即立刻有人抢购。弟家里书未受何损失,有一些不用的原想卖掉,但都因出价太低,也未忍买。目前北京买书,不仅书少,而且手续奇繁,即想买一本《四库总目》,内部门市部还要党委介绍信或军宣队介绍信,怪也不怪?不知上海情况如何?若方便,请代找几种小书(书目另附)。

……

匆此。兼候

俪安!

弟德基　九、七

10 月 7 日,熊德基再次来信,委托觅购《揭子全书》与《金源杂兴》:

若逛旧书店,务望注意,若有揭暄的《揭子全书》(零种不要)及施国祁《金源杂兴》(注意,非《金源纪事诗》),务请代为购下,书款当即寄不误。(这两书都是冷货,不易得,施氏是一生治金史者,他全部著作我都百计购得,惟缺此种,迄未一见。此人诗极差,贵在其自注,因系考证之类。)

编年诗　《闻宗藁轮换返沪甚多感触遂成两章》《壬子十二月二十七日吾姊六十初度遥隔千里以诗为寿》《壬子岁暮怀人简

植人姊妹周游柯华》《壬子除夕示怡祺》《游黄山两律》《西江月·黄山归示宗蕖》《黄山归来仲远叔祖屡惠佳什十月已尽偶得闲坐灯下忆三月前之游因为短章奉答》《春日杂诗》《题仲远叔祖为科美祖姑丈画黄山图》《仲远叔公惠寄山中月夜诗忽一周今夜梅雨初收勉成八十四字奉寄》《登南京长江大桥北堡用望岳诗韵》《雨花台有感》

1974 年　甲寅　五十九岁

1 月 25 日，沈从文来信通问：

> 半年无消息。不知近来工作如何？但愿家中大小均好。听说大妹妹在边区落户，学了兽医兼接生，产后三月即带了孩子去远过百里出诊。去信时，望为转致敬意！二妹过京和宗津孩子来看看我，也很健康，我为准备了几斤糖给她，她却走了。……记得几个月前，曾给萧成资一信，谈到一些杂事，盼他转给你，想必已见到。谈到的一部分，大致也和这信里说的差不多。只要生命还可以使用在正当工作上一天，便将继续工作下去。至于客观结果如何，只能一切"付之于天！"①

程怡、程念祺春节省亲后归赴外地，而长子念祖音讯中断已有三年，作诗自述忧虑而仍寄期勉。

《祺儿返黑龙江呼玛县得抵大连安报有作》：

> 汝兄消息三年断，送汝江干亦黯然。骨肉多情怜白首，诗书有味忆华年。嗟余悻直难谐世，愿汝飞扬快着鞭。幸喜海行兼昼夜，无风无浪未妨眠。

仍在二十四史标点组。风闻吴晗已死。

---

① 《沈从文全集》卷 24《书信》，第 25、31 页。信中"大妹""二妹"分别指其长女程炎与次女程怡。

《南北朝史话·后记》:

1974年中秋,我知道他(指吴晗)死了,但不知道是什么时候死的,也不知道他死在哪里。①

4月14日,熊德基来函,述及本单位整党运动与自己态度,与老友讨论宋朝与南朝特务问题,通报王永兴与李宗津近况。

应镠、宗蕖同志:

好久未给你们写信,因最近五个月,单位搞运动,实在忙极。

最近,整党以基本结束,对我来说,最痛快的事是,我失掉党的联系的那几年,这次组织上通过广泛的外调,全部查清楚了(我自己过去实在无法解决,因有许多同志,我忘了他的名字,有的本来就不知道他的真名字,有的解放后改了名字),重新作了结论。——当然,过去这些年,领导对我的信任和政治待遇,虽然我也是照"三八式"看待,但作为一个党员,总希望对自己革命的历史有一个完整的记载,尽管我确也犯过不少错误。

最近,先后曾写了两首绝句,诗不好,倒是真实感情:

《整党》:徘徊歧路悔昏蒙,改过还须换骨功;久许此身为党有,白头安肯负初衷。

《重作历史结论》:回首前尘卅七年(我1938年入党),艰危曲折亦欣然。不烦月旦评功罪,有愧苍生无愧天。

这只能给老友看看,勿为外人道也。

大约五月间,我们运动可结束,会转入搞业务,听说中央有重要任务交下来,不知是搞什么,反正是要开门办所,故我也准备下乡下厂,和工农一道重头学习。

① 《南北朝史话》,第166页。

你现在又接什么任务，听说上海8 000人搞通史，将近完成，不知详情如何？

前次通信中，我提到宋代特务机构。我偶然发现几条：

①《宋史·神宗纪》熙宁五年正月；②《石得一传》《王十朋传》《苏利涉传》《秦桧传》等等。明显的设有“察事之卒”。

据日人研究，“皇城司”及“走马承受”都是特务机构，有长论文。可惜我未看到，特别是“走马承受”不知是干什么的，何所属？

但你来信中，却提到南朝宋齐的特务（如果把萧道成的个别走狗侦察小皇帝的也算，可能是。但这不是我所指特务机构），不知有何根据？实在说，宋史我未用过苦工，南北史是下过细工夫的，却不知道这一点，能否赐教一二？

……

日前，我去找李宗津玩，才知道他去江南大游历去了，遇见他爱人才知道他要到“五一”后才回来。住在你家吧？请代问好。

……

匆此。问你们全家好！

弟基 4.14

上月王永兴来京，长谈了两次，已回山西去了。他问了你的通信处。我想，你们是旧交，所以告诉他了。他有信给你吗？又及。

6月下旬，在家接待南下的沈从文，26日，陪同他前往看望巴金。

《永恒的怀念》：

在这之前约三年，他还来过一次，只看巴金一人。整整半天，他两人对谈，但没有一句话说到“文化大革命”中所受到的遭遇。这时，巴老楼上还没有启封，我们都坐在楼下走廊上。①

吴世勇《沈从文年谱》：

6月24日，“转到程应镠家中住。下午四点，给张兆和写信。已得巴兄回信，下午晚上统在家，将于星期三下午和程同去看看。”26日，“下午2点半，到巴金家，看望‘结论’已经下来但仍为‘不戴帽子的反革命’的巴金。当时巴金家的房子还未完全启封，两人便坐在走廊上畅谈了一个下午。”②

编年诗 《祺儿返黑龙江呼玛县得抵大连安报有作》《炎儿去新疆已十年今秋全家返沪欣然有作》

1975年 乙卯 六十岁

仍在二十四史标点组，《宋史》标点整理工作是年完成。

王曾瑜《程应镠先生杂忆》：

程先生从魏晋南北朝史改治宋史，在校点《宋史》的极其繁重的工作中出了大力。毋庸置疑，对杂乱错讹极多，而又卷帙最大的《宋史》的校点，其难度和工作量肯定居二十四史校点之首。当标点本《宋史》问世后，自然会出现赞扬的声音。特别是在上海标点的五部史书中，《宋史》肯定质量最好。但程应镠先生对此是有清醒的认识者。③

钱玉林《沧海不弃涓滴之微》：

有一次，我向先生请教，说：赵瓯北的《廿二史劄记》对

① 《长河不尽流》，第119页。
② 《沈从文年谱》，第534—535页。
③ 《纪念文集》，第251页。

《宋史》评价不高，认为《宋史》“繁芜”，又赞扬说“未有如《明史》之完善者”。您看《宋史》《明史》哪个更好些？先生说：我还是更喜欢《宋史》，因为对我们今天来说，二十四史都是研究历史的材料，不是结论。《宋史》修撰时间短，确有前详后略、繁多芜杂之病，一个著名人物长的几千字，甚至一二十页，但是内容丰富啊！缺传的问题可以通过宋代其他史籍来解决。宁宗以前列传，都有宋代《国史》作底本。《明史》经三次修改，忌讳很多，文字固然简练了，但许多史实避而不提，有时材料贫乏，近于干枯，远不能与《宋史》相匹。再说，赵翼是乾隆朝的人，他维护本朝官修史书，评价有所偏袒，也是自然的。①

约上半年，李培栋偕谈宗英来访，以《南北朝史话》清样付其阅览。

李培栋《魏晋南北朝史缘·自序》：

在邓小平同志复出主持国务院工作之后，有一段被“四人帮”称为“黑线回潮”的时期。这时候，老朋友也渐渐恢复联系，有天，谈宗英兄来访，方才得知张家驹老师已于几年前去世，不由大吃一惊，于是联想到往日各位老师，一时，思念之情油然而生，竟不可遏制。终于，有一天，斗胆回到母校去看望老师了。程师看到我，分外高兴，大家似乎都有恍若隔世之感。我知道他在：“文革”中困顿至极，然而，他却毫不在意，依旧乐观，笑声仍如十多年前般爽朗，他说他们——他和魏建猷老师等正在被“废物利用”，在标点《宋史》，他又取出他在“文革”前受吴晗之邀为北京出版社写成的《南北朝史话》清样，告诉我这是“文革”抄家后幸存的“孤本”，说“你可以带去看看”。这之后，又与程师就此书通过几

① 《纪念文集》，第266页。

次信,还在外滩相约一同散步,在德大西菜馆就餐时,他大谈沈从文先生的各种“奇遇”,好像他满没有什么事一般,我把书稿还给他说:真不知道这本书何时才能出版呢?①

秋日,与美国归来访亲的旧友钟开莱诗酒晤谈,别后有诗题为《乙卯秋与开莱相晤于上海距昆明之别已三十年论事怀旧遂成四绝句寄斯城开莱并呈从文先生》寄赠友人,并呈沈从文,痛惜故交王逊等已成“文革”新鬼。兹录两首。

其三:声名藉甚祖冲之,老去峥嵘尚有诗。三十年间双鬓白,壮心犹说少年时。

其四:南铣②王逊成新鬼,玉笛山阳不可闻。惟有凤凰一老在,森森谡谡每空群。

12月,老友李家玉来访,有《续成一绝答家玉》相赠,诗题下注云:十二月五日,家玉兄来,谈及余旧和念兹诗,有“平生好作江湖梦,此夕真惭马列书”之句。念兹谢世已十七年,和诗也完全忘记了,因续成一绝:

平生好作江湖梦,此夕真惭马列书。风雨凄其人渐老,壮心犹慕蔺相如。

是年,劝阻长子改行进行与政治密切的学科研究。
程念祖《我和爸爸》:

还在解除监禁之前,我在给爸妈的信中表达了想改学社会科学的愿望,爸爸明确表示了不赞成。这次回家,又说及此事。爸爸先说我读社科类书太少,改行不合适。我强调五年来在秦城通读了《马恩全集》,不少著作还精读了。

---

① 《魏晋南北朝史缘》,第2页。
② 南铣,蒋南铣,毕业于清华大学。

发现有很多值得研究的问题，有兴趣。对此，爸爸就直截了当地说，你现在的情况不适合做与政治关系密切的学科的研究，条件也不允许。我立刻就明白了爸爸的意思。

编年诗　《乙卯秋与开莱相晤于上海》《续成一绝答家玉》

1976年　丙辰　六十一岁

1月，周恩来总理逝世，作有《总理挽诗》，言及"魑魅为灾"：

大力难回绝世悲，新摧天柱万人哀。一江寒水千重泪，不朽英名旷代才。可慰中华仍屹立，尚思魑魅欲为灾。后生若问艰难事，且读新刊第一碑。

除夕，叔祖程仲远来简贺岁。

程仲远《一九七六年春节简应镠宗蕖》：

年年春节我来诗，祝尔健康到齐眉。浊醪劈瓮清芬溢，佳客能来共一杯。

4月5日，天安门事件，有诗《丙辰清明偶成》书感：

日里几番晴雨晦，夜来月色暗还明。黄梅时节江南客，头白昏昏醉复醒。

4月17日，钟开莱自美来函，评骘所示诗作，兼请代询沈从文近况。

应镠：

你的来信和诗三首早收到了，旅行中还带去吟吟的。"老去峥嵘"很俏，希望你将来写了寄来。最近和沈从文的妻妹通信，她们亦想回国，据告有人随Ford总统去京时看到沈，但我两次去信附照片，尚无回音。很挂念。据国内一个亲戚来信说，收到外国来信有时不便，所以希望你去信问问他们近况,转告为盼。附上一照请留存。你的爱人退休了,曾去何处旅行?我最近回到卅年前在美读书之地普林士顿,真是旧梦一扫无存。这是外国变迁太快之一端,真有独自莫徘徊之感了。在中国反而犹有些留意,这话说来,可能引起你的诗兴否?

你如在月内写信可寄

Churchill College

Cambridge, England(至六月十二日止)

回忆宗颖[瀛]大捧 Churchill,尚在目前。盼来信。我的家人亦问你们的好。女儿的照片还没有,将来寄上,她们可能明后年到中国旅行。

春节好

开莱　四月十七

5月初,与妻、女同游昆山角直。7月,与妻同游青岛。

9月21日至29日,在家接待南下的沈从文,期间,妻兄李宗津也南下避震,共同聚晤。

《永恒的怀念》:

> 1976年唐山地震,他曾南来,住苏州他的夫人张兆和先生家里,曾来上海看望朋友,我陪他去施蛰存先生家,施先生是连招待客人的一席之地也没有了。①

---

① 《长河不尽流》,第119页。据吴世勇《沈从文年谱》:"1976年9月21日,离开苏州赴上海。到后住在程应镠家中。9月29日,由上海返回苏州。"但称"此行有些原定探望的朋友如施蛰存等未能见到",似与《永恒的怀念》不同。而据沈建中《施蛰存先生编年事录》下册第870页云:"21日沈从文由苏州来到上海,至29日返回苏州",应是与施蛰存见面的。同书第857页同年4月上旬云:施蛰存诗作《金石百咏》"刻写油印50册,开始分别寄赠同好友人"。再据本《事辑》次年致送《金石百咏》函称"此册昔年送沈从文兄时没有送老兄",推知施蛰存送沈从文此书时三人同在,故吴世勇所记有误。

沈从文10月19日致程流金一家函：

这次来上海一住十天，不免把你们大小安静生活秩序，完全打乱，忙得团团转。特别是宗藻和小妹，为我而忙，心中实过意不去。或天不亮即上菜市为副食品而战斗，或陪同我上街买这买那，既费事又花钱不少。这次南来，有机会和你家四人在一起住这一阵，也可说是近十年格外高兴的事情。你家小弟的事情，我回到北京时，将先给支同志一个信，问问他所主持大生产社情形。弄明白情况后，就和他商量个办法。凡是他力量能做得到的，一定将和照料关心小龙小虎一样的去处理小弟工作。还盼望小妹和宗藻为费点神，把上次从巴金家捎回的一些新印旧书，为分别用印刷挂号办法寄过苏州。附寄了五元邮费，上次在申古籍书店楼上（傍近收款人那一列摊出书）买的有关苏州织造材料，似只二角一册，十分有用，望便中再为买四五本，似得你从学校有介绍信才可买到。费神，极感谢。这些日子，在上海或北京，能接触到的，感觉到的，必十分多，盼能把无忌讳的琐琐小事告告。①

沈从文1978年9月22日致钟开莱信：

七六年因唐山大地震，我这家中大小三代……同过苏州小五哥处住了半年，我个人还去上海打扰了流金一家大小半个月。时正大暑中，供应紧张，不免近于把他一家闹得人仰马翻，忙得不亦乐乎。时宗藻哥哥宗津，也离京到沪避震，在病中还为我作了张速写像，神态极好。或许是他生前作画倒数第二张，第一张是为一个有名女演员而作的油画

---

① 《沈从文全集》卷24《书信》，第510—515页。信中“小弟”指其幼子程念祺，时在黑龙江插队。

像，前后只三个半天，完成后又照我们意见略略改动，精美之至。①

10月，风闻10月6日华国锋等抓捕江青等事，有感赋诗。《闻十月六日事有感》：

谁知覆雨翻云手，搅得周天阵阵寒。易直果能当大事，未须兵甲即平安。

岁末，收听《论十大关系》，颇感振奋。

《收听〈论十大关系〉报告》：

一夕徽音降碧空，气吞江海却从容。能令禹域为伊甸，亦念寰球跻大同。颠倒人妖寒彻骨，澄清宇宙快乘风。单于休问中朝事，喷薄扶桑日正红。

是年，仍在二十四史标点组，促成并参加《续资治通鉴长编》的标校整理工作。

《续资治通鉴长编·点校说明》：

《续资治通鉴长编》的整理工作由上海师范大学古籍整理研究所和华东师范大学古籍研究所共同承担。上海师范大学古籍整理研究所承担三百二十七卷，华东师范大学古籍所承担一百九十三卷。②

编年诗 《总理挽诗》《丙辰春日偶感》《闻一多先生殉国三十周年》《浣溪沙·毛主席挽词》《闻十月六日事有感》《为粉碎“四人帮”作》《喜得大兄蜀简因成长句奉答》

① 《沈从文全集》卷25《书信》，第264页。

② 《续资治通鉴长编》第1册，第3页。

1977年与徐中玉(中)、庄鸣山在莫干山

卷七 1977—1982年

1977年 丁巳 六十二岁

仍在二十四史标点组。进入新时期,恢复与海上学界旧友的交往。

3月24日,施蛰存托人携赠《金石百话》油印本并附来函。

应镠兄:

托沈师光带奉拙稿《金石百咏》一册。

此册昔年送沈从文兄时没有送老兄,是不欲在上海流布,更不欲在师大圈内流布,不是对足下歧视。

76年以后,稍稍送人,已只剩六册,没有碰到老兄,故仍未奉送,今天托师光带去,了此疚意。中玉已有一本,许杰一本也还没有送,等他来时再送,此后就不能分送了。

此稿已将在香港《大公报》发表,将来或可有一个铅印本。

祝俪福

蛰存 3/24

4月,沈从文来函告知协办幼子程念祺调动事。

沈从文4月25日来信:

上月把你家小弟的原工作点及工作情况转至邯郸熟[人]支国英处,托他照料照料,最近复信转来看看。支同志从小即在我家中上学，与小龙小虎一道长大，为人正派负责，托他的事迟早总会办好的，望放心。①

沈从文5月25日来函重提去年到访事：

在你们家住的十天也可说是近十多年中最感亲切的不易忘记的十天。宗津住处不知道，望来信告一声。听江风[江丰]说，病情似不大好，医生已作过恶化判断。②

5月，妻兄李宗津去世，作《宗津挽诗》哀悼：

其一：送君客岁秋将尽，长去人间夏始来。剩有招魂赋楚些，不堪清泪望燕台。难收覆水伤肝肾，敢谓投珠是祸胎。遗作可能共晨夕，金田未作有余哀③。

其二：忆昨挥毫妙入神，亦缘情重转形真。携来西子千山秀，占尽江南九十春。远意甚豪欣有托，旧诗重诵转沉吟。何年更得丹青手，画出风流此代人。

夏，与徐中玉、庄鸣山同游莫干山，归来后与徐中玉有诗唱和。

《莫干山归来赠徐中玉》：

幽居若此真嫌短，安得黄庭可换鹅。早岁有心师士稚，中年无奈似东坡。声名岂悔平生贱，忧患凝成侠气多。无病老来原是福，长谣不用叹蹉跎。

徐中玉来函：

应镠兄嫂：

昨读赠诗，深感高谊。弟素不能诗，莫干归来，偶草八

---

① 《沈从文全集》卷25《书信》，第38页。

② 《沈从文全集》卷25《书信》，第57页。

③ 此句下自注：“宗津拟作金田起义大幅油画，未成而卒。”

句，记一时实事，不仅粗直未能成章，调子亦稍抑郁，距当前要求尚远，诚所谓不足为人道者。但赠诗颇有切中鄙怀之不得已而仍不尽释然于心者，实为适时良药。因不复藏拙，寄呈一粲。

兄诗清切有味，娓娓动人。十余年来，屡蒙抄寄，虽经巨变，箧底幸略有存者，如《重到西湖四绝句》《横沙冬夜偶作》《闻宗藻轮换返沪五律两章》等。甚望搜集成册，因不止可以自怡悦也。

弟　中玉　匆匆

廿七日

徐中玉和诗题序："甲午夏，余曾登莫干，时年三十九。丁巳夏，从应镠、鸣山二兄重上此山，弹指一挥，忽已二十三载，怆然有感。"诗云：

华年曾作此山游，今日重来半白头。夹道修篁迎旧客，高楼疏雨话蹉跎。亭台无恙浮绿海，四害蜩螗覆载舟。伏枥岂能言千里，略存意气不须多。

9月19日，致函熊德基告知即将应北京出版社之邀赴京为十余年前旧稿《南北朝史话》作修改定稿工作，收到24日复函，邀请入住其家：

应镠兄：

19日手书昨日始收到，想系由于津浦线水灾影响交通之故。

北京目前的确是最可爱的日子，一年中只有这一个月的短促的秋天是最好了。天高气爽，绿树未凋；既无春天的风沙，也不似严冬的寒冷。你多年没来北方了，特别是1959年的十大建筑，其中如历史博物馆、军事博物馆等的确值得参观。不知你是否有课，如果能来的话，我希望你即来我家小住。房子虽不宽敞，挤挤仍是可以的。书房里有你用的书，不必带书来。我家生活尚可(只是大米很少，杂粮、面为主)。菜味也一定合口。白天我夫妇都出去了，你或在书房里读书，或去游山，都好。大院子孩子不算闹。明窗净几，似乎说得上“居之安”。

……你如愿在这里继续写书，也没问题，缺什么书，我可去借。住多久，都没什么问题。只要你不见外。我夫妇都是“粗线条”的直爽人。希望你仍以少年时的胸怀，能在这里随随便便的住，互相免去“客气”，大家都解放一些。匆此。即问

俪安！

弟基 9/24

9月下旬抵京，居留五十余天。期间，数访沈从文，并往探望吴晗遗孤。

《永恒的怀念》：

不到京华已经21年。我于1977年9月又到了北京。我十分高兴，因为可以见到阔别已久的师友和仅仅分别了一年的先生。我每天上午校改《南北朝史话》，下午先去故宫，然后看望朋友。一星期中，大约有两次去小羊宜宾胡同。在那里，我没有碰见过什么人，和上海一样，知识分子来往极少；只见过一次卞之琳，一次周有光。①

《南北朝史话·后记》：

我到了北京，住在周游同志家里，开始改书。周游是建议我写这一本书的人。另一位促成我写这一本书的就是吴晗同志。可是，我在北京再也见不着他了。在北京住了五

① 《长河不尽流》，第119页。沈从文时居小羊宜宾胡同。

十天,往往独立窗前,对着蓝天,充满了对他的怀念。稿子修改完毕的那一天,正碰上北京少有的蒙蒙细雨,独自坐在窗下,写了一首怀念他的五言律诗:地下能相见,生逢不可期。秋深云漠漠,风老雨丝丝。遗札当三复,淫威逞一时。劳人还草草,憔悴待春归。诗的意思是很明白的,但在当时,也还不敢轻易示人。直到今天看到黎澍同志的文章,才确知他于一九六九年十一月病死在北京的狱中,距一九七七年十月我去他家看望他的遗孤,翻阅劫余的他的藏书,已经八年了。①

《程应镠自述》:

我是得到北京出版社的通知,说《南北朝史话》准备印,要我去北京最后一次修改的。出版社把一位专家对史话的审查意见交给我。厚厚数十页,工作做得非常认真,我仔仔细细地读了。真没有想到我错误会那么多!仿佛又是在读大字报,接受批判,心潮如海,站立不安。但这几年我的脑子清醒了。《史话》说刘宋大将到彦之年轻时挑过粪,就是美化地主阶级,这是绝对不能使人心服的。斛律光被杀,北周为之大赦,被指为没有根据,当然也会因出自专家之口而使人信服(这是明明白白见之于《通鉴》的)。审查人结论性的意见是:作者南北朝史熟,文笔好,但观点不对,发表了更易传播毒素。谢天谢地,出版社并不同意审查人的意见。改完全书,我正式向他们表示,我一个字也没有按照审查人的意见改,除了《走向文明》这一节中被指出的一处知识性的错误。②

---

① 《南北朝史话》,第165页。

② 《世纪学人自述》第5卷,第322页。

在京期间，与周游、熊德基、天蓝、刘春等京华师友劫后重逢，话旧论今，频密往来。

《怀念老友熊德基同志》：

> 史无前例的大动乱过去了。北京出版社七七年约我去京修改《南北朝史话》，我们又重新相见，谈论这十几年生活，无限感慨。他在乡下写的诗，俱有新鲜的气息。我说有关咏史诸作，也许二十年后才能发表。他哈哈大笑，说我门槛精。对我怀念吴晗的一首五律，以起句"地上能相看，生逢不可期"感情深厚，对"淫威逞一时"之句说得太直率，不宜公开。这首诗后来我完整的收录在《史话·后记》中，想不到仅仅一年多，变化就这么大。①

《一九七七年九月与天蓝相见于北京距延安一别垂四十年感成两律因以为别兼呈刘春》：

> 春归上郡曾相见，地覆天翻四十秋。白首有情心尚赤，青春无计水东流。谈经久愧随人后，论世方知亦过头。却忆严霜江汉夜，誓歼倭寇与同仇。

10 月，天蓝有《步应镠原韵奉和一律》，序云：四十年不见应镠兄掇俚句赠之，聊亦言志云尔，并乞斧正：

> 四十年华弹指过，风清月白又寒秋。亦将七尺委戎马，何惜一生顶逆流。世界苍茫见大鉴，黎民歌乐在前头。青春常驻斗争在，与尔并肩赴国仇！

赵洛《忆程应镠兄长》：

> 1977 年初，我去看北京出版社老社长周游同志，他拿出一封信给我看，是应镠兄从上海来的，说想来看看北京

① 《江西社会科学》1990 年第 1 期。

的老朋友。这使我想起吴晗主编的《中国历代史话》，其中有一本《南北朝史话》，是周游约应镠兄写的。因写得较清新活泼，故先排出校样，作为样稿，供其他《史话》作者参考。第二天，我去询问寻找这份校样，最后在崇文门外东兴隆51号地下室的一个又湿又黑的烧暖气的锅炉房里，终于幸运找到两本《南北朝史话》的校样，已在尘土煤灰中掩盖多年。这份劫后余生的校样，经过编辑刘宁勋等人的努力，以后才得以正式出版。当时出版社希望程应镠来京修改《南北朝史话》，由于住房紧张，找不出一间房子来住。直到1977年9月幸亏周游夫妇让出书房并照料食宿，应镠兄才得以来京改稿。那时他住在朝阳门外三里屯，和我的住处呼家楼不远，我常去看他。第一次再见面时，他又叫我小双，我称赞他的记忆力。这样又海阔天空地聊起来，他还是一口江西话，这不禁使我想起早年时代听他讲"少年不识愁滋味"的有趣的漫话。一天，他谈起明定陵发掘之后还没有去看过。我们约好坐长途公共汽车从德胜门出发，应镠、周游、宁勋和我带了糖火烧和家里煮的茶鸡蛋，定陵孟亚男还送来了茶水，参观之后，我们就在院外野餐大嚼，回忆起来比今天大饭店的美食有滋味得多。①

编年诗 《莫干山一绝》《有赠》《初至莫干山》《自剑池至六角亭》《莫干山归来赠徐中玉》《宗津挽诗》《一九七七年九月与天蓝相见于北京距延安一别垂四十年感成两律因以为别兼呈刘春》《十月二十三日北京微雨独坐窗下追念辰伯怆然有作》《京沪道中口占》

---

① 《京城偶记》，第252—253页。

1978 年　戊午　六十三岁

仍在二十四史标点组，上海师范学院恢复建制后改为古籍整理研究室。

1 月，赋诗为魏建猷寿。

《寿建猷先生七十时丁巳除夕也》：

> 曾共艰难利断金，寿君真不忝平生，春归海国迟迟夜，目尽尧天衮衮情。变幻龙蛇松不老，倒颠庠序梦犹惊。寻常七十夸强健，雏凤声清胜晚晴。

盛夏，主持硕士研究生入学面试。王松龄《忆恩师程先生》：

> 当天下午，他召集两个组的考官开会，把 10 名考生的录音逐一播放，集体讨论和平衡两组各人的最终评分。他感慨长叹："文革"10 年，积压的人才太多了！初试就发现这个问题，于是到处奔走呼吁，据理力争，要求扩大招生名额，复试更证明必须扩招，否则太可惜！就这样，吕友仁、俞宗宪、萧鲁阳、朱杰人、李伟国和我共 6 人，被录取为上海师院古籍整理研究室首届研究生。全校首届研究生总共 21 人，小小的"二十四史标点组"（古籍室）竟占 3 成，一时成为学校的谈资和注目的焦点。①

3 月 30 日，陈其五来函，谈及前不久暌隔 40 年的重晤：

> 应镠：
>
> 三月廿七日手书奉悉。灵芝事何必那样认真，故人情意，真实感人。
>
> 读荣声信不禁哑然失笑，我并无起死回生之术，其实，

---

① 《纪念文集》，第 314 页。

活着是幸运,死了也属正常,前人不是早已说过"访存半为鬼"之类的话么?

不相见者且四十年,此番相遇于剧场,实出望外,往事历历,令人有恍如隔世之感。你又到我家作半日勾留,那天,我实在不想放你走,总想多谈两句,大概你已被弄得疲劳不堪了。

清明将近,春到江南,稍待当登门畅叙。即祝

近好!

毓珩

三月三十日

[又及]荣声信随函退回。①

秋,为亡友张家驹校读《沈括》清样。

《一位为人师表的学者:纪念张家驹同志逝世十周年》:

七八年秋,他的遗著《沈括》重印,我为校下半部的清样,校毕已深夜,怀念之情不能自已,曾为一绝句:呕心剩有遗书在,忆往难禁泪满腮。廿载相从心似玉,一灯愁听雨声来。

岁末,改正"右派"错划。出任上海师范学院历史系第一副主任,仍主持古籍整理研究室工作,为历史系的重建和古籍事业的发展殚精竭虑,忘我工作。

吴成平《建系四十年 倍念创建人——悼程应镠先生》:

"文革"后程先生恢复了历史系的领导职务,他与魏建猷先生一起,全身心地投入了重建历史系的工作。几十年的不幸遭遇并没有影响他重建历史系的工作。他最早提出让有经验的教师上基础课。为了拓宽高年级学生的知识

① 此信未书年份,但两人最后一次见面是在1937年的武汉,故系于此年。

面，加强高年级学生学术研究能力的培养，他提出改革基础课，提高基础课的质量，削减基础课的同时，腾出时间增设大量选修课，并亲自进课堂进行基础课改革的实验。他的课外质疑使学生受益颇深。他主张实行真正的学分制，让学习能力强的学生多学早学，并有机会兼学理科的课程。为了加强学生史学理论的教育，他亲自为学生开设"历史学概论"。他多次主持学生的学术讨论会，他鼓励和指导学生撰写史学论文。他主张学生一定要读原始史料和史学名著，学习外国史要达到用外语阅读原著的水平。他反对死记硬背，反对只注重分数而忽视独立研究能力的教学思想和教学方法，他主张治学要严谨。他要培养的是正直的、有思想的和有能力的人才。①

萧善芗《半世相从心似玉　岂独情亲如手足——琐忆程应镠、张家驹、魏建猷的"文人相亲"》：

改革开放，程、魏得到彻底平反，先后回归历史系任原职。两人除合作管理系务外，还要上课、带研究生、搞科研。长期积累的资料，早已在"文革"中被毁。两位老者为实现自己的旧梦，只能从头开始，日夜奋斗。到周末才各自放松一下。于是晚上两人常相聚一起，或在程府，或在魏家，坐在两家小书房里，清茶一杯，或谈学术，或叙掌故，或海阔天空地聊天，直至深夜。他俩有时喃喃细语，有时大声争论，有时哈哈大笑。融洽温馨，令人欣羡。②

是年，凭借在学术界的原有人脉，约请诸多学界名家来校开讲座。

---

① 《上海师大报》第342期，1994年11月5日。

② 《纪念文集》，第249页。

虞云国《琐忆漆侠先生》：

当时，我的老师程应镠主持系务，他虽自 1957 年那场阳谋后一直打入另册，但 1978 年复出以后，凭借着他在学术界的人脉，请了一大批声名赫赫的学者来上海师院（今上海师大前身）讲学，其中就有漆侠先生。对我们这批恢复高考后首届大学生来说，这些名家的讲座不啻是史海初航的灯塔与南针。岁月逝水，我找出了当年的听讲笔记，前来我校的还有赵俪生（他的讲题是“史学研究的工作方法”）、孙祚民（讲题是“关于让步政策——兼论唯物史观分析历史现象与事件”）、王春瑜（讲题“科技史研究漫谈”）、王家范（讲题是“注意对立面的研究——关于农民战争史研究方法杂感”）诸先生。①

刘昶《苍然一树云间立，却忆匡庐十月来》：

改正后他就任历史系第一副主任，为了开阔学生的眼界，让我们学到更多的东西，他邀请了许多外校甚至海外的著名专家学者来开讲座，我记得比较清楚的有兰州大学的赵俪生教授，加拿大多伦多大学的陈志让教授等。每次讲座不仅历史系的同学倾巢而出，还吸引了其他系科、甚至外校的很多人。②

王松龄《忆恩师程先生》：

当时还没有学位制，没有导师制，没有成型的研究生课程，上海师院又从未招过研究生，该怎样栽培我们这些专业职业各异、已工作 10 年的老学生？但程先生早已运筹帷

① 《漆侠与历史学》，第 59 页。
② 《纪念文集》，第 344 页。

> 喔，成竹在胸，在古籍室各位先生的鼎力襄助下，一切很快上了轨道。程先生运用自己在学界的影响力和朋友关系，并与古籍室党支部负责人裴汝诚、覃英等先生一起疏通各种渠道，礼聘一批名家为我们授课。头两年，专门请来胡道静先生讲版本目录学，王乘六先生（章太炎关门弟子）讲文字训诂学，郭晋希先生讲音韵学，陈光贻先生讲地方志；华东师大程俊英先生为该校古籍室研究生讲《诗经》研究，我们6人就去华东师大合班上课，两校研究生就此结下不解之缘。本校古籍室老先生在点校任务十分繁重的情况下，也坚持为我们授课。据说当时有的大学招了研究生，却开课很少或开不出课，我们这里则是琳琅满目。程先生多次对我说，他非常赞赏当年燕京大学和北大、清华的"通识教育"，你们这批研究生在某些方面很强，但本科阶段的知识环节有缺项，古籍整理要求文史兼通，知识面越宽越好，所以要请老先生们来为大家补课！当时我理解程先生的意思是：偏文的补史，偏史的补文，全体一起补文字、音韵、训诂、版本、目录、校勘！程先生还多次对我说过，古籍整理是实践性学科，只有自己动手去做了，才知道水有多深！一个逗号、句号、人名号、地名号、书名号，就那么容易点下去吗？光把课程学好还不行，必须参加古籍点校实践，才有可能合格。①

与此同时，引进或聘请江辛眉、李伯勉、沈熙乾等学者培训青年教师，执教本科课程。有人戏称之为"举逸民"。

虞云国《程应镠评传》：

> 程应镠主持工作后，十分重视历史系师资队伍的建设。

---

① 《纪念文集》，第315页。

一方面，他采用或引进，或召回的方法，聚集起了一批骨干教师，其中包括江辛眉、李伯勉、王育民、李培栋等。江辛眉出身无锡国专，文史兼通，尤精古典诗学，因划为“右派”而未展其学。李伯勉是邓广铭推荐的宋史学者，长期困顿市井。王育民长于历史地理学，也因“右派”问题而沉滞在中学。李培栋原是程应镠欣赏的学生，留校作为助教，终因程应镠划为“右派”，而逐出了大学。他们很快成为复校以后历史系的主要师资力量。此外，还聘请了徐兴业、李家骥等为兼职教师。另一方面，程应镠采取送出去培养与老教师辅导的两手办法，加强对原有师资队伍的培训。他借助自己的学术人脉，让从事清史教学的老师北上中央民族学院，跟随王锺翰学清史；把从事考古文物教学的青年教师送到四川大学去进修。在系里，他先后请江辛眉、沈熙乾等老教师为中青年教师开《左传》《说文》等研读班，提高他们的业务水平。①

江辛眉《李伯勉先生挽词》：

我初识伯勉，乃在秋之晨。我归至京师，蠖屈方求伸。闻君困匏系，沉埋二十春。程公一相顾，慨然举逸民。上庠弦诵地，重与皋比亲。②

江辛眉引进不久有《题吴晗同志遗札次程应镠教授原韵》：

感旧山阳笛，悲深向子期。十年天下事，百丈镜中丝。河尽槎回日，山空斧烂时。春风鹃口血，唤得几人归。③

是年，赋词欢呼邓小平复出与党的十一届三中全会。《浣溪

① 《程应镠史学文存》，第 15 页。

② 《阮堂诗词选》，第 80 页。

③ 《阮堂诗词选》，第 69 页。此和诗约作于是年。

沙·为邓公复职而作》：

> 复职喧传说邓公，苍生望重九州同。家家爆竹庆三中。
>
> 魍魉岂能伤至洁，万年遗臭小爬虫。老夫醉得满腮红。

编年诗　《总理逝世两周年祭》《寿建猷先生七十时丁巳除夕也》《一九七八年十月四日夜校家驹沈括书毕风雨交作遂成一绝》《浣溪沙·为邓公复职而作》

1979年　己未　六十四岁

仍任历史系第一副主任，兼任古籍整理研究室主任。

孙逊《校园"独行侠"》：

> 我和程先生的近距离接触，是在1979年我爱人孙菊园调来上师大古籍室（古籍所前身）之后。这是从"文革"中成立的二十四史标点组之一——《宋史》标点组演变而来的一个科研机构，负责人正是程先生。我爱人生性活泼，喜欢热闹，要她一下子适应古籍校勘这样枯燥的工作，对她还真是不小的考验。她当时所采取的对策，就是多向老先生请教，在实践中学，其中向程先生请教便是每天必做的功课。一天中午，刚吃好午饭，程先生和当时校党委副书记阎毅千同志突然来看望我们，由于住的是底楼，走廊里黑乎乎的，加上堆满杂物，两人七跌八撞摸到我家门口，被家具撑满的屋内竟无一宽敞的坐处，只能斜签着身子坐在床沿上。当时学校的居住条件都是这样困难，两位长者看了也很觉无奈，只是摇摇头，除了感叹住房的狭小简陋，只能鼓励我们好好工作，说慢慢条件会改善的。当我们送他们出来时，程先生还险乎被走廊上堆满的杂物绊倒。这事虽小，但使我们内心感到温暖。关心和提携年青人是程先生最大的特点，这一点不仅自己感同身受，而且周边也所见甚多。记得

孙菊园在复校《续资治通鉴长编》时，由于认真查阅原书，又多向老先生虚心请教，经常会发现一些错讹，每当此时，便会得到程先生及时的鼓励，这使她极大地提高了校点古籍的水平和自信。程先生还亲自安排她给历史系本科生上写作课，要她根据历史系情况自编教材。①

1月13日，钟开莱自美来信，告知明春将组织同门学术团体访华，兼忆西南联大时生活旧事。

应镠兄：

来信早收到。前晚本地电视大映中国学生学习英文的情形，黄毛姑娘也说得挺尖挺快的。宗蕖应当可以教教英文翻译什么？书已开始否？从何处出版？据说冯至是主任，又国内有人寄来一本上海人民出版社王梓坤著《科学发现纵横谈》（引经据典，并有诗文，你亦可一读），印刷很好。你也有机会出这么一二本书否（此君与我所学同门曾在座听我②）？这几个月来，跑中国的人真多了，这个去过两次，那个去过三次，不三不四（从前中立保身）摇身一变了的也不少，使我们这样早年“忠实同志”反觉得不够活动。最近决定组织一个小同门小团体，英法美各一，连家眷七八人，明春访华。北京早有电来邀，希望在学术交流之余有机会游游旧江山，访访老朋友，但不知到何处去？最近看中学生文库的《徐霞客游记选》，他所说起的黄山、庐山那些极险更僻的山尖崖洞，恐怕现在已开成康庄，他每到一处，无论如何偏僻，都有僧寺书院，有名有目，令人兴叹。你曾身经几处否？像青岛那样的地方，世界上尽多，不知道值得去看

① 《纪念文集》，第267—268页。

② 原文如此，疑是“听我讲座”之类。

吗？游历最好新旧相迭，所以想去昆明、桂林一趟。想到昆明，记忆中最有味的是住在园[圆]通街那一段独居楼上一室，沈有鼎在右间，中间先是空的，后来朱南铣、王逊先后搬来住过，再后来邵循恺也来了几个月。每晚由校场独自回屋，走过那些小街道，暗暗的，有时在一家小糕饼店买一小块绿豆糕，极甜极腻，放在家中一角一角的吃，甜甜嘴。这点光景从何捉摸，即到旧，亦复举目无友了。余再谈。

弟开莱　一月十三日

沈先生送我的字，看出是《古诗十九首》一部分。

3月，杨廷福来函，告知“右派”改正后参与《大唐西域记》与从事法制史研究情况，寄赠近刊论著以及与江辛眉的唱和诗作。

程老有道：

春申匆匆趋谒，未尽所怀。晚因言事贾祸，改正事竣，旁午校释，遽返日下，神驰左右，徒切望之想。

永兴先生已良晤，精神甚好，笃志铅椠，学问中人也。《西域记》程限务于年内完稿，锦江史学规划会议无由抽身，如悭良遇何？俟岁尽交稿后，南旋再聆清诲，以豁心芳耳！

附上近刊拙作，请諟正。嗟夫，廿年来不齿于齐民，图籍荡然，胼胝力田，学殖荒落。幸际国家右文之治，惟勤以补耳。年内于国内外刊拙论五种，此亦稍可告慰于先生者。一笑。京华务虚会议发言讨论之激烈，视丁酉我辈为小巫耳。然清流横议，读蔚宗《党锢》诸传，怦怦而犹有余悸也。专此敬请
道安，并叩
潭吉。
魏老请代候不一。

晚杨廷福上
三月十日

又及：附上请正之《咄咄吟》，和者江兄为国专同学，学人也。近晚推毂任教于人民大学中文系。

春，沈从文来函问"右派"改正，并托代觅其旧著。

沈从文3月14日来信：

这里由于反右划成"右派"并开除党籍的，多已恢复。你学校是不是也已经一一落实政策？……文学出版社要印我两本选集，不知在上海还可找得到我在开明出的十本小书没有？望为就熟人便中问问，如系学生肯卖的出钱买也好。另外还有本《沈从文甲集》（神州国光社）《雨后》（春潮）《虎雏》（新中国）良友出的《从文小说习作选》《蜜柑》（新月）《老实人》（现代）《如蕤集》（生活），如古籍书店托他们找，大致即方便得多了。①

3月，"右派"改正，回顾廿年沧桑，追思已故亡友，有感赋诗。

《程应镠自述》：

1979年3月，我改正之后，写了一首诗："廿年遭弃置，投老喜逢春。海国梅争艳，江城梦尚温。文章思杜牧，议论惜王存。老妻相对语，哀乐总难论。"感慨是很深的。在上海很多老友，许杰、徐中玉、刘哲民、陆诒都得到改正，真像是寒梅给人间带来了春色。在昆明的好友，丁则良和王逊，却往而不返（王逊五七年后也郁郁而死），看不到人间的春色。②

3月，为即将出版的《南北朝史话》作《后记》，但已完全不是

① 《沈从文全集》卷25《书信》，第303—304页。

② 《世纪学人自述》第5卷，第323页。

当年完稿时所想说内容。

《南北朝史话·后记》:

> 好久就想为这本小书写一个后记,因为它出版了,因为它得以和读者见面是很不容易的。一九六四年,全书写完,不久又看了全部校样,以为很快可以出版了,但却经过了十五年,才迟迟得以问世。仅仅这一点,就足以说明它的出版是怎样的艰难!这本书终于出版了,死者有知,是会高兴的。为了不能忘却的纪念,我还应当在我的晚年为我国史学作出一点什么来。这个短短的后记,对死者是纪念,对生者则应当是鞭策。①

是月,赴成都参加全国史学规划会议,受命与邓广铭、陈乐素、郦家驹共同筹建中国宋史研究会,由上海师院负责具体筹备工作。

曾维华等《中国宋史研究会初创期的程应镠先生》:

> 1979年3月,已是新一届中国史学会理事兼副秘书长的程应镠先生参加了在成都召开的全国史学规划会议。会上,决定成立中国宋史研究会,并推北京大学邓广铭、暨南大学陈乐素、中国社会科学院历史所郦家驹和上海师范学院程应镠组成筹备小组,由上海师院负责具体筹备工作。此后的一年半时间内,程先生一直在为研究会的筹建和成立大会的举办而操劳奔波。他广泛联络分布在北京、河北、天津、广东、四川、河南、云南、福建、广西、陕西、辽宁、浙江、内蒙等各省市的宋史研究学者,征询意见,争取支持。当时通讯条件落后,所有联系全靠邮政信函,程先生一一亲笔致函,有时,得鸿雁往返数次才能解决问题。上海本地学者,

① 《南北朝史话》,第165页。

包括复旦大学、华东师大、上海教育学院、社联、古籍出版社等单位，他都亲自一一登门拜访，邀请相关专家，协商研究会筹办事宜，组织参会论文等。当时，私人电话对多数人而言还是奢望，市内交通也十分落后，程先生不辞劳苦，经常从西南隅的上海师院出发，穿梭于上海。一次，他在曾维华陪同下，斜穿上海，到复旦大学拜访谭其骧先生，谁知谭先生临时有重要会议，又没有电话可以及时通知程先生，于是程先生只能耐心等待谭先生的会议结束。以当时条件，这类奔波辛劳必定不胜枚举，但程先生锲而不舍，终于让参会名单上，出现了重量级名人大家。①

4月，江辛眉《次韵和程应镠教授》②，落款"己未谷雨后三日"：

一梦槐安国，沉绵二十春。道心观得丧，世路味寒温。失喜身无恙，翻忧舌尚存。何时归海澨，煮酒与重论。

5月，参加上海历史学会年会，时隔二十二年，重新当选为理事。③

《回忆大教联片断》：

上海历史学会1979年年会，蔡尚思先生发言，讲了大教联的历史。当时，大教联会员吴泽同志和我都在主席台上。周谷城先生主持会议，地下时期，大教联开会，他到得最多。当时，我才满三十，对他每会必到，印象最深。蔡先生很有激情，讲得很动人，可能年纪大，有些事毕竟没有记起来。听了他讲话，总觉得少了些什么。蔡先生讲大教联，

① 《纪念文集》，第278页。

② 此诗《阮堂诗词选》未收。

③ 《上海历史学会大事记》，见《史魂》，第446页。

一个老盟员（编者按：指民盟盟员）的名字也没有提到，彭文应、孙大雨、陈仁炳好像和大教联一点关系也没有似的。但他们在大教联中的活动，历史是不能忘记的。①

7月，应教育工会之邀，作为这年上海市的先进工作者，赴青岛休养。幼女程怡与幼子程念祺同时考入华东师范大学。

程念祺《〈严谴日记〉读后》：

很多年后，我和姐姐同一年考上大学，父亲的高兴可想而知，但是却坚决反对我报考政法学院，说还是学历史好，以后就做个中学历史教师。他既怕我闯祸，也希望我能成为一个对国家和社会有用的人。②

9月起，为上海师院文史两系讲中国通史，为研究生讲魏晋南北朝专题研究。成为全国第一批恢复招生的中国古代史硕士点学科带头人，开始招收研究生。

《程应镠自述》：

1979年以后，我的工作，一是教书，二是编书。这年秋天，为新入学的中文、历史两系学生讲中国通史，每周四课时，讲一学年。原始社会的材料，几乎全部是新的。暑假中，除去青岛休息来回十天外，全部时间都用在阅读这些材料。但讲课却不过一周。我还为华东师大古籍整理专业的研究生讲了魏晋南北朝史的专题：民族问题、流民问题和这一时期的土地制度。1980年开始，招了一名魏晋南北朝史的研究生，1982年又招了二名。宋史研究生招得多些，迄今已有八人。不论是哪一门，第一年都读《通鉴》，遇重要问题

---

① 《上海民盟专辑》，第160页。

② 《纪念文集》，第300页。

1979 年为历史系、中文系本科生上中国通史课

找史源，这样，熟悉一些书，懂得一点校勘和考证，更可以具体认证这部巨著作者的求实精神和以史为鉴的思想。魏晋南北朝史研究生，第二年读十二史，从《三国志》到《隋书》，要找问题，越多越好。宋史研究生第二年则通看标点本《宋史》全书，纠正十五卷纪、志、传中校读之误。①

苏智良《程应镠：上海师大历史学科的奠基人》：

程应镠先生之教育生涯由中学而大学，一辈子耕耘杏坛，培育人才。他对自己弟子学术要求之高、管束之严，放眼学界，很难有人比肩。然而，严师出高徒。就是在这样的严谨、求实的学风下，培养出严耀中、吕友仁、俞宗宪、李伟国、朱杰人、萧鲁阳、李昌宪、邢丙彦、程郁、戴建国、郭宝林、郑明宝、虞云国、刘昶、张荣明、范荧、王廷洽、朱易安、杨师群、俞钢、张剑光等一大批历史学人才。程门弟子在文献整理、古代史研究、文化出版等诸多领域有所建树，至今仍活跃在学术舞台。②

严耀中《读书乃治史之要务》：

记得我第一次见应镠师时，他给我布置的研究生学习任务是花一年到一年半的时间读《资治通鉴》和十一史。他还嘱咐我，除了江辛眉先生的校雠学课之外，"任何其他的课都用不着上，包括我的课"，这是因为江先生关于校勘、版本诸学的课是读史书的基础。应镠师当时兼任古籍整理研究室主任，让我每星期六下午二点到他办公室去，除非他出去开会。每一次见他的程序几乎是固定的，先是我汇报本周读书的内容，给他看我所做的卡片并谈及自己看书中得

① 《世纪学人自述》第5卷，第323页。

② 《纪念文集》，第2页。

到的体会，最后提出阅读时产生的一些疑问。我在讲体会时，先生有时会插几句话，点拨一下，或针对我讲的东西要我进一步解释。有时应镠师也会说某个问题他也不清楚，要去翻翻书，于是他找到的答案就是我们下一次见面时的首项内容。在我读研究生的大部分时间里，就是如此周复一周地接受应镠师的学术指导。一般每次一个半小时，最长一次约三个多小时。这种对话形式的上课至今我觉得是作为师生之间最好的受业方式，很多东西是在一本正经的课堂里得不到的。①

李宝奇《夕阳下曾经的身影》：

脑海中，真正带有教育意义的，是第一年程应镠先生、李培栋老师开讲的中国通史课程。程先生宅心仁厚、思寄高远，说他多次呼吁开设中国通史公共课，先开到中文系，以后理科也应该开，师院在上海高校最先开了此课。当时感觉就两个字：幸运。讲杜甫时，程先生说自己在抗日战争的旅途中，看到国民党军队带着一队挑夫过来，其中牵夹着一个挑担的瞎子。先生平端着掌心往胸口提："自己的同情之心油然而生。"有关杜甫的内容一点都不记得了，而先生的杜甫在学子的心里却落下了根，伴我一起观照着这嚣嚣世态。老实说，读中文系四年，我对文学的那点感悟，就是程先生开蒙的。他的意境说、共鸣说，全不是知识的标签，而是生命的感通。一下子就沁人心脾，洒下了种籽。②

10月9日，杨廷福来函，谈及《中国大百科全书》"魏晋南北朝隋唐五代"部分撰稿事。

① 《纪念文集》，第319页。
② 《纪念文集》，第372页。

应镠先生：

夏日南旋，数从游，嘉慰何言。解袂以来，又冬至矣。倏承眷爱，恍挹光范。奈山川迢递，无由抵掌谈心耳。晚学因兼负责《大百科全书·历史分卷》魏晋南北朝隋唐五代部分。此七百余年史事最为繁复杂治，自非全国学者专家群策群力，难图厥成也。一俟条目定后，务恳支持，惠赐宏篇，以期右文之治耳。兹先转达运寸悃，统冀垂慈炤鉴。寒假来沪，一图良晤。敬请

教安！

晚学杨廷福上

十月九日①

11月，马茂元录示近年所作旧体诗：

《咏史》(一九七六年春周总理逝世后作)

功名谁复继萧何？相业人传划一歌。堪叹平阳空许国，承恩宁似辟阳多！

《失题》三首(一九七六年九月毛主席逝世后作)②

玉房摇动月西沉，黄竹声哀不忍听！报道中秋风露冷，鼎湖龙去碧云深。

赤凤秦宫事有无？云窗雾阁影模糊。凭君砍尽湘江竹，竹上何曾有泪珠。

《记梦》四首(一九七六年十二月作)

不用临流叹逝川，蛾眉自昔误婵娟。乌头马角君休问，一往华胥不计年！

呼牛呼马原非我，为蝶为周悟化机。起灭万般皆泡影，

① 原件无标点。

② 删略其二“大风歌罢”一首。

梦中哀乐莫追维。

惊回残梦海生桑，落月荒鸡满屋梁。终见羲和披宿雾，晴窗依旧对朝阳。

雪飞炎海变清凉，宠辱于今两俱忘。收拾诸心删妄念，看余白日到羲皇。

《由北京赴昆明飞机上口占》

云海茫茫禹九州，纷纭蚁穴自王侯。老夫别有鲲鹏意，万里南天此壮游。

揽月拏云宿愿乖，名城今喜驭风来。碧鸡金马春如海，不信昆明有劫灰。

右拙作小诗数首，写呈

应镠我兄教正！

弟马茂元　七九年十一月

12月19日，周一良来函，评价《南北朝史话》，并提出商榷意见。

应镠同志：

前承枉驾，适值外出，失迎至歉！锺翰兄送来大著，至深感谢。拜读之后，感到此书深入浅出，准确鲜明生动兼而有之，确实不可多得。说明您多年钻研，积累富厚，脱稿十五年才得出版，亦足以告慰吴晗同志于地下！

读后有点零碎意见，不知当否，录供参考。

P11，"地方武力打败中央武力，这在南朝还是第一次。"南朝篡夺政权者，大都先经营其根据地，如刘裕之京口，肖[萧]道成之淮阴，肖[萧]衍之襄阳。迫近篡位之前，又往往先入建康，控制扬州，刘裕、肖[萧]道成皆如此。"第一次"的提法似欠周密。

P21，"象蝇拂"，麈尾不是象蝇拂（或云帚），而是类似羽扇，日本正仓院尚存实物，敦煌壁画中维摩诘手中所执亦是扇状。

P55，“北魏称赫连氏为屈丐”，当应称赫连勃勃为屈丐，而不是整个赫连氏。

P85，陶俑图中“鲜卑服”，似是当时之“袴褶”，而汉服俑高髻，恐是妇女，如此对照恐不尽恰当。

P96，“当时不是鲜卑人不能当镇将”，司马楚之、金龙、王慧龙等都曾任镇将。

P104，五五七年当作五七七年。

书中对北魏统治者如道武、孝文帝等皆有肯定地方，于南朝皇帝则一律否定，似可考虑。如刘裕，尤其肖[萧]衍，是否也应该说一两句好话？这些意见仅供参考！

我近两三年来重理旧业，再读魏晋南北朝史书，偶有笔记，积累成书后，当寄请教正。

你系张家驹同志是我老同学，他的夫人听说还在上海，不知有时晤面否？晤时乞代致意，并转告近况为盼！即致敬礼！

周一良

七九，十二，十九①

12月，参加在天津召开的《中国历史大辞典》编辑会议，与北京大学邓广铭同被聘为《中国历史大辞典·宋史》主编。会后，赴北京往访沈从文，以本院中文系学生邵华强致力于沈从文研究，为之绍介。期间，与陈新桂劫后初晤，12日返沪。

《编辑〈中国历史大辞典·宋史〉卮言》：

《宋史》点校完成了，我负责的部分，也还有两处不敢加

---

① 此信所提意见，《南北朝史话》再版时已酌予修订。

顿的。当时,我曾经想:有一部宋史辞典多好!我这个愿望,十年之后实现了。1979 年 3 月,在成都召开的史学规划会议决定编纂一部《中国历史大辞典》,这年的 12 月,在天津召开编辑会议,讨论编写体例和一些样稿。①

邵华强《恩师程应镠教授与我沈从文研究的点点滴滴》:

邵老师②鼓励我进行沈从文项目研究,并指点我对这类被文学史湮没的作家,首先应查考清其生平与创作史料。邵老师还建议我求教他念大学时的老师程应镠教授,说程先生是沈先生的学生,也是好朋友。大约在 12 月初,我第一次去西部校园古籍整理研究室拜访程老师。在说明来意后,我从先生微笑着的眼神里似乎看到了一丝疑惑。他说:"文学史教材里没有沈先生,大概你们中文系里四五十岁年龄的老师知道沈先生名字的也不多,你现在对沈先生了解了多少?"我立即呈上了《沈从文著作系年初稿》和《沈从文生平简表》,这是我在徐家汇天主教堂藏书楼和上海图书馆内部阅览室用功了两个多月的结果。程老师眼见厚厚的两叠文稿,相信了我是认真的。记得先生翻阅了一会儿,问了好几个问题,都是关于如何查考证实沈先生早年使用过的十几个笔名。过了几日,先生往我班邮箱里送了一信,告诉我下周他要去天津参加《宋史大辞典》编辑会议,会顺道去北京探访沈从文先生,并嘱咐我准备好文稿,把新发现的增补齐全,他将向沈先生介绍我的研究。不久后的一个上午,在东一教室大课休息时,班长例行去信箱取信回来,进门就大叫"邵华强,沈从文给你来信了!"旁边的同学都围拢了过

① 《辞书研究》1986 年第 5 期。

② 指时为上海师院中文系教师邵伯周。

来,也记不得是哪位同学打开的信封,沈从文先生遒劲俊秀章草行文,“华强同学:……谢谢你的热情厚意……。”这是我后来九年间与沈先生和沈夫人几十封通信的开始。①

编年文　《南北朝史话·后记》《四世纪初至五世纪末中国北方坞壁略论》《释“幹”》《魏晋南北朝史特点论述》

编年诗　《三月一日与宗蕖夜话感事怀人遂成一律呈许杰徐中玉教授并简周游柯华》《有赠》《青岛杂诗四首》

1980 年　庚申　六十五岁

仍任历史系第一副主任兼古籍研究室主任。

1 月 5 日,致信李培栋,谈及其对《南北朝史话》的书评,推赏 77 级学生刘昶的论文。

> 培栋,昨天就在《人民日报》读到了你的书评。对那本小书,你是读到很细的。特别是《六镇起义》那三章,完全说得和我的原意相合,想起七七年在北京,看到有人讲这三节白白糟蹋了丰富史料时,我不禁笑了。《中国史纲要》隋唐以后部分,我还没有看过,该书出自众手,比《简编》差得多,好处是还简要,颇适合现在大学生的实际。七七级有个学生刘昶,写了一篇《论封建社会长期延续原因》的文章,我陆续地看了一半,很有见解,也读了不少书,你有时间,等我看完了,也可以看看。青年当中,人才还是有的。
>
> 谢谢你为我的堂妹奔走,她的孩子能有机会去补习,我想她是高兴的。
>
> 问全家好!
>
> 应镠　九日

① 《纪念文集》,第 353 页。

1月9日致信陈新桂，16日接其来函：

镠兄：

九日手书收读，欣慰之至。咱们在遭受了"史无前例"的命运之后，得以欢聚话旧，诚然是一大乐也，但你南飞之日忽然改变上机计划，使我不仅依依，而且怅怅了多日。这种所谓"无常"之事，真是叫人没办法控制，难怪东坡先生叹为"古难全"！

你南飞的那天（我记得是双十二），我瞎折腾了半天。为了准备你午饭后到附近的民航局上车，我起床后即步行至朝阳市场买菜。返家惊悉你改变了计划，我顾不及抽支烟喘口气，又跑到民航局问问，得知自己有车的乘客可以直接进机场后，我非常难过。我在华侨大厦门前的公共汽车站傍踌躇了几分钟，我动念赶到三里屯去争取跟你话别的机会，但这时已近午正，周游家又没去过，考虑到如果费力找到了周游家，你们极可能已启程或上街吃饭去了。所以终于不曾冒险登车追你，怅惘地踱回家中，老妻也喟叹不已。

你说我们"要说的话见面都说了"。我不完全同意，我感到远远不够倾吐。我们面谈的时间都在白天，那顿西餐桌上也不便畅所欲言，我后悔不曾到你下榻处作竟夕之叙。这样的机缘一定还有，或北京或上海，我相信我的健康定能支持到那一天。

对我来说，所谓改正问题，我倒能不搁在心里（何况"绝望之为虚妄，正与希望相等"。据确迅，事情是统战部挂起了，可能性仍有）。我耿耿于怀的是整人英雄们仍然弹冠相庆，被整者除所谓代表性名流与改造好了的人之外，依然弃之为敝屣。这种现象不仅我机关有，并且是普遍的。正因为此，我虽衣食无虞，仍不无忧虑、愤懑。据闻这是所谓政策,其"潜台音"是此一时也彼亦一时也,英雄们的壮举在当年是正确的。天地间既有"一贯正确"之事之人,所谓检验真理的标准何在?

我不安于吃饱了等着死,但也不愿拿"补差",决心尽最大努力做到甘于寂寞,并以有生之年写长篇回忆录。惜包袱尚未完全卸却,住处嘈杂不宁,刻下还没动笔。机关的盟史资料委员会曾一再动员我写片段的材料,我总是推诿。我不能按他们的要求下笔。我的回忆录如写出,不想发表,将"藏之名山",留下遗嘱叫孙儿们在我死后一世纪才公诸于世。我迟迟动笔的另一个原因,是从我的健康着想。你不是过誉我迄今仍忠于我的理想吗?我回首往事时如面对现实,是深深痛苦的,会使我失眠。我想稍待我的情绪较为正常、冷静了才动笔。

按说养老人的生活应该有的是时间,可是我的体验却认为那样必须是①不识字;②村居。刻下我每天的起居方式:早晨怕冷,八点下床,上街吃早点、散步并买菜,报纸粗粗浏览后,午餐。午眠后,一面品茗、抽烟,一面细读报上的文章及较长的报导(八版的《人民日报》再加《参考消息》,认真看须三小时以上)。晚饭后看电视。临睡时躺在床上看一二小时的书刊。大都在十二点左右始灭灯就寝。有时为家务琐事烦恼的时候,我真怀念"牛棚"时期的老僧似的逍遥生活。

近日正阅《胡适来往书信选》(上),很有趣。开国以来,人们把他一笔抹杀,实在可笑。你看:"异乎我者未必即非,而同乎我者未必即是;今日众人之所是未必即是,而众人之所非未必真非。争自由的唯一理由,就是期望大家能容忍异己的意见与信仰。凡不承认异己者自由的人,就不配争自由,就不配谈自由。"(胡致独秀,第338页)今天看来，这番话岂可一句骂倒！我们过去光看鲁迅的书，以为胡、周是冰炭不相容，其实他很尊敬鲁迅，他特别欣赏鲁迅在《热风》中“……有一分热发一分光……”那段文字。总之，我劝宗藻姐把这书找来消遣（中华书局出版，内部发行。我是从机关图书馆借的，你们学校图书馆一定有）。

有王述曾者，刻在邻舍近代史研究所拿补差，他是上述这书的编者之一。你的《南北朝史话》被他在我处发现后，他说他认识你，坚决借去了。我说我还只看了一半，催过几次，昨天才还我。对于你的这一大作，我还无发言权。来信说“校点《长编》”，《长编》是否你的另一著作？

谢谢你的照片。我允许过几位亲友寄送我的“全家福”，但迄未照成践约，以后再说吧。南下一游是我的愿望，但何日实现，难说。且待你们的乔迁芝迅[讯]到后再考虑。信笔乱涂，够长了，容后再扯。祝你和藻姐康乐。

新桂　元月十六日

1月25日，黎敏子①收到寄赠的《南北朝史话》后来函。

流金同志：

昨天收到你二十一日来信并照片一桢，大喜过望。翻天覆地的四十多年能活下来不能不算是幸事。你的书法，还是过去的一样。看照片，你还很健康，似乎你比我年轻，现也寄上照片一张，请笑纳，这是62岁年纪，看来已老态龙钟了。

修订《辞源》工作是76年开始的，我从进修学院借调出来已四年了。此书由四省——广东、广西、河南、湖南和商

---

① 黎敏子，时任广州师范学院教师。

务协作修订。广东派出我一人去商务工作，已搞了三年。78年国庆前后我到了上海，住在我堂兄的家里。堂兄叫黎维岳，也曾在上海师范学院教过书，曾参加《辞海》的编辑工作。现在早退休了。早在66年初，他曾南返，我曾向他打听过你的消息，因为我曾在《文汇报》上见过你的名字，但他也不大清楚。想不到现在又能联系上，十多年来，我从未有过收到你的信那么高兴。

1938年暑假，我升上四年级，刚上课广州沦陷了，停学一年，39年去云南澂江复学，你所说的吴风和江蓠，都是我最熟的同学，那时我主编了一个诗刊叫《山城诗帖》，写诗的人就是那么几个——我、吴风、江蓠、缪白苗、楼栖等。40年毕业，在昆明西南运输处干了几个月少校政训员工作（这国民党的职务，"文革"期间我吃尽了苦头）。在昆明期间认识了陈时，也曾投稿《平明》，发表了一首叫《除夕》的诗，可不知你在作编辑，真可惜。吴风后来留学美国，抗日战争结束，他在中大哲学系教书，解放初去了北京大学，但在54年他在北大用剃刀割断静脉自杀死了，原因不清楚，他的孩子一大堆，据说是由朱谦之负责养育的。江蓠一直和我在广东女子师范教书，43年去了桂林，加入军统特务组织，反动得很，解放前又逃港，据说现在香港罗富国师资学院教书。关履权是熟人，他中大历史系毕业后继续在历史研究所学习，毕业后也是教中学，解放后才上高校教书。

暨南大学新办，校舍、师资都缺，领导又不内行，学生来自港澳海外，取录标准放宽，程度参差不齐，不好教。来了又随便退学。目前只有三百多学生，教职员比学生多。早有人叫我入暨大，但也有人劝我不要去。现我已决定不去暨大了。广州师院是五八年办的，后来下马，现在才又办起来,也缺人,因在市内,所以决定去师院,教的是中国文学史古代部分。

你搞历史,已作出成绩,使人钦佩。接到大著之后,当细读,搞文学史离不开历史,我拟专攻魏晋南北朝至唐这一段文学史,以后还须多多向你请教。

在商务时,一个副总编吴泽炎,屡向我介绍《续资治通鉴长编》,说此书过去只有木版,流传少,难买到,现在出版了,可以读。原来你是参加点校的,很好!标点古籍不容易,现在的廿五史,我们在修订《辞源》时,经常查阅,标点错的,断句错的,时有发现。

想来我会有机会到上海的,届时定当拜候。

……

匆匆草此敬复,并祝

著安!

弟　黎敏子

1980.1.25.

2月12日,钟开莱函谢寄赠图书,兼及纪念王逊与沈从文访美诸事。

应镠兄:

昨天收到惠寄《郭传》二本,连前一本,甚感。今天看了几页创造社和鲁迅对骂的文章,想不到现在还可以照实印出。我于中学时即常读这些人的作品,回忆很有滋味,可惜不能和你们聊聊。上次你所说的事如纪念王逊等,隔了几个月也记不清楚了,又王勉近况若何,是否有风波,还是"乏善是陈"?沈先生的事也是支吾难解,到底他要不要出来是由他定的,但如出来还只好作"一代大作家"身份,考古方面别人不识庐山啊!据说沈早与萧乾"绝交",又是何故?你与萧熟否？中国人情真复杂，在昆明就是如此，经过“文化大革命”后当然变本加厉了，我们隔岸是看不懂的。礼尚往来，你们如要什么书请告知，尽力寄奉。

祝好！

开莱

二月十二

听说国内有公事要请我，如果日期方便，这次拟去黄山、太湖一行，也在上海小停一二夜吧。但亦不准能来，渐渐有“老年惟好静”之意矣！国内是取不到幽静的，外国倒是事在人为。

3月，郦家驹函告中国社会科学院拨款补助中国宋史研究会第一次年会经费事。

应镠同志：

半个月前曾奉手书，未即复，歉甚！寒冰同志到沪相[想]已见面。

今日得悉社会科学院已批准补助宋史研究会第一次年会经费二千元。请将该款接收单位、银行名称和银行账号见告，以便财务部门将此款直接拨交。另外，财务部门询问会期，已暂报为九月，将来如何确定，不妨再行磋商。

日前向我所会计室询问，据称中央六号文件乃[仍]重申过去的规定，与会者来回旅费，仍由其所在单位报销，开会期间住宿费与伙食补助则由召开会议的单位负责开销。不知何以与上海师院之理解相左？

敬礼！

后学郦家驹敬上　1980.3.27.

（近日拜读大作《释幹》一文，获益匪浅。大作《南北朝史话》确实誉满京华，读者无不称颂。）

4 月 19 日，周一良来函，望将代约稿件转致《中华文史论丛》编辑部。

应镠学长：

史学会上得晤谈，极快！遵嘱将拙作札记中有关崔浩一则录奉，请审定！如无问题，请即交付《文史论丛》编辑部，并希转告，不用即退回为盼！祈时赐教益。即致敬礼！

一良谨上

八〇·四·十九·

燕东路 24 号

春，应徐中玉之邀为华东师大中国文学批评史师资培训班作《玄学与文学》《文学与历史》的讲座。兹录其后一讲座提纲：

一、两者关系，只要做过一点研究，认真读过一点文学作品，要求对一篇诗、一篇散文理解的人都知道的。过去是文史不分的。当然，就研究来说，就讲课来说，不能把文学课讲成历史课，不能把历史讲成文学。长时期来，中学教师都知道，讲一篇作品，一定要讲究作者的生平。但多数人不知道为什么要这样。一篇文章，只讲中心思想，段落大意，再就是讲一讲难字、难词，分析一下难的句子。给学生讲清楚为什么这样表现，表现了什么，柳宗元和方苞的文章为什么读起来都不同，等等。

要弄清这些问题，就要知道一点历史，一点文学史的知识。《诗经》有很多篇是讲爱情的。写男女的关系，是很坦率的、质朴的、明明白白的。这当然是很早的作品，男女地位还是很平等的。《九歌》可能晚一些，地方也不同。但其对爱情的表现，还是和《诗经》相近。形式比《诗经》复杂了，但所表白的感情还是坦白、直率的。到了唐代，男女关系就变得和先秦不同了，妇女的地位也远不如先秦。白居易、李商隐都写过爱情。白居易不说了。李的无题诗，我看很多是写爱情的。“贾氏窥帘韩掾少，宓妃留枕魏王才。春心莫共花争发，一寸相思一寸灰。”这是容易懂的，但和《诗经》《楚辞》表现的手法不同。被爱的年轻、多才，但不能去爱，“一寸相思一寸灰”。这就表现了唐代妇女恋爱所受到的门第、地位等等的限制。男女是不能自由恋爱的，女子和过去（先秦）也不同。你们看，李义山在诗中表现得多么隐晦、曲折，充满了暗示。当然，写得坦率一些的也有，但表现的思想感情，却有时代的烙印。任何一部文学作品，任何一首诗，只要经得起时间考验，流传下来了，都不能不反映了作者所处的时代。

陶渊明是大家所熟悉的。退隐、金刚怒目。为什么他是真隐，有他个人的品德，也有时代的原因。不为五斗米折腰，是事实，但也折过腰，不是事实吗？他家里是“榆柳映后园，桃李罗堂前”。他在诗里讲躬耕（躬耕，诸葛躬耕南阳），“晨兴理荒秽，带［戴］月荷锄归”。他天天要喝酒（他也有止酒诗）。可以肯定的是他完全可以不劳动。他偶尔参加劳动，只不过是兴之所至。封建社会的读书人，不要做官是不可想象的。有的不做贪官，讨厌拍马，弃官而归，还是有饭吃。“士志于道，而弃恶衣恶食者，未足与议也”。士志于道者当官，无此志者，做官是职业，“富与贵是人之所欲也”，“不义而富且贵”，则“于我如浮云”。不了解这一点，就不能了解这位真隐士的痛苦。这位真隐士的痛苦在《拟古》《杂诗》中表现得淋漓尽致。陶渊明生当晋宋易代之际，他感到自己对那已十分腐朽的晋王朝的灭亡也有责任，因而不仕，因而内心有痛苦，有愤懑，遂发而为《杂诗》《拟古》。不懂得一点历史（包括陶渊明的生平）是不能理解他的诗的,即能读懂,懂得也不会深。这样的例子,你们也举得出来。

列宁说:"托尔斯泰的小说是俄国革命的一面镜子。"托尔斯泰的小说反映了俄国的"连海底都翻腾起来了"的历史。恩格斯极其称赞巴尔扎克,说巴尔扎克的小说是法国的历史,比历史书写得更可使人认识法国那个时代的历史。大家知道,巴尔扎克的文学活动是在法国的复辟时代(1789、1815、1848),他生于1799年,拿坡伦失败时,他十六岁。他死于1850年,1848年的革命浪潮已席卷着欧洲了。

二、《大学国文》选的都是名篇,现代文学和外国文学也有一点。不读一点历史,是讲不好的。林觉民的《与妻书》,不了解辛亥革命前太平天国后的历史,我看就肯定讲不好。你们要讲好课,讲课大学生对文学作品有兴趣,触动他们的心,他们自己就会去看书、读书,读多了,他们的写作能力就可以提高。我教过大一国文,那时我不到三十,四十多年了。我的经验就是认真讲好课,叫学生有兴趣,有要求课外读书。那时大一国文,中文、历史、英文以及理科、工科、商科的大学生都要学。我的母校,燕京大学和西南联大都是这样。不及格可以重修,再不及格,是要退学的。这是一门很重要的课。你们的责任是不轻的。讲好文学课,不懂一点历史是不行的。

毛时安《忧患年代更需要精神坚守》:

早在1980年春,(徐)先生即已意识到一个大时代的到来。认识到国学在建设有中国特色马克思主义文艺理论宏观框架中的价值。针对当时这方面的人才奇缺,先生倡导、举办了中国文学批评史师训班。延请了郭绍虞、程应镠、钱仲联、施蛰存、程千帆、朱东润、舒芜、王文生、吴组缃、许杰、钱谷融……二十余位名重一时的名家大师，从四面八方来到丽娃河畔的文史楼，为全国各地近40名学员授课。一时间鸿儒云集、名流荟萃。把各自在古代文论研究中最有心得的精粹，集中传授给学员。①

与沈从文函件通问，致送奶制品慰问。沈从文4月1日来函："得信，知不久又可一面。"7月16日来信："你托人送来的奶制品早收到，至今还留着专为款待特别客人，才装点出来，配上朋友从湘西古丈捎来的苦茶，都觉得很好。"②

春夏之际，胡山源录示自由曲《贺赵景深兄七十九大寿》③，并附自注，落款：一九八〇年夏历三月十九日献词，江阴半村老人胡山源，时年八十四。

5月19日，此前曾委托冯契审读《逻辑学》，得其来函：

流金：

信早收到。今天逻辑学会开会，碰到徐孝通，他说你已把黄鹤年写的《逻辑学》给他，他将仔细看一二章。我告诉他，如觉得不错，可以向师院领导推荐。我现在实在太忙，而且已多年不从事逻辑学的教学工作，所以请徐孝通看，比我强得多。他作的判断，应该是可信的。

前几天王亚文曾来师大。他还是那么健谈，而且身体很好。你去天津开会，到北京去了没有？见到周游了么？

有空时请你们全家到师大来玩。向宗蘂和孩子们问好！

冯契　5.19

① 2013年3月13日《文汇报》。

② 《沈从文全集》卷26《书信》，第70、118页。

③ 此曲全文参见杨郁《记胡山源与赵景深》（然文字略有异同），载李平、胡忌编《赵景深印象》，学林出版社2002年版，第135—136页。

5月23日，周谷城转来梁寒冰函，征求中国史学会有关事务。

应镠同志：

全国史学会(1)征求会员及(2)上海出一名会刊联络事，您可否于便中同陆志仁同志先考虑一下。

周谷城　五月廿三日

6月，赴厦门大学开会，并赴泉州游览。

《一九八〇年六月南游厦门得句》：

南游山色皆神往，东望长天意转迷。安稳布帆出海峤，悠扬渔唱起朝晖。幸存大厦人何在，久占雕梁燕已归。六十五年初到此，纷披夏梦竟如痴。

7月11日，陈乐素来函告知参加宋史研究会成立大会论文将缓期交稿：

应镠教授：

您好。系里同志好。

《光明日报》上看到对您的介绍，真为您高兴！四十多年来一直从事历史这门学科的教学和科研，辛勤耕耘结双果，而且老而益壮，锲而不舍，确值得表扬。

我南来后，一直很忙，许多事要从头做起，以致几个研究项目，时作时辍。本来打算六月内写出《陈振孙与〈直斋书录解题〉》一文，以便在十月的宋史研究会上向大家请教，无奈种种原因，不得不延到八九月间才能写完。其中原因之一，就是要赶写有关我父亲的著作的一篇稿，本年是他老人家诞生一百周年(1880年11月12日生)，要开纪念会，同志们限定我八月中交稿。

宋史研究会的筹备工作，蒙您和贵校大力支持，深深感谢！并祝工作顺利进行！约定写文章的同志，联系得怎样？有何新消息望告！

敬候

暑安

乐素　七月十一日

7月17日，钟开莱来信谈抗战时期昆明旧事，兼及张充和在美与郭沫若之子访美情况。

应镠：

好久未通信，前几天忽有邓友豹、友鸾来访。你还记得友金否？其弟现在附近探亲，妹早来美嫁人，不久即离婚，现在开小花店。又其不同胞姊友端原来嫁给韦特孚（中国佳人出路不广！），住在上海，你们见面否？当年在昆明，尚有一位陈忠经（？），上次还向你问起。现据邓云，在昆明时即是共党特务，姑妄听之。友金76过世前，你常见面否？忆我在重庆时，一夜天热，床上多臭虫，不能睡，半夜去他宿舍打门聊天。不料王、邓均故，而有亲戚在此。上周在德看到张充和和她的丈夫（似是好人），承送手抄《兰亭阁序》一张，兹录四句相赠：当其欣于所遇，暂得于己，快然而自足，不知老之将至。

死生亦大矣！兰亭已矣！梓泽坵墟，卅多年旧事，你感想如何？有何新闻可告？郭沫若子海青来寓，和他喝了一瓶法国红酒。可惜其母已故，一手好字迹在成都杜甫草堂看到的。此地现在华人挤挤，大多习工无聊之辈，亦不去应酬。沈老访美已经上司批准，尚有经济问题，想可解决。你们近况如何，有一个关东汉做记者，现在要在北京办《人民日报》英文副刊了，亦知其人否？

近况良佳，专此问好。

开莱　七月十七日

8月10日,经由北京赴太原参加《中国历史大辞典》编纂工作会议,讨论总体设计、编纂凡例和组织分工等问题。吊唁亡友赵宗复。

《一九八〇年八月九日到太原吊赵宗复》:

岁月匆匆敢哭君,太原无地吊忠魂。曾惊海国清宵梦,犹忆山城日暮云。磊落英名全直节,峥嵘特立夺三军。谁知四十年前事,依旧伤心不忍闻。①

9月,始为本科生讲授魏晋南北朝史,其后多次开此课程。

范荧《涓涓微情忆师恩》:

大四,我选修了程先生魏晋南北朝史,先生的讲课艺术可谓炉火纯青,既高屋建瓴又挥洒自如,他较少板书,拿着一叠卡片,娓娓道来,时而激越雄辩,时而深沉低徊。我们班的同学至今还常忆及程先生给我们讲东汉党锢的情形:悲凉而激愤的语调,字字吐如千钧,东汉末年知识分子那种忧国忧民之心以及他们的不幸遭遇,沉甸甸地压在我们的心头,引发我们深层次的思考。②

9月30日,钟开莱自美来信,代《海内外》杂志向联大旧友约稿,并告沈从文即将赴美到访事。

应镠兄:

回信瞬息即到,足下快人,一大快事。请你多多写文章,

---

① 据《复出日记》1983年11月13日抄录此诗,第三句下自注:四八年宗复在太原,为阎锡山捕置狱中;第四句下自注:三九年夏,宗复去港,经昆明,住先生坡几一个[月]。第八句下自注:四十年前在重庆,宗复远惠旅资,俾至洛阳。到洛后,复得其信,谓:"行河边,暗诵幽州台诗。我辈所为,岂亦前后皆不见之事乎?"

② 《纪念文集》,第339页。

1980年中国历史大辞典编委会议合影，前排左一刘荣焌，左二王玉哲，左三荣孟源，左五吴泽，左六谭其骧，左七郑天挺，右六梁寒冰，右五翁独健，右三杨志玖，右一程应镠；二排左三吴枫，左五洪廷彦，左六乌廷玉，左七蔡美彪，右六汤志钧，右五杨廷福，右三罗世烈，右二李学勤；三排左二曹贵林，左四罗明，左五孟世凯，左六胡守为，右五巢峰，右三邹逸麟，右一胡一雅；四排左五林剑鸣。

并代问宗藁、王永兴、王勉、凤子、李宗颖[瀛]……是否愿意参加，时乎不再，兰亭已矣。你的稿子须留一底稿(以防遗失)，一切寄我处转尹为妥。尹梦龙没有见过他，二次来信原件附上，亦可传观。他的杂志《海内外》在北京亦公开征求一般投稿，每期35分Y。十月刊中有访我谈沈一文，收到后即寄奉一睹(但文章欠好)。如有他问函来即复。沈老二人行期应在日内？惜在此间住得不久，大多在张充和家(东岸)住。

你对王逊、邓友金倒没有反应，何故？

开莱上 9/30

(闻在华销 35 000 份)

10月，赴京参加中国史学会第二次代表大会，与陆志仁谈大教联历史。

《回忆大教联片断》：

1980年中国史学会在北京开会，我和陆志仁同志同屋。他当时是上海社会科学院副院长，专门研究中共党史。闲谈中，说到大教联的事，他颇有所知。我对他说，有时间，要把所知道的写出来。我以为历史是不能改变的，作史的人要尽最大的努力求真。①

10月26日，提交论文《宋代都市发展两证》，出席在北京召开的“自宋至1900年中国社会经济史”中美史学交流会，是为中美建交以来两国史学家首次学术研讨会。在京期间，向庞朴推荐刘昶论文《试论中国封建社会长期延续的原因》，引发了1980年代初期关于中国封建社会长期延续原因的讨论。

刘昶《苍然一树云间立，却忆匡庐十月来》：

---

① 《上海民盟专辑》，第160页。

我当时对中国经济史比较感兴趣,希望通过中国经济史的学习来回答我的一个疑惑,就是中国的“封建”时代为什么这么长?通过中国与欧洲比较,我自己觉得对这个问题有了一点心得和想法,就决定写下来。那时候真的是不知天高地厚,把读到的、想到的都写了下来,大约在一九七九年底写出了一个十几万字的初稿。于是我就想把文章拿去请程先生批评。我说明了来意后,程先生非常高兴,他让我把文章留在他那儿,说需要一点时间来读这样的长文。过了大约有一个星期,有同学告诉我,说程先生在给低年级上课的时候对我的文章赞赏有加。程先生希望我尽快修改誊写文章,他要推荐给学报发表。文章送到学报以后,我根据要求把篇幅压缩到 1 万 5 千字左右,最终在《上海师范学院学报》1980 年第 4 期上以《试论中国封建社会长期延续的原因》为题发表。还在拙文发表前程先生去北京参加学术会议,就向《历史研究》的主编庞朴先生推荐了拙文。拙文在学报上发表后程先生就把它寄给了庞朴。很快《历史研究》1981 年第 2 期全文转载了拙文,这是《历史研究》第一次也是唯一的一次全文转载已经发表的文章。文章发表后在国内学界引起很大的反响,并引发了全国范围的持续讨论。①

10 月 20 日,熊德基来信论诗,希望在劫后存稿中为其查检昔日诗作。

应镠兄:

信及小词均收到,极好,有景有情,且具风致,虽有错韵,我主张不必改,以免造成清人所讥“趁韵诗”。

---

① 《纪念文集》,第 344—345 页。

我游日的诗,确不好,感谢你这位老友说真话。

前数月,看到福州的同事,以及朱杰勤早几年把诗印成的一小册,有所动心。福建师大的某负责人也建议我把诗印出来,作为“雪泥鸿爪”。他们愿代我铅印,只须成本费,估计,也得花一百几十多元(印一百本)。——我自省,估计留下的诗稿(过去抄给你的只是比较好的,还有一些更粗糙的)约二百首。有些似不坏,大多数不登大雅之堂,但我从无意作“骚人墨客”。全部印出来,倒也可作“自传”看待,平凡的人的平凡的诗。却又有不少发牢骚的作品,却也不忍删,但又怕“诗祸”。还有少数类似“风怀”诗的游戏之作,也不忍删。我既不是礼学家,不吃孔庙冷猪头肉,却又怕党性、阶级性过强的人批判。为此,下不了决心,你以为怎么办?

不久前,福建朋友居然在劫灰中发现了我过去的几首诗,也代抄来了亡友王树椒的十几首词(极好!)。因此,想到遍发一信给云南、湖南等各地的朋友,也请他们找一找,有无我解放前,特别是学生时代的作品。不管好坏,只要确是旧作,如印时,也一律收入,不怕人笑,反正不卖钱,白送人的。——过去我收藏你的旧作(解放前不少,如在河南所作),可惜“文革”中连同我的诗稿、日记一火焚之。我解放前,也写过不少歪诗给你,如有暇,也请你在劫灰中找找!(只要是我前次抄给你的那些之外的)目前,我只有你近几年的诗稿了。

你的诗才远高于我,你对那些旧作,有何打算?

……

德基　10 月 20 日

秋起,全力投入《中国历史大辞典·宋史》组织工作。

《编辑〈中国历史大辞典·宋史〉后言》:

1980年太原会议中，决定分卷出版，希望《宋史卷》能在1983年出书，为断代史的第一部，由我负责组稿，编辑成书。天津会议时，总纂处已经油印了全书拟收的词目。宋史部分，我以为太略。我主张词目要多，释文要简。天津会议后，上海分纂处开会，我提出旧史所包：天文、地理、河渠、五行、律历、艺文、仪卫、舆服、职官、选举、礼、乐、兵、刑，都要一无遗漏，加以收录。大家以为这样收词，工程太大，难以成功。《宋史卷》的收词，就只得以朝代年号、历史人物、历史事件以及旧史所称食货、职官、选举、兵、刑、艺文诸志的一些内容为限了。有关食货、职官的词目，《宋史卷》收得较多，这是因为我们在整理《宋史》时，感到这两个方面的知识不够。从1980年秋开始，编写词目，完全定稿则延至1981年末。①

谈宗英《缅怀程应镠先生》：

编委会还决定吸取我社编纂《辞海》的经验，采用主编负责制，在编委会的领导下，各分卷成立分编委员会，聘请该学科的著名专家担任主编、副主编、编辑委员主持其事。当时《宋史卷》即聘请北京大学邓广铭教授与先生主编，并要求《宋史卷》能在1983年出版，作为断代史分卷的第一部，起到示范作用。先生是个敬业的人，欣然同意。当即成立分编委员会，开展组织作者队伍和选收词目工作。首先是组织一支学有专长的作者队伍，这是确保《宋史卷》质量的关键所在，由于两位主编都是宋史研究领域里的领军人物，对于研究人员的专长有所了解，因此通过广泛征求意见，随即从全国史学研究机构和高等院校中物色了四十位

① 《辞书研究》1986年第5期。

学者担任撰写初稿的任务，动员面之广实属罕见。《宋史卷》的收词工作做得非常细致，经过反复筛选，初步决定收词五千条，内容包括宋代的朝代年号、历史人物、历史事件、历史地理、中外交通、文物考古、文学艺术及旧史所称食货、职官、选举、兵刑、艺文诸志的一些内容，其中历史人物所占分量较大，达一千六百人，主要以《宋史》为主，参以《宋史翼》《宋人轶事汇编》《宋诗纪事》等文献。先生认为，宋代制度非常复杂，而典章制度是学习和研究宋史最难掌握的部分，故而这一部分收录极为详尽，即使是罕见的名词也立专条介绍，其中职官就选收了一千四百条。凡是《大辞典》有专史卷者，为避免重复，则略采其重要者。全卷收罗宏富，可以在极大程度上满足读者的需要。①

中秋前夕，赵荣声来函，谈及撰写"一二·九"运动回忆事。

应镠：

九月五日信我很赞成，这几天于我业务工作之余，开始考虑怎么先写129["一二·九"]。现把我自己的传记该部分抄一个给你看看。将来写的东西或者与此不相干，但也不能与此完全无关，多次变化，最后当然应走"披阅十载，增删五次"的提炼道路。开始，如画大油画，不妨先画各种设想的粗稿、片段和回忆。我想回北京以后，帮助一些129["一二·九"]的朋友们整理传记，我的这个稿子可以帮助你一些回忆，如兴之所至，不妨写些片段的描写，将来作我们的共同事业。我复写了几份，准备把你的来信和另一份复写的寄给天蓝，作为他十五纸来信的反应，你觉得《青春之歌》的优劣点在那[哪]里？可惜我并没有细看它。人物

① 《纪念文集》，第305页。

当然最重要，在这一点上我尚无打算，很犯愁。至于配角如王二都之类的人物倒比较容易，处于翻天复[覆]地的时代人物不防[妨]一些。

最近《工人日报》已决定调我回到该报去，来个信征求意见，我已同意去。去了我愿当个记者，各处旅行，写科学家，写人物。这对于我写作品有很大好处。调动须经很多手续，恐要一两个月，还没细谈靳明及孩子问题，事情常有变化，到底调得成不成也难说。听说周游也想把我调到他们那里去，他那不及全总调人方便。

其五的问题上海有些阻力，原以为很快解决，可能要拖长时间，他住在西郊万寿路中央组织部第一招待所。翻车是和前新四军敌工队长刘贯一去长城，触及山坡出事的，刘的一家也住在该所，一同出游，出了这事。其五住院十天，受了点轻伤。

敬礼

荣声　中秋节前夕

10月6日，中国宋史研究会在上海师范学院举行成立大会暨第一次年会，代表筹备小组介绍研究会筹备过程。

10月11日上午，邀请前来参会的部分教授、专家在古籍整理研究室举行座谈会，在介绍了《续资治通鉴长编》校勘中有关版本和工作情况后，听取对《长编》校勘工作的意见。下午，在闭幕大会上当选为秘书长，主持宋史研究会秘书处工作。

曾维华等《中国宋史研究会初创期的程应镠先生》：

在条件有限、经费不足的情况下，程先生为会议的筹备与召开，投入了大量的精力。他亲自擘划，精心安排，借助了自己在上海师院的影响与人脉，还是把这次盛会办得庄重、成功而圆满。当时，他担任历史系第一副主任，同时负

1980 年中国宋史研究会成立大会合影，一排左一、程应镠，左七、徐规，左八、阎毅千，左九、罗竹风，左十、邓广铭，左十二、陈乐素，左十三、魏建猷，左十六、李埏，左十七、关履权；二排左一、郦家驹，左五、林艾园，左八、裴汝诚；三排左一、徐光烈，左二、郑涵，左十、胡昭曦，左十一、朱瑞熙，左十二、陈振，左十七、梁太济；四排左八、王曾瑜，左九、贾大泉，左十六、颜克述。

责古籍整理研究室的工作，在不影响正常教学秩序的同时，最大限度地调动了两个部门的教职员工，包括中国古代史教研室的全体教师和其他教研室的教师，系办公室与资料室的工作人员，以及部分研究生、本科生等，投入到头绪纷繁的会务工作中。中国古代史教研室郑宝琦老师负责接站，忙得马不停蹄；中国近代史教研室夏笠先生负责秘书组工作，天天加夜班编写《大会简报》（六天会议共出五期简报）；分组讨论时，让青年教师当各组联络员。尽管有不如人意的地方，但还是确保了会议顺利进行，圆满结束。1980年10月6日，中国宋史研究会成立大会暨第一次年会在上海师院召开，来自全国的与会宋史学者有六十余人，连同来宾与列席代表总数达二百余人。陈乐素先生主持开幕式，邓广铭先生致开幕词时强调指出："宋史研究会是我国建国以来断代史研究的第一个学会，这是一个可喜的开端。"海上史学名家几乎悉数到会，周谷城、谭其骧与吴泽诸先生发言祝贺，出席成立大会的市领导有教委办副主任刘芳与市社联常务副主席罗竹风等，京、沪各大新闻、出版单位也都派人报导与参加这次会议。会议期间，上海市委书记夏征农与市社联罗竹风专程到师院看望与会学者；参会代表还与师院古籍研究室举行座谈会，程先生介绍了《续资治通鉴长编》校勘整理情况，希望与会学者多提建议与意见。据《简报》，11口，邓先生主持大会闭幕式，他宣布"共收到论文41篇"，号召"使宋史研究，在国内不亚于其他断代史的研究；在国外达到世界的最高水平"。闭幕大会上，通过了《中国宋史研究会章程》，选举了以邓广铭为会长、陈乐素为副会长、程应镠为秘书长的理事会，并决定将秘书处设在上海师院内。中国宋史研究会成立大会，标志着中国首个断代史学会的启航。会后，宋史研究会秘书处开始正式运作。程先生则是秘书处驻沪十五年间的主持者。①

虞云国《程门立雪记》：

从先生闲聊中，得知中国宋史研究会将在我校举行成立大会。暑假过后，我把这篇长达3万余字的论文初稿呈送给先生，确像有句唐诗说的那样，想问一句“画眉深浅入时无”？先生只对我说：文章先放在这里，下月中国宋史研究会在我校成立，你可去旁听。他是会议筹备者之一，由于这一特许，我也许是唯一旁听完宋史研究会成立大会的在读本科生。这篇习作后来收入邓广铭先生与他主编的第一届中国宋史研究会论文集，既是我正式刊出的第一篇宋史论文，也是这册论文集中唯一的本科生之作。②

是年，开始为撰写《范仲淹新传》作前期准备。

《范仲淹新传·自序》：

又过了二十年，我又可以自由地做学问了，于是，便决定为范仲淹写一本传记。1980年开始，断断续续读《范文正公集》，随手做一些摘要，抄一些警语。③

编年文 《两宋历史和宋代史籍的整理》《宋代都市发展两证》

编年诗 《夏日偶成》《八〇年六月南游厦门得句》《泉州开元寺》《八〇年八月九日到太原吊赵宗复》《北海口占》

---

① 《纪念文集》，第281页。

② 《纪念文集》，第322页。

③ 《范仲淹新传》，第1页。

1981 年　辛酉　六十六岁

仍任历史系第一副主任兼古籍研究室主任。年初起，摆脱行政事务，集中精力为《中国历史大辞典·宋史》组稿、审稿与定稿而夜以继日地操劳。

《编辑〈中国历史大辞典·宋史〉卮言》：

> 1981 年初夏，有些词目已经确定了，就集中近二十名专门研究宋史的同志作审稿、定稿工作。1981 年，我完全摆脱学校里的工作，集中全部时间看稿子，先寄到的先看，集中审稿、定稿之后，有的稿子要重写，有的要补充；词目亦时有增补，增补的也还要写。因此集中起来的人中，有三分之一以上继续编写释文，直到 1982 年 3 月中旬才结束。初审二审过的稿子，我在审读的时候，还作过一些补充。①

谈宗英《缅怀程应镠先生》：

> 为了确保进度，先生从 1981 年初即着手组织作者撰写释文。因为人员分散各地，又都是第一次编写辞典，感到难度较大。他便根据我社要求先写试写稿，熟悉体例，经过样稿讨论会，再全面推开。由于抓得紧抓得及时，至 1981 年底，初稿已大部分完成。接着，先生聘请宋史学界著名专家来校集中进行复审工作，以便许多棘手的疑难点能当场会商解决。他还让刚留校的本科生与研究生做他的助手，协助初审条目与补写释文等工作。先生从 1981 年起即摆脱学校的工作，集中精力审定全稿，时年已六十六。②

钱玉林《沧海不弃涓滴之微》：

---

① 《辞书研究》1986 年第 5 期。

② 《纪念文集》，第 303 页。

当时《中国历史大辞典·宋史卷》由先生具体负责，也开始组稿编写。先生约我撰稿，我说我只对宋代的文人学者稍有了解，不知能不能胜任。先生给我寄来了撰写体例与人物词目，说“有意见尽量提”。我当时已购读了南渡诗人、学者程俱的《北山小集》，于是就建议先生增收‘程俱’一条，先生欣然采纳。后来先生将我写的第一批样稿，选择数条刊登于《中国历史大辞典通讯》上，作为交流，又把《通讯》和稿费寄给我。①

3月，杨廷福来函，要求允准其在师院历史系的中国法制史课程告假，以专意准备国际学术讨论会论文。

程老史席：

违霁月，鄙吝复萌，安得接尘而游。授课月余，谬承同学见爱，未敢陨越。

惟晚与善化瞿同祖先生受国际中国法律史学术讨论会之邀，并嘱提具论文（晚根据此次学术会议之要求，提出《唐律的特征与唐律》与《五代至明律的体用关系》二篇），顷已获批准。但需全力以赴，凡历来法律文献均应经眼，以备答辩也。为此组织已将晚之课程倩人代授，俾集中精力准备。为此师院之法制史选修课，晚已征得华东政法［学］院讲授中国法制史之钱元凯先生庖代（自四月十三日起），并已致曹漫之同志矣。

俟晚自欧洲返，则答先生知遇之情，报师院谬爱之怀。日长矣，迫不得已陈情。伏祈俯允是祷。祇请

著安，兼叩潭吉。

晚　杨廷福上　三月廿八日

（魏老学长请代候）

---

①　《纪念文集》，第265页。

4月6日,王曾瑜来函谈《历史大辞典·宋史卷》编纂事宜,建议加强中日宋史学界交流。

应镠先生:

两封来信都已收到,头一封正好是寄来释文的当天收到的。关于辞典工作,目前主要问题还须在写释文时,随时对辞目作补充和修改。我已去信同梁太济说了,这次辞典固然是初创,有疏漏是肯定的,但争取尽可能少一些疏漏,以免给日本人笑话。

……

最近我所陈高华等同志去日本一次。他说,日本目前宋史主要是三个人梅原郁、斯波义信和柳田节子,但他们对我们的研究状况很隔阂。能否今后作些联系,例如寄他们《宋史论文集》,也争取他们寄些日本的论著,如斯波义信的《宋代商业史》到上海师院,请您考虑。

关于吴泰写释文一事,由于他最近另有一些其他工作,想适当少写一点,写八十条,至于如何分配,请你酌定。

祝安好。问候诸位老先生和同志们。

曾瑜上 1981.4.6

春,有杭州之行,有诗词纪行。

《西湖孤山寺旧址独坐怀从文先生》:

松柏经寒质益坚,何妨桃李与争妍。天教春色浓如许,独对松阴意惘然。旧学商量传绝绪,新知解道沃心田。明年湖上花开日,期与先生并榻眠。

《临江仙·重到西湖》:

独寻芳草春将半,九年又到西湖。东风犹自怜菰蒲。小舟轻击水,低唱采桑姑。　历尽风霜人似玉,何须千斛明珠。此中烟景世间无。北山春似酒,能否换髭须?

1980 年代初与夫人在上海师院历史系前

归示江辛眉，获读未几，来函唱和：

应镠兄：

昨日回家车中得数句奉和《临江仙》大作，还而足成之。率尔操觚，聊博方家一粲耳。足下原作佳极，下片犹耐寻味，佩服之至。迩来饾饤故纸，久不作诗词，生疏之处，自知明拚，幸郢削为感。匆匆即叩

课安

江弟辛眉上　二十日

《临江仙·次应镠教授独游西湖原韵》①：六桥旧事频回首，人生几度西湖。摇风莲叶出春蒲，诗篇怀白傅，乐府听黄姑。　二十余年惊一梦，天教合浦还珠。重来烟景识君无？胸中冰雪在，莫叹有霜须。

春，熊德基来信托购图书，抄寄其昔日寄示诗作，兼述近晤沈从文情况：

有些小事相恳：

1. 据闻陈寅恪的《柳如是传》（或称《钱柳因缘》）将在上海出版，我未见到，务恳代购一册。

前几年，上海人民出版社出版的《苏联国内阶级斗争》（译本）我早已买第一册，第二册请代买，北京买不到。此书有价值！

2. 我在前四五年，有一首讽刺"儒法斗争"的诗，其中有"左右已难辨鹿马，君臣犹自尚申韩"之句，似有味。但其中确有忌讳处，故不敢抄留或乱寄朋友，如今却忘了。记得似寄写给你请教，不知尚存否？务请抄寄（故烦你找东西这件苦事）。——近三年来，我对《天雨花》写了三句［首］绝句

① 此词《阮堂诗词选》失收。

后，没有诗了，江郎才尽了。近颇想把旧作集合一下（我还有些早年的诗，多只记得二句，可惜无法回忆了）。

……

沈从文日前自美国玩了两月回来，说在美国遇见钟开莱，很热情，没有说"你们中国人"这种混账的话，他也说到你。（沈有亲戚在美国，他研究中国服装史，也到处讲学，已七十八岁，很健康。他属于我所。）

5月25日至31日，赴京参加在香山召开的中国民族关系史研究学术座谈会，得晤谭其骧、王锺翰等。

初夏，与王永兴劫后重晤，畅谈振兴本校历史学科的远景计划，并谈及筹建古籍研究所的设想。

王永兴《怀念应镠》：

1981年，我们离别三十八年后又在北京相聚。记得一个初夏的晚上，在工人体育馆附近的公共汽车站上，我在车上远远看见应镠，我走下汽车，我们含着热泪相抱。周围的人都惊讶了，我们也都笑了。这次我们谈的很多，但回忆往事不多，更多的是未来。应镠依然豪迈潇洒，他正在主持上海师院历史系。他畅谈他治理历史系的计划，发展远景；也谈了自己的读书研究和写作。①

其后，不拘一格，以引进、留校与兼课等方式汇集了优秀人才，识拔与推挽了校内外文史学界的才俊精英。

张邦炜《一位对宋史研究有特殊贡献的长者》：

程先生爱才，具有兼容性，不拘一格。微观考据型、宏观探索型、微观宏观研究复合型三种人才，一概受到程先生的赏识和提携。经他建议留校的俞宗宪、刘昶、虞云国三位

① 《通向义宁之路》，第510页。

爱徒，照我看来，大体属于上述三种不同类型的人才。①

孙逊《校园"独行侠"》：

我本人不在古籍所工作，后来协助朱雯先生组建文学所，由于当时比较勤奋，成果较多，1985 年申报职称时，我自己报的是副教授，但校领导和包括程先生、马茂元先生、朱雯先生、魏建猷先生等在内的老先生认为我成果不少，决定为我破格申报正教授。一半是个人努力，一半是老先生支持，我于 1986 年 2 月顺利成为当时上海最年轻的文科教授。我之所以能"从一而终"，坚持为上师大服务整整半个世纪，其中原因，就因为有程先生、马先生、朱先生和魏先生等在内的一批老先生的精神感召和真诚恩义。②

葛金芳《宋史研究的引路人》：

我遂作了一个大胆的决定，将自己七万字的毕业论文油印本寄给程先生，并附短信一纸，称自己初涉宋史，希望得到先生指教。我绝没有料到，大概半个月之后，我便收到先生的亲笔回函，说我论文写得不错，并邀我参加刚成立不到一年的宋史研究会。史界前辈竟会如此郑重地对待一个素不相识的青年学子的求教信，这完全出乎我的意料。然而细想却又在情理之中，这不就是数千年来延绵不绝的"学统"与"道统"在程先生身上的体现吗？我自研究生毕业以来，一直以宋史研究为"老营盘"，可以说其中自有程应镠师的影响在。其间曾听程师亲炙弟子虞云国兄说起，程先生向他多次提到我的史学习作，如《北宋官田私田化政策的若干问题》(《历史研究》1982 年第 3 期)和《试论"不抑兼

① 《光明日报》2016 年 4 月 7 日《名家》。

② 《纪念文集》，第 268 页。

并"——北宋土地政策研究之二》(《武汉师范学院学报》1984 年第 2 期)等文,夸奖我有"理论思辨能力"和"史料概括能力"。受到史学前辈的肯定和奖掖,我惭愧之余感动莫名,只有更加努力,以期不负程师的期许和鼓励。①

方健《师恩绵深教泽永被》:

我就十分冒昧地上书程先生,倾诉我数年来通读《宋史》和《长编》的经历,以及对范仲淹、王安石等宋代杰出人物的仰慕,还提出了不情之请:希望得到一套宋史年会的论文资料。不久,便接到了程先生的亲笔复信,对我有志于学习宋史的意愿表示嘉许与勉励,并说不妨可以报考研究生以改善学习的条件。他说秘书处只留了存档的论文,待论文集出版后当寄赠一册。果然,1982 年春节后不久,我就收到了以"中华文史论丛增刊"名义出版的《宋史研究论文集》。更使我深受感动的是:先生因患病住院治疗及忙于主编《中国历史大辞典》,未能参加 1982 年 10 月在郑州举行的第二届宋史年会,却将他得到的唯一一套年会论文约百余篇赐赠给我。先生竟然在百忙中还记得我两年前的不情之请,这种对后学的关爱不仅令我终生感铭,也更坚定了我将宋史作为毕生研究目标的信念。②

钱玉林《沧海不弃涓滴之微》:

我曾经和先生谈起中国古代妇女生活史,当时妇女史研究还没有起步,是个新领域。我说了一点读书心得,先生很感兴趣,马上把自己的藏书,1937 年商务版陈东原的《中国妇女生活史》借给我,并说:"我们以后要开各种文化史的

① 《纪念文集》,第 270—271 页。
② 《纪念文集》,第 273 页。

课，有人反对，我偏要请你给学生讲讲中国古代妇女史。”后来，先生让我给上师大一年级同学上过一阵子写作课，又有人告状到我所在单位，更由于我1985年曾到深圳大学一个学期，我在上师大兼课的事遽尔中止。①

6月，邀请邓广铭等主持首届硕士研究生答辩。

吕友仁《三年门墙一瓣心香》：

这是上海师范学院校史上的第一次研究生论文答辩，在校工会俱乐部举行。由于一些上海市市属高校也派人来观摩，所以人很多，座无虚席。答辩持续了整整一个上午。那一年我四十二岁了，从来没有见过这样的阵仗，精神非常紧张。答辩委员中，邓先生提的问题最多，有的问题问得我张口结舌。②

王松龄《忆恩师程先生》：

程先生邀请邓广铭先生出任我们硕士毕业论文答辩委员会主席，邓先生慨然应允，并专程自京来沪，主持吕友仁、俞宗宪的论文答辩，在上海高校文史专业引起轰动，答辩时旁听席上座无虚席，都是复旦、华东师大和上海师大的在读研究生和中青年教师，严格、规范的答辩起到很好的示范效果。③

6月15日与7月12日，熊德基两次驰函为《江西社会科学》杂志约稿。7月12日来信：

不久前，江西社会科学研究所曾派一个黄慕西同志来

---

① 《纪念文集》，第265页。

② 《纪念文集》，第309页。

③ 《纪念文集》，第316页。

找我。他们出版了《江西社会科学》杂志,很希望在各地的江西学者写稿,支持他站住,办好(我没有文章,他们却把我一个对研究生的讲话拿去发表了)。我如实的告诉他,江西近五六十年"文风不振",在社会科学方面的外地学者极少。当时即介绍了你,说你是系主任,学贯中西,史学会秘书长,专治南北朝及宋史等(未提 57 年及民盟等政治问题),要他们找你约稿,也代他们写了一信给你,他们很高兴。……我觉得,你比我更"爱乡",有机会去走走,讲讲话,鼓鼓气!能否为《江西社会科学》写篇有点分量的文章,刺激刺激江西文史界?

7 月中旬,熊德基到访,勾留三日,朝夕相处。熊德基 25 日来信致意:

这次到沪,三天中是我多年来最愉快的日子。第一,应镠的病,好得意外的快。三天中,我和你们朝夕相处,放怀畅谈,实过去难有的机会。第二,伙食、生活,十分舒适,有"家庭味""亲切感"。比住宾馆、上酒楼自然舒适。

7 月 25 日,钟开莱来函,附寄沈从文访美在其宅家宴的照片,预告秋季可能访华。

应镠:

久未通信,寄上沈先生在我家便饭一照,以志四十年代上北门街访他四十周纪念(喝的汤是后下,汤外国很少吃的)。想他俩回中国后曾和你们通信见面过吧?纪念文章可惜你没有参加,太可惜了。是上面不准,还是自己怕事,还是偷懒?我们年事相近,亦很了解,有时精力提不起来。据沈告你可能来美开会访问,有无日期?我们今秋也可能去中国一行,倘然错过也是可笑。专此祝好!

开莱 七月廿五

11月7日，谭其骧来函，邀请担任周振鹤毕业论文答辩委员。

应镠吾兄左右：

香山别墅照片已收到，谢谢！照得很好。

上月在西安见到陈连开同志，承告锺翰已出任系主任，事务性工作甚繁重，殊非好消息。

我的研究生周振鹤君所撰毕业论文，已由研究所寄上，请您担任答辩委员。此事务请拨冗帮忙，抽暇翻阅一遍，并请于本月十九日下午（届时派车来接，请先通知府上地址）驾临复旦参加提问，听取答辩，估出评断，劳神不胜感荷！

《大百科》《历史辞典》稿子案上堆了一大堆，编纂部频频来函催定稿，但目前实无法对付，奈何！本月下旬又得去京开会了。

专此奉恳，顺颂

撰祺。

谭其骧　十一月七日

11月23日，熊德基来信月旦杨廷福与黄裳：

饭后，主人请我们题字。杨廷福有捷才，当场挥毫成一七绝（诗不算好，但字勉强）。可惜我写的字太坏，不敢献丑。微醺后，在归途汽车上，也得一绝："白蘋红树染清秋，菊满瓜洲风满楼。好水好山兼好酒，他年有愿再来游。"（只给杨廷福看了，未敢示人）……

杨廷福颇有才，作访意大利报告，措词自谦，形容词得体生动。你认识黄裳吗？我打听到了，说编制仍在《文汇报》。此人作品你看过吗？文字极有才华，熟悉南明史事，通古典文学、版本，年近七十。倒是个好教师。可惜廿年的遭际消磨了此人。

12月6日,熊德基来函,对日前寄示求正的关于北魏均田制论文提出商榷意见:

信与论文早收到,最近一直忙于一篇“考据”,搞得眠食俱废,故未便复,谅之!

北魏均田制问题很多,论著亦不少;特别是日本人,卅年来,专著也颇多。有些我未见到,但仍不能说他们都解决了问题。这个土地制度我一直也有些想法,由于有些日本的重要作品未能找到,不敢下笔,怕不幸而雷同,被误解为抄袭;也怕他们早已解决的问题,我却仍在牛角尖里钻,故迟迟未能下笔。

大作提出北魏首都附近未均田,很新颖。我未见过别人这种提法(当然,日文许多文章专著未见到),大可再加加工,发表供学术界讨论。独创之见,要得到学术界的同意是十分难的。(特别是在中国,不知何故?)

有几点看法,不知对否?

(一)P4—1—5,注(11),我以为“营户”与“府户”“兵户”是同一性质的人的不同称呼,但和奴隶不能说“差不多”,而是差得多,他们有私有经济,有家室,本质上就是近于“客奴”。

(二)P4—1—9,尔朱氏的封地的部民,是否是“自由民”,值得考虑。因这块封地实是“领主制”的领地。(北魏由低级社会向地主经济的封建制转化过程中,时间不长,各种形态都经过,故夹杂得很乱。)

(三)P4—1—13,“京师民庶”是否全是“国人”?原住民那[哪]去了?(平城从来是汉人聚居的地方,还有不少别的民族也杂居于此。)

(四)P4—1—12,《颜氏家训》[作者]是饱经风浪的但求苟安的人,他说的话,只是为子孙“安[?]全计”,勤俭持

家，不能解释为“坞壁主对土地不可占得太多”……（颜家也不是坞壁主）

（五）P4—1—18，李彪建议的设“屯人”，实同于曹操的“民屯”，与“屯兵”不同。从邓艾开始的“兵屯”，才是“屯兵”，他本身是“兵户”，不同于民——李彪说的是指这种州郡民，绝对不是营户（营户是不归州郡管的），恐也不是“杂户”（“杂户”问题极复杂，日本滨口重国[?]似有专文论及），也不归“州郡”管。

（六）P4—1—17，也不可能使豪强的荫附户转为“屯民”——州郡也管不到“荫户”（荫户即“田客”，只注“家籍”）。

又两年没有接触六朝史了，记忆苦恶，也未查书，说得不对，望函示！不要客气，客气对科学有害无益！

12月上旬，为上海师院为历史系学生讲“一二·九”运动，强调指出：

爱国主义是这次学生运动的灵魂。爱国主义是中华民族的一个伟大传统。学生离开家，离开都市，离开繁华的世界，走向农村、从军。为什么？爱国。将近半个世纪过去了。我有时也像陆游一样，“尚思为国戍轮台，夜阑卧听风吹雨，铁马冰河入梦来”。时时想着四个现代化，时时为了四个现代化。现代化是我国唯一的出路。

是月，赴京参加《中国历史大辞典》编纂会议，期间探望沈从文。据沈从文次年1月23日致钟开莱信：“上月流金来编《宋史辞典》，带了尾大鳊鱼，随即就走了。”回沪后即聘请宋史学界专家来校集中审读《宋史卷》词条，邀请外地学者有徐规、王曾瑜、朱瑞熙、胡昭曦、张邦炜、陈振、颜克述等。

是年，《南北朝史话》获中国历史学会爱国主义优秀历史读物奖。

对长子程念祖从事中学教育多有教诲,并在多种场合就历史人物研究与中学历史教育提出自己的见解。

《程应镠自述》:

> 对于历史人物的研究兴趣,我很早就有了。30 年代末,沈从文先生说要为孙中山作传,就心向往之。他的《自传》和《记丁玲》,曾使我读之不忍释手。为曹操、武则天翻案的时候,我很兴奋,虽然没有发言的机会,却对同在患难中的朋友窃窃私议。三十多年来,历史研究中的问题很多,历史人物研究中的问题也很多。从 1981 年起,我就公开发表这方面的意见。曾对历史系去中学实习的学生说,中学历史教科书有许多问题,不讲人物是一个。人物要讲。讲历史要讲得有血有肉,有声有色,没有人物的活动,就真是剩下几条筋,干巴巴的了。①

程念祖《我和爸爸》:

> 1981 年,我开始在景山学校教植物学、动物学。按照爸爸的办法,上课前把要讲的话句句写下来。我 36 岁开始教书,爸爸启发我,把上课要讲的话写成讲义,很有好处。大大缩短了我成为合格教师的过程。1987 年暑假,我陪爸爸住在华东医院期间,曾经把自己编写的化学讲义读给爸爸听,爸爸很认真听了,听完后他说,现在的教科书可读性差,是个问题。我想,爸爸对我认真教书是满意的。②

编年文 《读宋史札记》

编年诗 《八一年春节毅千同志赋诗即用其韵亦以书怀》《临江仙·重到西湖》《西湖孤山寺旧址独坐怀从文先生》

---

① 《世纪学人自述》第 5 卷,第 324 页。

② 《纪念文集》,第 286 页。

1982年　壬戌　六十七岁

仍任历史系第一副主任兼古籍研究室主任，继续忙于为《历史大辞典·宋史卷》审稿定稿而无暇旁顾。

1月12日，沈从文来信：

> 总以为不多久即将来北京开什么会，必可谈上海种种。这里似乎"凡事照常"，其实恐外松内紧。……你在新疆的大妹，我想寄两本书给她，通信地虽曾写下，一晃又无处找寻，望告告我。①

2月，邀请著名宋史学者集中上海师院为《中国历史大辞典·宋史》复审稿件。

王曾瑜《程应镠先生杂忆》：

> 回忆起来，我与程先生的相识和亲近，是始于1980年初次宋史年会，此后又在上海暂住数月，在他领导下，参加《中国历史大辞典·宋史卷》的工作，以及后来在中国宋史研究会中的一些会务。程先生虽然长期处于逆境，但我的第一印象，真可说是意气风发，干劲十足，似乎往日的委屈，在他身上简直就没有留下什么形迹。他处理什么事情，都不喜欢安坐不动，对人发号施令，而是事必躬亲，不惮烦劳。例如我们所写的《中国历史大辞典·宋史卷》释文稿，原来都附注相关的史料出处，出版后，才将相关的史料出处都予以删削。他对每条释文都进行仔细审读。记得有一回，特别找我，为的是我的释文稿中所示的出处，他找不到相关史料。直到我翻开书，向他指明了在史料的何处段落，他看后才放心。②

---

①　《沈从文全集》卷26《书信》，第339页。

②　《纪念文集》，第251页。

张邦炜《一位对宋史研究有特殊贡献的长者》：

《大辞典》有14个分卷，《宋史卷》的主编是邓广铭、程应镠两先生。因邓先生忙于编撰《中国大百科全书·中国历史》辽宋西夏金史分册，《大辞典·宋史卷》由程先生全权负责。我初次见到程先生，是在上海桂林路100号——现在的上海师大徐汇校区。1982年春，应程先生之约，我与徐规先生等前辈学者以及朱瑞熙、王曾瑜等朋辈先进一同来到这里，在程先生主持下，编审《大辞典·宋史卷》。程先生最初给我的直觉印象有二：一是体格格外健旺。他身材高大，目光炯炯，有锻炼身体的好习惯。每天清早都看到他穿着当时很时尚的运动鞋，在学校大操场里跑步，他年轻时代似乎是个体育运动爱好者。二是组织能力超群。他非常讲求效益，从不开会闲谈，主要依靠曾维华、虞云国两位助手开展工作。行政事务一概由曾维华负责，编审事务则通过其学术助手虞云国上传下达。任务一清二楚，工作井井有条，我们几乎没有任何事情和问题需要直接找程先生。程先生事业心极强，为集中精力，全力以赴编撰《大辞典》，辞去校内一切事务，一人专心致志在家里办公。我们不便打扰，只是晚饭后偶尔到他家短暂拜望。程先生颇有长者之风，待人诚恳，乐于助人，有求必应。当时我刚调离西藏，到四川师大任教，想趁机观摩上海师大历史系的课堂教学。程先生立即安排，让我听他的大弟子李培栋老师讲课。李老师讲五代十国，讲得十分精彩，至今记忆犹新，给我启发很大。当年从事国家特大重点科研项目，条件之艰苦，生活之简朴，在今天难以想像。参与者无任何好处，每人每天仅有生活补助费3毛6分钱。或许是为了弥补一下吧，离开上海前，程先生耗资40元，请我们在徐家汇衡山饭店吃了一顿淮扬菜，算是“奢侈”了一回。应邀作陪的有早年著有

《宋金战争史略》一书的沈起炜老先生。①

虞云国《程门立雪记》：

1982年，本科毕业，先生留我当助手。先生告诉我，他正忙于《中国历史大辞典·宋史卷》的编撰定稿，让我也投入其中。这年春天，他还把徐规、王曾瑜、朱瑞熙、胡昭曦与张邦炜诸位先生都礼请到上海师院，共同负责复审工作。先生给我的任务，一是负责先生与各位专家之间的联络，二是参与词条初审，逐条查核撰稿者开列的参考文献，凡词条释文与参考文献有出入牴牾处，不仅必须注明，最好还能考定是非正误。②

2月24日，致函王勉述及为《中国历史大辞典·宋史卷》定稿的工作状况。

王勉：

信收到已多日。宗蘽躺在床上，天天看闲书。沈自敏寄来《傅雷家书》和《读书》杂志，她读了很欢喜。你有什么好小说可借给她消闲呢。

我忙得一团糟，大约四月底可以闲下来。黄刊今天来信，说李赋宁已返京（去了美国几个月）。我五月想去北京休息一下，和老友聊聊天，吃吃饭，确是乐事。匆颂

春祺。

应镠　二·廿四

3月9日，致函王勉，谈及去年与沈自敏晤面情况，表示得暇拟写些忆旧文字，附寄《玄学略论》求正。

---

① 《光明日报》2016年4月7日《名家》。

② 《纪念文集》，第323页。

王勉：

今日收到来信，书还未收到，谢谢。沈自敏住东厂胡同，多少号忘记了，去信可寄北京东厂胡同中国近代史研究所。房子是去年盖好的，他在高楼，屋子既宽敞，又安静。去年十一月下旬，我在那里和他聊了半天（星期日的上午），因为中午有约会，他家好酒没有喝成（啤酒，我能喝两杯，且颇好之）。他最近写了不少文字，"文如其人"，我是很欢喜的。等四月忙过了，我也想写一些回忆（或忆旧）的文章，包括在昆明时曲巷清宵的谈论。年轻时虽颇幼稚，但可贵处甚多。也想读一些书，从幼年读的《阅微草堂笔记》到陈垣的《胡注表微》，都有一点自己的想法。《读书》我看过几期，黄裳的文章很不错。此人熊德基熟悉，要我请他来师院讲课，但这一年多来极忙，没有去找过他。现在，装腔作势的东西还不少，学术论文也如此。我在师大为文艺理论师资班讲过一回"玄学与文学"，因为江西索稿甚诚恳，我抽了个空整理了一下纪录稿，删去文学部分，发表了。寄你一份，请你纠谬。我特给欧阳琛写过一信，也请他如此。我极意说得浅近，可能不准确，也可能错的。匆匆问好。

应镠

三、九

3月，为即将参加教学实习的本科生讲话：

下星期一，你们就要去中学实习了。实习的学校很分散。既有市区的，也有郊区的。郊区的学校，有一所是我在那里工作了五年的高桥中学，我最美好的记忆都留在那里。我希望你们这次去实习的学校，也将使你们留恋，使你们一想到它就高兴。

教师作为一种职业，我以为是最好的职业。这个职业永远带给你快乐。我的教龄已经超过了四十年,我经历过的道路是坎坷不平的,但当我和学生在一起的时候,我总是快乐的。上课本身就会给你带来快乐。你们有没有过种花的经验?人们往往把教师当做园丁,这是很有道理的。过去一个时期,历史在中学教学中不占地位,很多人认为可有可无。这两年逐渐有了一些转变。我国古代的大学者,例如王充,他认为要知古知今。这是我们的一个好传统。不读史,不在中小学进行历史教学,要培养具有热爱祖国的青少年,我看是不可能的。去年有几所理工科大学,也开设近代史的课程了,天津市中学生进行了历史竞赛,上海也进行了类似的活动。但讲好历史、教好历史是不容易的。在中学教历史,我看比在大学难得多。我教过中学历史,吃力得很,那些少年,还要说话,做小动作。你们学了四年,有一定的专业知识,但你是不是教得好,我不敢说。我是希望你们教好的。我要叮嘱你们的事:

第一件是虚心,要虚心向中学里的老师学习。千万不要以为自己了不起。

第二件是认真,切不可马虎。备课要认真,这就不必说了。对待学生,要细心,要耐心,要认真进行教育,做什么事,说什么,要得认真考虑考虑。当说的一定要说,不当说的切不可开口。

第三件是不要把心思放在准备考研究生上,我看暂时把这件事忘记,放在脑后最好。

我的话完了,祝你们实习成功。

与此同时,仍不遗余力地关心硕士生与本科生的培养,为优秀人才脱颖而出创造条件。

刘昶《苍然一树云间立,却忆匡庐十月来》:

毕业前我报考了华东师范大学历史系世界史的研究

生,方向是"历史与文明"。之所以报这个专业是因为有留学法国的机会,那时候国门重开,我和许多同学一样渴望走出国门去看看外面的世界。虽然我的考分不错,但是政审没通过,其原因显然和我那篇文章的观点犯了忌有关。1982年初我毕业留在学校任教,如果不是程先生和系里的魏建猷教授、吴成平教授等的努力,我相信这种政审上的"问题"一定会影响到我的毕业分配。虽然程先生从来未和我说起过在我毕业留校时他做的努力,但我从多方面听到程先生在学校为我力争的情况。①

金尔文《回望俨然》:

与大学同学刘善龄聊起程先生,刘兄说了一件程先生令他感动的事。他说那年他因为读了几本古代史方面的书,觉得很有想法、很有体会,便乘兴写了一篇文章。又自以为写得不错,就冒昧地去找程先生让给看看。先生二话没说收下了,过不久就让他去取,取回的文稿上很多批注,是连偶尔写错的字都给改了的。"可没过两天,我就听说他因为生了癌症去住院了呢!他就是抱病改了我的文章。但我拿文章去的时候,他一点没说,不然我怎么还会麻烦他呢!"刘兄说起此事,仍然有些激动的。②

4月,因鼻咽癌住院。5月2日致吕友仁信自述病况:

友仁兄:

一直挂记你的工作。住院之后,得鲁阳来信,知道你已去新乡。这也好,老人要照顾,家也不得不管。可议的是我们的人事制度,古籍整理需要人,但能胜任的人不得不去干

① 《纪念文集》,第345—346页。

② 《纪念文集》,第335页。

别的了。我患的是鼻咽癌,发现得早,治愈率医生说是百分之百。已照光四次,估计要照三十五次,七个星期。住院的条件是上海最好的,我精神状态亦佳,不必挂念。多年来总是忙忙碌碌,这回却完全休息下来,医生允许看看小说,除了治疗,就是散步和睡眠。

匆匆问好。

程应镠,五月二日

卧病期间,沈从文来函慰问,李宗瀛自港来晤,前来探望的还有葛力等,有感作诗以答。

《友人问疾诗以答之》:

忧患余生最自珍,病魔潜袭已兼旬。文章又见流传日,议论终须不傍人。得失久谙关世运,荣枯每惧损天真。莺花三月江南夜,怀远思亲一怆神。

《喜晤宗瀛于上海时正卧疾遂成长句》:

十年不见苦缘悭,握手江南梦又圆。卧疾得闲心似镜,谪居犹忆日如年。艰辛岁月天难问,生死亲朋事总牵。抵掌纵谈家国事,太湖烟雨正弥天。

沈从文4月上旬来信:

上次闻宗蘖摔伤,殊念念,想已好转。最近又闻你也患病,但愿能及早诊治转好,有些杂事可以放下,即不过问,能保持体力健康,对家中大小说来也是大大重要。①

---

① 《沈从文全集》卷26《书信》,第380页。但《沈从文全集》误系此信为3月上旬,因其4月始确诊患病住院,但致信沈从文时并未明言病的严重性。此据同卷第476页,1983年1月7日沈从文来信可知:“还记得好几个月前,似邵华强有信来,提到你可能患了什么病待入院,希望传说不可靠。”

5月24日，熊德基致信李宗蕖慰问老友疾病，回顾双方契谊，力劝其辞去行政职务。

宗蕖：

……

应锷的病好得快，确是令人高兴。我的朋友中，他是最最豪迈不拘的人，这种人是不致患癌症的。他烟也戒了，工作也顺心，儿女也好，我估计不久他即可以出院的。——不过说老实话，我希望你能劝他今后摆脱行政事务。尽管他壮健，但六十多岁，跑东跑西，究竟不合适。他有事业心，也勇于任事，但我也许是个悲观派：他也老了！要想把一个系办得理想，也不是很切实际的。个人并不能决定自己的命运。过去有一联："不如意事常八九，能对人言无二三。"这话我苦思了多年，近有所悟：即理想并不能与现实相符，而现实亦不是凭个人理想所能改变的，自己看问题也难免主观，一切取决于政治形势。……

我固然衰老了，应锷也不年青，我们应放开眼界，让下一代年青一代去接班吧！辞掉行政（我决离休），干一些自己个人能干的事，好好教育下一代不自私，胸怀广阔，有理想，有远见，是我们的事！……应锷也不要想做蔡元培，蔡没有什么了不起，他毕竟也是时代的产物，在当前，不可能产生蔡元培（蔡元培也只有几年算是"蔡元培"）。

……应锷是我的朋友中，我最喜欢的一个。我们两人当年脾气都很坏（我们所以不断受委屈、折磨，也是罪有应得！应锷的风浪比我大！也是"罪有应得"），但我们两人从未吵过架，或发生过误会。《红楼梦》中有一联，我近年老记起它："身后有金忘缩手，眼前无路想回头！"很值得想一想。虽然应锷和我从未想过"伸手"！也不是"无路"！那两句话也是消极的，我是希望你们安乐的享受晚年的幸福。……好好劝应镠养病，劝他辞行政，写自己的东西吧！不管他能出版与否！（此信也可以给他看，但看完后，千万千万千万烧掉！也不可为外人道！！！）

此候

俪安！

基 5.24深夜

6月23日，熊德基收到《友人问疾诗以答之》，大为激赏，来函论诗，仍苦劝老友“不能退休[的话]，最好辞掉系主任，只教教学生，写写书，行政矛盾多，办学校，办一个系，都不是孤立的问题。兼善不易，不如独善为得计”：

今日在家得你的信，真为之雀跃：第一，你这次患病，竟如此快的痊愈，更出人意外的是体力仍如旧，“大吉大利”！“阿弥陀佛”！其次，读两诗，感到你的近体诗越来越好，深刻而寓感慨！不是个人抒怀，而是关心家国，故气势不凡。

我的朋友和学生，能诗者，十九是“诗老而愈工”。惟独我，越写越坏，以致不能着笔（文字也一样，芜杂冗长，甚至不通），当然，与记忆衰退，以及近年耽于马列而许多问题又未想通，陷于苦思冥想，大大妨碍了诗思。

两诗中的中间两联都极好极好！“得失久谙关世运，荣枯每惧损天真”，非我们这个时代的人是不可能有此名句的！我亦有此同感。总理逝世二周年，独冒寒去天安门革命烈士纪念碑前，看有没有人献花吊唁，仍有花圈不少，归途在汽车上，得两首绝句：“英雄代出浪淘沙，颂德歌功未足夸。身后荣哀民意在，年年此日献鲜花。”“升沉毁誉每无端，富贵淫人晚节难。每见激昂慷慨客，奴颜婢膝博高官。”写得太露，太粗，不似大作含蕴深刻。

是月，江辛眉来函谈《中国历史大辞典·宋史卷》条目撰稿情况，兼谢职称提掖之力。

应镠吾兄：

大札祗悉，迟复为歉。宋史条目遵嘱可提前完成，弟闇于治史，纰缪知所不免，第商订文字而已。职称已公开宣布，端赖兄提掖之力，上周诸生踵门问讯，颇讶诸生之不我知也，爰成小诗一首以答之：

廿载槐边梦，醒来一笑忘。悲欢成木雁，身世两沧桑。卞璧终归赵，毛锥可处囊。簪花笑苏子，惭愧白头郎。

足下知我，当有以见教也。近日心情甚恶，直为当权者扼杀人材而忿忿不平。惟想二十余年前之狂奴故态有复萌之势。只能日日口宣佛号以消魔障耳。闻周六可以出院，曷胜距跃，颇思能驱车迎接也。匆此即叩
痊安。

弟辛眉上　二十三日

盛夏出院，养病期间继续倾力于《中国历史大辞典·宋史》事宜，关注历史系与古籍研究室发展。

《编辑〈中国历史大辞典·宋史〉卮言》：

1982年4月，我因鼻咽癌住院，《宋史卷》稿件三审工作，还需两个月才能结束。原来打算1982年暑假交稿、1983年出版的计划当然也就要改变。但审稿工作照旧进行，增加了一位历史系专攻宋史的毕业生，复检释文中的有关材料。这一年秋后，我出院三个多月了。《中国历史大辞典》决定停止几个专史分册的编撰，《宋史卷》须酌量增加几个方面的内容，包括若干历史地理的词目。断断续续地看稿子，约人编写新增词目的释文。到1983年夏天，才送出全部稿件。①

① 《辞书研究》1986年第5期。

虞云国《程门立雪记》：

交代清任务后，先生采取放手的做法，不太过问我的工作情况。我审过的词条，直接交他决审，省去了复审环节。但两个月后，先生就因鼻咽癌住院化疗，盛夏才回家养病。春夏之交，礼请的专家陆续离校，徐规先生则把余下稿件带回去复审。期间，我去探望，先生念念不忘的总是《宋史卷》的进度。①

程炎《父亲是座山》：

1982 年我在上师大中文系师从曹融南先生进修古典文学，得闲便替父亲整理文稿。有一天抄完《王导与江东集团》和父亲闲聊，我希望他多为自己打算。那么一大堆文稿不整理，紧盯着《长编》不放，要知道那些被“文革”荒废了才华的学人，谁不指望早点搞出自己的东西，奠定自己在学界的地位呢！父亲听了很不高兴，只差没有骂我“市侩”了！②

暑假，浏览家藏宋人笔记，摘录有关范仲淹资料，10 月起，作传主年谱长编，为撰著《范仲淹新传》作准备工作。

《程应镠自述》：

1982 年病中，不能做事。天天抄录已经阅读过的有关范仲淹的材料，依年代顺序，誊满了两本笔记本。还在幼年，读《岳阳楼记》，已经为“先天下之忧而忧，后天下之乐而乐”的胸怀所感动。1971 年点校《宋史》，宋事知道得多了，对范仲淹这个人也了解得多，也更有感情了。1979 年便决

① 《纪念文集》，第 323 页。

② 引自 yanyan1329.blog.163.com。

定为他写传。1982 年暑假写了五万字，后来时作时辍，直到去年才成初稿。①

7 月 29 日，叔祖程仲远来函录示新作，兼问病恙：

《京游书感简应镠粲然正之》：

长安大道直如矢，长安大道平如砥。旧邦烜赫命维新，气象规模非昔比。百年昏君召寇患，辱国丧权民涂炭。义士忧愤复中原，攘臂一呼换青天。阋墙不休难未已，同仇敌忾御外侮。统战合作策高明，抗胜倭奴雪国耻。千古文明大国风，屹立东亚华胄起。我今年迈八十五，此行非为玩山水。边徼烽熄妖氛靖，眼见州同瓯全喜。

贵恙在念，解日谋面谈，兼候

痊好。

余闲笔墨不复置之，免劳清神。

太极乐翁 七、廿九

7 月下旬，熊德基南下途中，路经上海，到访三日。返京以后，9 月 10 日来函回顾日前聚晤，议论古籍校勘笺注中的优劣非得失，兼评江辛眉学问。

应镠兄：

……

幸得在你家里小住三日，十分愉快。我的朋友遍二十余省，不乏"谈得来"的人，但却没有像你我之间的"通家之好"。宗蕖是我所钦佩的女性，你的孩子我都喜欢。在你家时，家常饭吃得舒畅，又可放怀谈心，真有"入室如归"之感。

……

① 《世纪学人自述》第 5 卷，第 324 页。"1982 年暑假"当是"1983 年暑假"之误。

从你的健康着想,你还是再休养一段时期为好,郑州最好不去,系里的工作,也尽可能放一放(答辩当然要搞,因关系你研究生前途)。我现在才知道"健康"之乐,可惜太晚了。

所谈"校书"的情况,实不足奇。上海校点的两《唐书》,即极糟糕。我所的同志以及王永兴都骂。今春,在京开古籍整理会,到会者均一时之彦,上海的顾廷龙也来了。我当时即说:"这次会,我一则以喜,一则以惧。喜的是这次来的人,都是七八十高龄,都很健康。惧的是我们做了计划,谁来着手整理?"有条件搞校刊[勘]的人,实在不多了,老的毕竟老了。——如谢国桢,那次和我一道开会,兴致勃勃,年已八十一,而能吃能睡,可是已于本月逝世。

《梦华录》是否是邓之诚校注本?据我记忆,邓氏书出版后,日本有人写了一篇书评,对他的考证逐条批驳,体无完肤。中华书局曾译出打印。我看过,确有理。事为邓氏所知,十分难受。据闻邓氏之速死,亦与此事有关。盖邓氏自负甚高,老年人受不了这种打击。——目前的校刊[勘]学,我最佩服王利器。此公当年校注《水浒》,注得十分出色(如"小旋风"一词,为一兵器名,过去无人能解)。此人旧学良深(由[尤]善于汉魏诸子),见闻极博,且年虽七十,仍天天上图书馆,读"未见书"。

你所说"薄持",我记不得,我长住南昌,也许未吃过。

日昨,王曾瑜送我一本《宋史论文集》,中有大作,惜未及读(近来,看正经书看不下去,不知是因病,或是老迈了)。

近读到江辛眉在《墨[学]林漫录》中纪念张菊生一文,不仅可知其校刊[勘]之功力,文字亦优美。他前几年和我的一首诗,可惜遗失了。可以预卜,他在上海将树一帜。老兄力争此人到系,是值得的!太啰嗦了,就此停笔。并候

俪安!

德基　9.10

9月4日，孔宪易来函望代询宋史年会论文收到与否。

应镠先生道席：

大札敬悉，承指谬甚感。希贵躬早日康复以慰远思。本月中旬不佞赴洛参与《歧路灯》讨论会，日昨折返汴中，会中河南出版社将该社出版郑逸梅之《艺坛百影》一书发给与会者，人手一册。郑老熟于春申掌故，艺林旧事如数家珍，洵客中之佳品也。未悉先生熟悉此老否？不佞之《北宋东京城坊考》一文，前者已寄郑一百二十份，未悉郑涵同志收到不。因弟与郑君无一面之雅，希先生拨冗代我询问一下为感。专此敬复，并问

秋祺！

孔宪易　敬泐

九月廿四晴

9月8日，谭其骧来函说明其前不久在复旦大学召开的历史地理学术讨论会。

应镠吾兄：

手书敬悉。

此次在沪召开历史地理学术讨论会，系中国地理学会历史地理专业委员会与复旦历史地理研究所联合召开，邀请单位限于设有历史地理研究机构的校、院、所等，拟平素和两个主办单位有业务联系的研究工作者。当时也曾考虑到应否邀请开设历史地理课的院校，后因害怕此类院校为数不少而会议名额不能太多，遂作罢论。因而也就未向贵院发出邀请。其实我们的工作也做得太呆了一些，不能向全国设有此课的院校发邀请书，本埠的何妨例外？接读惠书，知道王育民同志想参加而未能参加，虽事已过去，总由我们的工作做得不够到家，敦请代为王育民同志致以歉意。

除接到了邀请书应邀来参加的各单位的代表外，还有些人我们并未邀请而是他们听到了消息主动寄论文来，一般情况下我们也就补发邀请。王育民同志得到此项消息想必是太迟了一些。

至于你说要王育民同志参加“历史地理学会”，这可办不到，因为根本没有这么一个学会。上面已说明，这次会议的召集单位之一是中国地理学会的历史地理专业委员会而不是“历史地理学会”。也曾有人提过要成立学会，地理学会的负责人包括侯仁之在内不赞成，即作罢论。事实上这次参加会议的人的大多数也并不是地理学会的会员。总之，参加学会和能否出席此次会议是两回事。我看王育民同志也不必为此而要求参加中国地理学会。我还在衡山，定于九月下旬回家。我觉得空调对我也不大适应。专复，即颂

痊安。

其骧　手上　9.8

约是年10月19日，陈志让自加拿大来函：

应镠兄、宗蘽嫂：

今夏回华在邵武、凤皇、古蔺山区访问了一个月，没有到上海来看您们，歉甚。您们都好吧？山区访问收获大，对我的研究（山地农民史）帮助很大。今年休假，除一些杂事之外，集中在统计资料的整理。

我有一个学生Daum Tom（谭女士）是加拿大出生的华人，约克高材生，专修中国史与语言学。今年在广州暨南大学教英文，下学年很想到上海再教一年英文。在暨大，工作成绩很好。如师院要聘一个外国专家教英文，很可以考虑她的申请。此人年纪尚轻，但教书很好，处人也很好，既是

华裔，对祖国的感情自有不同，她亟望能借此机会多了解她父母的国家，望能如她所愿。

望珍摄，望能听到关于您们的消息。

祝安。

弟志让上

10 月 22 日，陈新桂来函问疾，述及反右与“文革”等历史遗留问题：

你的病好得这么快，足见你的体质平素较我强健，情绪也比我稳定。我还没出院时，接到公铨的信，除为我开刀而向安拉祈祷外，同时因他“文革”中遗留的问题迄无落实消息而苦恼，又因健康关系不能找民盟同志如尚丁等而奔走。他的问题确不好办，我曾函嘱尚丁对他的困难助一臂之力，尚丁当然表示允诺，我知道尚丁也是忙人，只是希望他便中向年来对公铨的事出力的王太祺同志加以催促而已。前天收到尚丁寄赠的诗剧《仓央嘉错》，内夹纸条说从你[处]得知我因病住院了。不知你们面谈过公铨的问题否？你对其问题的情况比我知悉得多而全，不知你的看法如何？我的信心不大的看法，你已知之。我住院前又碰到两位不速之客来访，愈加增强我的“悲观”：一位四十年前同在青年会战地服务队的战友，“右派”是改正了，但工作问题没解决，特由济南来京上访。一位远在反右前两年在盟中央宣传部我领导下的干部，以大学生时期作过三青团区队长的罪名而被捕、劳改判刑。“四人帮”倒后，不但任高中的临时教员，年来并在南昌财经学院教英文，但因历史问题而无职称，特来京上访，并请我代向盟中央呼吁。足见“文革”或历史遗留问题，拖下来还挂着没解决的人数并不是个别的。

1980年代初与夫人在书斋

10 月 28 日，悌芬①复函，重叙旧谊，兼说近况。

应镠：

九月卅日信接到后，不禁感慨万分。我总觉得朋友以大学时为最值得宝贵，中学时太幼稚无知，凭一时冲动，以后分手，即不再来往，大学毕业后，进了社会，大家都为了世故有戒忌之心，交浅而情亦不深。你的信令我时常回想燕园和东湖的日子，恍如隔世，而又十分亲切。芝联走后我曾写过长信回忆"四人行"时期，下次你如去京，不妨向他索阅，以示我对往日的怀念。

今年我身体健康情形欠佳，先后入了两次医院，起先检查肠胃，偶然发现血压偏高，服药后始终未能稳定，虽然并不严重。最近始发现原因不在心脏，仍是以前旧病肺积水的后遗症，而到了我这年龄，无法再动手术，只好带疾延年。向你这种病人说这种话，似不太宜。总之，因此红楼梦学会的邀请只好婉却，我身体情况，芝联此来后方深知，将来你自会了解。

来信云"四人行"中只有我还从事文学工作，读后不免惭愧，我那[哪]里有资格搞文学？在燕大最后两年，我就发现自己并没有创作的才华，转移目标到文学批评上。其后日军占校，脱离教学生活，连这方面的兴趣陆续放弃了。加上自己学外语的能力不高，即使继续做学问，成就也极有限。目前的工作只不过和文学沾上了一点边，翻译一道和文字的关系比文学大，但真正做得好，也要一点慧心，同时我又知以勤补拙，总算在这三十年来有点成绩。至于《红楼梦》研究，那是来了香港以后的事，在燕大时，根本没有放在

① 悌芬，即宋淇。原名宋奇，又名宋悌芬，毕业于燕京大学西语系。1949 年后移居香港，曾任中文大学翻译研究中心主任。

心上，我侥幸能跻身红学家之列，因为受过文学批评训练的人未必喜欢《红楼梦》，而大部分红学专家都不一定受过文学批评训练。因为时间和身体关系，还有多篇文章未写，如果心愿得偿，结成文集，或可暂开风气，但将来势必为后起的学者而受过正统文学批评训练者所淘汰。在你面前，我说话决无保留，我想我们的友谊应该保持这种坦诚的关系。纸短情长，言不尽意。祝

好好保重。

悌芬　10/28/82

暮秋，作诗示儿女，自述遭际襟怀。

《示儿》：

老去移山志未伸，汝曹宜自惜青春。传经我爱他山石，报国谁知白首心。秋入园林思塞马，梦回长夜忆青襟。登临敢说兴亡事，太息当年苦避秦。

11月，结束养病，恢复工作，继续为《中国历史大辞典·宋史卷》定稿，并为撰作《范仲淹新传》作资料长编。

10月10日致在咸阳支教的虞云国信：

云国：

来信收到多日，你去洛阳看看，是应该的，车费、宿费都可报销，你向系里报好了。

下月我打算恢复工作，首先是搞大词典，徐先生①年内可全部交稿，大概问题也不多了。已开始作范仲淹传的资料长编，编年抄集他的事迹、交游、诗文，已做到宝元元年。因为《长编》不在手头，上班后还要抄《长编》中的材料，可

① 即徐规。

惜你不在这里，没有人帮忙。

严耀宗已毕业，硕士论文答辩也举行过了，系学位委员会已决定授予硕士学位，他自己也正在等着接替你的工作。匆匆，

问好。

应镠　十日

11 月 30 日，张兆和收到所寄彩照后来函，通报巴金与沈从文等情况：

流金、宗蘪同志：

你们好。

寄来彩色照片一张，是今年上半年照的吧？

巴金不幸摔伤腿骨，住医治疗，恐非一月两月可以恢复，老年人遇到这样无妄之灾，实在令人牵挂揪心。

健吾已于本月二十四日逝世，是心脏的问题，午后坐在椅子上不声不响就过去了。老一辈朋友“十年动乱”后幸存者又复先后凋零，真是无可奈何的事！

从文开会去了。问

合家安好。

兆和

十一月卅日

岁末，与刘春以诗唱和述志。

《刘春退居二线远致书问并示七十自寿诗时正年尾诗以报之兼简天蓝》：

昔赋凌云今退居，朔风岁晚读君书。移山事业成诸夏，向日葵心励壮图。楚泽行吟怜旧侣，秦关策马斗强胡。故人七十身犹健，欲为神州赞禹谟。

至迟是年起，担任全国高校古籍整理委员会委员和上海市古籍整理领导小组成员。

编年诗　《友人问疾诗以答之》《喜晤宗瀛于上海时正卧疾遂成长句》《示儿》《刘春退居二线远致书问并示七十自寿诗时正年尾诗以报之兼简天蓝》

卷八　1983—1986年

1983年　癸亥　六十八岁

仍任历史系第一副主任，主持古籍整理研究室。

1月3日，致信在咸阳支教的虞云国，提示科研与教学的具体要求：

云国：

耀宗前日来，说得你信告以咸阳不必去了，他很高兴，我也觉得这样好，等正式消息来，他就可以准备为学生讲魏晋南北朝史了。

你回来后，帮我抄《长编》中有关范仲淹的材料，可以省我很多力。我还是希望你能在两年内开宋史，写两三篇论文，将来可以作讲稿的。我的老师和我讲断代史，都是讲问题。陈寅老从来讲的都是自己研究的成果，我则半是寅老的意见，半是自己的研究所得。

年尽时得一老友退居二线的信，有七律一首，附寄一粲。“泽畔”云云，指的是我与他共同的朋友，遭了五七年之祸的。匆匆，

问好！

应镠　一、三①

① 其后笔者返校，对《范仲淹新传》前期材料准备，并无涓滴之助。信后录示七律即上年《刘春退居二线远致书问并示七十自寿诗时正年尾诗以报之兼简天蓝》。

1月6日，许星庵来函问疾，兼示诗作：

前得一诗，因常卧病，今日精神略好，录奉应镠先生方家藻饰：隔河相望岁如奔，回首乾坤一一痕。顾自星霜留马帐，由他风雪撼程门。是非有地人人辨，哀乐无边个个存。闻道养疴康复日，心潮笔底海潮翻。许星庵颤笔呈稿。

宗藁同志前一并问好。

一九八三年元月六日

1月7日，沈从文来信，附寄手写的汪曾祺祝其八十寿诞诗，兼及彼此近况：

前天我们一家大小八人平平静静为我过了个八十岁的生日。还记得好几个月前，似邵华强有信来，提到你可能患了什么病待入院，希望传说不可靠。……去年熟人忽然报废已达八人，我估计一时或者还不到我头上。目前行动还不大感困难，饮食睡眠也都还像我七四年住在你家差不多，甚至比过去还好一些。总忘不了，真忙坏了宗藁和小妹。……写两张字玩玩，手还得用，拿笔尚不发抖，人的低能似乎在发展中，间或看到什么人在写“我”，即不免转增惊惧，因为最易得罪“权要”。①

收到来信后，即驰函奉诗为沈从文八十之寿。《一月十日得从文先生信并手写汪曾祺祝其八十寿诗知寿辰已过然犹激动不已敬成一律遥寄为寿》：

八十年来忧患身，文章中外久铮铮。边城写尽人情美，散记抒多乡土情。揽胜道元传妙笔，临池逸少负时名。瓣香我亦繁霜鬓，祝寿还应喜晚晴。

---

① 《沈从文全集》卷26《书信》，第476—478页。

2 月 6 日,致函钟开莱,自述健康与工作,抄寄为沈从文补寿诗,兼及京港亲友近况。

开莱:

收到来信,甚喜。我去年四月患鼻咽癌,住院治疗两个多月,回家休息已经半年多,医生还不让上班,而自我感觉良好。上午仍读书,为写一部《范仲淹传》作准备。生病期间,故意不让沈先生知道,后来好了,才由这里一位为他编文集的青年告诉了他。去年十二月是他的八十大寿,年初他给我来信,并手写汪曾祺补祝他的寿诗,我才知道寿辰已过。汪诗甚好,其中四句我极喜欢:"海内文章谁似我,长河流水浊还清。玩物从来非丧志,著书老去为抒情。"既切沈先生的实际,又诗意泱[盎]然。离春节不过一星期,学校放假已十日,读书的孩子都回了家,忙着过年。我吃糯米丸子已十多日,水磨粉,好像还是幼时在故乡吃过,猪油黑芝麻馅,实在可口,在外国恐怕是吃不到的吧。这两年,农业大大改观,市上各种土产都有卖,花生米一斤不过一元多,过去很多年,这种东西要老朋友和至亲从山东、江西寄来。今春想去北京住一个时期,黄刊、沈自敏都还在搞研究工作,黄刊听说还上课,神态和三四十年前没有两样。你在北京见到过吗?

宗沄在香港《大公报》编英文版,你到港,打个电话到《大公报》就可把他找到。去年五月,他和妻子来游江南,我在医院见到他们。他们两个女儿都在港大,大女儿学医,已经毕业。小女儿学工,还在学校,去年秋天,回来游览,到我们这里来,非常羡慕这儿的校园,小桥流水,典型的江南风味。你的孩子想也都在大学读书了,我见过的那个男孩子,可能大学都已毕业了吧?

补寿沈先生一诗,比汪曾祺的差得远,还有一句失韵,但无法改过来,抄寄一笑①。

问全家好。

应镠

二月六日

2月12日,赵荣声转来王名衡函,告以近状,兼贺新年。

应镠兄:

你好,好,好!

我又死去活来几次了,我曾去信去诗,兄均未接得,而兄信来我也接不到。在我说来,这是阎王调我的又一次先兆,享受非人待遇的悲哀。这我才知道,人之将死,就没有人把你看成是人了。但不管人怎样,我到真正的最后一息,我都将是热烈地恋念我们的祖国,我们的人民,我们这人类的,并为之拼死奋斗。我现在正在做生命的最后的冲刺。目前我正在校改《〈资本论〉辅导稿》,这书多年来各方要求出版,但我那原班子不干,去年又干开了,我成了他们的头目。我最少最少还有10篇马克思主义的文章要写,但是我已经写不动了。

我现在已不能下楼,鼻子离不开吸氧。这也是生活了,一天只能开眼6—9小时,平时闭眼,多半喘气。经常住医院——抢救。但我竟幸运地又活到83年,也许阎君再缓调二三年不定。

听说你一度虚惊,可上海大地方,一下子把你的病敌遏倒了,好极了,乐何为之!

我的脑子坏了。你的诗我不懂②。

① 诗略,见上所录。录示钟开莱的失韵联为"情系沅江怜旧侣,梦回虎耳惜童心",后定稿改作"边城写尽人情美,散记抒多乡土情"。

② 即指去年《刘春退居二线诗以报之兼简天蓝》。

不管一切等等，我的精神还是旺盛的。

此刻，窗户外，爆竹连天响，旧历新年就是眼前事了。我的心与万民同乐。即贺尊家
岁厘！

王名衡
12/2/1983

附天蓝致赵荣声函：

荣声同志：

您好，得来书，不胜欣慰。

去年十月下旬进入到阜外医院，随即昏迷达10天之久，终于又回到人间。病残多难日，虎口余生时，这次算是三次了（肺脑病发作），但这一切对于一个战士来说，又值几文？去年12月初我一回到中央党校，就又拿起笔来修改我的《资本论》辅导来了。

1979年我去北京开政治经济学讨论会，若干熟与不熟的朋友荐议正式出版这本书，我未同意，这次找到我那个旧班子的人，又改了一遍。我最终审稿定稿，都50万左右。这是我生命的最后冲刺，一乐也。特告。目前我已几乎失去任何工作（括包写字构思）能力，但我咬着牙，手和脑不干也得干。

我想象，你我是否有相同之处？我记得好像您有一次说头痛得很，但还是硬着头头[痛]写回忆录，可好像你又声明未曾头痛过？但不管怎样，痛苦是难不倒我们的。

应镠兄信，我确未收到过，我给他去过信，没有回信，以后又传闻他生病，比我轻。他还住老地方吗？如果可能，请您把我这信转给他，"互通情报"。

您现在二运亨通：官运：大社长；命运，能吃能睡能写作

能安居乐业的老作家。心向往之！无奈在下命不由人何?!但愿随君子之后丝尽蚕僵。

流金兄诗不得要拎[领]。也许我头晕之过，脑筋运转失灵(并非开玩笑)。但愿他“世事长宜放眼量”——“万岁长命”。

顺祝应镠兄阖家安好！

您阖家安好！

赐下照片，感激不尽！

天蓝

1983/2/12

2月24日至3月4日，赴京参加全国古籍整理规划会议，兼为即将成立的古籍研究所争取设置古典文献专业而多方努力，终获批准。得晤杨翼骧、李埏等，因病匆匆回沪，未能往谒沈从文。

3月19日沈从文来信：

五天前，似应铨公子来，并带来两种点心，谢谢你们。又听小虎说，你曾来京，因病即返上海，致未及一晤，十分可惜。前似闻宗藻因摔伤骨折，深盼能早日好转。北京近为我出了三本书，第三本为散文，有些过去还少见，或可供宗藻遣闷也。给小妹写的字，还是春节中习字，不算及格。目下头脑似乎还清爽，只是左脚已无力，似乎随时可能失去知觉，因此十天半月还不敢写字。到四月里若较好些，必为补写一张《九歌》。①

3月27日，致函王勉，请其代购《二拍》。

勉兄：

听说《二拍》已出版，不公开发行，像我这样的人，可能有资格买一部。我久想看看这部书，假如我能买，请即为我

① 《沈从文全集》卷26《书信》，第493页。

代购,来个信,我即叫女儿去取并还你所垫书款。

上月廿四日去北京开古籍整理的会,开了几天,洗澡受凉,发了一天热,四日匆匆返沪。医生说发热引起了中耳炎,打了六天青霉素,其后又吃了五天药,炎症消了,但耳朵不灵了。这使我了解,为什么医生要我休息一年! 这些日子什么也不作,完全休息。

在京哪里也没有去,只在开会时碰见一些联大的同学,像李埏、杨翼骧,不知你认识否?

匆匆问好。

应锶

廿七日

3月15日,致函吕翼仁①谢赠其先人《吕思勉读史札记》等遗著二种,兼评吕思勉史学。

翼仁先生:

承惠赐诚之先生著作两种,甚感。忆三十四年前,执教光华大学,常聆诚之先生讲论,淹博渊深,曾自叹寅恪先生外,并世无第二人。自先生谢世,被遣索居,复读《两晋南北朝史》及《隋唐五代史》,益信先生之渊博为不可及! 及此右文之世,先生著作相继刊行,岂只"对于我们进行有关的历史研究还有一定的参考价值"而已哉!

专此敬谢,顺颂

著安!

程应锶顿首

一九八三年三月十五日②

---

① 吕翼仁,吕思勉之女,曾译有《早年的欢乐》等苏俄文学名著二十余种,晚年致力于吕思勉遗著的整理出版工作。

② 《吕思勉先生年谱长编》下册,第1050页。

3月29日，致信王勉，并附致上海古籍出版社函。

勉兄：

在北京什么人也没有见到，只有沈自敏知道我去了，暮夜见访，那时我正发热之后，什么也听不见，和他“咬了”一小时耳朵，然不过是旧事追想。唯一新闻是名誉所长刘大年仍然抓住所里的事不放。书买好了来个电话，即叫女儿去取。

匆匆问好。

应镠

廿九日

去年有小诗一律，抄呈一粲①。

3月30日，赵荣声来函，附寄朱启平信，谈及共同友人的近况与往事。

流金兄：

朱启平信中所写的梁效主将是谁呢，我们两人研究多时未得解，特寄给你看。

葛力夫人三月初去世，病两个月，血里面的病，我们去八宝山告别，那天来的人还算不少。同学仍只见张玮瑛，他们的亲家母，侯大教授未来。

电视、电影都忙了些时候，又准备翻出回忆“一二·九”的材料动手了，你前次想的题目《惊雷》有无不谦虚之嫌呢？我所写的以我个人为线索，也有自传味道，能这么说吗？

我所写的是“一二·九”运动的表面情形，也写北平党的活动——重点是燕大党支部的活动，我没有去福州访陈絜是一个缺点。今年四月下旬至五月将由合肥到安庆太湖

① 小诗即《秋日示儿》。

一行,秋季公家组织云南旅行,就不可能去福建了。闻王永兴要(或“已”)去福建找陈絜,商量他们合作写一翻案材料,我倒很希望看见此一材料。盼你代我打听打听,如果有的话,我当往访王永兴,听一听他的叙述。建国以来,清华杨述、李昌等写过一些“一二·九”的文章,大骂当年徐芸书、黄永兴、蒋弗华右倾诸人,其实我早就有持中的意见,三七年四月我们到延安,真正的原因是找党中央问一问当时北平的领导是不是执行了中央路线,后来博古作了答复。三八年陈絜到延安和刘少奇是怎么谈的呢?兼听则明,将来文章怎么写可以从长计议,事先把各方的意见都倾听无遗,则很重要。春节期间得福州讣告,闻陈絜夫人去世,他现在脑筋怎么样呢,不得而知,但愿他不像张兆麐,已说话困难了。

我收集的材料也算不少,当年燕大复兴社的人已把他们当时活动向我彻底坦白,我将把那些材料一部分发表。卜锐新和孔令朋属于“诚社”中统的外围,只七八个人。

《青春之歌》有个结婚离婚的故事贯穿全书,又能够按作者之意添枝加叶,写起来方便;我有历史材料,弃之可惜,有时就会繁琐起来,不能那么吸引人。有个问题没有解决:有些人如叙述其一生则大有文章,如赵宗复、王明衡[名衡],只写当时那一段则许多材料可惜,这个问题怎么解决呢?即颂,
教安!

荣声 三月卅日

附朱启平函:

荣声我兄:

二月十八日手示奉悉,稽复为歉。

奉上的照片,应该说,是难得的,五十年后之叙晤,人生

有几回？何说这并非仅仅怀旧而已。想当年，风华正茂，气势如虹，为国为民，谁复计一人之生死存还！而今白发苍生，感慨万端。照几张相片，记录这一段不寻常时期，大家聚在一起，好不容易。

曾收到振南和宗娴来信，已写了回信。

应镠的诗，道出我们心情，洵为佳作。这位历史学家，时有作品，以我这个外行，读到的不多，但却感到其中有新意，不是看风驶舵之作。这点是难得的。当年老同学中，曾有为"梁效"主将者，今虽仍居高位，老实说，再高一点又如何？

张兆麐和陈絜，老年丧偶，不好办。这许多年，他们似未处于顺境，对于当年，感怀尤深。隔得太久了，也不知道和他们从何说起。

集体的照片，在找出底片付印后，当将相片寄奉。这种事这里办方便，所费有限。能为老同学出点力，也是高兴的事。

庆楣的事无所闻，便中盼见告。

敬祝

俪安！

启平

三月十一日

4月12日致王名衡信：

名衡兄：

七九年北京一面，忽忽又过了三年多。八〇、八一年两度偕荣声兄去看你，一去解放军医院，说你已移温泉；一去一民家(？)，说你前一两日回了山西。八〇年夏，去太原开会，以为可以和你见面，但一问社科所，却云你从未在太原住过。总想见到你,但总是失望。去了一两封信,也如石沉大海,没有一点儿回音。从周游、荣声来信看来,你行踪似乎很飘忽。去年卧病华东医院,葛力来,才知道你又住党校,但那时无力作书。后来刘春有诗来,和了他一首,兼寄给你,就是你说看不懂那一首。“楚泽行吟怜旧侣”,包括你和我在内。那时伯文在台上,对我们是爱惜的,这和他在陕北抗日时意气风发(“秦关跃马斗强胡”)完全一致。诗托荣声转给你,回信附来了你给他的信,当时想写封长信,杂事丛脞,一直拿不起笔。春节一过,知道要去北京参加一个会,写了信给葛力,说去时一定邀周游、荣声一道去看他,当然也就可以见到你了。但到北京后,伴同我去的人不准我出门,曾约周游来接我去他家住一晚,但电话打过后便发热,遂匆匆南返,一位老同学也没有见到。春节前,米哲均枉过,他曾问解树基消息,我也不知道。但在北京,偶然与云大来的一位联大同学见面,知道树基还在云南,给他写了一个信,得回信知道他也被剥夺将近二十年舌耕权利。树基人极老实,从来不问政治,“一二·九”时,我和他同屋,对我是同情的。后来在联大,也是如此。读他回信,真是“不禁感慨系之矣”。

我这几年除教书外,通读了《续资治通鉴长编》一百八十八卷(八十卷已出版,其他也完全打了纸型,要等全书整理毕,一起出版发行);主编《历史大词典》的《宋史卷》。此卷将近六千条,八月可以发到厂里去,明年可以出版。近准备写范仲淹传,已作生平事迹著作编年长编,本月内可以全部做完,打算暑中动笔写。想为范作传已经很多年了,我要从他和人的关系中来写他,搜集材料,在这方面化的力气也最多。“先天下之忧而忧,后天下之乐而乐”,是对孟子“乐民之乐者,民亦乐其乐;忧民之忧者,民亦忧其忧。乐以天下，忧以天下”的继承。这是很高尚的，我认为“为人民服务”就是这种忧乐观的发展，要大力阐述与宣传。

我衷心祝愿你这个战士多活几年。你在老朋友心中，在你的儿女中的形象都是很高大的。

应镠　四月十二日

上海正春光明媚，小窗前朝阳正照得椿树叶子闪闪如碧金。

（你二月十二日的信至四月十日始收到）

5月24日，熊德基寄示近作杭州绍兴纪游诗，并贺健康恢复：

你健康恢复了。对古籍所既有雄心，必将有所建树。此道亦确须大力提倡，否则将渐“绝种”了。惟望注意健康。

读熊德基近作，赋诗述感。《读德基畅游江南诗》：

江南四月佳山水，碧嶂银波处处诗。最是园林留胜迹，是非明辨写新词。

6月5日，为高桥中学校史作序。《为编写校史讲几句话》：

高桥中学要编写校史，这是一件很有意义的事。我离开这个学校已二十九年，曾经回去过四次。最后一次是去年三月，师院历史系学生在那里实习，我去看望。学校盖了一座实验大楼，就在当年图书馆的西北面。大楼南面过去的操场，铺上了草皮，已是一望青碧。三十多年前，我常常站在图书馆楼西凭栏看学生比球、竞技；有时，也怅望天边的落日。

一九四九年九月，我任高桥校长。在此之前，我在昆明办中学，有过许多设想，有些已付诸实践了；但我不得不离开昆明,不得不离开那所学校。上海解放后,我要求办中学,这样,就一肩行李到高桥中学来了。我愿意干一辈,但只干了五年。五四年七月,被调到师范专科学校(上海师院的前身)工作。这五年中,学校的变化是极大的。五年中培养出来的学生,现在分布全国各地,最大的年近五十,最小的也四十二三了。我想,他们和那时的教师,对这一时期的情况,是最熟悉的。最近四五年,我和这一时期的学生有一些接触。他们对母校,充满了动心的回忆,对于老师,同学也极怀念。这些回忆和怀念,我以为便是这个学校历史的血肉。

高桥中学的历史,可以激励这个学校现在和将来的学生前进;对于这个学校的工作人员来说,其中有经验,也有教训。①

6月16日,熊德基对老友病后雄心,来函委婉规劝:

你的雄心仍在,比我强,但的确也不必"自作孽"。你也老了。安心做自己爱做的事,能做的事吧!"自作孽"不一定有多少实效。趁精力尚好,留下一些后人有用的东西,更好!

8月3日,沈自敏来函谈及共同的友人刘哲民落实政策事:

则民[哲民]来,说到则民[哲民]平反落实政策。如此而已。友辈每及此,辄喟然不止。其实回过头来看看自己,徒活而已,与死无异。

9月上旬,在原古籍整理研究室基础上创建古籍整理研究所,邀请罗竹风、谭其骧、徐中玉、李俊民、章培恒等出席成立大

① 《高桥中学校史》,卷首。

会暨首届无典文献专业开学典礼。出任第一任所长，聘请马茂元、钱伯城、魏同贤、胡道静、陈伯海、李家骥等专家学者参与其事，开始筹划宋代思想史资料的辑录汇编工作。

《在古籍所第一次全体会上讲话提纲》：

甲、正确认真[识]古籍整理的重要意义。

1. 反对把马克思主义同人类文化成果割裂，对立。

2. 马克思主义和我国实际结合。新民主主义革命时刻，即提过民族的、科学的、大众的文化。

3. 高校的结构问题即加强文科和教学改革问题。

4. 整理古籍要结合教材来进行。《中国近代史资料丛刊》，在美国出了二百个博士。我们打算搞宋代思想史资料，我认为这项工作可以出出博士、研究员。

5. 历史地理知识，胡耀邦同志在报告中是和自然科学知识、生产技术知识并列的；李一氓同志讲话，说现在出版的书文学多，史学少，哲学更少，和我们的要求不符，我国哲学，和西方不同，西方重思辨，我们重伦理。孟子说"乐人之乐者，民亦乐其乐；忧人之忧者，民亦忧其忧；乐以天下，忧以天下，然而不正者，未之有也"。这样的一种忧乐观，到了北宋，进一步发展为"先天下之忧而忧，后天下之乐而乐"。在民主革命当中，进一步发展为为人民服务。我看建设社会主义的精神文明，记载有关在这方面的古籍，就必需加以整理。

乙、整理、点校、注释、翻译、辑录、辑佚以至编索引……都是研究。整理本身就是研究。以标点为例，《续通鉴[长编]》庆历三年用范仲淹一疏，其文曰："如不可施行，亦仰逐司告喻本人始委。"什么叫"始委"，不可解，文集、奏议上"始委"作"知悉"，知悉就可解了。还是庆历三年，韩琦对仁宗说："当速遣仲淹，河东则臣方壮，可备奔走"，河东当属上，因为事实就是如此，不研究研究，就点错了。

注释也是研究，否则尽管下了大功夫，如杜诗四十首，笺注上万字，则不可提倡。研究了，则能去其不当，去其重复，正其错误，我看三二万字也就差不多了。古籍整理本身，也是研究。古籍整理，有许多问题。整理十三经和整理廿四史的问题是不同的。整理《宋史》和《宋书》的问题也不同。譬如说《宋史》用至正作底本，就不必用监本、殿本来对校。《宋书》就不同了，整理时，就有个版本问题。当然，还有其他问题，像避讳，宋代和南朝就不尽相同。古籍本身，如《宋史》，也要研究。《宋史》的史料是哪里来的，其价值如何？不研究，就不知道。

我们过去主要搞点校，以后要搞的东西必定要扩大，研究的范围也要广，需要的知识也越来越多，必须抓强学习，主要是在工作中学。过去一星期有两个半天学，我看抓得不紧，要研究如何改进。

江辛眉《病中闻师院古籍所成立喜而有作柬程应镠马茂元两教授》：

夔足蹲鸱意未安，郭公夏五解人难。眼前莫讶碑无字，三馆于今不素餐。

名言千载礼涪翁，实用人才即至公。熨眼程门深雪里，应无枥下马嘶风。①

王永兴《论史传经序》：

今日的上海师大就是过去的上海师院，历史系的主要开创人，就是应镠。上海师院古籍研究所的主要创办者也是应镠。就后者，我知道得更多，应镠多次往返北京上海之间，因为能得到古籍整理委员会的经费支持，是很不容易的，应镠碰到了一

---

① 《阮堂诗词选》，第 82 页。此题共五首，仅录与创建者直接有关的两首。

次又一次的钉子,最后,凭着坚韧不拔的毅力和坚持不懈的努力,他成功了。这种开创精神贯穿了应镠的一生。①

虞云国《程应镠评传》:

程应镠以原有的研究队伍为基础,结合成员的研究专长与当时的研究需要组建了史学、文学、辞书三个研究室。史学研究室以校点整理宋代要籍与笔记为重点;文学研究室则以楚辞、唐诗以及宋代文学研究为主要方向;辞书研究室当时以配合《汉语大词典》的编纂为主要任务。同时,为了加强研究队伍,他还聘请我校中文系的马茂元,上海社科院文学研究所的陈伯海,上海古籍出版社的钱伯城、魏同贤以及中国科技史与文献学家胡道静等知名学者担任古籍研究所的兼职研究员。他在我校历史、中文两系低年级本科生中亲自遴选优秀学生转入古典文献专业学习。同时,他一面抓古典文献专业的课程设计,除了古委会规定的主干课程,他强调要多开古籍原典选读课;一面延揽合适的教师来为新生上生僻的专业课,例如音韵学,就请中文系许威汉来上。他还亲自讲授了国学概论,讲稿后收入《流金集》(学术编)。图书资料是古籍所赖以运转与发展的首要条件。程应镠一方面通过校图书馆,调拨了古籍整理亟需的图书资料,一方面派人从古籍书店或相关单位采购了《四部丛刊初编》(缩印本)与《四部丛刊续编》《三编》影印本等珍本丛书。其后,他又通过关系,辗转从台湾购入影印《文渊阁四库全书》与《笔记小说大观》(全四十五编450册)等大型图书。同时,他还让在日本留学的学生代为古籍所选购日本汉学著作,以供进一步研究之用。②

① 《论史传经》,第1页。

② 《程应镠史学文存》,第16—17页。

张剑光《师严道尊》:

先生为我们班的教学作了精心安排,请了很多名人来主讲课程,如上目录学的胡道静,上《论语》的金德建,上国学概论子部的苏渊雷,上古籍整理概论的包敬第,上《左传》的李家骥,上文字学的郭若愚,上韩愈诗的江辛眉。为了拓宽我们学术上的认知,先生请了很多学者给我们开讲座,如徐中玉、黄永年、吴枫、安平秋等。先生还有意识地请了一些学术观点比较另类的学者给我们作讲座,当时我们笑着说全是奇谈怪论,比如讲先秦史的北京师院的陈云鸾,讲浑天仪的华东师大的金祖孟。①

丁果《历史会厚待程先生》:

他筹建上海师大古籍整理研究所,就委托我帮他在日本购买相关书籍和资料。当时不少人担心,我从公费转为私费留学,心里不爽,会否挪用那笔经费。程先生相信我,力排众议,要我全权使用这笔钱来购买资料。我当然不辱使命,精心寻找甚至托人,帮程先生搞到不少书籍资料。当把多余的钱还回古籍所的时候,正逢日元汇率飞速涨价,那些日元转换成美元时,与程先生当初交给我的钱不相上下。换句话说,我买的资料和书籍等于是学校"白赚了"。程先生专程来信告诉我,幽默地说,这些说闲话的人自知理亏了。②

10月10日,李家骥来函委托代借备课诸书。

应镠同志:

本估计拙著《春秋今解》上篇油印缓慢,拟先讲授春秋

① 《纪念文集》,第365—366页。

② 《纪念文集》,第362页。

1983 年为研究生上课

经学史。过去曾有部分摘记,但缺略不全。特别是中间一段,自陆淳《春秋纂例》至胡安国《春秋传》等唐宋经解,以是空言说经,无助于历史研究,未曾寓目。然讲春秋经学史,是必需讲的。胡传自宋绍兴至清乾隆,为官学达六百余年,不容忽视。但借阅图书,极为困难,除在师大历史系资料室借得杜预《释例》,陆淳《纂例》《辨疑》外,在上海图书馆阅得胡传。而陆淳《春秋微旨》,赵汸《春秋属辞》,乾隆《御纂春秋直解》,上图说无书。又拟参阅经学史著作,如自置有皮锡瑞《经学通论》《经学历史》(周予同注),钱基博《经学通志》,师大借阅刘师培《经学历史》外,在上图阅得周予同《群经概论》、日本本田成之《中国经学史》、马宗霍《中国经学史》。而范文澜《群经概论》,上图亦云无书。范著1926年由朴社印行,不当无书,恐系内部控制,不肯借出。皮、周均今文家,范之《通史简编》先秦多用刘师培说,刘《经学历史》苟简,范著中必存刘说。未知以上诸书,是否可能通过组织交涉借得。

……

本周四准备不及,当于下周四来。兹开列诸书,祈能设法借阅,以利备课。谨致
敬礼。

弟 李家骥上
83.10.10

秋,朱雯抄示所作《临江仙·寿巴金八十》:

旷代文豪今八十,巍然一树苍松。十年霜雪压重重。沉浮同石火,得失笑鸡虫。 五十三年弹指耳,相看策杖扶筇。初亲謦欬在吴中。隆情传彩笔,微意献铜觥。

10月中旬,偕妻赴昆明,车过湘西,思念沈从文及其湘西名

作,有憾于未能继续青年时代的文学创作,有诗记感。

《湘西道中》:

千山晓日下辰谿,始信传经与愿违。忽忆边城怜翠翠,文章默诵复湘西。

14日,抵昆明出席中国封建地主阶级研究学术讨论会。有《重到昆明参加中国地主阶级研究讨论会》抒写与会之感:

久溺图书忘老至,饱看峦嶂幸重来。千峰翠色诗难夺,九日清樽意未开。历历旧游惊旅梦,离离荒草掩苍台。中华国史当重作,糟粕精华费剪裁。

期间,偕妻重游昆明、贵阳等旧地,会晤旧雨新知。据《复出日记》,15日,在昆明拜谒闻一多衣冠冢;16日,李埏请饭;18日,游西山、大观楼;21日,在贵州大学作关于历史人物的讲演,晤凌中青等;22日,在花溪清华中学讲课;23日,游贵阳白龙洞、黔南第一山、弘福寺。在昆明时追思西南联大时期与吴晗、丁则良、王逊诸师友的交游及其命运,有七绝述感:

地下人间互不知,王孙久困竟何如?则良辰伯能相见,应忆深宵说项斯。

再上龙门四十年,王孙高阮俱成仙。凭栏欲望清波远,障目烟尘万亩田。

据吕友仁《三年门墙一瓣心香》引录流金师1984年1月27日惠函追述花溪之行:

友仁:

辞书出版社寄了六元钱给你,今为转去。

你的东西在《文史论丛》发表了,《辞书研究》也许发表了一些,但我没有看到。

去年重游西南、江西以及附近的太湖,有诗若干,选一首给你看看,可知老人之所怀念。大将山庄是我四十年前在花溪教书时住的地方,一人一室,有书桌书架,和嵌镜子的洗脸台子。室外绿树成荫,还有可供打桥牌、聊天的公共客厅。

重过大将山庄

不过溪桥路,于今四十年。白云逾远陵,残月挂遥天。

浅草曾相识,长林故可怜。山居秋瑟瑟,欲借买山钱。

匆匆问好。

应镠,一月二十七日①

11 月 5 日,熊德基来信,谈及江西纪念文天祥逝世七百周年事:

不久前,江西省委宣传部一位新任副部长及社联、史学会来函云,十一月十五日文天祥逝世七百年纪念,将在吉安开一学术讨论会,邀我前往。我实在想去而不能去,当曾覆函宣传部某同志,告以江西人在外地治史者,惟兄治宋史有年,但惜已去滇,已转花溪讲学,不知何日返沪,如赶得及,不妨发一邀请函(因谷霁光半身不遂,我亦不能去,这个会没有江西学人支持实在不好,故勉强推荐老兄前往),但亦不知你健康情况如何,远游归来,难免劳顿,是否可能去吉安,故不敢必。今说已接请柬,仍盼与宗蕖商量,六十以后,行止不得不慎重,不知以为然否?

11 月 9 日,赴无锡参加《中国历史大辞典》编委会会议,晤王毓铨、洪廷彦等。11 日,游蠡园、太湖,有诗纪游。

《重游鼋头渚距初到已三十年》:

浩淼烟波感古今,昔年曾记此登临。朱颜虽失行犹健,白首终悲志未成。云树有情依北渚,文章无计惜南金。忘机鸥鹭人何在,寂寞秋花晚照明。

① 《纪念文集》,第 312—313 页。

11月14日，赴江西吉安参加纪念文天祥逝世七百周年学术讨论；17日，为讨念会作《从纪念文天祥遇难七百周年谈谈历史人物的研究》的演讲，赴南昌会晤旧友；18日，在江西师范学院复作关于历史人物的讲演。节录《复出日记》以见此行：

> 十四日，十时到南昌。十二时半动身赴吉安。公路车甚挤，抗日战争后未乘过这种车子。五时半到吉安市，疲甚。先安排与漆侠同住，后要求住单人屋。吃了安眠药，亦迟至九时后始熟睡。
>
> 十五日，去富田谒文山墓，四山环抱，景色颇佳。在富田公社吃饭。下午去吉州窑，名本觉寺吉州窑，外有塔，唐建宋建[修]，本觉寺则片瓦不存矣。
>
> 十六日，下午去白鹭洲、青原山。山有净居禅寺，原存五祖塔。唐建宋修，有黄山谷、李伯纪书诗，王守仁题“曹溪宗派”四字。另存已断“祖关”二字，颜真卿书，施润章重立也。方谦省长晚宴。
>
> 十七日，上午讲历史人物。下午回南昌，过清江参观陈列馆，看到出土商鼎（虎耳）及武器各一，鼎形制奇特，制作精美。当夜到欧阳琛家，晤树人、孝钟。
>
> 十八日，上午看胡正谒，在他那里吃饭。下午在师院讲历史人物，语中误以“绝倒”为“倾倒”，意甚不安，明日晤伯瑜时当托他对学生加以改正。

此行亦颇有诗书感。

《文天祥就义七百周年》：

> 铁石忠肝有宿称，丹心千古照人明。为爱中华知所耻，遗编犹自作金声。

《吉安净居禅寺途中有感》：

归来贪看吉州山，五十年间梦未还。气节文章堪继往，江山人物自开颜①。意中桔柚夸千树，望里篻簹喜万竿。太息西风秋又尽，片云正傍夕阳闲。

虞云国《琐忆漆侠先生》：

1983 年 11 月，江西吉安召开纪念文天祥逝世七百周年学术讨论会，我已毕业留校任教，作为助手陪同业师程应镠先生去南昌预会，高兴见到漆侠先生也参加了会议。会议期间，与会代表曾赴吉安访问考察。记得参观文天祥故里、遗冢与清原山、吉安窑等遗迹时，当时江西省委宣传部长周銮书以自己的座驾全程陪同程先生与漆先生先行，等到我们其他与会者到达时，两位先生往往刚参观完毕，正兴致盎然地交谈着刚才的观感。应江西师大邀请，漆侠先生与业师分别作过一次学术报告，程先生讲的是《谈历史人物的研究》，漆先生讲的似乎宋代经济史研究的内容。②

秋起，开始撰写《范仲淹新传》。
《范仲淹新传 · 自序》：

1983 年秋天，开始写第一章少年时代。寒假多暇，上午没有人来，往往能成二三千字。1984 年一个夏天，又断断续续地写，直到今年 7 月 20 日，才全部写完。又花了十天时间，作事迹著作编年，这只是利用传记长编所搜集的资料和随事而作的考证加以简化，有些则是在传记中所没有提到的。《范仲淹新传》写作之前，我考虑了很久怎样研究历史人物的问题。1983 年上海师院校庆，我在古籍整理研究所就这个问题作了一次学术报告。十月去贵阳，在贵州大学又讲了一次。

① 句下自注：谓方志敏烈士及陈寅恪师。
② 《漆侠与历史学》，第 60 页。

十一月去南昌,又在江西师范大学讲了一次。江西是我的故乡,我情不自禁地讲到了文天祥和方志敏,欧阳修和陈寅恪。回到上海,因《历史研究》创刊三十周年征文,我便写成了《谈历史人物的研究》那篇文章。《范仲淹新传》的写作,当然就成为我在那篇文章中所论述的思想的实践。①

是年,主持定稿的《续资治通鉴长编》已出版的五册前八十卷获上海市高校文科科研优秀成果一等奖。

《〈续资治通鉴长编〉点校说明》:

本书卷一至卷一八九由程应镠同志定稿,其中的一部分有上海社会科学院经济研究所马伯煌同志参加。②

王永兴《怀念应镠》:

应镠忧《续资治通鉴长编》之难于阅读,严重影响宋代历史的研究,乃以己身为表率,组织学者整理《续资治通鉴长编》。整理这样一部大书,难度甚高,错误是难免的。出了一些错误,可以有善意的批评指正,但也有人说闲话,讽刺挖苦。这些,应镠是能预料的。他以极大的毅力坚定地开创。善意的批评指正,他虚怀若谷,接受改正。至于讽刺挖苦,他则一笑置之。其实,整理后已出版的《续资治通鉴长编》受到学术界的欢迎。

编年文 《王导治理江东政策试释》《〈神灭论〉与范缜、邢邵》《为编写校史讲几句话》

编年诗 《一月十日得从文先生信敬成一律遥寄为寿》《寿姊七十》《无题》《读德基畅游江南诗》《重到昆明参加中国地主

① 《范仲淹新传》,第1—2页。《自序》作于1985年8月。

② 《续资治通鉴长编》第1册,第3页。

阶级研究讨论会》《宜良道中》《西南忆旧绝句》《失题》《湘西道中》《重过大将山庄》《重游鼋头渚距初到已三十年》《晓行蠡园》《文天祥就义七百周年》《吉安净居禅寺途中有感》《再到花溪四十年矣感而赋此》《花溪喜晤凌中青》

1984 年　甲子　六十九岁

仍任古籍研究所所长，继续主持《宋代思想史资料汇编》工作。是年使上海师院古籍整理专业成为上海市首批文科重点学科之一。3 月 1 日，致吕友仁信，希望前来协助定稿：

> 友仁，《宋代思想史资料汇编》正在定稿，我想请你来帮助。你要研究的孙复《春秋》学，是将要辑录在第二集的。暑假来，你院当不会不同意（来回旅费我们出，住宿等等也可同邀请来的专家同等待遇），不知道你家中可放得心否？
>
> 我畏寒日甚，七十尚未到，老得太快，现在自己控制，不多作事。眠食尚好，勿念。
>
> 应镠，三、一

暑期，吕友仁应召来沪，协助《宋代思想史资料汇编》审稿。12 月 26 日再致吕友仁信：

> 友仁，文章写得极好，适《通讯》发稿，即以付之①。我还是希望你来，古籍整理已列为上海高校的重点学科，第一批补助为五十三万，有许多事要做。今日已促人事部门急办调入手续，甚或派人往新乡请你校放行。《思想史资料汇编》，郑涵同志已允参加工作，明春我想去郑州或武汉开个

① 指刊发在《宋史研究通讯》第 3 辑的《中国通史第五册的两处失误》。

小会,讨论编辑计划,把你在今夏做的工作继续下去。匆匆问好。

应镠,二十六日

刘昶《苍然一树云间立,却忆匡庐十月来》:

回到中国史教研室以后,我的研究兴趣是宋代的思想史,这时程先生正好有计划要编一套宋代思想史的资料,他打算从社会上招募一些有文史爱好并且有一定基础的志愿者来一起参与,并付给少量的报酬。我当时对程先生的意图不是很清楚,就去问他。他说,做历史研究最基础的工作是资料建设,社会上有一批这样的力量,可以来帮助我们;另外,通过这样的工作,也能在社会上发现一些人才。果然,广告登出去以后就有不少人来应征,他们大多数是退休的教师和文化工作者。后来,程先生通过筛选,录用了一批志愿者,包括张荣明。后来因为学校没有后续经费,资料集的工作未能继续下去。①

1 月,中国宋史研究会会刊《宋史研究通讯》创刊,并亲题刊名。曾维华等《中国宋史研究会初创期的程应镠先生》:

自 1984 年至 1994 年,程先生领导秘书处共出版了 23 期《宋史研究通讯》,平均年刊两期。《通讯》的稿源,有的是程先生亲自约稿,如首期《通讯》上漆侠先生、胡昭曦先生、徐规先生的文章,就是应约撰写的。他自己也亲自撰文,例如第二期的《杂谈宋史研究》。有的是会员主动投稿,有研究型文章,也有书评、书讯等。秘书处也向全体会员公开征稿,使得稿源不断拓展,日本、美国宋史研究者也时有文章发表。一般情况下,程先生会浏览一下篇目,决定可用

① 《纪念文集》,第 346 页。

与否,很多文章,他并不一一审读。一次,他拿了篇梁太济先生的文章交给范荧,说:"梁先生的文章不需要看,质量肯定好!"龚延明先生的《宋代官制词典条目选登》,他也觉得"术有专攻,可靠"。1985年,程先生指示说,可以组织些关于研究生培养的文章,于是,就有了郭东旭的《漆侠教授是怎样指导研究生学习的》、何忠礼的《记徐规先生指导研究生做学问》、王棣的《关于关履权先生宋史教学的几点体会》、罗家祥的《王瑞明教授培养研究生的几个特点》、赵俊的《陈光崇教授指导研究生的若干作法》等一组文章的刊出。其后,秘书处还针对宋史分期问题,以编者按语的形式,组织讨论,展开争鸣,张其凡先生、葛金芳先生、徐规先生、何忠礼先生、殷啸虎先生等都不吝赐稿,积极支持了这一专栏。在大陆宋史学界与海外同行的学术交流上,当年《宋史研究通讯》确实承担了重要的角色。《通讯》尤其注意介绍海外宋史研究的最新动态,台港日美的书讯,日本每年五代宋元史研究近况,对日本宋史学家的介绍,都是大受好评的栏目。此外,秘书处还翻印了日本学者编纂的《宋会要研究备要(目录)》分寄给各位会员。又组织人员到北京图书馆、中科院图书馆、上海图书馆、浙江大学图书馆、南京大学图书馆等收藏宋人文集比较集中的单位,收集其馆藏宋集的信息,编成《北图、上图等所藏宋人文集目录》,印发给会员。后又在此基础上编印了《宋人文集目录索引》。《宋史研究通讯》及其他资料的编印需要克服许多困难。首先是经费问题。第一期《通讯》印刷费不到300元,但随着印数增加、印张增多、工本费提高,每期印刷费后来增至1 500元左右,最多一期超过2 000元,几乎是当年社科院拨款的一半。其次是人力问题。采编、校对、邮寄等大量事务性工作,都是尽义务的,当时还没有研究生可以帮忙。后来出任《全国高校学报文摘》编辑部主任的姜方昆先生其时已是资深编辑，受程先生委托，默默承担了每期《通讯》的编辑工作。①

2月，谭其骧两次来函邀约主持其研究生论文答辩事。4日来函：

应镠兄：

最近忙得不可开交，现在您又送来王松龄同志的东西，真叫我感觉要被压扁，但又不得不接受，因为我所的×××论文答辩得请您主持，来而不往非礼也。（×答辩事所里应有正式聘书，不知已送到否，日期定在十三日。）明天有答辩，我还未准备好。×的论文我还一字未看。下星期会议又多，奈何奈何！

三天前接到惠书，所提江武子女儿一节，容见面时再详告，在此不遑多费笔墨。

即颂

日安。

弟　其骧　二月四日

21日，谭其骧再次来信。

应镠吾兄左右：

九日手教奉悉，拙作只是力图避免说空话，说了几句比较具体的老实话而已，谬承赏誉，殊不敢当。×君平日少接触，又从未看过他的习作，今阅其论文，深觉问题不少，不小，竟不知将如何评定。答辩将由老兄主持，务恳有话直说，勿以弟挂上一个导师名义而有所顾忌。十三日晨同车赴复旦，在车上当会同沈公熟筹处理办法。专此即颂。

谭其骧

二月十一日

---

① 《纪念文集》，第283—285页。

2 月 6 日，熊德基来信，推誉老友寄示诗作，论及欲作马克思逝世百年纪念文，因故作罢：

附来回乡两律，风华颇似中晚唐人，工丽流畅，读后为之一快。老兄近年诗越来越好，真是诗到晚年工。敬佩，敬佩。我自南方游历归来，原想写一纪念马克思逝世百年的文章，把近二十年读《马恩全集》心得，批评现代史学界一些弊端。奈近年记忆力苦恶，逻辑思维亦大减退，文成后，每感到不像我所想到的，又顾虑到得罪人太多，以致写了数万字，而终于搁笔。

2 月 21 日，陈新桂来函谈民盟改选事：

应镠：

……谢谢你们为我的名子［字］列入那个名单①中而欣慰（公铨乔迁后亦曾来信为此节示庆），实则此类乌纱贱卖，车载斗量，何足道哉！老实说，当大会还没开，即所谓选举闹剧还未演出之前，我从侧面证实我名列上候选名单时，不无兴奋之感，但到正式选举时，我看了中委、后补中委及所谓常委与执行局名单，内心被浇了一盆凉水。原来一批包括整我者在内的打手即你称为“小人”的家伙们亦赫然在其中。这种政治把戏据说是为了“团结”，姑且不论。尤令我寒心的是盟已贬值变质。我对工作报告、盟章及决议等，均有不同意见。但民主同盟无民主，吾侪小民在小组的发言，既不被《简报》披露，更遭“集中”者否定。总之，盟已青年会化，当权者几全属无头脑之政客（民主人士）。此大会耗去人民血汗五十五万（代表之路费在外），何补于四化？我怀疑。话说回头，我这次没有“向隅”，主要是因我乃二大的后补中委，而二大的后补中委除死亡者外，均已升级为中

① 似指民盟中央委员候选人名单。

委，故对我落实政策。仁炳能恢复中委，确不寻常，据说乃谈家桢之力。大快人心的是□□□没有升副主席。陶大镛和我同小组并同搞文件起草，我与之大有分歧，我直觉地诧异他已不是“六教授”之一而变为“民主人士”了，及选举时始恍然大悟，原来是“年青化”的副主席啊！黄药眠有病，虽来宾馆住宿，但没出席会议。他对我说，现在是以叶笃义挂帅，此人没有思想，优点是听话。××劲头十足，他跟我很熟，但此人是海派，你对他不可全抛一片心。因你信中提及他，似常有联系，故提请留意。

……我羡慕你和宗藻的西南之行。花溪清华中学的山庄，你一提，我完全记起。我还记得我返贵阳城内专搞《星期》后，你（或许是达富）写过一篇抒情小品《山庄寂寞了》怀我，我因文中对我有溢美之词，未曾发表。可惜原稿已失。我也想重游花溪，民盟贵州主委唐弘仁是我旧政协时《民主报》同事，前不久面谈中诱劝过。你暑中去长春经京小住，好极了，望事先函告，以免我届时不在京，我曾允诺青岛友人去避暑。你曾批评我信写的太长。有什么办法呢？谈心的机会太少，一有即控制不住。从去年公铨寄我的一张你们几位中学同学合照看，你瘦了。愿彼此珍重。宗藻姐不另。

新桂　二月廿一日

此信写毕时，得仁炳2月8日信，他和斯鸣兄不期而会地向你拜年。

2月27日，王锺翰来函谈及成立燕大校友会事，并询陈矩孙近况。

应镠兄：

去年底来鸿迄未奉答，主臣主臣！弟虽从去年十一月中旬移入民院，一搬家，藏书虽不多，明知自有其书亦不知去向矣！七十之年，记忆衰退，一至于此，徒唤奈何！去年底虽与矩孙兄通过几次信，迄今未见复信，又未审其近况何似，殊引为念。上学期每周上课时数多到十五六个小时，本学期仍有十小时，弟自认直是一中学校教师。北京如此，沪上想亦同之，一笑！

此月十二日在新华社餐厅开了一次燕大校友会筹备成立会，到百许人。周游到，并云一俟吾兄来京，驱驾寒舍。正式成立会或在五四返校节。福州之行，务必先与矩孙兄安排好。弟寒假中撰有《陈梦雷与李光地绝交书》一文，近二万字，已交《中华文史论丛》审查中。

敬颂

俪安！

弟锺翰

一九八四、二、廿七

3月，作文纪念张家驹逝世十周年。

《一位为人师表的学者》：

一转眼便是十年了，我还在搞宋代史籍整理工作，深感要把他留下的工作接过来是不容易的，但他的为人、治学的态度却不断地激励着我。我希望这一纪念能使后来者对走在前面的人，多一些认识。①

主持招收研究生面试，为录取人才而不遗余力。刘昶《苍然一树云间立，却忆匡庐十月来》：

随着高等教育的发展，全国研究生招生规模也不断扩大。记得有一天，我和虞云国等一起去看程先生，谈起相关的话题，程先生说，你们如果能够再学习几年的话，对将来专业发

① 《流金集》（诗文编），第256页。

展会很有帮助,我会和系里和学校里商量,让你们读在职研究生。这样,虞云国、杨康荪、范荧和我跟程先生读宋史研究生,周育民跟魏建猷教授读中国近代史的研究生。①

虞云国《程门立雪记》:

这时,先生已招了几届宋史研究生。他认为,在高校教研还是应该提高学历,就让我们都考他的在职研究生。1984年,他一下子招了八位研究生,包括本科留校的刘昶、范荧与我。于是,我们在程门又开始了研究生学习。研究生期间,先生自己讲过中国古代史研究方法,还请邓广铭、王永兴、胡道静、苏渊雷诸先生来做专题讲座。邓先生讲他的宋史研究,王先生讲敦煌吐鲁番文书与唐史研究,胡先生讲他新创的"广谱目录学",苏先生则讲中华民族文化精华。②

朱易安《血写文章论本原》:

1984年,我考入上海师范大学古籍整理研究所,同年录取研究生中,就我一个人是中文系出身的。因我已经开始对唐代文学有兴趣,应镠先生就请陈伯海先生作我的导师,当时伯海师已经去了社科院文学所,但仍然兼着上海师大古籍所的副所长。③

方健《师恩绵深教泽永被》:

一九八四年,是我考研的最后一次机会。复试时,我心中忐忑,程先生似乎看出我有些紧张,就先和我聊家常,接着说,你考试成绩不错,但进校后必须补上世界史课。回到

① 《纪念文集》,第346页。
② 《纪念文集》,第325页。
③ 《纪念文集》,第349页。

盱眙后，我望眼欲穿一直在等待寻取通知书，但等来的却是不录取的坏消息。原因是"政审不过关"。一生坎坷、被错划为"右派"对我有深切的同情的程先生曾多次为我据理力争，想尽办法说服学校研究生处录取我，据说还曾找过校领导。程先生在我落选后，曾来过一信，语重心长嘱咐我，千万不要轻易放弃未来的学术追求，并鼓励我明年以同等学历报考邓广铭或徐规先生的宋史博士研究生。又在 1985 年，分别主动为我写了两通推荐书。①

初夏，赴京参加全国高等学校古籍整理工作会，特地前去探望沈从文。

为古籍研究所引进中年宋史专家朱瑞熙。

张邦炜《一位对宋史研究有特殊贡献的长者》：

我在上海师大编审《大辞典》期间，程先生不仅作主引进了萧功秦等青年才俊，而且正千方百计将朱瑞熙从中国社科院近代史所调到上海师大，并准备让贤。程先生与朱瑞熙既无师生情谊，从前又无交集，看重的是他的学识。我后来致信程先生，将他盛赞为"韩荆州"，并非溢美之词。②

王松龄《忆恩师程先生》：

朱瑞熙先生是国内外宋史研究界公认的著名学者，中年精英，年富力强，程先生十分赞赏朱先生的学识功力，在当时人才流动非常困难的情况下，千方百计把朱先生从中国社科院近代史所"挖"到了上海师大古籍所，为自己淡出古籍所预作准备。程先生为此克服了哪些困难，从未听他说起过一言半语，我只记得，当时上海师大为引进高级人

① 《纪念文集》，第 273—274 页。

② 《光明日报》2016 年 4 月 7 日《名家》。

才，在新建的宿舍中预留了两套，程先生为朱先生成功争取到其中一套。印象中是教工22宿舍的一套小三室户，在当时上海人均4平方米的标准下，实属难得。①

6月16日，李家骥来函汇报在古典文献班的教学情况。

应镠同志：

知道您北京回来很疲劳，我也急于把同学考卷阅毕，所以不来打扰您了。现在考卷已阅毕，只有八卷评语还要仔细推敲，所以写信给您汇报教学情况。

首先感谢支持我在讲台上讲我的学说，我知道这是冒着政治风险的，不知道是否已使您遭到了麻烦。我是经古文学派。经古文学派为官方经学压制了二百年，终于取得了胜利。现在两汉官方经学已失传了，就是何休《公羊解诂》，也是公羊学派的在野派，官方严颜公羊学已找不到影踪。我向青年学生讲我学说，到处受到欢迎，增强了我的信心。只要我的著作能流传到后世，我相信必能成为古代史学的主流，希望得到您的支持（我的道路是不平坦的，会有硬的和软的办法对付我，但要我上圈套，也没有那么容易，我们都是过来人了，我相信您也不会受骗）。

同学学习积极性很高，这次考卷就是证明，许多同学都尽了很大努力来完成作业，虽然同学在理解上有困难，估计有三分之一同学不理解，另三分之二理解程度也不等，这也是正常情况。我自己在学习时开始也不过理解一部分，经过多年反复阅读思考后，才懂得多些。在理解困难方面，语言文字方面不是主要的，基础知识不够，而有些人事上微妙关系，还不是青年人所能懂得，学习必需反复进行，并在人事历练方面取得

① 《纪念文集》，第317页。

经验。我相信只要有学习积极性,一定能成材。……

这次教学最大遗憾:是我重新开始《春秋左传》研究时间太短,仅写好社会制度变革部分讲义。今后我想把天文历法、历史地理、婚丧礼制等分段写成。这个学期在从事天文历法研究。自日本新城新藏博士用近代天文科学研究中国古代天文历法以来,开创了科学研究的新局面。令人遗憾的是,五六十年来这方面研究并没有跳出新城新藏的圈子,中国古代历法学家的研究成果给忽视了。如唐代一行大衍历议,说周晋齐郑用夏历。《左传》上历日很多是夏历历日,而从杜预到新城新藏编排春秋长历都是用鲁历编排的,常发现是月无此日,以为经传误。可见这方面还有很多新问题可以研究的。现在苦的是图书资料问题。有很多书及论文难于读到。再次感谢对我的支持,并祝

康健。

李家骥

84.6.16

6月30日,此前以段念兹事致函原上海师院领导陈云涛,次日接其来信:

应镠同志:

多年不见,前闻起居失调,未审已完全恢复健康否?时在念中。按手书:得悉段念慈先生逝世后,家境萧条,同深伤悼。师院酌情抚恤,似有必要。兹特函请党委负责同志考虑,倘得邀允,亦大好事。专此顺颂

健康!

(内函烦转发)

陈云涛

1984.6.30.

9月13日，赵荣声来函，催促为《“一二·九”在未名湖畔》撰文交稿。

流金兄：

四日手书拜悉。人生如白驹过隙，昔日戏言身后事，今朝都到眼前来，我目前正在抓紧时间，编一本《“一二·九”在未名湖畔》，十二月付排：写一本散文，略似黄秋耘的《风雨年华》，也回忆“一二·九”，不那么资料性质，稍有生活气息，三四月间付印。这样，我就对得起“一二·九”五十周年了。老态日增，高血压之外又发现糖尿病，自然规律无法抗拒，能留下多少文字，就应当尽量留多少，多多益善。《……湖畔》一书，目前有七八人写稿，有些需要帮助修改，劳动量很大，你所答应的为此书写的稿子，望速掷下，不要对此伟大运动不留记念。昨赴北大图书馆翻旧《燕京新闻》，所抄材料中有两条对你或有用，附上。

我们将于十月中赴桂林一游，然后到广州小住，行程约一个月。对于编纂工作有点妨碍。有机会出游，也不能不去。明年春季，还要下江南。

《回忆卫立煌先生》已看校样，请丁玲、刘向三作了两个序，共三十万字，出版当在不远。其中的一章已刊于《纵横》本年第二期。

已给冯健同志去吊唁信，《卫》书中写其五事不少，未能让他看一下，颇为遗憾。祝
合府平安。

荣声　九[月]十三日

10月22日，以研究会秘书长身份赴杭州大学，协办中国宋史研究会第三届年会，并代表秘书处作四年来的工作报告。有题为《检阅·交流·促进》的报告提纲：

一、本会八〇年十月在上海成立,迄已四年。八二年十月,年会在郑州召开,这次已是第二次了。会员增加约为一倍。成立大会时,出版了一册《宋史研究论文集》,第二次年会,又出版了一册。成立会和第一次年会,论文都超过五十篇。这次年会,论文将及百篇。我们认为,每两年一次的学术活动起了极为有益的交流作用,同时,也是宋史研究工作的大检阅。

二、第一次年会时,不少同志建议出版《宋史研究通讯》。经过一年多一点的准备,在今年之初出版了第一期《通讯》,讨论宋史研究的问题,交流宋史研究和培养研究生的情况,刊载对会员有用的资料索引和名[书]目索引,揭示整理宋代史籍中的问题。这份《通讯》除分寄会员外,还赠送给有关学校的历史系、宋史研究室、资料室,多省市图书馆,社科院历史所……读者的反映是良好的。但这份《通讯》应当怎样办?我们过去没有讨论过。现在出了两期,应当请大家发表意见。

我会还处于筹备阶段,邓先生和我就接受了中国社会科学院历史大辞典编纂处的委托,主编《大辞典》中《宋史卷》的任务。研究会成立之后,我们即和有关单位协商,在研究会员中组织编写队伍,只用了一年另四个月的时间,便完成了编写和基本定稿的工作。这就是八二年的四月。这本《宋史卷》,不久即可出版。我认为它必将为学习宋史和研究宋史的人所欢迎。十多年前,上海师院开始《宋史》的标校工作,曾经遇见不少困难,其中,极大多数是名物制度的问题。弄清楚这些问题,曾经费了不少时间和精力。现在,这些问题,大多数都可以在《宋史卷》中得到简略而确切的说明。我们会员中,有不少认真的、务实的学者,把他们组织起来,可以为宋史研究作出出色的贡献。八二年编成、八三年才得出版的《北京、上海各大图书馆所藏宋人文集目录》就是为整理宋人文集编成的。研究宋史的资料,文集还是一个没有开拓的领域。我们认为本会在这方面可以起一些组织促进的作用。

三、四年来,我们是做了一些工作的。我们经费来源是中国社会科学院的补助。这种补助,全部在开成立会和年会中用光。成立会是在师院开的,师院当时答应可以用一万元以内之数。八〇年结束,师院补助的钱剩下来甚多,但按照财务制度,这笔钱烂掉了。八一年至八三年,我们先后印了《宋会要备要索引》《宋人文集目录》《宋史研究通讯》,都是重新由师院批准在科研费中报销的。会费收入用于邮电、笔纸之费,可能还不足。

《水调歌头·宋史研究会三届年会有感》:

底事不得脱,翘首问青天。不知创业艰难,长愿月儿圆。却忆京华旧侣,关心故国兴亡,谈笑斥投鞭。茫茫人世事,犹幸履冰坚。　　惜春秋,论宋史,已四年。不应有恨,缘何名位苦纠缠。白发苍然老矣,清愁缕缕如丝,惆怅亦无边。介甫与君实,争执损安眠。

曾维华等《中国宋史研究会初创期的程应镠先生》:

宋史研究会受中国社科院经费资助,起初每年三千元或四千元,后来几年增至五千元。会员每年会费一元,偶尔有单位或海外学者购买秘书处编印的《宋史研究通讯》,秘书处所有运转经费仅此而已。也就是说,程先生以总数不到4万7千元的经费,维持了研究会秘书处差不多十五年的运转。即便考虑物价因素,这也是相当不易的。程先生不止一次说,研究会的钱,每一分都不能乱用。一次,他让范荧寄邮件,特意拿出五角钱交代说:“其中几封是我的私人信件，不要用研究会的邮票。”在程先生严格要求下，十多年中，研究会经费账本无论是谁经手，账目都一清二楚，经得起任何检验。研究会成立之际，就确定了每两年举办一次年会的基本意向，理事会总是在年会期间确定下届年会的承办单位和会议地点。会后，秘书处便负责发放通知，确定与会名单及个人信息，汇总提交的论文题目等，及时与年会承办单位沟通与协调，并从有限经费中拨出一定的资助款项。1982年郑州年会，由河南省社科院历史研究所出面召集，当时程先生正卧病休养，就派他的助手王松龄全权代表秘书处与程先生，带了资助经费先期赴会，全程协助主办方的主要会务工作。1984年杭州年会，程先生亲自赴会，秘书处不仅划拨出当年中国社科院的全部资助经费，还派出七八人的会务组，协助杭州大学共同工作。①

11月10日，在中国魏晋南北朝史学会成立大会上与王仲荦、田余庆、何兹全、吴泽、谷霁光、周一良、唐长孺、韩国磐、缪钺、谭其骧、熊德基同被推举为顾问；赴无锡参加中国历史大辞典编委会会议。

李培栋《魏晋南北朝史缘·自序》：

1984年秋，中国魏晋南北朝史学会在成都成立，我非常兴奋地去参加会议。这次成立大会是中国魏晋南北朝史研究的一件大事，程师当然十分关心，只是，这时他已在病中，又在忙着行政工作，因此未能参加，我和严耀中同志回来告诉他会议的种种情况，并说曾代表他去拜访过一良先生，一良先生在大会讲话时也曾特别推荐过程师的《南北朝史话》，说：这不是一本一般的史话，值得好好阅读，书里可以

① 《纪念文集》，第281—282页。

> 说无一句话无来历，有很高的学术价值。程师听后高兴地笑起来了。①

11月16日，出席《中国历史大辞典》编委会会议，介绍《宋史卷》编纂情况。

12月，致信赵洛，托其催历史博物馆归还借展的吴晗信函。

《忆程应镠兄长》：

> 这些年我因编辑邓拓提出的"北京古籍"，也做点校古籍工作。我是后学，正想向他学习请教。1984年秋，到扬州开一个整理古籍的会议，经杭州，写信给他，说即来沪聆教，再听听他的漫话。可是后来因事没有去沪。他于12月20日回我一信，这是惟一保留下来的纪念了。信中谈他邀请王锺翰、邓广铭去沪讲学，又叫我催促首都历史博物馆归还曾借去吴晗致他的信。原先是因我的介绍，应镠兄才借给博物馆作吴晗生平展览用的。②

年末，与邓广铭共同主编的《中国历史大辞典·宋史》出版，收到样书时，自言"似乎又经历了一次青年时代完成一篇创作时的那种喜悦心情"。

谈宗英《缅怀程应镠先生》：

> 又经过校阅清样等一系列繁重具体的工作，《宋史卷》终于在是年年底问世，全书近六十万字，仍然是专史卷的第一部。出版后得到史学界一致好评，荣获1986年上海哲学社会科学优秀著作奖。③

---

① 《魏晋南北朝史缘》，第3—4页。

② 《京城偶记》，第254页。

③ 《纪念文集》，第303页。应是"断代史卷的第一部"，专史卷第一部为上年出版的《史学史卷》。

1984年与王永兴在上海师大校园

是年，邀请邓广铭、王锺翰、王永兴、苏渊雷等名家来上海师范大学讲学，以贯彻其历来的主张："我们学校虽然不是第一流的，但如果多请一些第一流的学者来讲学，我们培养出来的学生也可以达到一流的水平。"

王永兴《怀念应镠》：

有一次在他的书房里，他取来陈寅恪先生的《寒柳堂集》，我们共同阅读《赠蒋秉南序》，读到："虽然，欧阳永叔少学韩昌黎之文，晚撰《五代史记》，作《义儿》《冯道》诸传，贬斥势利，尊崇气节，遂一匡五代之浇漓，返之淳正。故天水一朝之文化，竟为我民族遗留之瑰宝。孰谓空文于治道学术无裨益耶？"这一段，应镠提议，再读一遍，各自背诵。我们背诵流畅，应镠更好。琅琅之声，响彻于小楼内外。接着，应镠执笔铺纸，振笔疾书八个大字：贬斥势利，尊崇气节。字如其人，挺拔豪放。我们看字，相视而笑。寅恪先生这八个字，不仅是对蒋秉南先生的教诲，也是对先生所有门人和正直的中国知识分子的教诲。应镠在西南联大听先生讲课，应镠一生真正做到这八个字，无愧于这位一代宗师的教诲。①

李锦绣《王永兴先生年谱》：

冬，应程应镠之邀，到上海师院讲学十天，为上海师院历史系和古籍所的青年教师与研究生及华东师大等校来旁听的学生开课，讲"唐代前期行政效率与法制关系""敦煌吐鲁番文书与唐史研究""小自耕农经济与唐代前期的富强""唐代勾检制""怎样进行敦煌吐鲁番文书研究"五个专题。还与程应镠商议准备在上海师院建立敦煌吐鲁番文书研究

① 《纪念文集》，第239页。

室，作为在上海开展敦煌吐鲁番研究的一个基地。住在程应镠家，与联大老友王勉及应镠夫人李宗蕖劫后重逢。①

编年文　《一位为人师表的学者：纪念张家驹同志逝世十周年》《杂谈宋史研究》《谈历史人物的研究》《论林逋》

编年诗　《甲子新春试笔》《宋史研究会三届年会有感》

1985年　乙丑　七十岁

年初，作诗怀念老友民盟原市委主任委员、经济学家沈志远，深寓感慨。6月17日致吕友仁信亦录之寓意。

《沈志远同志逝世二十周年》其一：

吞声二十载，风采忆当年。议论三君少，文章小子怜。照人肝胆热，忧国志行坚。曾与艰难共，凄凉陋巷篇。

6月17日致吕友仁信：

友仁，五月在杭州，就听见你已有新任命。当时就很高兴，你们那个学院的领导，还是有识力的。我希望你全心全意把中文系办好，改革声中，办好一个系可能性是很大的。

沈志远同志逝世二十年，我有诗纪念他，还是有些感慨：

论事曾经掷地声（三六年在北平与陶希圣、杨立奎辩论，极受学生拥护），明时复作不平鸣。难忘会海凄凉地，长恨文坛草木兵。侃侃屡箴贵自反（在颛桥学习，屡谓我当重自我批评），铮铮更鄙逐时名。吞声廿载终能问，谁与庄周齐死生。

我的心境，是不是也可窥呢？

匆匆问好。

应镠，六月十七日

① 《通向义宁之路》，第521页。编者按：是年10月上海师范学院已改名上海师范大学。

1月5日，在古籍研究所主持“宋代思想资料辑录”工作会议。

1月16日，王锺翰来函询及赵洛赴上海师大古籍研究所讲学事。

流金兄：

去冬承招讲课，备蒙优遇。感愧交加！刘子健兄过沪，行色匆匆，谅已晤面矣。

此次来沪，不但叨扰嫂夫人之善遇，而令嫒为我采购稀见之物，甚获好评，不愧大有父风者也。

北京古籍出版社总编赵洛同志原有来沪讲学（古籍整理）之意，不知您所于三四月间一邀请否？如有可能（或时间上可另安排），即请与其直接联系可也。即叩

冬安！

弟锺翰上　一九八五、元、十六

2月27日，原上海师专校长刘芳来信评价《中国历史大辞典·宋史卷》，反思多年“折腾”对中国知识英才的伤害。

应镠同志：

新春好！

日昨接辞书出版社受你委托寄赠《中国历史大辞典·宋史卷》一册，十分感谢！

我历史知识浅薄，但深知宋史的分量，从1949［1979］年开始计划出书，历时五年，收集词目近4 800条，竟然印出《宋史卷》，你们主编和编委们劳动的艰辛可想而知！也反映出三中全会以后中国知识分子光和热重新迸发的好景象！在你身体欠佳的岁月，还取得这样的成就，特向你致敬与祝贺！

几个月前，你在师院院刊上写的悼念张家驹先生的文

章,使我对张先生的品德与学识有进一步的认识,更加深了对他的尊敬与怀念！多年来反覆“折腾”,损害与葬送了多少在中国这块贫瘠土地上不屈地成长起来的英才。这种历史的教训永远值得汲取！

匆匆不尽,祝你全家健好！

宗蘖统此不另。

刘芳　2.27.

3 月 3 日,熊德基收到赠书,驰函致谢,兼述自己的困惑与苦衷。

应镠兄:

你好！今天收到《百科全书·宋史卷》①,谢谢你！

比起来,你比我多受了二十年的折磨,但我感觉到你自“文革”后期校点《长编》以来,这些年你的学识成就却大有贡献。我至今没有写过一本书——说起来,我无日不读史(除“文革”前四年无从读书外,后几年则以读《马恩全集》为事。当然,对我的思想认识以及对中国历史的看法,大大有帮助,看问题比以前深刻了一些),仅写了三篇文章,虽多得好评,但事实上,我多年想写的,特别是近七八年刻刻在心想写的专著《中国封建专制主义对中国历史发展的影响》,却至今心有余悸未敢下笔。你可从我一些读史诗推想:如故[果]写成了,有哪里能出版？即使出版了,后果又如何？……

再谈。此候

俪安！

德基 85/3/3

① 应是《中国历史大辞典·宋史卷》。

3月8日，周一良收到《中国历史大辞典·宋史卷》赠书来函，述及张家驹夫人赴京到访事，兼盼故友以余暇兼治魏晋南北朝史。

应镠同志：

承赠《历史大辞典·宋史》册已由出版社寄到，感谢之至！前者永兴同志带来您在贵校校刊所载记载家驹兄文，情文并至，感人良深。夏间家驹夫人曾偕其孙男来京，去舍间盘桓数日。小男孩聪颖沉静，前途大有希望，家驹可以瞑目矣。耀中同志近有信来，请转告他，引用我的话无意见，只是未必中肯耳。我兄想继续宋史研究，魏晋南北朝史尚有余暇从事否？我近来体力虽未大衰，记忆却锐减，悟性更差矣。不一一，即致

敬礼。

弟一良谨上

八五，三，八

李、严两同志①问好。

4月23日，熊德基来函，再评《中国历史大辞典·宋史卷》，并请寄赠或复制师院学报所刊论武则天文。

应镠兄：

你好！《范仲淹传》已脱稿否？历史所也有一个中年同志在写同样的书（印象是个通俗读物）。他也知道你正在写此书。

《百科全书·宋史卷》早已收到。我翻阅了一些条目，倒不错！（我对《全书》一开始即无兴趣。因主持者纯是外行。也没见过日本人的《东洋历史大辞典》《世界历史事

① 指李培栋、严耀中。

典》或《英国百科全书》以及美国的《现代人物传记》《清代人物传记》,根本不懂行情),比我估计的要好得多。可见你对这卷书费了不少精力。……

据闻有一篇关于武则天评价的文章,刊于《上海师院学报》的83年第一期上。我很想看看。(即使对我的文章有批判,也不会针对这文作者反驳。请放心!)不知能弄到一册寄赠否?(不得已,也请复制一份。)今年传闻四川广元县要开武则天讨论会,(因自郭老发表"武则天生于利州论"之后,地方当局当然有兴趣。)不过我不知道由哪个组织或专家主持。但我无论是否被邀,我不会去!因不便对地方当局"反唱调"。我既不同意生于利州,也不能改变我的评价。不过这个会的论文,我倒想拜读一遍,也许能改变我的评价的错误。……

匆此。并请

俪安!

弟德基 85.4.23

4月30日,陈志让自加拿大来函,致谢赠书,兼述近况:

应镠兄:

今天收到您寄来的《历史大辞典》宋史部分,非常感激您的老友深情。

去年在上海两天半,简直抽不出时间来拜访您们两位,希望您们不要见怪。今夏到北京,不到上海,又没有见面之缘。望您们好好珍摄,也许明年见。

还有两年我就退休了,学校留我再教两年半时间,到1989[年]完全退休,时年六十八岁。退休后住此或住英国伦敦,还没有定,到那时再说。今夏我先到巴黎,然后到北京,然后回到维也纳,最后到伦敦看我女儿,回家已是八月中旬了。

问候您们两位，家里的人，和上师的朋友们。祝
教安。

弟志让上
四月卅日

春夏之际，筹划编纂《新宋史》，在古籍研究所召开的编纂座谈会上指出："编写大型《宋史》，开始拟议，已近两月。这是一件大事，要有远志，有决心，通力合作，才能完成。旧史按照我们要求都需改写，宋史尤然。改写的目的，就是使之恢复原来的样子。这当然是不容易的。"其后不久，即亲拟编纂计划，向学界同仁广泛征询意见。约与此同时，还准备上马编纂《宋史大辞典》。兹录《〈新宋史〉编纂计划》（讨论稿）：

一、四百九十六卷的《宋史》，在二十四史中，最为人所不满。有不少人曾经打算重作，也有所谓的《新编》立于书林中了。但这个《新编》，比旧史更不行。就史料的丰富来说，《宋史》在二十四史中可能是比较可取的一部。我国马克思主义历史学的任务，应当是重新研究我国有文字记载以来的历史，恢复它的本来面目。对于两宋历史，也应该是这样。

两宋历史，在我国历史中，具有特殊重要地位，其文化实亦为我国文化之瑰宝，对我们的影响很深很大，重新编写一部宋史，有助于建设具有中国特点的社会主义精神文明。

为此，我们集中了本校古籍整理研究室和历史系从事宋代史籍整理研究同志的力量，并邀请部分校外宋史研究作者，打算以十年时间，编写一部《新宋史》。

二、这部《新宋史》拟分政治卷、经济卷、军事卷、文化

卷、学术卷、科技卷、道学卷、文艺卷、民族卷、对外关系卷。

政治卷分九篇:建国篇:包括柴荣死后后周形势、赵匡胤生平、陈桥兵变与斧声烛影、真宗的崇奉天书、英宗入承大统以及南宋几位太上皇、宋代皇位继承的不稳定。统一篇:包括北宋统一经过,统一的策略及兵不血刃。大量采用《世家》中的材料,可写钱氏的观望、犹疑,李煜的愁似春江,写太祖、太宗对灭国君臣的优遇与监视。君臣篇:君臣关系,在我国封建社会中是最为重要的,太祖不杀文臣之戒,杯酒释兵权之策,两宋均谨守之。庆历新政和王安石的改革,台谏的地位,相权的分割。北宋代有名臣。南宋岳飞、文天祥,一死于高宗之手,一死于元世祖之朝,忠君、爱君表示[现]于一些著名政治家、文学家的行事;范仲淹、苏轼、陆游……旧史列传中主要名臣。和战篇:包括辽夏宋鼎立之形势。北宋亡于金,南宋亡于蒙古。和与战,关系两宋的盛衰。契丹、女真、蒙古、党项昔日与以汉族为主的宋都是敌国。农民篇:农民的地位,农民起义、兵变,抗金与抗蒙斗争;刑法篇;科举篇;铨选篇;职官篇。

经济卷分十三篇:地理篇:包括自然地理与经济地理,旧史中所述沿革;户口户等篇:包括役法;土地篇:包括所有制。水利篇;农业篇;手工业篇:包括坑冶、纺织、陶瓷、笔砚、纸墨制作、造船……;商业篇;交通篇:陆运、漕运、海运;镇市篇;税收篇;货币篇;茶盐酒矾篇(或专卖篇);度量衡篇。

军事卷分五篇:兵种篇;兵器篇;招募训练篇;兵法篇:军事思想、军礼、阵图、《武经总要》及《武经七书》之编辑均入此篇;士大夫言兵。

学术卷分六篇:经学篇;史学篇;金石、目录、考古篇;地理学篇；声音训诂篇；佛学篇。

科技卷分四篇：数学天文篇；医学医药篇；农学篇；科技科学篇包括营造法式、印刷、航海……。

文化卷分九篇：礼俗篇：祭祀、婚丧、宗族；宗教篇；学校篇；书籍篇；建筑篇；饮食篇；服饰篇；游艺篇。

道学卷分五篇：天人篇；性命篇；理气篇；义利篇；传播篇。

文艺卷分五篇：文学篇；音乐词曲篇；书学篇；绘画雕塑篇；戏剧舞蹈篇。

民族卷分四篇：吐蕃篇；荆湖诸族篇；川黔诸族篇；广南诸族篇。

对外关系卷分五篇：东北诸国：高丽、日本、渤海、定安；南方诸国：交趾、大理；东南诸国：真腊、丹流眉；西域诸国：于阗、高昌、回鹘、龟兹、沙州；西方诸国：天竺、大食。

其后，胡道静、吴天墀、龚延明、王曾瑜、陈智超、关履权、李家骥等来函贡献建议。

胡道静来函：

程老钧览：

您好！

奉读《新宋史》编纂计划，十分高兴！这是我们新史学建设的一项重大工程，我感觉到它的写成，不止是一新《宋史》的面貌，必然要成为按照新标准撰写我国历史上断代史的典范。

规划得很周密。这个间架就使人耳目一新，并且感到新著的重要意义了。我没有什么能贡益的，只有两点刍荛之见，姑作野人之献曝，乞批正之。

（一）金石、目录、考古篇我意把它分成两篇，即金石、考古篇与目录学篇。理由是两宋的目录学有突出的贡献，有丰富的成就。这是放在整个的(自汉迄清)古典目录学发展史中衡量出来的。我认为，我国古典目录学发展史有四个划时代的时期，即：

a 西汉：创造了古典目录学的“七分法”；

b 西晋：改进“七分法”，创立了“四分法”；

c 两宋：两宋的公藏书目都做了提要，即《崇文总目》与《中兴艺文志》；南宋的私藏书目亦做了提要，即《昭德先生郡斋读书志》与《直斋书录解题》；尤袤的《遂初堂书目》创立了纪录版本的规范；郑樵《通志·艺文略》奠定了分类法第三级精密区分方法的基础，又概括了校理图书的技术方法，著《校雠略》奠定了目录学的理论基础。

d 清：古典目录学进入全面的精密发展时代。

(二) 技术科学篇里一定要强调两宋机械制造重大创造发明的特点。现在已知道的，至少有两项了不起的机械发明影响了整个人类的科学与文化，其一是水运仪象台中的“擒纵器”，这个“擒纵器”机械装置实际上就是后来西方钟表制造中的枢纽部件“发条”的先驱，李约瑟证明西方的“发条”受到“擒纵器”的启发；其二是南宋时改进的“水排”(运用水力转动机械作功于鼓风炉和熔铁炉，使用于冶金工程)创造了两项重要的机械装置，就是双作的活塞抽气筒(即“风箱”)和曲轴、连杆和活塞杆组成的内部转换运动和直线往复运动的标准机件组，而西方在十八世纪初年以前只有单作的即波义林式的抽气机，在十五世纪以前是没有由曲轴、连杆和活塞杆组成的标准机件组的。由于中国“水排”经丝绸之路西传，其间的两项重要机械装置启发了瓦特在创造和改进蒸汽机时解决了难题，部署为关键性的器件，取得了伟大的成功。实际上，我国宋朝的机械创明“水排”

立下了汗马功劳。可是过去是不为人们所了解的。

说得太噜嗦了，耽误您时光，十分抱歉！

敬颂

研安。

弟　胡道静上

1985年6月24日下午9时25分

吴天墀来函：

阅读了《〈新宋史〉编纂计划》，很赞赏您们的宏图远志。宋史研究并整理成为一部较适用完备的书，是迫切需要的。

您们编纂的体裁，是用类编的办法来汇集较丰富的资料，可供稽检，免流于空谈，是可取的。但在编纂组织上可能要多费气力，这点希望多想办法，划一体式，互通声气，使全书安排能收紧密协和之效；同时分写同志，要署名以专责成。

所拟篇目，综揽一朝史事大纲，足见考虑周到。粗阅后有点不成熟的意见，也附列于下：①政治卷的刑法篇，可否改成法律篇，更能包括一些；②宋代城市发展，出现了新的内容和风貌，经济卷的镇市篇，可否改为城镇市集篇；③美术工艺在宋代颇有成就，在文化卷中可否加上此目？④道学卷分为天人、性命、理气、义利等目，这些旨义互相牵连，分别论述，易流于烦琐空洞，道学精义，本在实践，不在言谈，我以为从其产生原因、学派构成、对政治社会影响……等方面阐述为宜，未知有当不？⑤民族卷和对外关系卷，可能会引起读者产生疑义。本书显然是编写的宋朝史（而非宋代的中国史），宋朝既与辽、夏、金、蒙关系密切，似应就契丹、党项、女真、蒙古以及西北地区的回鹘族，加以叙述，以见当时中国大地上的民族分布和势力活动情况。对外关系卷中有渤海、大理、于阗、高昌回鹘、龟兹、沙州诸细目，此虽系就宋朝的对外关系而言，但把这些小政权与许多“外国”等同对待，容易造成错觉，是否把它们放在民族卷中较妥，请斟酌。我现因目疾，阅写不便，未能深思，草草写了一点粗浅的意见，不当之处，希加鉴谅。此上

上海师范大学古籍整理研究所

并候

程应镠先生

朱瑞熙、许沛藻、王松龄诸同志好！

吴天墀敬上

1985.6.13，成都

6月6日，钟开莱自杭州来函，告知日内将到访上海，附寄在杭诗作。

应镠：

杭州是个好地方（还得住园林区），一早噪雀惊晓，鹧鸪报雨，还是半世纪前光景。

可惜明天要到上海，据说住锦江，本拟奉访，恐交通困难，请你先打电话一问。此次系贵校①数理统计系何声武接待。

在北京访沈、张二次②，沈老尚能笑语。你们有何新吉？祝好。

钟开莱上

6/6

① 应是华东师范大学。

② 钟开莱此次往访沈从文，吴世勇著《沈从文年谱》失载。

门外青山如屋里，东家流水入西邻（此地真有此景）。闭户著书多岁月，种松皆老作龙鳞（夫子自道）。

8月2日，为完稿的《范仲淹新传》作《自序》。

7日致函郭心晖，述及完稿之际的心情。

心晖：

读你的诗文总是很愉快，虽然这回读的很匆忙。几个月来，忙着完成《范仲淹传》，现在算是交卷了。这本传写了六年，八〇、八一、八二在楼钥《年谱》的基础上作资料长编，八三开始写，断断续续写了两年半。研究历史人物，我有许多想法。芝联好像在这方面也有兴趣。抗战开始那一年，我在武汉大学，不想上课，天天读外国人的传记，萧乾那时也住珞珈山，也是读传记。欢喜历史的人，大概和人物传记总是有缘的。

今年四月，去杭州开会两天，住柳浪宾馆。这个地方旧为清波门外，学士桥就在它的旁边，虽然现在完全废弛了。我两大早晨就在桥边漫步，有口占一律，颇有点野人心情：

杭州四月濛濛雨，漫步清波学士桥。林木幽深思见鹿，湖波摇荡似闻韶。依依柳浪莺初啭，隐隐青山梦尚遥。独上高楼怀旧侣，南天北地俱迢迢。

芝联从外国回来了吗？敬问起居安吉！

应镠　八、七

8月19日，顾孟武来访，取去《范仲淹新传》全稿。

8月25日，致函顾孟武，附寄范仲淹画像、手迹与有关图片资料。前曾受聘为《中国人名大词典》编委，至此审毕魏晋南北朝人物全部词条2 000余条。

30日，参加上海市古籍规划小组会议。据《复出日记》，“遇冯契、王勉，谈好了请他们来讲课的事。和中玉坐在一起，但未能多谈。市委对这次会议很重视，芮、江①都参加了，虽然时间不长。”

收到镇江方面来函，邀为纪念沈括逝世 890 周年写文章或作书画，遂为书赠题词：

> 沈括的知识面很广，到过许多地方，做过各种工作，拥护王安石变法而且参加了。他在科学技术上的成就，李约瑟教授以为是我国科技史上的座标。我们纪念他逝世八百九十周年时，在培养人才方面，值得深思。②

31 日，杨讷来访。致信周一良邀请南下来上海师大讲学。

9 月 1 日，抄录 1979 年后自作旧体诗。

9 月 4 日，在古籍研究所研究生开学典礼上讲话，希望他们以振兴中华为己任，立志成为第一流专家。

9 月 5 日，为 85 级研究生讲教学计划，并就读《通鉴》、找史源、使用工具书三个问题发表讲话：

> 古籍整理研究专业，或者说古文献专业。也略有文史之分。但在第一年，课程都是一样的。专攻史学的，今年开始，要分宋史和隋唐史。第一年课程，亦依然不变。第一年读《资治通鉴》。《通鉴》是一部重要历史著作，是中国古代史的百科全书。研究我国古代的历史、文学和哲学，都要读。它主要讲政治史，讲治乱兴亡，但治乱兴亡牵涉的问题就很多。人君的品德，宰相的贤能，大臣的议论，以至女祸、宦官。用人唯亲，还是用人唯贤；对待边境、民族、国家，采取的政策为何；选拔官吏的方法，由荐举以科举；用民力的问题，更是一个大问题。“使民以时”，是我[们]祖先的理

① 指芮杏文、江泽民。
② 《程应镠史学文存》卷首插页。

想。学习《通鉴》的方法,采取的是找史源的方法。《通鉴》中,比较重要的,如党锢,如八王之乱,如淝水之战,如玄武门之变,如藩镇(这是包括裴度和李德裕的平蔡州和泽潞在内),都要找一找司马光是根据什么书写的。《考异》和胡注,在读书时也要注意,也要找一找那些东西的根据。

用找史源的方法有三点好处。1.可以帮助你把重要史实记住。读史是要记的,当然不要死记,方法不对头,硬背下去,对你们已经不行了。2.可以使你多知道一些书,懂得一点目录的重要。也可以知道一点校勘和考证。3.可以使你们懂得司马光对于史料的鉴别和取舍。为什么他取《汉纪》?为什么他用《北史》,而不用魏、周、齐书;用《南史》,而不用宋、齐、梁、陈书?用《旧唐书》而不用《新唐书》?

胡注,是《通鉴》注中最著名的一种。其中也有不少问题。陈援庵写过一本《通鉴胡注表微》,这要读。从这里,可以看到胡三省是怎样古为今用的?古今,是史学中的一个大问题。古与今,有些人要分开,说古就是古,今就是今。实际上,这是幻想。今中必有古,这是常识,衣、食、住、行哪一件事不是这样,不过有多有少,有的可见,有的不可见。以我来说,我的言行,有我的父祖、我的老师、有经有史,等等的影响。这是个人。大至民族、国家、生产、生活、思想、文化,哪一项不如此。你们学的这个专业,当然是要自觉地继承与发展古代的文化。

读这一门课,要根据以上所说的,做作业。上面我讲了要按问题的重要性找史源,鸡毛蒜皮的东西不要去找。要就读的时候,讲不通的地方去找。最近,我看去年入学的一位研究生的作业,他对五代后唐明宗时“命诸道均民田税”这个问题发生了兴趣,查了《旧五代史》,《五代史》记这均民田税甚详,但有这么一句“有嗣者排改检括”,不懂。他又查《五代会要》，这句却为"有词者即排段检括"，他认为这样便通了。我看时，仍觉得不可解，再查《册府元龟》，《元龟》"词"作"司"，有司者排段检括，就讲得通了。

我建议你们：1.重要的史事，要查是从哪些书中采录的。2.弄不清楚的东西，查清楚。3.读不通的地方，查清楚。（往往是因为我们缺乏这方面的知识，如回图、占破之类，也因为印刷时有误字、脱字、上下颠倒之类。）

读书的时候，要经常使用工具书。这回学生作业中，他发现《通鉴》记载和《晋书》不同，《通鉴》作"已吾"，《晋书》作"已吾"。到底哪一书对。我看只要先查一查《地名大词典》就行了。《地名大词典》只有"已吾"而没有"已吾"，解释得也极详细。

9月6日，江西抚州临川王安石博物馆两人来访，荐往上海博物馆。

9月7日，吕翼仁寄赠常州资料。

9月9日，钟开莱自美来函，恣意论诗问史评文品人。

应鏐：

来信附《春日忆李白》甚好。不知为何，庾、鲍两句自天而降，而下文"渭北""江东"完全忘了。人的记忆是奇怪的。乘此考你唐诗两句：

"鹫岭郁岧荛，龙宫锁寂寥"（不算太明朗），工笔诗吧。出于何人，下联是什么？

我的《昆明日记》确是"文以自娱"，能得你欣赏，幸何如之！中间的人物一半死了，无人可寄。只寄给你和沈先生，还有两位不在昆明的朋友。《天下》何人编辑，可否请他寄下一二本，尤其是大作，我可以投稿。此次旅行尚未作记，杭州是老家，应当有些可说。

你是明史专家①,请问嘉靖年间田艺蘅所说"一丈"等于当今几尺?决不到十尺。他的《北高峰》中说"三陟三降,可四百丈许",我小时爬过多次,据外国导游册云,不过一千英呎左右。因此纳罕,请你查明见告。

陆游、张岱都是绍兴人,这次本想去,因时间匆促,改去富阳。严钓座山上尚有新建郁达夫亭,俞平伯1980[年]写的对联。俞教我国文,尚在。你听说我们在上海,是否青岛那个刘函告?实际只五天,忙了两天,你们的地址难找,若无公家的汽车,恐怕去了回不来。中国的交通太差了。我从苏杭发的信,恐误寄华东师大,否则可以早些见面。附照太不好,可题为"模糊中的人物"。

祝你们好。

开莱　9/4

9月9日

此信未发,巧得陈学昭的《浮沉杂忆》(广州花城出版,1980),此书极好,记载详细切实,比钱钟书妻之书高多了。但不知

(1) 你知此人否?《春茶》有未读过?

(2) 目前尚在否,何处离休?

(3) 邵荃麟又是何人?

倘有所知所闻请告。

9月10日,第一届教师节,参加学校庆祝大会。有《教师节作》:

诸蔽今方重,传经昔所钦。出言当可法,有行足为箴。表范人师乐,时序百年心。新秋得赋此,喜极泪盈襟。

---

① "明史专家",应是"宋史专家"记误。

9 月 11 日,邀请徐中玉来校讲课,约至家中餐聚。

当日,周一良来函告知应邀讲学当缓期明年,兼及自己研究近况。

应镠同志:

奉到大札,惶恐之至! 前者与耀中同志谈及,是想在研究工作新有所得后,再到贵校"叫卖",至早恐须到明年了。今年已离京三次(东京、巴黎、新疆),没有坐下来读书,乌敢谈"讲学"耶?

现在拟搞点魏晋南北朝文化史,先从这个时期的史学入手,并试探南北文化之异同。题目较抽象,尚无眉目也。你校亦发展"敦煌学"方面,延永兴同志讲课,是大好事,预祝顺利。并致

敬礼!

一良谨上

八五、九、十一

9 月 12 日,读毕周良霄寄赠的《王安石变法纵探》,认为"在方法上,周文甚佳",致函以答。

同日,致信吕友仁,告知为搞好古籍研究所繁忙工作的情况:

友仁:

收到来信,谢谢。

文章写得很好①。所里决定打印四五十份,给文献专业学生及研究生阅读、学习。文献专业学生讨论,由松龄主持。你的文章不仅说了钱大昕治学,还说了他做人,说得很

① 指《钱大昕及其〈潜研堂文集〉述评》,后遂推荐刊于《上海师范大学学报》1986 年第 4 期。

中肯,而且有深度。

我这些日子很忙,还完了因病欠下来的文债,正在还欠古籍所的债。因为我到所里的时间不多,很多情况不了解,因循过日子,快两年了。《宋史大词典》已上马,两个毕业生助我录词目;今年毕业的那一位,工作更认真,我不禁暗中欢悦。

匆匆问好。

应镠,九、十二

9月13日,往访钱伯城、何满子、王勉,再访冯契,“畅谈甚欢”。

9月14日,熊德基来函询问诗钟有关问题:

《学林漫录》第九辑收到否?所写《诗钟》一文,虽限于篇幅,实亦苦于缺乏材料。如我省文廷式竟不能举出一例。张之洞学富才敏,嗜诗如命,亦找不到实例……此外,录取名额中有一“殿”,遍询朋友及此中高手,人言言殊,亦不知究何所指,不知兄能有以告我否?

9月22日,收到郭心晖寄来韩素音追忆龚澎的译稿,颇有感念。

9月23日,在古典文献本科专业迎新会上讲话,以自己入读燕京大学开场,希望学生树立起学好文献专业的理想。《复出日记》记其事:“下午参加文献专业迎新会,学生二十一人,俱在二十以下。忽忆五十年前去北平入燕京大学事,为学生讲话即从此始。”兹录其讲话提纲:

我欢迎你们来学习这个专业。有一些同学可能有一点勉强,这是不好的。为了国家的需要,建设社会主义精(神)文明的需要,我们要整理古籍,要建立这样的一个专业,而这个专业,又需要考分高的,特别是语文考分高的;这样,我们就不得不把你们挑了出来，使你们感受不愉快。但我敢断言，你们这样的不愉快，将要消逝在我们古老的丰富灿烂的光影里。你们将要[学习中国古代的]文学、艺术、思想、历史、科学。

要学好这个专业是不容易的。“先难而后获”，要经历一些崎岖、艰难，才能有所收获。要立志，要下决心为建设我们的新文化作出贡献。要在这方面成为专家，大学四年，只不过打基础。能立志，就得有理想。没有理想，人活下去就没有什么意义。理想不是天生的，要培养。

是月，聘王永兴为上海师院兼职教授，参与指导研究生。

张剑光《师严道尊》：

我幸运地成了程先生最后一届的学生。研究生开学的第一天，我和俞钢就被程先生叫到了办公室。程先生给我们谈了学校历史学科的建设形势，认为要加强唐代历史的科研和教学，出于这种学术规划的需要，让我们两人跟随北京大学的王永兴先生学习隋唐史。他看出我们俩人面上露出的疑惑，浅浅一笑说，从此以后你们有两个导师，在学校里你们学习上有事尽管来问我。其实那天我们是有点觉得没有跟随着先生学宋史有点遗憾，但完全能明白把我俩托王永兴先生指导的用意，先生并不是从个人的角度来考虑这种安排，而是早早地从学科建设上规划谋局。①

10月1日，李植人来访小住，次日，与夫人李宗蕖陪至桂林公园赏桂，3日，李宗蕖送至市内住处，6日，偕夫人往市内回访，小憩襄阳公园聚谈。

10月23日，去华东师大参加上海大学生史学会，得晤吴泽、

① 《纪念文集》，第366页。

唐振常。

10月24日，王永兴来上海师大，讲学一周。

10月26日，午在去政协餐厅与曾参加颛桥学习的旧友聚会。晚与王永兴应王勉之邀赴其家餐聚，同席有钱伯城、刘哲民、魏同贤等。

10月29日，约钱伯城、刘哲民、王勉、魏同贤来家餐叙，为因陪同来校参观的香港大学文学院长赵令扬难以分身，遂请王永兴代为主人；与赵令扬晤谈，颇及居港的共同友人宋奇。

10月31日，陪同来访的陈旭麓会晤王永兴。次日，与夫人送别王永兴。

11月3日，李培栋、谈宗英在虹桥餐厅为先生祝寿。有感于“匆匆七十，自己还不觉得老，这大概也是我们这一代人的共性”。

11月4日，往访何满子。收到北京出版社寄来《南北朝史话》三版样书，此书五年内发行十万余册，深得读者欢迎，曾先后获得全国爱国主义通俗历史读物优秀奖和全国优秀青年读物奖。

11月14日，与谈宗英同赴广州参加《中国历史大辞典》编委会议。17日，以吴泽来访时谈及抗战时期重庆思想战线上的斗争，遂告以解放前上海“也有甚可说说的这种斗争”。18日，谭其骧在会上就已出版的《宋史卷》，就时、地两大问题提出可供其他各卷为鉴的意见；吴泽来谈家庭史研究的设想。20日，会议组织游莲花山与番禺南村镇。22日，参谒广州黄花岗烈士墓，曾琼碧来访。23日，与吴泽同游镇海楼，参观在此展出的曾侯乙墓出土文物，以为“春秋战国时期，南方文化，当自成一系统，与中原颇不同。观此，益可见”。当日返沪。

11月27日，王曾瑜来访，留饭。

11月下旬，收到伊原弘来函，致谢中国宋史研究会寄赠的书刊，并告知亦将回赠日方论著。

程应镠先生：

拜启。日本正日寒一日，其后不知如何生受。

令人快慰的杭州学术会议已半年过去。其前在京都大学学术会上曾有幸共席，彼时有过令人愉快而怀念的晤谈。

此次再蒙惠赐《宋史论文集》、《宋史研究通讯》四期，不胜感激之至。尤其承蒙介绍吾辈的《宋代的社会与文化》，深感荣幸。《宋代的社会与宗教》，作为宋代史研究会第二集，最近业已出版。意由我们宋代史研究会向贵会寄赠，已另邮寄送。因系船邮，收到或稍许迟缓。

谨此奉告。

伊原弘　敬具

昭和六十年十一月十八日①

12 月 5 日，参加市民盟盟讯编委会会议，晤见陆诒、顾孟武等。

12 月 7 日，参加全国高校文摘编委会会议，对会上周原冰认为“马克思主义基本原理不能发展”，日记以为“可谓无知”。

12 月，赴京参加原燕京大学同学纪念“一二・九”运动五十周年的聚会，据《复出日记》，期间两谒沈从文，成为五十余年师友的最后晤面：8 日，“下午去看从文先生，样子还好，和去年差不多。坐到有客来便走”；13 日“乘一一〇公共汽车去看从文先生。说到毓棠时，他目中饱含着眼泪，四十多年前的日子也蓦然出现在我心中”。

《永恒的怀念》：

八五年冬，“一二・九”运动五十周年，燕京大学当时参

① 原件日文，由编撰者中译。

1986年与沈从文、张兆和在沈宅

加者建议聚会。我于八日到北京。下机之后,即乘车至前门东大街,沈从文先生比一年前精神显得好多了。在那里一直坐到刘祖春来,快两小时,我才离去。南归前一日,又去看他,兆和先生一定要留饭,我因事先有约,不得不匆匆离去,谁知这竟是永别!①

邵华强《恩师程应镠教授与我沈从文研究的点点滴滴》:

那时,为完成社科院资料丛书项目和三联花城的沈从文先生文集,我每年都要去几次北京拜访沈先生。在与沈先生的访谈中,我深深感觉到沈先生总是以程老师为其知己。记忆中有好多次沈先生对我说过,"去问你老师流金",或"问流金"。最早在 1980 年给我的信中也曾提及:"我的性格程应镠先生知道较多,和他谈谈天,或许你会明白些值得明白,可绝不会从报刊上明白的。"从沈太太张兆和先生编辑的几大卷沈先生书信集中亦可看出,程老师是沈先生除家人以外通信最多的挚友。如果把这些信件单独列出细细读来,亦是沈先生 1949 年后心路历程的自述简略。沈先生的历史价值不仅仅在文学史,就 intellectual 史角度视之,也有其独特的风景,而程老师与沈先生的交集,其留存的文字及其他史料,则是其中的重要部分。②

在京期间,与周游、王永兴、熊德基、张芝联、赵荣声、葛力、李植清、柯华、陈新桂、沈自敏等故友重逢。《复出日记》略纪此行聚晤与往还:

12 月 8 日,"九时半到北京,周游夫妇带了松松和阿莲

---

① 《长河不尽流》,第 120 页。

② 《纪念文集》,第 354 页。据邵华强告知,文中所引沈从文信系其私藏,并未收入《沈从文全集·书信》。

的小儿子来接”。9日,“去看新桂、德基。新桂样子还不错,剧谈半日。他对政治极关心,自视不如。德基似比去年又老些,但精神甚佳,饮食亦好。八时前回周游家,边看电视边聊天。”10日,“周游偕往访芝联、黄刊、葛力和荣声夫妇。在葛力和荣声家吃饭,归时已八点。植清来电话,说尚在京,明日去柯华家。”11日,“下午三时与周游夫妇去柯华家。植清先我们而至,她的大女儿晓璐陪着她,植人也来了。畅谈旧事,非常高兴。”12日,“上午去看沈自敏,畅谈。午睡后和周游一道去四川饭店参加燕京同学聚会。晤冯至麟、陈翰伯夫妇、王龙宝,俱近五十年不见。朱焘谱不见面也近四十年。北来之乐,无逾此一夕者。”15日,“去看雍和宫。转至王府井,买《南北朝史话》十三册,分送高桥中学学生。今日约见了俞克钧、孙缘根、傅德明、邹以新、戚婉沁、舒鸿锦、周秀娟①,言谈甚欢。念祖送我回周游家。”16日,“飞机晚一小时起飞。周游送至机场,并摄影。”

12月26日,江西新建县党史组来人访谈1937年大塘读书会事。

12月27日,在上海师大与学生作“一二·九”运动的报告,尤其强调:

“一二·九”运动,教育了我们这一代。抗日战争开始之后,大批学生到延安去,到山区去,在八路军、新四军所在的地方,他们为了民族的独立和人民的解放,驰骋在战场上,深入到民众当中去。解放之后,我重见到我大学时代的朋友,他们在不同的岗位上做各种领导工作。“十年浩劫”中,他们没有一个不受到迫害的,有的坐牢,有的含冤以死。现在,在党和

---

① 以上诸人皆原高桥中学毕业生。

国家的领导人当中,“一二·九”时代的学生已经不是一名、两名了。三十多年前,我们获得了民族的独立,人民的解放,但我们仍然是多灾多难,我们的国家仍然落后,贫困。生产力不大大提高,我国所因袭的封建重担就摆脱不了,我们的文化也就不能发展。这个很普通的道理,长期被忽视。当我回忆五十年前的学生生活的时候,我仿佛是第一次懂得历史,懂得知识分子在我国独立和解放斗争中的作用。

12 月 28 日,与刘佛年等参加上海高校考试委员会关于中学语文教学问题讨论会,发表关于课程设置问题的讲话。兹录其讲话提纲:

教学中的问题很多,我今天只谈一个问题,课程设置。

我们过去有一个错误的认识,教什么,学什么。教历史的学历史,教数学的学数学。事实是教历史的只学历史不行。只学历史,只知道三皇五帝,项羽刘邦。农民领袖是好人,地主阶级头子是坏人。辽、金、夏、蒙古进攻宋,都是侵略。岳飞是民族英雄,可惜镇压了杨幺起义。等等。等等。

在中学里,教历史的教师没有劲,学历史的学生没有劲。校长不重视。重视的语文、数学,怎么样呢?中学生对数学头痛的多,语文学了十年,或者十二年,还是读不懂古文,写不出一篇通顺的白话文。教语文的只学语文也不行。

但是我们的教学计划,课程设置,都是单打一的。历史课是八大块。中文系是古代汉语和现代汉语,古代文学和现代文学。当然,也还都一点点缀。这一点点缀,是后来想变,变出来了。像历史系,有历史的选修课,也有一些历史的辅助科学;也允许学生选一点文学和哲学,和一些自然科学。但单打一的局面没有打破。系与系间,仍是堡垒森严,不是门户开放。教学上是如此,研究方面也是如此。

学校里打算实行学分制。我看了历史系一个材料,这种学分制,只不过是把学时变成学分而已。我认为历史系倘要读一百三十个学分才毕业。历史学科的学分只要有七十个就够了(包括论文),其他六十个,要有文学、哲学、社会科学和自然科学。马克思哲学,现在是必修的。内容要彻底改变。要从古讲到今,使人们知[道]这种哲学是怎么来的,它从前人那里拿来了什么东西,发展了什么东西,有些什么新的东西,又有了什么发展。这样,才可以使学生懂得马克思主义为什么是最锐利的武器,是正确的认识论和方法论。

这样的教学计划培养出来的学生,他讲历史课就大不相同了。他讲春秋战国时代妇女的地位,就会引《诗经》中的"舒而脱脱兮,无感我帨兮,无使尨也吠",就会引《楚辞》中的《少司命》:"满堂兮美人,忽独与余兮目成!"讲哲学,就会将孔丘与苏格拉底对比,就会把刘勰和欧洲那位写写[了]Meditation 的作家对比。康熙皇帝和彼得皇帝一对比,人物、历史也就讲得有血有肉了。沙里曼大帝加冕是在800年,九世纪的初,唐代德宗、顺宗、宪宗,也就是韩愈、柳宗元、刘禹锡、裴度、李愬活动的时代,讲一讲,教室里必定是[有]什么活动[互动的]。

是年,在学校会议上曾就师范教育问题发表讲话。其主旨略谓:

高等师范的重要性,现在似乎逐渐为人们所认识。但什么是师范性,人们还有争论。我们这个学校,有师范性的问题;幼儿师范、师专、幼专也有这个问题。各类的师范学校,都有师范性问题。自有师范学校以来,大概都要讲教育学、心理学。人们以为师范性,就表现在这里。我们这所学校,过去有一种流行的意见,以为只要把中学里各门课程的内容教给学生,就以为合乎师范性的要求。这是不是也有一部分真理呢?当然是有的。但是不是可以说得更确切一点,师范性就是因为我们要培养的是教师。大家也许觉得这样说,是不是简单了一些?我在中学教过几年书,做过六七年行政领导工作,解放前在昆明办过私立中学,解放后当过五年校长。我深深知道做一个为学生所喜欢,所亲爱的教师是不简单的。要培养这样的教师当然就更不简单了。

培养教师,我以为(一)人师(二)知识面广。人师——政治思想教育,道德教育,牵涉到这方面的改革。老一套是不行的,不要抱住辅导员这个制度不放;以我看来,政治辅导员过去也没有起过什么好作用。知识面要广些。二千多年前,礼乐射御书数。琴书,过去的士大夫,范[仲淹]就是琴弹得很好的。我们现在都是单打一。课程设置要改,教学计划要改,系的壁垒要打破。校长要有权,系主任要有权,教师也要有权。这就牵涉到学校的法(规章制度)和人的问题了。聘任要坚持执行,不要瞻前顾后,畏首畏尾。

编年文　《范仲淹新传·自序》《释“吏”》《程应镠自述》①

编年诗　《沈志远同志逝世二十周年》《漫步偶成》《沪杭道上车中远望》《教师节作》

1986 年　丙寅　七十一岁

元旦,有诗追感“一二·九”运动五十周年燕京同窗聚会,当日致李植清信即附录此诗。《十二月十二日夜会宴四川饭店距“一二·九”已五十年念不能忘遂成长句》:

不觉云龙五十秋,白头争说少年游。鸡豚鱼蟹都无味,

---

① 《自述》由《世纪学人自述》刊出已在 2000 年。

好恶恩仇总未休。怀旧岂难惭后死，论心犹与贼同仇。天南地北升平夜，却忆甘为孺子牛。

施蛰存寄赠《探春令》自制贺年片①。

探春令（宋）赵长卿

笙歌间错华筵启。喜新春新岁。菜传纤手，青丝轻细。和气入、东风里。

幡儿胜儿都姑娣。戴得更忔戏。愿新春以后，吉吉利利，百事都如意。

余弱冠时曾以此词歇拍三句制贺年简，以寄师友。赵景深得而喜之，志于其文，去今一甲子矣。景深鹤化，忽复忆之，更以此词全文制柬，聊复童心。奉陈

文几，用贺一九八六年元旦，兼丙寅春正。

应镠仁兄　宗蘽尊嫂

新禧

施蛰存　敬肃

1月13日，为金介甫《沈从文笔下的中国》中译本作序②。

1月14日，写毕大塘读书会回忆，寄新建县委。

1月22日，出席市社联迎春座谈会，与睽隔六年的田汝康晤谈。

1月26日，致函王勉，通报上月北京之行，附录元旦诗作。

勉兄：

这里文学组不要人了，请转曹明纲。北京之行，五十年

---

① 原件竖行。《施蛰存先生编年事录》（下），第1173页。同年同月云："是月，北京端木蕻良收到先生寄赠的《探春令·早春》自制贺年片。"然未录全文。

② 此文刊于《上海师范大学学报》1986年第2期，后作为华东师范大学出版社1994年版《沈从文笔下的中国社会与文化》之序。

前老同学，议论与我大致相同，沈先生和八四年差不多，谈到孙毓棠，两目饱含热泪。韦君宜和我一老友同事多年，其人头之次，不仅伪善而已①。小诗另录②，不知有同感否？

专颂

时佳

应镠

廿六日

这学期上课事，已嘱×××往谒，千请勿却。

1月27日，参加上海史学会会议，与久未会面的郭圣铭、唐振常等晤谈，谭其骧健康状况较两月前所见"似更有改进"。

1月30日，出席市哲学社会科学评奖委员会大会，被聘为历史组评审顾问，会上与徐中玉、龚方震聚谈。

是月起，为撰写《司马光新传》作前期资料准备。

2月3日，寄赠冯契与徐中玉由赵荣声编《"一二·九"在未名湖畔》各一册。

2月5日，熊德基来函，评论日前获读"一二·九"五十周年聚会的诗作：

收到二日之信，文字隽永有味，类晚明尺牍，还是心情之语，可羡。附诗亦老练，清淡有致，惟第二联似少斟酌，如何？今年夏天，如能到京，真想你来小住，作竟日之谈。

2月7日，江辛眉去世，10日，作挽联送历史系以为吊唁：六载相从，论史论文，岂意风流成往迹；一朝长逝，戒慎戒惧，再言

---

① 韦君宜其时尚未出版《思痛录》；她曾以清华大学学生参加"一二·九"运动。

② 另录小诗即元旦所作《十二月十二日夜会宴四川饭店距"一二·九"已五十年念不能忘遂成长句》。

功罪有余哀。18日,参加其追悼会。

2月14日,李埏遣弟子来访,转致茶叶等赠物。

2月16日,参加学校干部会议,《复出日记》记曰:传达"邓公及陈云同志讲话,增强人们对改革的信心。党风不正,改革和社会主义都是空谈。"

2月20日,亡友丁则良长子丁克诠来访,《复出日记》伤感有记:"则良逝去快三十年,淑蓉抚诸孤均已成立,昆明之游,还仿佛如在昨日。"

2月21日,张兆和函告沈从文近况。

《复出日记》:

> 得张兆和先生信,说从文先生一冬都好,协和医生日为按摩,关节尚灵活。甚喜。不久,他们亦将移家,房子比现在的宽敞得多。

2月27日,沈自敏来信,谈及购读友人冯契论著的趣事。

> 应镠:
>
> 正想给你写信,收到元宵节来信。天上月圆,人间月半,我独自一人在"509",仿佛被烟硝焰花哄抬上半天去了。
>
> 正想写一封信。因为天气更暖了些。情况似乎渐入佳境。估计"惊蛰"之后,可以与百虫共同出土,亦在这世上闹哄哄一番。
>
> 正想写一封信,其更主要的原因在此:
>
> 先给你说一个笑话:我过去每个星期都要到胡同口不远的商务印书馆去一次。近来新书少,价亦贵,又不好买(例如:我想买冯契的那三卷本来读,一直都买不到,顶多也只有第三卷。成天说"精神文明",但常常遇到这些事,心也冷了一半。反而,你想买的书就是买不到。也是托人多次才在一个书摊上买着),更因为身体一直不好,长期以来,胡

同口也不出去。上个星期,因为要买《文史通义校注》,去中华后顺便去商务。不想常见面的一位售书的小姑娘,很有礼貌地向我致意,说:“您老还在噢?!”说得大家都笑了。我倒是非常感谢她。感谢她的关心和念意。

像我这样年龄的人,几曾未见问,确实常会有这样的绝念。好了,幸而我们都还健在。身体不适者将近两个月,闲着就东思西想。吉[结]论是:时间不多了,在这方面也愈来愈成为穷汉了。86年力求“宽打狭用”,先把那些“半成品”併揍[拼凑]起来。你们夫妇的旅游豪兴,令人羡慕不止,这是一辈子受用不尽的。我在年轻时到过普渡[陀]山,天台雁荡,钱江观潮,天目禅寺。如此等等,画家可以入墨,乐者可以谱曲,老兄当可用以成诗。“延活”其实并非至理,试看 Maupassonf 如何。

即颂

春安。

自敏　二月廿七日

2月,此前与杨宽、方诗铭、陈旭麓同受聘为《中国历史词典》①主编,是月审毕相关词目稿。

2月末3月初,老友徐中玉与陆诒分别赠送新著《美国印象》与《战地萍踪》。

3月7日,收到周一良寄赠《魏晋南北朝史札记》。

3月9日,致函陈九思,谢赠诗集《转丸二续》,并录示近作呈正。27日,陈九思来函:

应锣先生史席:

昨展手教,并诵瑶章,“怀旧岂难惭后死,论心犹与赋同

---

① 《中国历史词典》延至2007年由上海人民出版社更名为《中国通史词典》出版。

仇"，何其言之悲壮耶？即以诗论，意境句法皆与双井为近，江西一派源远流长，所谓泥土之芬芳，濡染有自，诚信然矣。吟讽再四，爱不忍释。结句"却忆甘为孺子牛"，窃有同感。仆命宫属牛，去岁在丑，曾戏作《咏牛》五律一首，又《除夕》一首，录呈哂正。"服箱力弗任，惭忝大官粟"，则仆年来之心情也。新岁伊始，倘有可效涓埃之任务，望随时分配一二，以免素餐之诮，幸甚！幸甚！春寒犹厉，珍卫万千，不尽缕缕。

三月十二日

九思敬上

宗藻夫人乞代致候，已在盟刊获读大作矣。

3月10日，撰文回忆"大教联"至下午四时。《回忆大教联片断》：

要把所知道的写出来。我以为历史是不能改变的，作史的人要尽最大的努力求真。只有真实，历史才可以提供经验教训，用老话讲，才能借鉴。五年过去了，我的愿望没有实现，除了病，还有工作忙，也还有一些说不出的原因。我这个人要说真话，但真话往往不受欢迎，有时还没处去说。①

同日致吕友仁信：

友仁，这时，你已经快到南京，而我写完了"大教联"回忆，才记起十一时约你吃饭的事，真是非常抱歉，也感到自己真是老了。已叫女儿找松龄还给他代付的饭菜钱。文章是《上海文史资料》的约稿。"大教联"是解放前上海大学教授联谊会的简称，它成立于四六年，四九年上海解放才结束了它的活动。写此文时，思想完全回到三十多年前去了。匆匆专此致歉，并颂旅佳。

应镠，三、十。

① 《上海民盟专辑》，第160—161页。

吕友仁《三年门墙一瓣心香》：

1986 年 3 月初，我赴沪上公干，住在上海师大招待所，便中去看望流金师。流金师问知我是 10 日返豫，就约我行前在教工食堂吃饭，师弟王松龄作陪。届时，我与松龄先到。饭菜已经上齐，还不见流金师身影。我看看表，再等下去，就要误车了。松龄也说，我们不要等了，流金师大约是被什么急事羁绊住了，我们先吃吧。看来只好如此。到家后，很快收到流金师 1986 年 3 月 10 日惠函。①

3 月 12 日，熊德基来函与论未来学和读旧史之关系：

近数年来，国外人士多谈“未来学”，追求科技以探索明天。而我感到，要理解中国，却以读旧史为鉴。如不读韩非，以及秦始皇、汉武帝、魏武帝、司马懿、杨坚父子……以至李光地、康熙、雍乾诸人之行事，将难以理解中国之历史。借此辈心机、措施，以推将来，则丝丝入扣。否则，将同隔靴抓痒，未知以为然否？

3 月 14 日，致函张孟伦，谢赠《中国史学史》。

3 月 15 日，向老友葛力发去唁电，悼念其夫人去世；次日复致函慰问。6 月 14 日，葛力复函，寄赠近著，致谢此前其夫人逝世发去的唁电、唁函。

流金：

唁电、唁函均已收到。你劝言恳切，足慰我心，我早想写信，但我像作一场噩梦，提起笔来就悲痛难忍，故迄未复函，现在心情已经平静了。校委对我极为关怀，我次子媳已由外地调到党校工作，一切都已安排妥善，勿念。

① 《纪念文集》，第 313 页。

现在我们年纪大了，一定要劳逸结合，注意保持身体健康。

随函寄上拙作《十八世纪法国唯物主义》，写得不好，只能留作纪念。

老朋友相见恨少，我希望你有机会来京，或我去上海。祝

全家好。

力野　6.14

3月20日，王勉来校为文学研究所作讲座，约其与刘哲民餐叙。

3月22日，与民盟学校支部同游淀山湖。《复出日记》赋诗纪游："嫩麦连村碧，梅花傍水开。机船穿浩淼，旧事感重来。"自注："末句谓六一年随上海社联来游，时金仲华、陈望道均预焉。"

3月29日，读《杨刚文集》，《复出日记》记曰："颇忆青年时和她在北平、武汉相见，及在花溪通信，她劝我切不可以为靠写作可以吃饭的情况。"

4月3日，致信熊德基，告以江辛眉讣音，并附寄其遗诗。7日，熊德基覆函论及当年旧事与读史感悟。

应镠兄：

顷接来信，惊闻江辛眉逝世，殊觉意外。他的年龄估计不过六十左右，当年初见面时，健康情况良好。你大力介绍他到上海师院任教后，偶闻此间的朋友谈，因与同事关系不太好，亦不得意。后来你来北京，亦谈及此情况。——大抵近二三十年，读书人有真才实学者，大都招忌。而这种书生，又多孤怀独往，难与世俗同流。一九五七年之被害者，十九因此。二十年坎坷岁月，人何以堪！杨廷福前年，与江

辛眉之逝世,未必非长期忧患之后果,言之真令人有“无言之痛”!(六十年代,有一福建省委处长来我家饮酒,醉后微笑说:“如果五七年你未来北京,省宣传部的领导也打算在这个运动中‘考验考验’你!”言外之意可见。)

江辛眉的作品我实看过。当时,我写了一首悼念陈毅的七律:其中开头四句是“大地风云供剪裁,总因勋业掩诗才;三年岭表蒙霜露,八载江东辟草莱。”翌日,他和了一首。“莱”字本很难和,他却用了“吕东莱”一词,气势意境均妙!想知其此道深有功夫。当时,我真想延聘杨和他,但当时社会科学院改组历史所又“密云不雨”,我又是有去思,斟酌情况,颇难为行。后闻你力排众议,把他请到系里去,他说佩服你知人爱才之魄力。却未料到他又与世俗辈不合——当年叶玉华在我所亦如此,我介绍他去福建,并函告党委书记叶有实学,望他善待之。不料此公一年即走了。福建也把他看作“狂士”(其实,校领导对他是较优容的。不知此君今日情况又如何!)总之,世不容才,书生当难有为,夫复何言!

我近年一边读史,一边也常常联系近事,以及个人经历,深感自解放后一九五七年后,在上者不仅“左”倾而已,且以权术驭天下,一如魏武,故孔融、祢衡不得其死。然“上有所好,下必甚焉”。西晋人即说“魏武好法术,而天下尚刑名;魏文喜通达,而天下贱节守”,司马懿起而效之,魏室终亦遽灭。相习成风,故“六朝无忠道”。试想“文革”中,林彪何尝不是“以其人之道还治其人之身”?天下从风,故今日世风浇薄。而今日当事之一代以至青年,较之我辈同时代人,有何道义可言?我近一二十年,对江西的民风每多感慨。后与一个年已六十的老学生谈话,我说“我最喜欢湖南人,既有江浙人的聪明,又有北方人的豪爽”。这个学生原是江西人,他说:“今日湖南人已不似你当年看到的湖南人了。”由此可见,世风之薄,已不仅江西如此。魏武之权术,使得“天下贱节守”,终致亡国。若以权谋私,背信弃义,又不知将来如何也。此是否我“读史”之过虑,或年老落后了?

你的挽联极好!除谈了交谊之外,又表彰了死者之遭遇,也寄托了个人的孤愤。但非有心人,恐怕看不懂也。附信一纸,望代转,聊表寸心而已。

我解放后,原如吴晗思想一样,打算“革命胜利后,即专心读书著书”。然迫于事势,却在办公交差掉了三十多年。但五十年代初,微闻福建地下党员参加党政工作者,多受压制,即隐隐有所感觉。故即谢绝与当时地下同志往来,也不住学校宿舍,另赁屋以居,避免校党委之间的矛盾,惟与二三“书呆子”谈学问。有机会即辞职,却未得如愿,故五七年决计北上。初到科学院报到,说领导又叫我任副所长,我即立刻表示不干,当即闹僵。幸而带我去的一位同志是当时北京的“国家机关党委”副书记为我“解围”。出门后,他却嘱我:“北京不比地方,千万要小心谨慎。”自此决计,不与任何党政界人士来往,也从未登门拜访过任何领导(连郭老是我的上司正所长,也未去拜访),也不与诸“知名之士”过从(如吴晗、翦伯赞等等)。在所内,只屡求辞职,不争权,不争级别,虽亦遭××、×××之忌,终未能暗算我!直到“文革”中,我未连累任别[何]人,也未遭任何人牵连(当时,陈伯达、齐燕铭都是教过我的老师,我做学生时,齐燕铭因我的业务好,我还到过他家里。但到京后,也未去看过,望[虽]通过信。福建调京的领导干部,我从未去看过一人。——故“文革”中,未受到过多的折磨)一九五六年,从各省调到社会科学部的近二十个副所长之类,“文革”前已走了大半,到“文革”后,仅存者三人而已,今均已离休。……

1979(或80)年,我接待一个美国明清史十人代表团

(九人能说华语),我问他们研究的主题多是哪一类,他[们]说:一是农民战争,一是明末清初的知识分子——他们内心的看法动机是什么?我才警然有悟。

……

杨廷福死后,我收到他妻子的信(她来过我家,请他夫妇吃过一顿"家宴"),也想为他写一小传(但苦于我不懂法制史,故未写)。江辛眉我对他知道得很少,你有无可能为他写一篇《回忆录》,纪念这个诗人?(借以录他一些诗词,为斯文留一点痕迹于后世)。

你的《范仲淹传》脱稿后,何不写一《文天祥传》(至今没有一篇像样的文字)?文天祥为官时,已察宋祚之不永,难与留梦炎等同流,故辞官回家。迨临安被困,又起出兵,是明知做"良臣"已不可能,只想作"忠臣"而已("良臣""忠臣"之别,见于《贞观政要》魏征语)。《宋史·文天祥传论》,不知出自何人手,有很深刻的话,大可深思!……此候俪安。

熊德基 86.4.7 晚

今年秋,魏晋南北朝史学会拟在青岛或烟台开会,你去不去?如去,我如果心脏病好些,也想去和你谈谈心!又及。

4月8日,参加市社会科学评审会,晤谭其骧等。

4月16日,决意辞去古籍研究所所长职务,致信上海师大党委,正式提出离休要求。

党委:

我于一九三六年在北平参加左联、民先,一九四六年在昆明参加民盟,过去填写过履历表多次,也经过多次组织调查。现因年近七十,健康情况非佳,工作亦十分不顺心,组织上对我亦欠负应负之责,考虑再三,实宜休退。根据中央有关文件,乞准予离休。本学期所授国学概论一课,当继续讲毕,硕士研究生未竟之业,亦当继续指导,至其卒业。

专致

敬礼。

历史系教授兼古籍整理研究所所长

程应镠

四月十六日

4月17日,参加市民盟高教委员会会议并即席发言:

肝胆相照,不是说说的。我以为民盟高级领导要认真,虚心领会一下。荣辱与共,党对我们是多么的重视,信赖,我们的责任又是多么的大啊!盟的领导(还包括不少党的领导人也一定会懂得)对历史、对现状不懂,我以为对这些政策就不容易理解,贯彻执行就更不用说了。

4月21日,为高桥中学校庆作文。

《祝高桥中学成立四十周年》:

高桥中学成立四十年了,这是值得庆祝的,因为它为我们的祖国培养了各种各样的人才,现在正战斗在各种工作岗位上,有教师、工程师、农艺师,也有干部、记者、医生……。全国各地,都有他们的足迹,他们在献身、献智、献艺。

学校是马克思主义思想的光辉中成长的。上海解放的时候,它不过三岁。一九四九年九月,我到这里来,它还是衣衫褴褛的乡村儿童,仅有十几间教室,几十本图书,潇洒秋雨,道路泥泞。但这个学校的师生,在中国共产党的领带下,对祖国解放充满了欢欣鼓舞之情,以改革现状为职志,对未来怀着无限的希望。他们修路、种树,节电节水,甚至是一支粉笔、一个信封,用不足二十万元(今二百元)的学校办公费节余购置图书,教师捐薪助学以减轻国家对学校经费的负担,学生则纷纷放弃助学金的申请。五〇年抗美援朝,学校顿时沸腾,学生报名参军,参干,走在全市中学的前列。年轻人,充满着激情的誓言,至今还在我心中回荡,对于我们这些三十左右的教师的教育,真是一辈子也忘不了。

一批一批的毕业生依依不舍地走出了校门。至今还使我感到骄傲的是一些品学兼优的学生决心献身于教育事业,跨入高等师范学校的校门,如今,头上也有了白发。

这所学校当时鼓励学生学好三门课,语文、数学和体育。但没有什么重点课,所有课程都受到重视,例如课外活动,歌咏队、话剧团和文学会都同样有教师和领导参加。课外活动中表现了特殊才能的学生,教师和领导引导他们投考可以发展其才能的学校,例如,戏剧学院就使我们一位毕业生成了著名的演员和导演①。

"十年动乱"使这所学校受到很大的损失。但拨乱反正之后,学校恢复得很快。校园中不仅仍如往昔,绿树成荫,石桥碧水,还耸立着几座高楼,其中实验大楼和五三年落成的教学大楼雄峙校园中间,为学校提供了面向现代化、面向未来、面向世界的物质条件。我还希望将来有一座宏伟的图书馆,满贮着古今中外人类优秀知识的瑰宝,以满足青少年的求知渴望。

我相信,这所学校继续会有一批一批有理想、有知识、有道德、有纪律的人,走向祖国各地,为建设社会主义献出青春。

就让这作为我对高桥中学成立四十周年的颂词吧。②

---

① 指李家耀。

② 《高桥中学校史》,第126—127页。

4月29日,熊德基来函,再论江辛眉旧诗,兼谈自己与同辈友人之作。

应镠兄:

信及江辛眉诗稿先后收到。江君五古下过苦功,所作非外行所可及。但多系酬唱文酒之篇,十足文人气味。除第一首、《寄怀陈祥耀》《题龚天生诗稿》《次韵和若曾[?]二首》《次韵和古津二首》《七夕》《读古津遗诗》《题外舅小郑诗草》《寄住东南郊》等外,缺少性灵、感慨,为做诗而做诗,无读后余味——远不及吾兄信手拈来的近体。

近日收到《江西诗刊》补寄的二册,当我收到征诗函后,不知他们的旨趣,故曾抄寄抗战时及"文革"中的读史诗及近年的新作三四十首,由他们采择。这次虽承盛情,选刊了十四首,而我所爱之读史诗竟无一入选。初以为怪,后读前面诸公之作,原来诸公多重歌颂圣朝,应酬新贵,我那些忤时篇什,自难刊出。想不到,你对我几首任意写的七绝,如此过奖,实感有愧。论诗才,论腹笥,我远不及老兄,更不及王越(暨南大学副校长,现离休了。他少年时,书学汉魏古风,早载于《吴宓诗集》附录)、王仲荦(尝自友人处读到他的《汉宫杂咏》[?],是刺江青的,典雅工丽,不下中唐)以及亡友王树椒(廿五岁夭逝于蜀中),还有些参加革命的同志(他们多是12.9["一二·九"]以后的学生,在饱经忧患后,所作诗词,真可以上追前人,但既不知名,这类诗也不敢轻易示人)。我只是野狐禅,有牢骚才写几句。老兄近二十多年的诗,十之九,我爱读,如与宗蕖游西湖的七律,以及诗词中的两首(特别是怀念沈老的一首),都极好。(但恕我直言,呈周公一首,我很不喜欢。此公人品尚好,但他的"海派文章"无一不胡扯!你推崇过高了,今后,以不收入诗稿为宜)。

1986 年与夫人参加贵阳清华中学复名活动

前些年，我有两首七绝，中有“嵇生何事非汤武，乱世文章每破家”，承蒙贵夫妇激赏，但近检诗稿，竟不可得，又苦回忆不起来，不知尊处曾存此信否？盼能找出抄寄！这种东西，说不定什么时候，又将招祸，故当时我未留稿。冠心病已四个月，不能做任何事，苦于无聊。羡慕你健康如旧，足见锻炼有用，恨我不能效法也。专此。并候
俪安！

熊德基 86.4.29

又及：《范仲淹传》脱稿后，近作何研究？铅山蒋士铨，虽与袁子才齐名，但人品诗品都极高。《忠雅堂集》中咏古诗，多有奇气。《藏园五种曲》多有故国之思，虽为《字贯》作序，而幸免杀身之祸，也是少有的劫后余生，故壮年即退居不仕，能否为他作一篇文章？

4月末至5月上旬，与妻李宗蕖同乘火车赴贵阳花溪，参加清华中学恢复旧名活动。摘引《复出日记》以见此行。

4月29日，“清晨到贵阳，清华中学有人来接。住花溪饭店。晤凌中青，二年多不见，又老了许多，我大概也如此。面对青山，有无限遐想。晚已睡，清华中学新旧领导俱来，谈一小时辞去。”4月30日，“宗沄上午到，由穗飞此，误一日矣。贵州民族学院历史系刘宁禧等同志来，约去讲当前史学界情况。下午贵州大学林敬藩来，林是华东师大毕业生，与陈昌福同学，约去讲课。俱拟为讲魏晋南北朝史研究中的若干问题。晚赵西林来，西林是清华毕业生，现任贵阳市市长，赠新作《笙鸣鼓和集》。睡前略看，颇多佳作。我在大学任教已四十余年，在中文系教师中，堪与相若者绝少。”5月1日，“参加清华中学恢复旧名活动，看到许多清中老学生，我教过的只有王恩寿。陈庆山未来，颇觉怅怅。校史陈列室甚好，大会开得也不

错,真觉得还是在中学工作有意思,有乐趣。晚偕宗沄兄妹往访凌中青、何治贤,萧醒球夫人亦来,晚十时始归。"5月2日,"下午去清华中学参加座谈会,宗沄谈香港问题。"5月3日,"晨去黄果树,赵西林陪往。饭后去龙宫,舟行溶洞中,景物奇绝。"5月6日,"去贵大讲课,王兴邦和林敬藩都在。在萧醒球家吃饭,中青夫妇俱在。刘宁禧来,谈学校教育,十时始返住所。"5月7日,"去民院上课。历史系主任侯君,为李埏学生。"

5月8日,"上午周克勋约饭,中青夫妇及清华校长均在。下午去民院讲课,归途应中青夫妇之约,在他家吃晚饭。"5月9日,"宗沄今日返港。下午去贵大讲课。"5月10日,"八时半离花溪,十一时二十分飞抵上海"。

在黔期间,有词纪行,会晤李宗瀛时建议其写李宗恩。

《临江仙》:

携宗蕖重来花溪,参加清华中学恢复旧名活动,得晤宗瀛有作。

溪山清绝今如故,人生得失难论,乱中情事不堪闻。唯怜白发在,慷慨志犹存。　　今日相逢应一笑,传经心事嶙峋,无言桃李自缤纷。清华云际里,含睇有湘君。

李宗蕖《我当上了小学老师》:

我和应锣对于这位如同父亲一般的大哥,始终怀着敬意。1986年我们和宗瀛在清华中学改回校名的纪念会上,相聚于花溪时,应锣提出让宗瀛写一写大哥,因为无论作为亲人还是于民族有贡献的科学家,大哥都是值得一写的。①

---

① 《留夷集》,第65—66页。

5月19日，在民盟市委主持四校座谈会，得晤数年未见的张文郁。

5月21日，李家耀夫妇来访，留饭叙谈。

5月22日，在上海教育学院为中学历史教师谈历史教学问题，题为《从学生不爱历史课谈起》①。

5月24日，探视病中的老友许杰。

5月28日，偕夫人李宗蕖与李家玉、胡钧升等赴高桥中学参加四十年校庆，喜晤老同事顾芳三、黄万寿等以及鼎革后前来接管的杭苇。在庆祝会上发表讲话：

> 从这里出去的青年，还有的在异国，在欧洲、美洲和非洲，为我们伟大的国家贡献着才智与青春。当我祝贺学校成立四十周年的时候，我深情地怀念着这些在远方的人，正如我深情地注视着久别重逢的当年英俊的少年。
>
> 我离开学校三十二年了，三十二年中，我们的国家在经历苦难之后，走上康庄大道也快八年了。八年来，新的发展和进步，向我们学校提出了新的要求。面向现代化，面向世界，面向未来！我们必须看得远，想得远，我们的课程必须改革，我们的校长、老师必须认真地学习，比在大学读书的时候还要学得勤奋。我们的学生要有为祖国的现代化而学习的气概；为攀登人类思想、科学的高峰，我们的青少年要做梦，要从小就学会做这样的梦。这是我对我最关心的人们的希望，也是我对学校的颂词。

6月4日致吕友仁信：

友仁：

十日信收到。《四库全书》是在上海外文书店预订的

---

① 文见《流金集》，第208—214页。

(有定额,不是要订就可订),先付款一半,另一半书到后陆续付,及今因外汇波动,续付者较预订时已增加三成。已嘱吴以宁同志去外文书局询问,你处需购此书上海是否可代办,有覆当即函告。今年古籍未招研究生,词[辞]书招了两名,一名也没有取。我上月去贵阳花溪住了十二天,讲了四个下午课,终日流连山水间,亦至足乐。回上海后,则杂事丛集,忙忙碌碌,直到今天。宗宪去美后,工作颇遂心,其妻亦于上周六西去伴读矣。匆匆写此,一事[俟]得确息,当续告。顺颂

教祺。

应镠,六月四日

6月14日,收到美国学者韩森来信,16日,函覆致意。

6月18日,原天祥中学学生张国士便道拜访,聚谈往事。

6月22日,与陆诒、潘世兹等在政协餐厅餐叙。

6月26日,应简修炜之邀,去华东师大史学所主持其研究生答辩,便道探视病中吴泽。

7月3日,召集研究生班学生开会,勉励利用暑假读书。

致郭心晖函,谈及五月南行事,兼及近况。

心晖:

今天收到《人物》,坐下来便读你的文章。文章给了我喜悦,更使我高兴的是你已能有作这样的文字的气力了。五月初去了一次贵阳,在四十三年前教过书的花溪地方住了十几天。宗沄从香港来,宗藻是和我同去的。那个地方的溪山,是十分动心的。四十三年前我初到这个地方,便以为“到此始知天力巧,谁研淡墨写青山”。住下来了,过了一个看不见太阳的冬天,但春来后,我笔下便是“莺声昏晓当窗急,苗唱低昂越岭来”的仙境。重来此地,与宗沄兄妹相

与话旧，其乐可想。回上海后，又是忙忙碌碌。四月中旬已申请离休，现在确知行政职务可解除，但还要有个名誉职，正争取全准申请，看来一时还得不到长闲的。《范仲淹传》已写完校样，年内可出。正准备为司马光作传，对这些人，我总有点偏爱。寄上小文两纸，内容你可能都知道一些，亦怀旧之篇也。问候芝联和你一家。

应镠

七月三日

7月8日，访谢稚柳，约其前来讲学。

7月10日，赵荣声来函，告知归闾仍有人问及"程先生"，并希望协助回忆燕京大学召开高尔基与鲁迅追悼会的往事，以便写入回忆录。

流金兄：

"一二·九"回忆录尝试数次，所谓"创造人物"等方法都行不通，最后只有采取最原始的办法，用第一人称，写真实，这么还容易些。试稿一章，请审阅，提点意见，然后寄回。此稿只有朱焘谱看过，他也赞成这么写。某些人后来的故事多，叙当年事时不好写，是个难题（这稿纸宽，在旁边添写一点最好）。

四五月间，我们到合肥、太湖、安庆而黄山，正是新茶初摘制成之日，所经都是产茶区，喝的很痛快（其实是糖尿病现象）。太湖县变成了一个大水库，风景更美，遍山兰花盛开，香气扑鼻，杜鹃花红遍了。最令人喜欢的是水和空气无污染，水碧山青人少。我们旧居处遍山小树都长大了，很好看。当地还有人问起"程先生在那［哪］里"？农民们真是换了人间，每家住宅都是数十平方米，大玻璃窗，其宽敞令城里人羡杀，竹笋一毛钱一斤，鸡的味道和城中味道也不同。我们到黄山时遇雨,没多停留,非常可惜。

靳明于六十年代到上海求医,70年代在北京住院,都未找到根源。本月三日始做手术,在肾部输尿管中取出结石,经过良好,十日后可出院,我衰老甚快,必须抓紧写,不然会写不完的。

五十年前(1936)北平文化界在燕大开过高尔基、鲁迅两次追悼会,柯华留下照片,你记得其事否?如有印象请写数行,此间有关方面要史料,我自己回忆录中也要写这些,可惜记得的不多了。即颂

教安!

弟荣声　七月十日

《山西文史资料》第二十四辑中有记赵宗复事迹的文章。

8月5日,接待美国学者韩森,晤谈甚洽,邀她到家餐叙。

8月7日,王曾瑜来访,赠《宋辽金元论文集》。

8月12日,张兆和来信,以告知沈从文尚健而甚慰。

8月17日,王勉来函谈及《胡适年谱长编》中的徐高阮与古籍出版社筹印胡适论著事。

应镠兄:

秋后仍酷热至此,想郊区当稍好,连续的高温对于老年极为不利,仍望珍摄为要。

近倾[顷]忽有一股可谓宽松的气氛放出,不知兄有何见闻否。知识分子很可怜,很容易产生幻想,自然和平的空气总是人人所渴望的。从思想意识方面打开改革的道路,或者亦是事物发展的必然结果。现在还有这样一种情况,过去数十年那种顾全面子的大话,看来也在卸下这一包袱了,人们已经意识到让大家共同担当责任更好,对自己更有

利，不过不能变的一条是“权力”的把持。许多事情都是到眼前了才感觉到它的存在，这说明还是很难做到的，中国何去何从，我们还是过一天看一天，将来会是怎样也真难捉摸。

最近看到一部台湾某君著的《胡适年谱长编》，共十巨册，其中第五册以后书末索引中都有高阮的名字，大概多是些学术问题的往返书札，但也有是思想上的，其中有胡氏《中国哲学问题演讲》高阮的译稿（原文用英文写）共万余言，译笔极佳，高阮读英文书并不多，但他的过人的资质总使读他的文章的人感到不可及。此书尚在编辑用中，稍后当借出供阅。古籍正在筹印胡氏红楼梦论著汇编（多有去台以后文章）及古典文学论著两种。预计明后年可以出书。

宗薻多作何消遣，看何书？程怡下年度是否任教语文？念念。

俟天凉后当约哲民兄趋访，或者我们各备一菜到府上聚谈，如何？

俪安。

弟　王勉上

八月十七日

9月2日，与古籍研究所古文献专业学生座谈学习及课程设计。

钱伯城函告来稿处理事。

应镠兄：

八月廿一日手教奉悉，知近状佳胜，至慰。承惠大作，甚感。《论丛》得大力支持，实为幸事。唯今年已全部发稿，拟于明年安排，尚望释念。×××同学年少向学，人亦诚恳，应对谈论，颇见修养，弟与之相处甚为融洽，亦望释念也。弟

明日去北京参加国际图书博览会，约半日勾留，返后当图良晤。匆复不一，即颂
文祺。

弟钱伯城 九月二日

9 月 4 日，在古籍研究所所务会议上作交接报告，回顾了 15 年来自己在上海师大从事与主持古籍整理研究的历程，并对今后发展提出了意见与设想。

《古籍整理研究所移交时讲话纲要》：

我在这个地方工作已经十五年(1971—1986)。中间有一年完全脱产，编《历史大辞典·宋史卷》；一年卧病，所里的工作基本不过问。说工作十三年是比较切实的。对于这个所的情况，大概我了解得最多；对所的工作，当然也有我的评价和看法。现在，我想分三个方面来说明，我希望，我们的工作能按照这个路子进行，取得更多、更大的成绩。

一、我所是以整理宋代史籍为中心的，研究的重点是宋代的思想史。这是从八〇年就加以确定的。八三年，我正式担任所长，就多次对大家说过，在工作中也是贯彻了这一点的。

八一年接收《汉书》的任务，我就不赞成，但那时我只是顾问，不能[作]主。所成立之前，我就有一个研究室设置的设想，我希望能有一个整理宋代类书和编制《宋史》《长编》《系年要录》《通考》等索引(人名、类目)以及研究这一类的机构。成立时，《汉语大词典》编写组并进来了，后来就称为工具[书]编纂研[究]室，和史学、文学研究室鼎足而三。同一年，也开始宋代思想史资料编辑的工作。

为什么要这样呢？这就是因为我们的人力，以搞这些工作为最适宜的。我本来是专力于魏晋南北朝史研究的，

十五年来，我几乎把这个专业放弃了，除了带了两名这个专业的研究生，和其[他]外校讲课还是魏晋南北朝之外的。二是因为集中人力搞以这个为中心的工作，搞个十年、廿年来容易搞出成绩，容易形成我所的特色。三是宋史研究在我国历史研究中还是比较薄弱，历史研究需要有组织地去整理、研究宋史。

要真正研究好宋史，还要注意宋史的上、下问题，或向上隋唐五代，或向下元明。去年我们培养两名隋唐史的研究生，我们打算建立敦煌研究室，就是向上求发展的打算。我们的文学研究室，有唐代文学研究的带头人，有骨干，有极有希望的研究生。这也是当初决定向上发展的根据。现在，我们研究的基本资料已经有了，《四库全书》《敦煌宝藏》已先后购置。我们工作的条件基本上已成[经]具备了。但研究工作还仅仅在开头。由于我的失误，《宋代思想史资料汇编》搞了三年，一无成绩，使我感到这是终身的憾事①。

我希望我们毫不动摇地贯彻以整理宋史著作为中心，以研究宋代思想史为重点，为方针。朱瑞熙同志是宋代思想史研究的带头人，还有已毕业的研究生，没有毕业的研究生，以及历史系讲师刘昶。他们决定不借外力，自己辑录点校，我看是大有希望的。

[其次培养人才问题]培养研究生。古籍最早的研究生六人，学习过程中，我从未过问。将近毕业的时候，学校要我主持答辩，除了俞宗宪，其他人的著作，我都没有看过。俞宗宪在他的习作中，指出我们点校《宋史》的错误，证据十分充分。后来我和吕友仁、王松龄、李伟国接触，知道他们都是自己读书，十分勤奋。他们都说上课得益不多。中国

① 《汇编》原定八编，仅完成第一编，后因编辑经费与出版困难而终止。

古代史研究生硕士授予权，就是因为他们要毕业，由历史系用我的名义去申请的。八〇年、八一年魏晋南北朝史先后各招一名研究生，我指导的方法，完全是以前燕京大学和西南联大的方法，我只指定他们读什么书，怎样读，平时有问题，工具书解决不了的找我，我负责答覆，每学期按我的要[求]交作业。第二学年出外访古，事先要阅读有关文献，事后写报告。最后一年提出论文题目，经过我同意，交提纲；提纲认可了，开始写论文。实践证明，这样培养，可以使研究生真正懂得怎样提问题，解决问题。古籍八二年招了一名，八三年招了三名，我只是名义上的指导教师，但培养的方法是我定的，我只和他们[谈]几次话，如宋史研究的现状与资料，怎么读《通鉴》等。八四年招的极大多数是在职研究生，原来都是我学生。有一名至今还没有通过《资治通鉴》这门课，作业的质量都低得及格。我带的只有一名，其他都分别由胡道静、李家骥、陈伯海、徐光烈先生负责。八五年招了六名，我带两名，由金圆同志作助手；钱伯城带一名，王永兴带一名，朱瑞熙带一名。有个研究班，招了九名，一年过去了，从作业中看，有不错的。今年的主要课程是中国文化史讲座，哲学、艺术、文学、史学各方面都有。希望他们中能有一半可以留校作论文。

我们现在的力量还是不够的。八四、八五[年]以研究班(招)的学生是我们的希望。我希望继续给他们以学习的优越条件，使用资料室，多同学术界接触，有计划有目的的访古(一定要做到出门之前，对文献资料有充分准备)，严格的要求。

古文献专业。我们已办过一届，事实证明，他们毕业后是有工作能力的。这同我们的课程设置有关，政治思想工作我看更重要。朱爱慈同志和他们像朋友，对他们爱护，有如家人。现在从一年级招收新生,已经学习一年了。最近,我和他们开了个座谈会,他们认为课程太多,自学的时间不够。教师是十分重要的。去年,许沛藻和我为他们上课;今年,朱瑞熙同志,王松龄同志和他[们]上课。这是我所在培养人方面所做的好事。课程设置,我们有了一个四年的打算。但教师并没有全部落实。我们教书,还要教人。教人是极重要的。但教人,并不是要在课堂上说教,说教是没有[用]的。要结合讲课内容进行政治思想教育。

我们要总结这方面的经验。在相当长的时期内,古籍整理的人才还是很缺乏的。以我们学校来讲,像我这样的人已经不中用了。

最后,要讲讲《宋史大词典》①,这也是向大家办交代。花了一年的时间(一星期三天,实际上是半年),我把《宋史》(除表外)读了一遍,那些成词的东西都划出来了,上至天文,下至地理,《宋史》诸志一无遗漏。现在,胡静宜同志正在分类抄写(卡片都做好了,均记有《宋史》卷页),不久,可以出来。我打算把这份词目,请有关专家提意见,凡能增一词目,均与报酬。(报酬若干,要由瑞熙同志定了)。我希望十一月能把词目全部定下来。那时,开一个会,把顾问也请来,出版社的人也请来。这个会由瑞熙同志主持。会后,即可把条目分给撰写的人,我所研究工作人员助研以上的都要参加编写工作,在编写中学习、提高。过去的毕业生在上海的,如郭宝林、郑明宝、戴建国,现在教育学院工作的×××、×××和陈江;现在的研究生都在读《宋史》,成绩好的如张荣明、杨思[师]群、李国强,都可参加编写。范荧、虞云国、

① 《宋史大词典》与原拟编纂的《新宋史》计划,亦最终因离休卸任人事更迭而中辍。

刘昶、杨康荪、曾维华，都是在职研究生，虞云国、刘昶已评为讲师，曾维华是老作者，也评讲师了，我已经和他们谈过，都要成为撰稿的主力。外埠只请了王曾瑜同志一人，曾瑜还推荐了邓广铭先生的博士研究生，他认为这位同志在职官的研究上已经达到了很高的水平。这样，这部大词典在最近两年内就要成我所和历史系宋史研究室的主要工作。因此，这部大词典就必需由朱瑞熙同志任主编。原来请了谭其骧和胡道静先生为顾问，我也担任顾问。我建议由杨金鼎、董家骏、许沛藻、王松龄加上瑞熙同志组成编委会，以便推动工作，杨、董诸人都是研究室主任，不知当否？

编写词目释文有[要]明确提一些要求，大体上可按《历史大词典》拟定。其中，要明确注明出处，书名、版本、卷、页都要写清楚。在释人名时，一定要看两名[种]以上材料，北宋的要看《宋史》《东都事略》和行状、墓铭之类。南宋的要看《宋史》《系年要录》《北盟会编》。《宋史》无传的要[看]《宋史翼》、地方志、《宋诗纪事》……《宋史卷》可以参考，但此书是不注出处的，对写释文的人只可作一点启示。一边写，一边审，希望能完成。

我要向大家作交代的就是这一些。谢谢大家，费了这么多的时间。

9月5日，谭其骧寄来所作对《中国历史大辞典》已出各卷意见稿，征询看法。

应镠吾兄左右：

番禺会议后胡一雅同志就要我把在会上对已出分册所提的意见写出来登在《通讯》上。我拖到最近才动笔写，写的过程中稍有补充。我的目的虽是提倡编委们除管自己的分册外还得管管别的分册，相互提提意见，收集思广益之效,有利于再版本和合订本的修订补正工作。但写下来之后,看看又有点像吹毛求疵,其中有几条意见也可能是错误的。所以在稿子写出之后,又通知一雅请他复印两份寄来,您和吴泽同志处各寄上一份。请你们看看,登在《通讯》上好不好?要不要有所删改?要不要发表一些不同意见?如你之处,请径函一雅,自当遵嘱办理。我因应日本友人之约,本月廿一日起将东游两个月,十月下旬的《辞典》宁波之会只能请假。听说寒冰和吴泽同志都能出席。希望您也能出席,多对今后的工作提意见,包括要不要请各编委对已出各册提意见。专此敬请

秋安。

弟 谭其骧 9.5.

李世瑜同志说,我在番禺会上提的关于依智高条的意见,已有人传到广西,广西有人要对我提抗议。但我还是写进了这篇稿子里,不怕广西地方主义者找我的麻烦。不过您若有意见,我可以听您的。

9月11日,向新任古籍研究所所长朱瑞熙办理交接手续。

9月16日,约王勉、刘哲民来家餐叙,快谈甚欢。

9月27日,参加市民盟40周年座谈会,与徐中玉、陆诒、庄鸣山、徐铸成等相晤,以不久前成文的《闻一多二三事》作为发言主题。20日,复去民盟市委参加中共中央六中全会决议座谈,晤杨春彬与马伯煌。

9月29日,熊德基来信评价老友词作,兼询是否卸去行政工作:

今日偶翻旧信,发见有你一首在花溪所填词①,极清

① 即本年5月所作《临江仙》。

丽，置之北宋，足以乱真。过去我偶也读过你的词，似不及诗。而此词则不然，因宝藏之。行政工作已辞掉了否？还带研究生吧？若有可造之才（首先是品质好，其次是爱读书，而不是混资格的），能够培养出几个英才，倒也是乐事。不过很费劲，以少带为宜，你以为如何？

10月起，改任古籍研究所名誉所长。

10月2日，陈九思来信附诗，当日诗以复之。

《九老寄诗依韵奉答胸中犹有块垒也》：

此生幸见太平年，乐事还被忧事缠。议论有时夸仲任，文章何意著蛮笺。吟成白雪犹心悸，梦入邯郸续旧编。最忆少年行乐地，秋风归雁倚窗前。

10月8日致程炎信：

我摆脱了行政领导工作以后，全部时间可以读书写作。《续资治通鉴长编》和《历史大词典·宋史》都得了优秀著作奖；《史话》既得了奖，且已是三版，发行逾十万。我想，说这一切，可以让你高兴。你的爸爸二十二年前希望于你的，现已成为现实，这是我最快乐的事。我希望你能体会我这个意思。

10月23日，柯华夫妇来访。25日，往交大访柯华，畅谈旧事。

10月25日，周游复信，感谢问疾，并为老友解除杂务“闻之甚喜”：“我生病住院，远方老友来信慰问，兄弟之情，倍感亲切。”“你解除一些事务，闻之甚喜，深望多注意珍重，企望明年五月来京相聚。”

10月26日，王勉来函谈及40年代丁则良、徐高阮与罗隆基旧事。

应镠兄：

罗隆基被宣布为爱国者时始见报，谅兄当早有所闻。……又《文艺报》发表社会科学院院长胡绳谈话更看可笑，渠谓五七年进入社会主义不久，人们对新社会制度不理解，不习惯，对这样那样的事不满意，特别是知识分子有各种各样想法，于是有敢于发言者成为右派云云。言下仍是右派自己不好。……看了报上的消息，不免深为罗先生叹息。忆四十年代曾与则良、高阮同话张君劢，彼时罗先生亦在座，罗之一生亦确实经过不少波折，但读西方政治学，终究于世事尚欠聪明，致有后来之遭遇也。人们不能料事如神，读书人又喜欢自作多情，或者过于乐观、轻信皆是致命伤。日前读《萨特自传》谓人的存在是由惯性而维持的，心灵的脉搏是早先脉搏的结果。语极精警，对人生理解之透彻，不愧为存在大师，不过萨特是前进的，入世的，又与老庄不同。

《团结报》时有可读文章，不知有注意到否。弟大约年内办好退休手续，俟稍暇当再约哲民造访。宗蘽近来如何，劳伦斯小说友人索阅，便乞连同《书简集》一并挂号寄下，至感。九月号《读书》又有评论张贤亮一文，文章写得颇不错，不过文章好未必事理即如此。拉杂写来，聊供一笑。叩问俪安。

弟　王勉上　十月廿六

10月30日，去民盟市委开会，得晤龚方震、许杰等。

10月31日，参加在文艺会堂举行古籍出版社成立三十周年座谈会。张博泉寄赠《金史论稿》。

10月，《范仲淹新传》出版，自去年定稿后即着手《司马光新传》的撰写工作。

虞云国《程门立雪记》：

记得《范仲淹新传》出版不久，我曾问先生，接下去还想写哪个宋人传记，打算写王安石吗？他说，不写王安石，有时间想写写苏东坡。在感性上，先生似乎不太喜欢王荆公；从史学角度论，他对林语堂的《苏东坡》也有不满。但他接着说，最先想写还是魏晋南北朝人物系列，不以专著形式，而是一篇篇人物论，每篇有自己的见解。先生对魏晋南北朝史下过大功夫，不多的已刊论文与薄薄的《南北朝史话》远远容纳不下他对这段历史的全部研究。遗憾的是，在《司马光新传》即将杀青之际，他就一病不起，再也不能搦笔述作了。而该书附录《司马光事迹著作编年简录》还只编到治平元年(1064)，先生嘱我续编完稿。于是，我领会先生的史见，揣摩先生的文风，勉力完成了这份《编年简录》，补列了参考书目。①

钱玉林《沧海不弃涓滴之微》：

先生对我谈得最多的宋代人物，有范仲淹、富弼、欧阳修、王安石、司马光、李焘等。他欣赏王安石的《和农具诗》写得好，又特别称赞孟元老的《东京梦华录》对开封各种饮食的生动记述。没过几年，先生的《范仲淹新传》问世，他题赠了一本给我。到 1991 年《司马光新传》出版的时候，先生因病已经无力作序了，是师母盖了他的名章送我的。先生说，他为古人作传是受朱东润先生的影响。然而为什么选择范仲淹、司马光这两位历史人物呢？我以为，这可以见出先生精神上的推重与向往。②

11 月 4 日，七十初度，有诗述怀，寄示王勉等与友人。

---

① 《纪念文集》，第 326 页。

② 《纪念文集》，第 266 页。

《七十书感》①：

七十无成剧可哀，华年逝水已难回。有妻自少甘同命，无欲于今是杀才。燕雀岂能窥远志，鹓雏犹枉作疑猜。苍然一树云间立，却忆匡庐十月来。

11月13日，尚丁寄赠新作《四十年编余忆往》。

11月26日，刘春函询推荐曾采堂考证之文。

应镠同志：

不久前给你去信，寄到上海华东师范大学了。昨天见到德基谈及此事，他说你是在上海师范大学，而我却记错了。这封信转到你那里了吗？

信中谈及吉水县志编纂领导小组曾采堂同志一篇考证文天祥籍贯的文章②，请你向有关报刊推荐发表。曾来信告诉我文章已寄你审阅，只要我挽请你帮助发表。曾的文章是否收到？是否可予推荐？请酌。

我还曾托中国科学院办公厅寄去一册《中共党史资料》十七辑，可能也寄华东师大了。其中有我的一篇回忆稿，请阅正。如未收到，当再寄去。

顺致

敬礼！

刘春　1986.11.26.

---

① 寄赠王勉手迹有跋语云：十一月四日，忽忽七十。忆与心远中学同窗游匡庐，今五十年矣。当时意气峥嵘，犹如昨日。而书示刘昶手迹中跋语略异：八六年十一月四日，忽忽七十书感。三四年十一月偕心远中学同学游庐山，亦不觉五十二年矣。似以后者为是。

② 曾采堂此文即后刊于《宋史研究通讯》1986年3期《文天祥籍贯考证》。

11月,开始《司马光新传》的撰写。

12月1日,日记记曰:夫人李宗蕖为出生不久的孙子取名曰"坦","希望他不要像我这样一生坎坷"。

12月2日,去华东医院晤刘芳夫妇、尚丁和阎毅千。

12月6日,在市社联参加青年学生座谈会闭幕式,得遇久未晤面的谭其骧、王家范、蔡尚思。

12月9日,参加上海市社科院成立30周年庆祝大会。沈从文寄来凌宇新编沈从文作品选《凤凰》。

12月10日,参加上海社科院历史研究所纪念院庆的学术活动。

12月17日,徐中玉来访并餐叙。

12月19日,为古典文献专业学生题写刊名"远行"。此前曾为历史系学生史学社讲话,并题刊名《史声》。录其对《史声》成员的讲话提要①:

> 你们有这样一个组织,我很赞成,很高兴。
>
> 你们将来是历史教师,历史研究的问题很多,历史教学的问题也很多,有这样一个组织,可以研究问题,可以大家一道研究问题。大家一道研究很重要的。我们中国人,向来主张师友之间的讨论,说这种讨论是"切磋琢磨",是说非常形象的。师生之间的讨论,同学之间的讨论,现在要大力提倡。平等的讨论,我认为是一种极好的学风,能收切磋琢磨之效。讨论中,谁自以为是,高高在上,都不对,都不是研究问题的态度。教师不一定什么都比学生强,学生也不一定什么都比不上教师,这是一千多年前的人就说过的。同学之间,更是如此。"三人行,必有我师",这是二千多年前

① 为《史声》题词与讲话的确年不详,应在此前二三年间,姑系于此。

的人就知道的。

今天我来和你们讲话,我就是抱着讨论的目的来的。历史研究、历史教学都有问题,但我想先谈的,还是学习历史的问题。

历史怎么学,历史系大学生怎么学,我们历史系的教学计划已经说得很清楚了。我当然不谈这些,你们怎么学,怎么拿到高分,我看你们都比我内行,当然我也不谈。

我想谈的是怎么学,才能对历史发生兴趣,发生浓厚的兴趣。你们对历史大概是有兴趣的吧! 你们听了我的话,可以给我补充,提供一些我还不知道的东西。

我决定学历史是在高中三年级下学期。开始是对世界史,希腊罗马史发生浓厚的兴趣。凯撒、庞贝、屋大维为什么都进兵埃及? 希腊的亚历山大大帝很容易建立了一个偌大的帝国,但这个帝国很快就瓦解了? 希腊神话为什么那样动人,希腊悲剧为什么那样惊心动魄?

在大学读书的前几年,兴趣都在文学,选读的课程也以文学为多。有几件事是至今不忘的,阮籍的《咏怀诗》,陶渊明的《杂诗》《拟古》,使我对魏晋时期的历史发生了浓厚的兴趣。

从这几件事,可以说,我学习历史、研究历史的兴趣,是世界史的学习和文学作品的阅读引出来的。

在研究魏晋南北朝这一时期的历史中,我研究了十六国时期北方的坞壁,研究了北魏的均田。当然,开始都是由于有了问题。但发现这样的问题,一般地说,在大学学习,还不大可能。

在大学学习,要多读书,要博览。要读文学、哲学、政治学、经济学……泛览之后,自然会有归宿。归宿,就是研究历史。譬如说,唐代文学为什么会那样发达? 宋代为什么会出现道学、理学?《红楼梦》产生于康乾盛日,其故为何?这当然是大问题。鲁迅和胡适,政治上几乎是相反的,胡适为什么会极口称赞《中国小说史略》,而鲁迅在论《红楼梦》时又取胡适之说?

至于学习历史,我主张你们先读《史记》《三国志》或者《资治通鉴》,查对年代,作年表,一国的年表、一人的年表、一地的年表。看历史地图,秦的咸阳在哪里,隋的东都在哪里,项羽据彭城、称西楚霸王,彭城在今天什么地方?宋有东京、西京、南京、北京,为什么会有四京,四京各在何处。五代时,吴越王钱镠是个善于剥削的君主,吴越统治地区,包括不包括上海?等等。作年表,作大事记,看图,画图,在学历史的人来说,都是基本训练。

研究一些小问题,譬如历史人物的生卒年月,历史人物的籍贯,等等。在研究问题时,要知道看哪些书,懂一点目录学的知识。《提要》《提要辨证》《简明目录标注》《贩书偶记》《续记》《史学论文索引》等。

12月24日,寄赠《范仲淹新传》并致函郭心晖。

心晖:

十多天前,出版社告诉我,《范仲淹新传》已经出版,一直在等寄书,以便寄赠,和你写信。昨得来书,读了也颇多感慨。古人说,"人过中年有哀感",我们已过古稀,能"望崦嵫而勿迫",就不错了。上次看到病后的照片,非常精神,十分高兴。还要注意休息和饮食,切忌多用脑。陈胖子生活没有节制,遇事用心,使晚年"卧床多日,苦不堪言"。我明年八九月要去莆田,希望能看到他。在我们同学中,他是最有才的,但一生坎坷,吃的苦头最大。

我为范仲淹作传,用了不少心血。这一时期的士大夫,思想上不守汉唐注疏，政治上梦想三代，有很全面的文化修养，远非明清可比。我以为要认识一个人，要从他对待各种关系中去认识；要写一个人，要从他如何处理各种关系去写。《新传》就是努力这样写的。书一来，即寄赠。但切勿提意见，不可用脑也。

芝联回来了吗？

祝合家安吉！

应镠

廿四日

12月27日，吴泽偕桂遵义来访。

12月31日，董家骏陪同李埏之子李伯重来访。

编年文 《拓跋部汉化过程中的问题述论》《书王荆公〈明妃曲〉后》《编辑〈中国历史大辞典·宋史〉卮言》《从学生不爱历史课谈起》《〈沈从文笔下的中国〉中译本序》《回忆大教联片断》《祝高桥中学成立四十周年》《至乐莫如读书》《闻一多二三事》

编年诗 《十二月十二日夜会宴四川饭店距“一二·九”已五十年念不能忘遂成长句》《游淀山湖二首》《临江仙·偕宗蕖重来花溪参加清华中学恢复旧名活动得晤宗瀛》《九老寄诗依韵奉答胸中犹有块垒也》《七十书感》

卷九　1987—1994 年

1987 年　丁卯　七十二岁

仍任古籍研究所名誉所长。续撰《司马光新传》。

1 月 6 日，田汝康来访餐叙。

1 月 19 日，赋诗和陈九思。

《九老赐退休述怀诗素仰其为人原韵奉答》：

卅年慕玉洁，不惜少时欢。大隐今惟少，长歌意未阑。退休君子志，恋旧故人肝。曾历风波恶，犹怜匹马单。

是日，赵荣声来信，通报“一二·九”运动参加者去年岁末在京聚会的情况，兼论双方在洛旧事。

流金兄：

得一月二日手书。已见“一二·九”诗数种，我以吾兄之诗为第一，比从前有了进步，从宋诗中取得营养，稍缓当设法把诸公诗辑录在一起，找个地盘发表，亦趣事也。

《卫传》①中原有数百字叙说足下，后来临时删去，其中“友谊至切而政见不一”云云，发表似乎不好，匆促之间也改不好，只好一字不留。付印之后才想到应当写为“来洛不久

① 指其所著《回忆卫立煌先生》。

与郭①谈不拢,即辞职他去”,第二版出书时当这么修改,这也是尊重历史的。

十五日之会来了近四十人,谈至大黑,非常热闹,牛文颖因病未到,寄来长诗嘱我代为宣读,可惜诗到已是十八日了,陈振甫、梁思懿皆已瘫痪,是被抬来的,情绪兴奋,热泪交流,最为动人。张兆麐在长春想来未能来,也是行动不便口不能言。有人说六十周年再聚会,六十周年确实应有聚会,但不知有哪几个能成为八十老翁。

“一二·九”回忆的文章还是要写,历史的轮廓我大体能掌握,就是缺少细节。“一二·九”电视连续剧的初稿已成,正在征求意见,我尚未看,集体搞这个工作,也不容易。即颂新年如意!

荣声

一月十九日

1月21日,尚丁寄赠新作《黄炎培传》。

2月1日,林艾园来访。

2月2日致王勉信借阅徐高阮译作,兼述近况:

勉兄左右:

手书奉悉,读之恍如晤对,高论今亦难得也。高阮译作便中望借一阅(去古籍出版社时可交我的学生郑明宝送来)。数月来颇艰于行,但精神眠食俱佳。作《司马光传》,日仍可得五百字至千字。小诗两首因言志,呈郢正。

专复并贺

新禧。

弟 镠

初五日

① 即郭寄峤。

2月4日，田浩来函①，征求俞宗宪继续在亚利桑那州立大学攻读博士学位事。

亲爱的程教授：

祝您和上海师范大学的诸位朋友新年快乐。

俞宗宪的专业学习非常优秀，尤其他在定量分析课上学习如何使用电脑进行历史研究时，表现尤为出色。这个学期他同时参加了两个研讨会，一个关于欧洲社会史，另一个则有关中国佛教。

最近，他向我提出他希望在我校继续攻读博士学位。他认为这将使他更好地掌握英语和美国的历史研究方法。

我需要您的意见。您是否批准他继续留美完成博士学位，还是您更希望他在获得硕士学位后返回上海师范大学？根据计划，他将在一年后完成硕士学位。

我希望他能获得更好的训练，这样他在返回上海后，能更好地为您的学校和您的学科服务。当然在我考虑他的博士课程计划之前，我需要了解您和您的单位是否批准他留美深造直至取得博士学位。

考虑亚利桑那州立大学教学安排，我需要在3月15日前了解您的意见。请尽快给我回信，以确保我能在3月15日前收到。希望您能用中文回信。

感谢您的意见。您认为如何对您的学科和学校更好，我将按此安排后续计划。

您真诚的　田浩

助理教授

1987年2月4日

① 原件英文，由范荧中译。

2月5日，去民盟市委开会，得晤陈仁炳、尚丁、陆诒、徐中玉等旧友。《复出日记》记云："发言者意见大体相同，盟中央要求保护盟员，当不至如五七年之'左'得可爱了。"

2月6日，李家玉来谈"魏文伯对时事甚愤怒"。《复出日记》记云："此人人品极高，五九年在外岗听过他一次讲话，就颇为钦慕。"

2月11日，收到2月2日朱启平自港来函，报谢寄赠《范仲淹新传》：

应镠：

收到寄来巨著《范仲淹新传》，只展读了《自序》，还没有接触正文。《自序》中对于自己的厄运，点到而已，太厚道了。对于历史名人，你坚持了自己观点，这是最可贵的。在那腥风血雨时代，多少人随风而动，不惜颠倒历史以迎上意，其中包括我们的同学，确也风光了一阵，可是到头来，清夜扪心，不知是什么滋味。

关于范仲淹，也是我所敬仰的人。有一次执笔，引用他著名的《岳阳楼记》中"浩浩汤汤，横无际涯"。大概是那位编辑自作聪明，不问一声，就把"汤汤"改为"荡荡"。我打电话告诉他，"汤"字无误，读作"商"，他就把责任推在校对身上，我一定要读毕全书，拜谢你充实我关于这北宋名臣的知识。

我已退休两年，自由自在，放下了笔，难得别人催逼，勉强写一点。身在外也，或者可以放开些写，但也放得有限。附上近日两篇，不能说是投桃报李，只是在老友面前，不怕献丑。

问候宗蘘，问候全家。来信请寄"香港七姊妹道七号十三楼c座"。报社很少去。

启平　二月六日①

2 月 12 日，寄赠伊原弘《范仲淹新传》。

2 月 14 日，郭心晖寄来《人物》，内有她所写怀念吴兴华之文，读后有诗：

> 胸蕴千秋虑，难治一片心。英雄如有泪，掩卷亦沾襟。

2 月 15 日，收到张兆和来信，得沈从文去年 11 月下旬患吸入性鼻炎入院，一月后出院，但仍甚虚弱，深为之忧，即复其信。

是月，友人获赠《范仲淹新传》，先后收到致谢兼评价的信函。

9 日，胡道静来函：

> 觉得是兔年读到的第一本好书。写传记的一个基本要求，几乎也同演剧相似，需要"进入角色"。我读了您的自序，感到您的经历和抱负，同您写的传主呼吸相通。这就决定了您写[得]生动和深刻。写历史人物又必须对传主的处境和时代有通量的熟悉，您又充分具备了这个条件。②

16 日，熊德基来函：

> 病中惟一消遣，即读大作《范仲淹新传》。范氏为我生平钦佩之先圣。记得 1953 年，独游苏州，曾谒"范相祠"，满

---

① 唐振常《哀启平兼怀宗瀛》对朱启平一生遭际曾有评论："启平与宗瀛同出江南世家大族，同为燕京大学高材生，同为'一二·九'学生运动的骨干人物，同工作于《大公报》，同以才华出众见称，同以英语说听、英文读写见长，两人相为挚友将近六十年。言及遭际，则有不同，启平中道逢一九五七年之灾，坎坷二十余年，宗瀛以居香港幸免。晚年二人复聚首香港，又同事于《大公报》，微异者，宗瀛得展其志如初，启平则颇不能施其所长如昔日。"见《川上集》，第 464—465 页。

② 原稿不存，此据抄件。

庭黄叶,游人极少。曾有一绝,今仅记后两句为“断齑划粥英雄事,后乐先忧是我师”。回顾此生,始终忧国,晚年亦无所乐。——今读大作,写得极好,对他生平事迹,多来[引]其诗文。写其交游的仁宗一朝,济济多士,而仁宗亦偏狭,多不得其用,庆历变法,亦昙花一现。范公不知忧乎?乐乎?吾兄写此英杰,用文学笔墨,写平生交游,态度客观。洵是炉火纯青之作,不知目前作何打算?

19日,郭心晖来函:

应镠:

你们好!

收到你的信,无论长短,我都高兴。一来是因为说明你健康无恙,二来是看得出思想感情醇厚如昔,这是最难得的。谢谢你的欣赏,内行人的欣赏,有心人的诗赞!你的诗,七律和绝句都极好,可惜当年我不知道。

从第二次骨折之后,我就决心不再上课。去冬一病,深知自然规律不可抗拒。半年前退休,给我6级全薪待遇,我也知足了。以后安心家居,搞点写作,不写英雄大人物,只写知识分子。第三篇是《书画传家三百年》,将在今夏刊出,已经交稿。

《范仲淹传》一读再读,是诗人写史,不同凡响。春节后,侯仁之带着外孙葛琼来访(葛力之孙)。此子绝顶聪明,还是个高中生,酷爱史学,借去细读。我想你不会反对,葛力也会欣赏的。

我已基本康复,体重回升到54公斤。医嘱控制在55公斤左右以保护心脏。我最胖时,超过58公斤。现在腰围、肚围都很理想,我觉得轻松愉快。

芝联回国后,忙于开会和写书,外事活动也够紧张。烟总戒不掉，是个隐患。

我们大哥星联在阳历年前两日逝世。我进城几次和去八宝山都赶上雪天。这几日北京又降温了，春寒料峭。即使如此，我还是爱北京，包括冬天和冰雪。

附上一份《文史资料》，我想你会发生兴趣。

祝

俪福。

心晖　87.2.19

3月，美国马伯良两次来函①，希望宋史研究会发邀请函，解决其来华签证问题。

程应镠教授：

您好！我很久没写信，对不起。

这个学期过去太快，尤其是我六月到亚洲来研究六个月。我想比较明本《清明集》跟一些清代的县书判。

我希望有机会到上海来停几天，跟宋朝研究的学者商量。可是现在有一个问题，没有中国学会的请帖，我找不到签证。我不知道宋代研究所[会]会帮助我解决这个签证问题[吗]。

希望秋天我有机会跟您商讨宋代历史。

祝

身体健康。

马伯良

1987年3月2日

程应镠教授：

您好！来信收致[到]。我真高兴收致[到]这封信，因

---

① 两信行文，除补正诸字，皆据中文原件。

为这一次在杭州知道您的健康有问题。

现在我想十月在上海停四天跟您讨论，而且在北京又停四天跟王曾瑜等讨论。

也许最简便是十月十九号从香港飞到北京停四天，二十三号飞到上海停四天。然后或在杭停一天，或一直回到香港。

我刚才收到王曾瑜写的信，说历史所可以给我发出邀请，不知道宋史学会也发出邀请更好？

当然，我真欣然的在上海讲学，也许我应该报告八月在洛杉矶的日美历史学家宋朝研究会的事。

祝好。

马伯良

1987年3月30日

3月3日，周一良来函评价《范仲淹新传》：

尊著深入浅出，无一事无依据，而文字清新活泼，引人入胜。尤其穿插大量诗句，而叙友朋关系，烘托传主，更觉形象丰满。书中论到县专人选及办学等条，今日读之，也大有现实意义。①

3月7日，赴民盟市委开会，得晤庄鸣山、龚方震。

3月9日，收到谭其骧赠书。

3月13日，参加钱公铨②追悼会，并致送挽联：

患难相携，屈指星移四十载；死生亦大，伤心气散早春初。

---

① 此信原件未见，据家属抄件迻录。

② 钱公铨，1949年前参加民盟地下工作时化名钱熙，1949年后曾任民盟支部委员，当选过上海市卢湾区人民代表。

3月20日,去民盟市委参加高等教育工作会议,就高教政治思想工作发言。

3月27日,在民盟上海师大支部会议上传达胡立教讲话时发表个人意见:

今天要我来传[达]胡立教同志讲话。我欣然接受的。胡的讲话,实事求是地对我盟历史做了正确的叙述。解放后,我是第一次亲自听这样实事求是的估计。在座的同志,对盟的历史可能还不太知道,因为上海市支部从来没有这样实事求是作过宣传。

实事求是的一个重要内容,是尊重事实。这一点,学习自然科学、工程技术的人是知道[的]。我学的历史,直到最近几年,才自觉地知道尊重事实的重要,才知道我国史学的一个特点是重"实录",因为我国人民从很古的时代就知道历史经验的重要,借鉴的重要,而吸取经验,必须从真实的史料出发。仅仅因为马克思主义传入我国之前,一般说,所有历史家,他们的观点是历史唯心的,所以他们总结出来的东西,是要重新检证的。在这个意义上,历史也是要重新写的。

我是"国家兴亡,匹夫有责"的信徒。对我国的解放思想,坚持改革是非常关心的。我认为党中央的决心是大的,信心是足的。敢以揭露自己的错误的政党是在前进的。二十几年"左","十年动乱"登峰造极。"文化大革命"要彻底否定。防止不做事的人整做事的,对老好人有极尖锐的批判,对官僚主义的危害无情的揭露,反对以权谋私,鞭挞"靠党吃党"。

我们的形势真是大好的。知识分子真正的春天已经开始。盟的工作是大有可为的。我们同志都可以发挥作用了,但我们的组织没有自觉地研究如何发挥作用。

我不是传达,只是发表个人的意见而已。

3月31日，李伯勉长子来访，取回其父遗稿。

4月2日，卞祥椿①来，送回“文革”所写交代材料，《复出日记》记云：“俱过去实事，有的现已记不清楚，留着还有用处。”

4月11日，郭心晖来函告以陈矩孙4日去世，当日为作挽联：

论交五十年，怅望南天，欲赋招魂无限意；暌离卅一载，伤心楚些，怀芳长去不胜哀。

5月1日，李培栋自宿县返沪来访，告知30余年前老师往赴“土改”的王堂村现皆瓦屋，大改旧观。

5月4日，王云海来访。

5月11日，收到李埏告知在复旦大学讲学的来信，复函邀约晤期。

5月16日，约请李埏来家餐叙，徐孝通、董家骏作陪。

5月26日，收到陈九思来函，并录示诗作。

应镠先生史席：

音问多疏，时劳结想。公忙于著述，仆则游手好闲，可笑也。小诗一章，略述近况，录呈教正，以代面谈。专颂俪福。

五月二十四日陈九思手上

《友人书来询余退休后近况赋此为报》：

暮景迫崦嵫，乞身悔不早。事益师丹忘，年比冯唐老。今始遂闲居，因思何浩浩。室有半壁书，坐卧恣探讨。仍甘作诗囚，差免诮乳媪。（何承天老犹为师，同官年少者每轻之，呼为乳媪。见《南史》《宋书》。）觅句适自怡，遑计拙与巧。肉食非所嗜，菜根幸可咬。市酤虽云薄，余味亦稍稍。

① 时为上海师大党委副书记。

平生寡营求，守默以为宝。天倘假之年，犹拟续吟稿。岂因身后名，聊复留鸿爪。东窗面邻园，绿阴看愈好，何时命驾来，荒径为君扫。

6月4日，致函陈九思，抄录近作《答问近状》呈正：

布谷声声夏令初，小园绿树似山居。好书可得时时读，新草还须细细锄。幸喜退闲因远佞，系心惟待有双鱼。怜余七十犹心悸，梦里仍惊下坂车。

6月15日，陈九思来函寄示和诗。《辱眎佳章次韵奉和并候应镠先生吟履》：

长病蒙恩许遂初，一楼俛仰称闲居。阳春曲好愁难和，穷巷苔生懒不鉏。入社且斟元亮酒，临渊空羡季鹰鱼。明时共愿人长健，中隐常乘下泽车。丁卯仲夏陈九思求正草。

6月10日，钟开莱自美来函，论及徐高阮与沈从文。

应镠：

旧诗虽好不及新书①。徐高阮此人好作狂言而有文采可喜。日来大读《史记列传》，惜今日无《人物志》足观者矣。“明年此时知谁健”，明春如到，□[拟]当造访，阔谈一夕。

剪报与沈著《中国古代服饰研究》有何关连，文中一字未及，可能抄袭，可怪可笑。此亦当代中国常事。你等在沪不妨查明见告(我有沈书)。专颂

夏祺。

钟上六月十日

“莱”误书为“来”，你亦健忘矣！忆75年见面时，你以为王勉是王逊之弟！

---

① 此处“新书”当即去年寄出的《范仲淹新传》。

6月27日,收到邓广铭来函,商议召开国际宋史研讨会事宜,并及《宋史研究通讯》在日本宋史学界的反响。

应镠先生:

我去日本访问两月,本月初返京之后,又忙于为本校和他校的申请提教授职称的,和硕士、博士研究生暑假前应进行答辩的一些同志,看论文,写评语,终日忙碌不堪,迄今未了。

在日本两个月,只到了东京、京都、奈良、大阪四地,但那里研究宋辽金史的学者,老中青三代人,我大都见到了。他们对于我们宋史研究会的注意,是我在去日本前决不曾想到的。年近八十的日野开三郎向我提出愿意参加我们的年会。另外,有很多人都愿我们再召开国际宋史研究会。我曾表示,为易于实现,可否先召开一次中日宋史研究者的研讨会,地点则只能在交通最方便的上海。请您考虑一下,这一设想究能实现否?定在什么时候为宜?

他们还极重视您所编辑的《宋史研究通讯》,有许多人都以看不到这一刊物为憾。我当即向他们坦白表示,对此刊物,我不曾出过半点力,全是我们的秘书长在种种困难(如经费、稿源……)情况下,排除万难而编印出来的,所以印数有限,传到国外的自更少了。后来他们说,至少应按期寄赠(而且,如可能,从第一期补足)东京大学的东洋文化研究所、东京的东洋文库、京都大学的人文科学研究所、关西大学的天理图书馆(那里有内藤湖南的藏书和增田涉[与鲁迅有深交者]的全部藏书)各一份。我不知道究竟能满足他们这个最低限度的要求否。我认为,能借此加强两国间的文化交流,也是一桩好事。当然,您如能振臂一呼,能在贵校举行一次中日宋史研究者的研讨会,那就更是一桩盛举了。

前接长春东北师大杨树森同志函，他要介绍他系的宋衍申副教授加入宋史研究会，我曾在报刊上看到过宋衍申的几篇文章，知道他确实在研究宋史。所以，我希望您能告知宋史研究会的办事人（俞宗宪走后，由谁代行其事？）寄一份入会申请表给宋衍申或杨树森，以便在今次的年会上开理事会时，把宋吸收为新会员。

王永兴、周一良二位均于明日飞广州，然后转香港去参加敦煌学会，大约廿八日再回广州，换飞机回北京。

匆匆奉陈。顺颂

著安！

邓广铭

1987.6.22

曾维华等《中国宋史研究会初创期的程应镠先生》：

程先生接信后，指示秘书处给其中一些机构邮寄了《通讯》，也让一些海外学者汇款自费购买。日本宋代史研究会获得第九期《通讯》后，即向秘书处函请在他们学会的论文报告集中全文转载这期的《宋代研究文献目录》，并请程先生以中国宋史研究会的名义写了日文版《中国宋代研究文献目录序》。程先生在序里指出："我们创办《宋史研究通讯》，以期加强国内及域外的学术交流，也注意到了对日本宋史研究状况的介绍，但还不够全面与及时，借此机会，希望日本以及欧美的宋史学界同仁们能把有关信息传达给中国宋史研究会，以把宋史研究的国际学术交流提高到一个新水准。"

7月1日，去市委宣传部开会，得晤徐中玉、陈旭麓。

7月8日，以刊有所作《书王荆公〈明妃曲〉后》的《上海师范大学学报》寄赠谭其骧、徐中玉、王勉、胡道静与沈自敏等。

7月9日，应制夷①将赴美讲学两年，行前来访。

7月19日，已有数十年不通音问的吴伟来函，联系撰写回忆程一惠纪念文事。

应镠同志：

你接到这封信，会感到突然。

我很久前就想写信给你，一则问候，二则为故友事（程一惠）想和你联系。“四人帮”打倒后，我先后几次去上海，也因忙未及看望你。

时间流水，我们分别至今，有五十年了吧？五十年变化多大啊！可我们还活着，这是很幸运的。

昨阅《文汇报》（七月十七日）罗义俊写了一篇关于你研究宋史的文章，阅后十分欣喜！知你在学术研究方面颇多贡献。我在解放后，主要搞党政工作，南京、北京、上海几地调来调去，于前年已离休，今年73虚岁，现在是一个无所成就的人。志鸿在台，也不怎样，他儿女六人，多在台工作，有一女入了加拿大籍在加工作。我97岁父亲解放后一直随我生活。志鸿给父亲信都是通过在加女儿转递的。我爱人没有正式离休，他还负责一些工作，如郭沫若著作出版……但他现在身体很不好，肾功能差。“文革”中他被关八九年，心脏、肾脏都很不好，经常住医院。不久前，谭石亭（在北平时住江西会馆的一位江西同乡，当年在华北大学读书）来我家，谈及为程一惠写点纪念文章事，提到你，说你和程一惠颇熟，程的许多情况你知道。我认为应为程一惠这样一些无名英雄立传。抗战后，我和程、邹恩绚、张复等江西大学生回江西去开展抗日救亡运动。程、邹、张都已作

① 时为上海师大数学系教授。

古，据知程一惠是被特务割鼻子割耳朵惨死的，这些都是无名英雄，不应该被遗忘。江西方面，我写了两篇回忆文章，第三篇是纪念范觉匋的妻子，潘咏流同志的（范觉匋、潘咏流夫妇你也认识的？当年都住江西会馆，当时他们夫妇以第三党名义公开活动，其实他们当时都是中共党员。这两人都牺牲在日机炸弹下），本定今年“七七”五十周年发表，不幸我自二月患皮肤病至今未愈，执笔有困难，因之延至年底交卷。关于程一惠纪念文章能否请你执笔或参与？

你身体可好？工作忙吧？何时来京，请来舍下坐坐，叙叙。我本定五月去沪，因我和爱人都生病，行期作罢。我大女儿石小华一家在上海，她是上影导演，她爱人是上影厂文学部副主任。下次我去沪，一定看望你和你夫人。

我爱人叫石西民，想你知道。“文革”中被“四人帮”关押八九年，现在一身病。

匆匆写两句，因湿疹发展到脸上，不好戴眼镜，写信是左手提着眼镜写的。写得潦草，请原谅！

恭问

全家好！

吴志元（现名吴伟）

87.7.19.

“文革”前我在文化部，是对外文化联络司负责之一，“文革”中十年没工作，被关被斗。恢复工作后在部艺术教育局负责。前年离休。赐函寄我家，并请告知你地址（府上）。

7 月 21 日，吴伟接到复函，随后再次来信，谈及江西籍学生救亡旧事与近况。

应镠同志：

接你来信，真是高兴！但因我爱人住医院，我老父也病转重,没有及时复信。今天也是抽空和你叙叙旧吧。

记得在北平念书时,我们为了争夺江西会馆的"权",你在戏台前(记得江西会馆里有个戏台,我们进步同乡——学生,在那里开会)指挥战斗。抗战开始,我和咏流流亡到南京,住在一个中学,你当时似乎也是一个 leader,我不久被通知回江西去开展抗日救亡运动。从此我和你可能分南北了! 人事沧桑,半个世纪过去了,中国经历了翻天覆地变化,我们呢(包括你)也经过生生死死的艰难过程。解放前在白区做地下党工作,今日不知明日生死;解放了,前一段时间,工作忙得要命,要担负工作,要搞运动……忙得晕头晕脑,可以说糊里糊涂过日子;"文革"一场浩劫,又被批斗得糊里糊涂,扫地出门,一家人四分五离,今日不知明日如何。我老头(石)被"四人帮"关八年多,我亦被警[禁]闭几年,我身上开刀数处,老石满身是病。我们现在都是老百姓了。我已离休几年,老石虽未离休,但也既无"官"职也无什么"权"了,只是搞搞《郭沫若文集》的出版,古籍的……带带新闻所研究生……他身体可以时,写写别人要他写的文章(主要是纪念性的和回忆录),我也主要写点回忆录(江西党史办要的)。我不知你数十年来生活、工作情况,从来信看,似乎也受过什么不公正待遇? 我们在上海工作十年,我真不知道你在上海。可能我们忙糊涂了,没有想到解放前的同乡。

抗战初期,一批江西的大学生回江西开展抗日救亡运动,主要是北京的一批人如邹恩绚、程一惠、张复、廖梅先……我,可是五十年来,在时局的变化中,如张复、廖梅先在新四军事变中突围未成被捕,关在上饶集中营,后来出来了,不知如何出来的,被名为叛徒,据说回江西老家谋生去了,"文革"中张复疯死,廖梅先至今无消息。邹恩绚、程一惠……等人都在不同情况下死了。潘咏流夫妇被日机炸死,当时我在场,一家四口(两个孩子)就这样离开人世。我认为江西有关方面应为以上这些无名英雄立个传。没有过去成千上万志士的流血牺牲,那[哪]有今天!前几年江西党史办来人要求我写抗战时期回忆录,我就向他们建议,请我们这些还活着的人回江西,大家碰碰头,彼此回忆,互相启发,写起来也好写,同时材料比较完整。可是江西老强调物力、财力不足,邀请我们回去一时不好办……。其实,其他省比江西抓得好。我想,我们这些还活着的人不为那些牺牲者呼吁,还有谁记得他们呢!我给江西已写了两篇回忆录,一篇是关于"乡抗团"的,已于前二年登在《南昌青年运动史》一书上;一篇是关于"妇声社"的,登在《江西妇运史》书上,书在付印中,尚未出来。第三篇是纪念潘咏流的,本定今年"七七事变"五十周年登在江西省报上,因我患皮肤病,爱人又病重,未能交稿。至于为程一惠等人写传记,我希望你们(你、熊德基、谭石亭……等同志)能执执笔,我可提供抗战时期和他共事情况。潘咏流回忆文章我还未写起,实无力再写程一惠的。但程一惠同志实在是一位好同志,在我印象中他比邹恩绚更塌[踏]实。德基、刘椿[刘春]、石亭虽都住北京,我和他们见面亦少。工作时各搞各的工作,彼此都忙,没机会碰头。离休下来,也各有各的事(公事家事),很想见见面,叙叙旧,也没有实现。你何时来京,我请你们来我家便饭,大家痛痛快快聊聊吧。我们现在不是"官"了。即使以前当了个"官",其实我们还是很欢迎旧朋友、同志来家玩。我前面讲过,解放后,我的工作忙得整天昏头昏脑。我在上海十年,调动工作三处,每到一处都是新工作,从头学呀,在上影厂几年,有时就住在厂里,特别搞运动时,家里六个孩子和老父,经常是无法照顾。解放后,从南京调北京,从北京调上海,最后又从上海调北京。

我前前后后调了十处以上工作。现在除部里老干部一些事,和写写回忆录,我是没有什么大事在身了。但不幸,爱人和我以及孩子们身体都不好,特别我爱人,肾衰竭,血中有毒,再发展下去,尿中毒就麻烦了,我老父三天就有二天病倒。家中两个重病人,给我精神上带来不少负担。

我对你印象很深:少年英俊,能干,会说会道,现在你是一个有名望的历史学家,这比我们当一辈子党政干部好多了。希望你多写点历史文章,和其他文章,在一定时候可以出书,历史方面书籍,读者还是欢迎的。至于你解放后的生活工作情况,我的确一点不知。过去是一条"左"的路线,可能你也受到一些不公正待遇?

你的颈椎、腰脊轻度肥大,行动不便,是否能找中医按摩、针灸?我的肩周炎闹了很久,很是痛苦,后来找盲医按摩,一方面自己活动,也就好了,至今未发。你不妨试试。

陈其五同志,我们甚熟悉,我在上影厂工作时,他是我直接领导人。他原是清华学生,很有才能,解放后肺病闹了一个时期,后来因生活作风问题受到批评,"文革"中被斗,前几年去世,可惜!

我记得你有一个姊姊,在一女中读书?现在何处?你夫人在何处工作?你是燕京毕业的吧?北京燕大同学不少。

今天我写得拉杂、潦草,务请原谅!昨晚回家休息,今午又要到医院去。我今天不写两句,又不知拖到何日能有空写。今天写信,也因不时电话,断断续续写完。

我如去上海,一定通知你,和你欢聚一次。你的单位是华东师大,还是师范学院?苏渊雷你认识?

问全家好!

吴伟

87.8.21.

是日,收到母校心远中学来信,嘱为校史写个人小传。

7 月 24 日,纽约大学教授 Conrad S chirokauer 来访,研究南宋理学的史学观点,晤谈两小时许。

7 月 28 日,靳文翰自美归国不久来访。

8 月 8 日,原上海师大校长朱鸿鹗已调上海大学工学院,前来拜访,深惜“师大不能容人”。

8 月 21 日,陈志让自加拿大来函,告知退休近况与即将来华参会:

> 应镠兄、宗蘗嫂:
>
> 久未通信,您们好否?
>
> 今年十月七日南京第二档案馆召开民国史档案讨论会,对我这非常重要,所以交了一篇论文,报名参加。十月二日,从多仑多动身,三日夜在东京过夜,四日中午到上海。因为我还没有得到南京的确实消息,不知哪一天乘哪一班火车何时到南京,所以也还不知道在上海住几天,到那[哪]个旅馆去住。反正我如果能抽出几个小时,一定到上海师院来看望您们。
>
> 相见不远,使我非常高兴。在国外遇见了您的一些高足,都学得很好,这也是使人兴奋的事。
>
> 我在今年六月卅日退休了,教一个课,带两个研究生,其余的时间在家读多年想读而未读的书,写些文章。
>
> 祝安好。
>
> 弟志让上
>
> 八月廿一日

8 月,陈九思寄示七夕绝句六首,有诗奉答。

《九老赐示丁卯七夕诗新意叠出戏为一绝奉答》:

> 酷暑侵人正索居,解颐妙语鹊桥诗。吟成六绝人间世。我欲因之问紫芝。

9月7日，撰写《司马光新传》正文已毕，始作其《生平事迹著作编年简录》。

9月17日，抱病参加研究生论文答辩，邀请苏渊雷主持。次日即发热，不久即因“文革”中被揪斗时伤及颈椎，颈椎压迫症引发多种疾病住院，自此久卧病榻。

《永恒的怀念》：

> 去年九月，卧病华东医院，一月一月过去，从秋到冬，从春到夏。在病榻上，我是连报纸也不看了。①

刘昶《苍然一树云间立，却忆匡庐十月来》：

> 我们几个同学完成了三年的研究生学业，并完成了论文。不过论文答辩按当时的要求必须一人一场。答辩季好像是在暑假后秋季刚开学，杨康荪第一个答辩，程先生参加了答辩。我是第二个答辩，安排在之后一个星期，但是程先生在参加完杨康荪的答辩就病倒了，实际上程先生那天是带病参加杨的答辩的。所以我们这批同学中程先生只参加了杨康荪的答辩。②

9月24日，中国宋史研究会第四届年会闭幕，增补为副会长，继续兼秘书长。

王曾瑜《程应镠先生杂忆》：

> 他得病后，我有一次到上海看望，顺便向他报告一点中国宋史会的会务。程夫人李宗蕖先生有点不高兴，说：“就是为了宋史会，他才病成这个样子。”我听后，心里确是很不是滋味，这决不是对李先生的话有所不快。我也深深感觉

---

① 《长河不尽流》，第120页。

② 《纪念文集》，第347页。

到，程先生那种办事作风，对宋史会会务的认真，确实严重地损害了他的健康，这是不争的事实，也因此而感觉难过和不安。①

张邦炜《一位对宋史研究有特殊贡献的长者》：

程先生是宋史研究会的发起人和筹备组成员之一，并负责具体筹备工作。1980年10月，宋史研究会成立大会及第一届年会在上海师大召开，由程先生主办。程先生出任第一任秘书长，稍后又任副会长兼秘书长。第一本宋史年会论文集由邓广铭先生领衔主编，程先生具体操持。《宋史研究通讯》由程先生创办，并亲笔题写刊名。研究会在民政部注册、年审等相当琐细的事务，程先生都操心不少。研究会的规制最初是在程先生参与下制订、形成的。在知名学者当中，程先生是一位难得的办事能力极强的干才。打个不恰当的比喻，当年的宋史研究会，如果说会长邓先生是"董事长"，那么程先生便是"总经理"。他为草创时期的研究会做了许多实事。②

曾维华等《中国宋史研究会初创期的程应镠先生》：

1987年在石家庄第四届年会时，程先生已行走不便，但他不仅根据研究会经费情况酌情拨款，还委派范荧代表秘书处出席会议，并代他作了秘书处工作报告。这次会议上，程先生选为副会长兼秘书长，为方便工作，增设范荧为副秘书长，协助程先生工作。至1992年开封年会、1994年成都年会时，秘书处都不再拨款，但筹办期间的许多联络、协商

① 《纪念文集》，第251页。
② 《光明日报》2016年4月7日《名家》。

工作依然由秘书处承担。两次年会期间,程先生都要求秘书处有专人赴会,既向理事会汇报工作,还确保会后能贯彻理事会的新决议。①

10月29日,沈自敏来信,谈及所作《范仲淹新传》书评,兼问健康情况。

应镠兄:

日前邓恭三先生的博士生包伟民君来访,并带来了那篇《芳草无情》②,说:"这才知道林宁是你"。因为他原是杭大的(我原是浙大史地系,现归入杭大),他似乎还喜欢这篇小摆设。已经一年多了,我原已忘怀,这次顺便自己读改了一遍,也颇有些感慨。匆匆才一年,仿佛如隔世,如今已毫无当时那些深情虔心,自己觉得已腐朽衰败不堪。夕阳无限"好",原来是十分黯淡,非常"不好"。

话又说回来,一年多没有给你写信,只知道你久病住院,据包君说,因住院生活过份单调,近日已迁回你那小小庭院。草草写这信,这仿佛是冬天已来,飞回来一只孤雁,前去探望。即祝平安,望多珍摄。

弟自敏　十月廿九日

11月下旬,住院期间获悉老友熊德基去世,作联吊挽。

《怀念老友熊德基同志》:

我和他最后一次见面是八六年十二月,想不到一年,即离我而去。住在病院,挽他一联:呴沫相亲,却忆三十年前,

---

① 《纪念文集》,第280页。

② 即刊于《宋史研究通讯》1987年3期署名林宁的《芳草无情更在斜阳外——〈范仲淹新传〉读后》。

雨暴风狂，惟君怜我。老衰同病，岂意二千里外，魂归梦断，竟我哭君。①

编年文 《释“新民”》《中国文化三题》《中国文化史年表序》

编年诗 《九老赐退休述怀诗素仰其为人原韵奉答》《读新晖忆吴兴华文》《答问近状》《九老赐示丁卯七夕诗新意叠出戏为一绝奉答》

1988 年 戊辰 七十三岁

1 月，仍卧病华东医院，庄鸣山、赵书文、靳文翰、林艾园、唐振常先后前来探视。

1 月 20 日，住院期间获知老友魏建猷去世。22 日，作挽联吊唁。

萧善芗《半世相从心似玉 岂独情亲如手足——琐忆程应镠、张家驹、魏建猷的“文人相亲”》：

> 数年后，两人相继患上不治之症，各住医院，相互间牵念不止。1988 年 1 月 19 日，老魏在 79 岁生日的前夜，平静、尊严地辞世了。此时，程先生在病榻上满含悲痛地作挽联一副：论交四十年患难相依，岂独情亲如手足；卧病三百日艰难一面，不知何处赋招魂。②

1 月 27 日，获悉古籍所决定不再致力于敦煌研究，当即致函学校领导，力论其不当。

---

① 《江西社会科学》1990 年第 1 期。但说“最后一次见面是八六年十二月”，当是记误。《复出日记》1986 年 12 月日记俱在，并无两人中或南下或北上晤面的记载，而 1985 年 12 月两人曾在北京会见。

② 《纪念文集》，第 249 页。

1月29日，民盟市委来人告知同意其此前请翁曙冠转告自己不再当民盟市委委员候选人的要求。

春节前，陈志让来函，通报近期治学旨趣与移居德国近况：

尊敬的老朋友：

一个原因是今天是我的生日，另一个原因是这里一切跟信息交通的事都非常贵。所以我选定今天写信给您贺年，用平邮寄到，祝您和府上的人，新年快乐。

好些年来，有些同事说我“有点骗人的样子”，因为一个中国人在国外从事中国问题研究，不必费老大的功夫学习汉语。我的同事们并没有加拿大人不该研究加拿大问题的意思；我也没有中国以外中国问题的研究应该由中国人包办的意思。但他们所说的有点道理。我既然搞完了我的“事业”，不必讲中国问题来找饭吃，又同时得找点事情做，于是我决定再学一种语言，走进另一个园地。如果我走进的是英国问题，我的那些同事还可以认为我在欺骗人，所以我才选了德语，研究现在我住的地方。看看这个小城的近代史，从战争、外国占领，到独立繁荣，这是两万三千人的奋斗成功史。

我说这个城，其实是两个城。其间从前有一个小村，名为“Und”（即为英文的and，“及”或“和”的意思）。克芮木斯（Krems）比斯太因（Stein）大，工商业更为繁盛，这一段多瑙河（Lie Donau, ilu Danube），从此地开始上溯到麦尔克（Melk），是寂美的一段，而与小城老而且美，中古时候从北方小山区向南发展，到了平地就停止下来。形成一条大街，距河也还有一段路，那到18世纪以后才开发。

我住在斯太因的一个山谷中，每天到克芮木斯的博物馆去读旧报纸，将来读文教档案，以1945后十年为期，希望两年内搞完，然后回加拿大去思索和编写。我在这里有时看见日本游客，只有一家中国饭店。常常想到您。这里到维也纳和布拉格都有好几班直达车，到这里来玩，我一定为您们导游。

祝健康、顺利、快乐。

陈志让 上

2月7日，周藤吉之函谢寄赠《范仲淹新传》。

2月17日，旧历春节。正月赋诗，仍关切世事治平。

《雪后初晴》①：

雪后新晴瑞气清，昇平歌舞几人醒。十年动乱思初治，半世艰辛念太平。病久颇厌粗制食，梦中犹喜问前程。诗成自有萧疏感，日色穿窗照眼明。

2月24日，周一良来信问疾；3月1日，复函周一良。

2月，徐中玉、徐孝通、刘佛年夫妇、翁曙冠、王育民、林艾园、李家骥等先后来院探访。

徐中玉《论史传经序》：

二十多年的身心疲惫、忧心焦虑，终于还是夺走了他的健康。记得几次去看望生病的他，他还在思考他的研究计划，准备在健康起来后从哪些方面重新做起来，但他终究没有能够再恢复起来。②

3月2日，抄录致教委负责人毛经权的信函。

3月4日，为《中华文化名人辞典》写自传条目资料。

3月7日，收到周一良、王永兴与王曾瑜分别寄赠《中外文化交流史》《隋唐五代经济史料汇编校注》与《名公书判清明集》。

---

① 题下原注：时卧疾华东已五月矣。

② 《论史传经》，第3页。

3月12日，获知校原党委副书记阎毅千去世，托人送去挽联吊唁：

直道动人心，遽尔骑鲸西去；哀思留后死，何当化鹤归来。①

3月21日，董家骏来谈历史系宋史研究室事，答以“人一充实，大有可为”。

3月，刘佛年夫妇、李家玉、刘哲民等先后前来探病。

4月2日，收到谭其骧、王育民与周振鹤分别致送的新著《长水集》《中国历史地理概论》与《方言与中国文化》。

4月16日，读妻李宗蕖所写关于李宗恩的忆文，与谈近两小时。

4月，徐中玉、李宗瀛与孙大雨先后前来探病，或“畅谈甚欢”，或“喜极感极”。

5月10日，突然病危。是日沈从文逝世。秋，作文追忆与沈从文持续五十余年的师友之谊。

《永恒的怀念》：

从文先生逝世，我知道得较晚。家里人怕我难过，不告诉我；在病榻上，我是连报纸也不看了。听到这个消息，是很难过的，对我来说，从此，我失去了一位五十多年的良师。②

6月，接受主编《中国文化史大辞典·宋代卷》的稿约。

虞云国《程门立雪记》：

1985年，先生就决定另编一部《宋史大辞典》，希望编

① 《复出日记》1986年3月13日云：“便道访阎毅千，谈学校甚久。此人为人正直，有些脾气，仍可爱。”

② 《长河不尽流》，第120页。

成后能给宋史研究更多助益。但1987年起,先生就卧病不起,这一计划也随之落空。次年,有家出版社准备推出大型系列的《中国文化史大辞典》,约请先生主持《宋代卷》。他在病榻上与我谈这件事,表示自己已无法工作,但仍打算允诺邀约,希望我能具体负责筹划。见到先生在约稿协议上歪斜的签名,想起他原先那刚直劲峭的笔迹,心里不禁泛起一阵酸楚。我深知先生编《宋史大辞典》的夙愿仍盘亘在心,便表示愿竭尽所能全力以赴。于是,我以先生的名义,由程门弟子为主体,同时约请其他学者,组成了作者队伍。然后,按宋代文化的学科框架,设计条目,组织撰稿,协调进度,审改稿件。三四年间,我心无旁骛地投入其中,不时向先生有所汇报,他总表示,这事只能靠你们。①

8月,出院返家休养。

程念祺《〈严谴日记〉读后》:

上世纪80年代末,父亲住华东医院,同病房的有一位正是当年整他比较厉害的一位院领导。父亲要我称呼他"伯伯",夜里还让我给他拿夜壶。我很不愿意,但还是做了。对姐姐,父亲也是一样要求。姐姐后来提起这事,就笑父亲"硬充忠厚"。父亲就很不高兴。只有母亲不理人家时,父亲显得很尴尬,很无奈。读到父亲日记,我才懂得,父亲就是这样的人。他的心胸是开阔的,内心并没有敌人。而为了工作,他确实太不懂得保护自己。②

葛金芳《宋史研究的引路人》:

上个世纪80年代末,我去复旦大学查阅宋元时代的方

① 《纪念文集》,第326页。

② 《纪念文集》,第300页。

志，从云国兄处得知，程师已卧病住院，便托虞兄请示程师母，欲前往探视。其时程师已经手术出院，在家调养。映入眼帘的客厅素雅整洁，温煦的阳光从窗外斜射进来，客厅中央是一张病床，程先生安静地躺在病床上，身上一床洁白的被子。程师母带我走到程先生跟前，告诉我程先生已经不能说话了。阳光下先生面容瘦削憔悴，但平静安详。我凝视片刻，心中五味杂陈，一句话也说不出来。①

10月28日，张兆和来函，谈及征集沈从文遗信与纪念文章事。

流金兄、宗蘩姐：

接到信，看到信封上我所熟悉的流金兄的字迹，说不上有多高兴，好了，不碍事了，顿时抖落掉身上的一块石头。

你抱病写回忆从文的文章，是我不敢希望的希望，但愿上天保佑，不要因此影响病体。

文章请寄湖南，我同小龙小虎向您致深深谢意。

从文的旧信，我们不需要原件。只是猫咪小妹那么忙，增加她的负担，于心不忍。其实用挂号寄来，我们复印后挂号退还，不会丢失。

需要我为你们做些什么，请来信。

半个月前，开莱曾来北京，我们谈了两个小时，也谈到流金兄的病。他白内障已经动了手术，眼睛能看得清了。现在应当途经香港返美了。

秋凉已到，望特别注意，不要着凉。

祝愿兄病体早日康复。

兆和

一九八八·十·二八

---

① 《纪念文集》，第272页。

11 月 6 日，陈纪滢来函，自述在台近况，追忆昔日共同的友人，附寄 1938 年所作《寄文艺战友——流金》剪报：

应镠（流金）我兄如晤：

奉读本年八月廿四日令郎代笔之函，（可能写后未发，否则不应走得如此之慢！）得知我兄贵体欠安，不胜念念！好像兄已病多时，是何种病，可否告知？想起三十年代，《大公报》时代之作家，走死逃亡，所余无几。弟尚保持联络者，除北京孔罗荪（亦常年卧病）、曾克（与黑丁已分开）、光未然（张光年）等发信外，在外省者尚有熊飞、黄碧野等，余均自报上知晓，并未通信。

令同学（燕大？）张郁廉女士尚健在，已自银行退休。他的丈夫孙桂籍已去世多年！比植云为早一年（六十年代），郁廉尚健康如常，惟甚少见。兄有若干子女？尚能步行否？

弟生于民前四年（1908），今已 81 岁矣！除头脑尚清晰外，其余视觉、听觉均有障碍，且两腿輭弱无力，不能走长路，仅尚未持杖而行矣！兄比我至少小十岁或八岁，当年我辈皆系青年，今则已入暮年，言之可叹！

弟已由“内湖区大湖街 160 巷 22 弄 5 号”，自上月八日迁至“台北县新店市玫瑰路 51 巷（浩园）14 号二楼。电话 210—3598 号”。附□一件。

令郎任何工作，接此函后能再得彼一覆函，幸甚！专即

弟陈纪滢拜上

七七（八八）年十一月六日

11 月 16 日，郭心晖来函问疾，通报自己与张芝联近况。

应镠：

你们好！问候宗蘗！

秋冬之交，是对许多人的考验。希望你加意珍摄。没

有气力，就不必作复！

“辰龙大吉”的呼号只响亮一时。今年多灾多难，人为的，自然的，说不清，数不清！最近半年，李憨、陈翰伯、张兆麟、梁思懿相继谢世，还有一位郑某，不认识。其他的人讣告接二连三，令人惊叹伤感，“一回秋风一回稀”。

12.9 的聚会已开始酝酿。年年见一次面，也不容易。因此想到你，想到荣声在养病。多日不通音讯，不知近况可好！？

芝联又当选民盟六届中央常委，宣传部辞掉，改任联络委员会主任。他计划去上海一趟，为筹备明年法国大革命200 周年纪念活动，目的地是复旦和华东师大。三联书店出版了他的论文集《从高卢到戴高乐》，刚看到样书。

今夏我为玲君写了一篇纪念文章；为新闻界前辈孙瑞芹写了两万多字传略。最近为郑西谛师写了《一代才华化电花》（郭老诗句），如此而已。体况尚好，无衰落之感。但我怕冬天，仍须谨慎。祝康乐。

心晖　11.16

11 月 17 日，张兆和来信，感谢寄去沈从文来信原件，再及纪念文章事。

流金兄：

得知您出院回家后有所好转，慰甚。希望一天比一天好。

谢谢寄来从文的信函。复印后原件由小虎略加整理并尽可能注明时间按次序排好随邮奉还。

纪念从文的文章如写好，请直接寄京交我。因吉首大学编从文纪念文集的两位负责人将于本月底来京。一时未能完篇，望不必勉强，千万不要因此劳累伤神，现在是身子要紧,健康第一。

问宗藻好,猫迷小妹同此,你们辛苦。

增添你们的麻烦,谢谢。

兆和

八八年十一月十七

12月31日,致信董宝光①,吊唁陈新桂逝世。

宝光同志:

信收到。我自去年八月,一病至今,还没有告痊。新桂兄长逝,正住医院,家里不敢告诉我。今年八月回家以后才知道。新桂一生追求民主,出生入死,不知民盟如何表示?

宗翰也久不通信,得便希代致意。

小儿程念祖在八中教书,白天都在学校,其住处为××××信箱×分箱。

令岳母还住在原住[处]么?请代问好。耑覆

问好。

程应镠 三十一日

编年文 《日文版〈中国宋代研究文献目录〉序》《永恒的怀念》

编年诗 《雪后初晴》

1989年 己巳 七十四岁

是年,依旧卧病而艰于步履,期间,或读小说以自遣,仍关切国事。

6月,致函郭心晖,自述近况兼及旧友,而颇憾于“七十无成”。

---

① 董宝光,陈新桂女婿。

心晖：

信来，甚感。现尚不能走路，一有空就锻炼，希望总有一天能复旧观。数月前信和书都收到，芝联不愧为法国史专家。我本攻西洋史，因语言关系，解放后转治魏晋南北朝，“文革”后期被迫整理《宋史》，后遂致力于《续资治通鉴长编》，不久转入人物（北宋）的研究。迄今碌碌，故有“七十无成剧可哀”之句。病后只是读小说，仿佛回到二十左右，可能这也是一种休养。去年奋力写了一篇《永恒的怀念》，不久湖南文艺出版社印出后，当寄奉。八五年在北京，纪念“一二·九”五十年，翰伯、李敏都还在，李搭的还是周游的车子，知道她亦下世，不禁黯然。

周游和植人姐妹俱有信来谈到张郁廉，但都没有你详细。其实，去年八月在台湾的陈纪滢（过去《大公报》副刊《战线》编辑）就有信给我，说她丈夫过世多年，不久前她在银行退休。我记得她学的是教育，颇惊于她在银行工作。宗沄在香港也见到过她，只是不曾交谈。我和她最后见面，是四三年在成都燕京，此后遂绝音问。

这些日子因学生请愿，对北京怀念甚深。青年对国家感情之深，远远超过了我们。

问好，宗蘂附笔。

应镠

1989.6 月

张郁廉来函告知近况，并以离沪在即无暇探望为歉。

张郁廉《离散岁月》：

40 余年后，我于 1990 年到北京探亲，并参加了燕大创校 70 周年庆典，从同学郭心晖口中得知，程应镠曾打听我的下落。郭还告诉我，程应镠和李宗瀛的妹妹结了婚，现在上海。不幸的是程应镠患了鼻癌，病况严重。我到上海玉彬家后，按址写了一封信给他，告诉我的近况，并说我离沪在即，无法去探望他们了，信中没有提及他患病之事。①

1990 年　庚午　七十五岁

仍在家卧病。期间，偶以笔墨书录杜甫与陆游诗作与自作旧诗。

程怡《爸爸教我读中国诗》：

爸爸生命最后的那几年，因为“文革”中受的伤而瘫痪了，一开始，右手还可以动，他就每天用小楷抄陆放翁的诗，五大本诗集，他能背诵的几三成，可是他还要我一本一本拿给他，然后说：“好的我都读过的，好句子常常在这里那里重复。”那时候我已经在华东师大教古代文学作品选，已经能够感觉到父亲教我念过的杜甫、陆游的诗中儒家精神的一脉相承。②

钱玉林《沧海不弃涓滴之微》：

有一次，谈起杜甫，先生兴致很高，认真地说：什么时候我空闲了，搞一部博采古今注释、评论的《杜诗集注集评》，李宗蕖师母在旁笑着说：你千万别弄那个，现在的工作就够你忙到老了。那个工作是没有底的。我有一次对先生说，这两年我

---

① 张郁廉《白云飞渡》，第 58 页。但她将此事记为 1990 年似误。据 1994 年 10 月 25 日郭心晖致李宗蕖信：“应镠在燕大读书时，古体诗就写得很好。这是很难得的。当时他和张郁廉关系密切。张女士后来去台湾，陈絜一直在政治方面对她产生怀疑，虽然她会俄文并译诗。1989 年校庆，我曾见到她，她回大陆探亲。”燕京大学成立于 1919 年，70 周年校庆应是 1989 年。

② 《文汇报》2016 年 4 月 17 日《笔会》。

特别喜爱陶诗，感到陶渊明的质朴自然，清奇醇厚，虽盛唐李、杜有所不及。先生说你多大年纪了？我说已过了40岁。先生笑着说：到了你这个年纪，是应该喜欢陶渊明了！①

1月，董宝光寄来回忆陈新桂文章，复函问候。

宝光同志：

信收到多日，因贱躯不适，迟复至歉。

文章读了，颇忆新桂生平。他夫人身体好吗，请代问候。专复。

祝双好！

程应镠

90.1.16

5月24日，吴志鸿②自台来函问病，期待把晤叙旧。

应镠兄：

前接你去年九月六日第一封信，当于同月23日有回信给你。接着又收到你同年十月九日(?)的第二封信。我于同月30日有覆信给你。这封信不知你有无收到。因为你第三封来信(信内未写日期但邮戳是1990.3.6.)中说久未收到我信，故有此疑问耳。我们现在的确都老了，脑筋自然没有年轻时那样灵光，遇事若不记述清楚日子，一久就记不清楚而会乱糟糟，所以每收来信只有把他记载下来日后便于查考。

……由来信中深知你伤感味很重，似乎很忧时伤怀，我看不必如此，天下事就是如此，我们无能为力，好在这间日见开放。将来两岸交流将会日见方便，只要我们留得青山在，总有相聚把晤之一日。我想再等到方便一点之时，我是

① 《纪念文集》，第264—265页。

② 吴志鸿，吴伟之兄，1949年后赴台。

会去探视你们的。我现在只有一姐一妹在大陆,他们盼望我回去一趟已很久了。但我因种种个人问题以致迁延迄今尚未成行。但心中始终系念着,尤其知友如你我者更盼望早日能把晤一叙离衷别情啊,余容再叙。即祝
全家安好。

弟志鸿亲笔上

1990.5.24.

12 月 28 日,周游来信问病,兼忆燕京旧事,告知前不久"一二·九"时期老同学聚会的情况。

应锷:

还是夏末的时候接到过你的信,今日郭心晖来信,其中并附来你最近给她的一封信,知你病情比较平稳,但行走和站立都要人扶持,闻之令人感动,因为你在病中还从事著述,并给朋友写信,极不容易。

我离休后,因两腿行走不便,便只有困守家中,很少出门,不过今年六月受沈阳一位老战友邀请,曾去沈阳旅行了半个月,是参观这位老战友的诗书画作品展览,好在是乘坐一位老首长的专列火车前去,故尚感舒适。

我近日收到香港燕京大学校友会寄来的一册《燕京大学校友通讯录》,查阅一过,发现上面周淑生的姓名和住址,此书是 86 年出版的,不知周的住址有变化没有。不久前杜含英告我,周与杜同在燕大念完四年大学,她告我周已赴美深造,杜并知道三七年我与周的一段罗曼史,事隔五十余年,我想彼此都已年过花甲或古稀,当年在燕园彼此都是年轻学子,而现在都已老态龙钟了。她赴美之说不可靠,我在通讯名录上看到周住在香港,此事勾引起我的怀念,故给香港写了一信,不知能否送到,收到后是否给我回信,这就只

有听之任之了。

"一二·九"前夕,"一二·九"时期的老同学都在余建亭家聚会,并由王龙宝带领大家大唱救亡歌曲并录了相[像]。

柯华出国去南洋,原定聚谈会在他家举行,因此现在改在朱哲均家。当日到会三十余人。葛力丧偶以后,精神不佳,很令人值得同情。

今夏比较炎热,立冬后连来几次寒潮,颇为寒冷,尚望多加珍重,新年在即,谨祝
新年快乐,健康愉快!

周游　90/12/28

编年文　《论北魏实行均田令的对象与地区》《怀念老友熊德基同志》

1991年　辛未　七十六岁

是年,仍在家卧病。

8月,《司马光新传》出版。

尚丁《遗札三复待春归——缅怀程应镠教授》:

应镠的史学专著不多,其实,他是很能写的。他写的书,历史材料真确翔实,经得起严格检核;而其文笔,流畅清新,优美生动,可与文学著作媲美。他是可以为后人留下更多传世之作的。而由于不言自明的原故他只留下三本史学专著,一本是《南北朝史话》,一本是《范仲淹新传》,还有一本是《司马光新传》。而这三本书,也是在极其困难的条件下完成的。①

① 《芳草斜阳忆行踪》,第327页。

病中仍关心中国宋史研究会秘书处事务。

曾维华等《中国宋史研究会初创期的程应镠先生》:

1991年,民政部对社团进行整顿,提出了许多具体要求。邓广铭先生作为法人接到了相关文件,具体落实则是秘书处的事。范荧硬着头皮与官衙打交道,期间各种遭遇可以想象而无需赘言。至今还记得众多要求中,有一条是"提供研究会成立时的批文",否则就"无法证明你们是合法组织"。回沪后询问了许多前辈和同事,都不知道曾有这个环节,秘书处存档文件也确实没有相关实物(事实上,研究会着手筹建,时在1979年,是否存在一个社团管理机构还很难说)。正在一筹莫展之际,长年卧病的程先生却异常清醒地指示范荧:一、到北京找郦家驹先生,当时北京方面许多事情是他联系的。二、找当时的上海市委书记处书记夏征农同志,研究会在上海成立是得到他首肯的。于是,范荧趁赴京开会之机拜访了郦先生,但他也不记起当时有哪个部门主管过此事,当然也没有什么文件保存。最后,范荧只得壮着胆子联系夏征农同志,居然获准登门拜访,年已九十的夏老听了范荧的叙述与要求,明确表态:确有此事。当即指示秘书,给予适当的帮助。一周后,便收到了有夏老亲笔签名的证明函。实在庆幸!如果不是程先生如此清晰的记忆,如果没有夏老的平易近人与实事求是,这次社团重新登记不知要费多少周折!①

1992年 壬申 七十七岁

是年,完全卧病不起。

---

① 《纪念文集》,第282页。

程怡《爸爸教我读中国诗》：

爸爸完全卧床不起的时候，我就让他躺着听音乐。我们的老邻居、老朋友杨立青从上音给我录来了德沃夏克的大提琴协奏曲，那悲怆的旋律在蕉影婆娑的窗边响起的时候，爸爸会吟诵杜甫的诗。他告诉我，那音乐让他想起了故乡老宅，想起了祖母和母亲；可惜的是，我不记得他当时吟诵的是杜甫的哪首诗了。①

4月4日，周一良来信评价《司马光新传》：

应镠同志：

日前晤王永兴同志，询及吾兄，知违和已久，迄未痊愈。归家即收到大作《司马光新传》，为之欢慰！《新传》论断公允，文笔清新，不胜钦佩。忆昔年得读尊著《六朝史话》②，深入浅出，印象极深。惜病魔作祟，影响工作，唯盼早占勿药也。匆匆奉谢，并致

敬礼！

周一良　九二·四·四。

4月24日，经中国宋史研究会第五届年会理事会决定，仍继续担任研究会副会长兼秘书长。

曾维华等《中国宋史研究会初创期的程应镠先生》：

1992年，在河南开封举行第五届宋史年会上，理事会尊重邓广铭先生坚辞会长的要求，聘请他为名誉会长，继续指导研究会工作，同时选举漆侠先生继任会长。会前，程先生多次表示："与邓先生共进退。"并交代范荧："秘书处的事

① 《文汇报》2016年4月17日《笔会》。

② 应是《南北朝史话》。

情,听邓先生的,邓先生说交给谁,你就交给谁。”在理事会上,范荧再三表达了程先生这一意愿,但理事会最终决定秘书处暂时不动。邓先生对范荧说:“程先生为研究会做了这么多,他在一天,秘书处就不能动,你这个副秘书长就继续当着。”于是,秘书处工作继续在上海师大运作,只是及时与漆侠会长联系或请示。此后两年,程先生的健康每况愈下,已不适合继续操心秘书处工作,范荧也出于工作繁忙与孩子身体等原因,向邓先生多次提出秘书处另择人操持的请求,终于得到邓先生的同意。在1994年成都年会上,范荧持邓先生亲笔建议信向理事会陈情,理事会最终作出了秘书处转至河北大学的决定。①

9月14日,李家骥来函评论《司马光新传》:

大著优点还有附年表。邓广铭《王安石传》不附年表,就不能看出事件的因果关系,历史是时间的科学,作为历史著作来读,是根本性的缺点。但邓著也有比大著好的地方,就是有时代背景的叙述,因为读者并不一定有宋史知识。如果不把时代背景说一说,读起来就莫名其妙。大著也有述事件始终本末的如《史学顶峰》,大部分事件都只写司马光本人,如贝州王则事件应该简单说一说事件经过。我希望能够再作些补充。

1993年 癸酉 七十八岁

是年,仍卧疾床笫。

为纪念从教五十周年,原上海师范大学历史系七七级与七八级部分学生,发起编集出版以其笔名命集的学术论集《流

① 《纪念文集》,第282页。

金集》。

《流金集·前言》:

今年欣逢先生执教五十周年纪念。我们这些曾有幸亲聆教诲的弟子,或身处华土,或客居异邦,共同发起为先生编集出版了这部文集,作为在这一纪念日奉献给老师的一瓣心香。先生无论在人格道德、学识文章上都是我们敬重的老师;师恩是没齿难忘的,师道是仰之弥高的,先生半个世纪所从事的业绩在社会大生命中将是传之久远的。①

10月,吴伟来函问疾,兼忆往事故人。

应镠、宗蘽同志:

拜读了三日来信,很高兴!但也很挂记应镠同志身体!过去"左"的路线,伤害了一些好同志,这是很对不起你们的!"文革"中我和老伴均被打成黑帮,他被"四人帮"关了八年,放出不久即逝世。我被关三年,是一个幸存者,但身已患数种疾病。我已于82年离下[休],现在每月领离休费过日子,是一个普通老百姓。今年我79岁,但生活能自理。应镠同志有宗蘽这位贤夫人相伴照顾,这也是人生一大幸福!望一切想开,忘记过去。志鸿比我小二岁,听说身体也欠佳——耳聋,两腿行走有些困难,他也早已退伍,子女成群。我当把你近况简略告他,免他挂念。

犹记当年在北平,我们经常在江西会馆开会,你是一个能说会道的头头,给我印象至今未忘!当年住江西会馆的人中,现在北京的还有谭石亭、刘椿[刘春],谭已80多岁了,但身体尚健,已离休家居;刘椿[刘春]也已80以上,身体不如谭,我们虽近在咫尺,但因年迈,交通不便,所以也极

① 《流金集》,第1、8页。

少来往。

……

应锦同学是在江西还是上海？苏渊雷同志和我老伴极熟，此公多才多艺，学问渊博。陈其吾[五]同志和我极熟。你和苏渊雷教授是否同住一楼？

我如有机会去上海，一定去看望你们，我们叙叙旧吧！望保重身体，健康长寿！并祝

冬安！

吴伟(吴志元)

93.10.26

[再及]我的几个儿女，"文革"中被打成小黑崽子，都被送到边远地区如安塞、晋北插队劳动。现虽已都先后回城，但有的身体很不好，有的年已过四十还在拼学历……我父在我老伴逝世前二周去世，享年98岁。

1994年 甲戌 七十九岁

6月20日，王勉来函问疾。

宗藻：

今日整理书架，复捡出应镠信札两通，特附上以供保存。应镠病情想仍如旧，师大实在太远，交通又不便，不能前来探望。

萧乾译《尤利西斯》已出书，不知程怡有购得否。人老糊涂，萧为译书写序毫无新意，且以自己的照片置于作者画像前，主体客体不分，窃以为老是容易犯这种毛病的。

匆匆

安好。

王勉

1994.6.20

7月25日,病逝于上海寓所。

尚丁《遗札三复待春归——缅怀程应镠教授》:

翌日,我就去看望程夫人李宗蘽大姐。李大姐说:"应镠的历史专著,最后一本《司马光新传》是1987年9月病倒前完成的,1991年8月由上海人民出版社出版,印数很少,漏寄给你了。他原来的打算是写一系列宋人和魏晋人物的传记,但在这本书稿完成的第二天就进了医院,以后没有恢复过健康,所以,这本书无序无跋。"李大姐还说:几年前,她和应镠一起去参加一个老同志的追悼会,在回家的路上,应镠很深沉地说:"我们俩不论谁先走,走了,一切从简,一不举行追悼仪式,二不搞遗体告别……。"古人说:文如其人,这不就是范仲淹的"不以物喜,不以己悲"的胸怀吗?①

去世以后,先后来函吊唁的有陆诒、汤志钧、葛力、郭心晖、王永兴、王勉、吴伟、王曾瑜、倪墨炎、李植清、李植人、柯华、朱延辉、沈自敏等。

陆诒唁函:

宗蘽同志:

您好:

接到应镠同志病逝讣告,实感悲悼!当年颛桥乡劳动的难友,又走了一个,我们虽然相识在57年之后,但彼此慕名已久,只是相见恨晚而已。

"文革"以后,我曾与刘哲民、徐中玉同志到府上拜访,和应镠同志握手倾谈,并同游桂林公园,每次都留下深刻印象。今哲民亦已逝去,当年难友已寥寥无几矣。我今年也虚龄84岁,走路要扶杖而行,真的垂垂老矣!今闻噩耗,痛悼不已!

① 《芳草斜阳忆行踪》,第329页。

望您多保重、节哀，所幸程兄子女都健康成长，独立自强，亦可告慰于应镠同志于九泉。谨表真诚哀思，并致深切慰问，敬颂暑安！

弟陆诒上

7月31日

汤志钧唁函：

宗薬先生师鉴：

顷奉应老仙逝，无任哀悼。犹忆二十年前与应老朝夕相处，今竟仙去，思念无已。盼乞节哀为祷！钧因病未能前来，并请鉴原，敬请礼鉴。

汤志钧 谨上

七月卅一日

葛力唁函：

应镠同志亲属：

收阅讣告，极为悲痛。应镠富有学识，为人热诚，他不幸仙逝，是我国历史学界的损失。

他是我的同班同学、朋友，就读于燕京大学时，曾在《燕京新闻》上办过《四人行》文艺版，还由他出资办过两期《青年作家》文艺刊物。我俩和其他一些同学都是文艺的爱好者，都写过一些文艺作品。忆往昔，不胜怀念。

他来京时，总是到舍下来看我，我于82年去沪开会，也到华东医院看过他。这深深地印在我的记忆里。现在，他走了，希望你们节哀，化悲痛为力量，继承他的遗志，多做与社会有益的事。

此致

敬礼。

葛力

94.8.1

郭心晖唁函，兼述张芝联近况：

亲爱的宗蘂：

今天突然收到应镠的不幸消息，大吃一惊。芝联卧病四个多月，久疏问候，十分歉疚。应镠经受不了上海今夏的炎热，噩耗频传。他还是比较年轻的，有你和儿子在旁精心护理，本来可以平安进入金秋。

你自己视力不好，流泪伤心，更加不好。希望你为第二、三代保重身体。

芝联近两三年心脏病频频发作，今春从manila回来，路过香港，返京已3月10日，立即参加全国政协会议，劳累过度，病情严重。换了三个医院，最后在心脏病专科阜外医院动了大手术。主要矛盾是主动脉关闭不全，导致左心房异常肥大，肺水肿并发症。6月29日做心脏主动脉换瓣膜手术，历时3小时，风险很大，年事又高，总算过了险关。现在仍住院疗养。这四个月我很不好过，瘦了许多，幸亏女儿体质好，陪床值宿都是她。

我的外孙已入团，刚刚考取重点中学——北大高中。这使我稍获慰藉。我想你的第三代肯定比我多。你也许像我一样为第三代操心。我们是五口之家，住在一个单元4间居室。缺点是四层的上下楼对我、对芝联都不利。目前还没有条件换房。

我们以笔耕自娱，现在没有心情写诗，主要是应付约稿，写传记文学。我也为老友修改文稿，甚至"捉刀"，退而难休。如果芝联不犯病，日子过得还不错。

女同志都很辛苦，这是我们这一代知识分子共同的心声。

祝你

身体健康。

心晖

8月2日夕

王永兴唁函:

宗藻:

收到上海师大讣文,痛感应镠逝世,至感悲哀。应镠晚年长期患病,今又逝世,实我国学术界的重大损失。我之悲哀,不仅由于几十年老友逝世自己伤心,亦因学术界遭受此重大损失,无可弥补也。

特寄此信,请您多加保重!

敬祝

夏安!

永兴

8.3

王勉唁函:

宗藻:

前日整理旧纸,复检出镠兄遗札二通,兹附奉。

逝者已矣,务珍摄为要。

昆明旧侣存者复几,思此黯然。

匆问

暑安。

王勉

一九九四年八月三日

吴伟唁函:

宗藻同志:

惊悉应镠同志不幸辞世,不胜哀痛! 我和应镠同志不仅同乡,更是战友,半世纪前,我和应镠同志一同走在抗日救亡和革命道路上,他是我们的领袖,他能说会道,热情能干! 37年南京一别,彼此东西没有联系,解放后我被调到上海工作，在沪十年，竟不知他在上海，未能相见，真是遗憾！

多年来，你照顾他的病体，很是辛苦！现在他走了，是无法挽回的现实，望你节哀，好好休息，把自己身体恢复恢复，如能出来走走也好，欢迎你来北京我家住住，虽然我们没有见过，但我们已相识是朋友了！我家很简便，不会有特别招待，但可谈心，我可以陪你到北京一些名胜走走，看看。我现在没什么事，已离休十二年，今年也已80岁，但两腿能走，什么事都能想得开。所以有时间陪你出去走走。

最后千句万句，望你节哀，保重身体！出来散散心！

锦姐处并此慰问！

特此致唁！并祝

合府夏安！

吴伟（吴志元）

94.8.4

王曾瑜唁函：

宗蘽先生：

接应镠先生讣告，虽事前已有思想准备，仍不胜哀痛和缅怀之情，谨向您和全家表示最深挚的哀悼。

我作为一个后辈，与程先生相知，始于1980年。记得宋史研究会首次年会闭幕并聚餐后，我在校内稍事逗留，路过饭厅，方知程先生等并未和客人们共进晚餐，而是在招待客人后另外进食。一位老教授，没有半点架子，而躬亲许多与学术无关的杂务琐事，仅此一端，也足见程先生的为人和待人，也不由不使我吃惊和感愧。记得与先生的最后一面，是在两年前，当见到卧床的先生，已非复昔日红润的脸颊，开朗的谈吐，心中不免一阵酸楚，但也只能克制自己的感情。你们将先生照料到如此水平和地步，其细致和辛苦是难以言喻的。

应镠先生永远地离开了我们，他作为一个兼治魏晋史和宋史的专家，作为一位中国宋史研究会的创建者，他的劳绩、道德、文章将永远铭记在我们心中。应镠先生坎坷一生，却将他的清白，忍辱负重，奋斗不懈的精神和极强的事业心留给了我们。

恳切地希望您和家人忍痛节哀，善自保重。

王曾瑜敬上 1994 年 8 月 3 日

倪墨炎唁函：

尊敬的宗蘖老师：

惊悉程老师不幸逝世，甚为哀痛。程老师当年为我们上课时的音容笑貌，仍浮现在我的眼前。

我曾写了一篇《程应镠的散文集》，经您指正后，作了修改，交给了《散文》月刊，搁到现在。此文收入我的一本集子《现代文坛短笺》。书已出版，新华书店已在发售，我却还没有拿到样书。待拿到样书，即寄奉。可惜程老师已无法知道学生曾写过这么一篇文章。

请节哀！多多保重！

并请暑安！

学生倪墨炎敬叩

1994.8.4

李植清唁函：

宗蘖、猫咪：

应镠去世，我深感悲痛，很挂牵你们，希注意节哀，保重身体。

我读讣告后，将其内容转告我姐，植人和一些“一二·九”老同学，翻看《“一二·九”在未名湖畔》，上面有应镠的文章,题目是《“一二·九”文学回忆》,是84年写的。应镠在历史研究方面有造诣,特别是宋史,在古籍整理方面有很大的贡献,一个人在世上做了这么多工作,很不容易,特别是他,他遭到不公平的待遇,但他没有埋怨。平反以后,全力奔赴他的事业。人虽然走了,但大家都怀念他。

我定居北京前和他多次见面,他一身正气,代表了中国的知识分子。他为人耿直,敢于仗义执言。对事业执着地追求精神更是难能可贵。后来迁居北京,自己也老了,跑南方已经没有精力了,只能从猫咪的信中得知他的情况。

回忆的事很多,人走了,永远不会回来了,但人们将永远纪念他。……

祝你们好!

植人至今未收到讣告。

李植青(李执)

94-08-06

李植人唁函:

宗藁、小怡:

应镠终于离开了我们而去了。他是带着创伤而离开人间的。在病榻上他受尽折磨痛苦,而他竟是这么顽强地走到生活的尽头。

我认识他是在三十年代,是他引我走上了爱好文学之路。那时我对俄国文学是颇倾心的。应镠介绍我读托尔斯泰的《安娜·卡列尼娜》、屠格涅夫的《罗亭》《贵族之家》、萧洛霍夫的《被开垦的处女地》及高尔基的《母亲》。我们的友谊就从这里开始。以后陆陆续续地写过信。他总不断鼓励我。每来北京,他必来看我。我于1985年去上海,你们一家对我热情招待,看到了他对我的关心。他对朋友是极端诚恳、热情的。这些年来,他勤于教学,还写成几部书籍。我常感到他的精力充沛,而我自惭弗如!

五十年真像是一瞬间!……应锷生前很爱你们,你们也尽了最大的力量爱护他。他走后,你们一定要节哀,好好地生活下去。

你们寄的讣告我还未收到,是植青告诉我的。……

祝

健康!快乐!

李植人　94.8.8上午

柯华唁函:

宗藻同志:

我今日因接待外宾出外,昨日回来,接到治丧委员会的讣告,惊悉应锷辞世,至为悲痛。应锷为人,热情奔放,刚直不阿,治学严谨,勤奋忘我。"一二·九"以来,追求共产主义理想,经一世坎坷曲折,信心始终如一。我和应锷相处几十年,推心置腹,遽失至友,能不愕然。惟想及他长期卧病,痛苦挣扎,今日仙逝,倒也对他是一种摆脱,你和我们都应以此安慰自己。你长期以来照顾应锷治病,辛苦备至,我们都十分感谢你,尚望你不要悲伤过度,宜多注意保重健康,至要至要。专此谨祝

身心安康。

老友柯华

八月八日

朱延辉唁函:

宗藻学长:

久未晤面,弟与内子于七月中来美探视,昨由电话中得

程应镠先生部分著作与主编的辞书

悉应镠兄不幸仙逝，无任哀悼，兹成挽对一副奉呈谨致悼念之意，乞查收并祈节哀是幸！专此敬请

礼安！

阖府均此。

朱延辉拜上

内子同唁

一九九四年八月廿六日

沈自敏唁函：

宗藁：

前曾得悉，程兄卧病多年，私心怀念，又不敢贸然函询。我在医院住院两月，昨日出院，诵读夏笠先生来信，痛悉程兄辞世。知交零落，五十年风雨坎坷，这是近代知识分子的共同命运。你历来坚忍自强，安度晚年，诚非易事，只能强为自慰，力求平静度此余年，我也常以此自勉。……

即此敬请

节哀自励！

沈自敏．一九九四、九、十五

附编

1995年2月，《流金集》出版，是为学术编。收到赠书后，周一良、王锺翰、李家骥、沈自敏等相继来函报谢，兼作评价。

周一良来函：

宗藁同志：

奉到惠书及应镠同志遗集，不胜感谢！应镠同志治学，微观上考据精密，宏观上论述新鲜，一代史家，令人钦服。而过早逝去，至堪痛惜！将来令郎如能整理旧稿，公之于世，不胜企盼。来函谦称，实不敢当。我与令兄宗瀛同志，

在燕京宿舍曾对门而居。小儿学画，师从宗津同志，获益甚多，至今不敢忘也，匆此奉谢，

并请

秋安！

周一良

九五、十、二

王锺翰来函：

宗蕖同志：

您好！流金同志作古，一年忽焉已过，而遗集遥颁，展诵数四，掩卷太息者再！《范仲淹新传·序》有言："文如其人""读其书想见其为人"，不啻夫子自道，流金兄可以不朽矣！此集编选之得体，深得流金兄之心，非阁下莫属！尤盼《文学编·诗文》早日面世，亦平昔同学二年之宿望所深切企祷者也。顺颂

文安！

弟王锺翰上

一九九五年七月廿五日

附拙作《续考》一册。

张兆和来函，兼及沈从文来信手迹寄还事：

宗蕖姐：

我在北戴河出差，收到上海出版社寄来《流金集》一册，我想是您嘱他们赠我的，谢谢您。读了这书的前言，对浏[流]金兄的治学、为人，对教育事业的献身和特殊贡献有进一步了解，这本书我要细细阅读，俾能深入理解。

前一阵子因家里粉刷房子，一切很乱，几次提笔想给您写信，终未能寄出，又匆匆离京。上次您寄我从文的书信复印件和手迹都收到，但未见小妹的纪念文章。手迹沈红还需用，迄今未寄还。她去四川云南边境已一个多月近两个

月了,本定廿日返,现在又要延长一段时间。手迹等她回来用过后当即寄还不误。

……余不赘,祝

夏安。

兆和

一九九五年·七·廿九

李家骥来函:

宗藻同志:

承寄来程应镠先生遗著《流金集》,非常感谢。应镠先生逝世,是我在《宋史研究通讯》上知道的……我相信你们的经历是很能说明问题的。致

敬礼!

李家骥,95.7.12

沈自敏来函:

宗藻:

谢谢你寄给我一本《流金集》,我恰好在读罗素的一篇散文,题目叫做《How to Grow Old》,有人把它译为《如何过老年人的生活》,我却愿意把它写成为《安度晚年》。现在把它译摘几段,既远远的寄赠给在永不返回的远旅中的老友,也寄给有孝女相伴的宗藻以我的慰念。……

离职以来,原想补残缀阙,却是双聋左盲,已成半残。后想"安度晚年",却是度日如年。从旧社会过来的人,感觉到比往日更寂寞;生活在新社会,感觉到分外紧张——一言难尽,但愿免灾少病。

即祝

全家幸福愉快!

沈自敏,九五、八、三

重新展读《流金集》,注意到卷首由宗津所作的肖像速写。在清华,我们曾经有过年青时光,有过欢快生涯。上述《How To Grow Old》一文所载罗素一本散文集,恰好它的书名叫《Portraits from Memory》,书名很美但很难译出:这含情脉脉的逝水流年。又记。

2001年12月,私家版《流金集》(诗文编)印行,收入《流金集》(学术编)未收的小说、散文、杂文、政论与诗词。许渊冲收到赠书后来函:

宗藻:

《流金集》收到了,我正在写一本《诗意人生》,就把应镠的话引进去了,寄上原稿两页,看看如何?

你的新居在浦东吗?希望得暇能来上海看你,我去过你们住的至美路、高桥、音乐新村,你是芝麻开花了。此致问
全家好!

渊冲　廿四日

2010年4月,《程应镠史学文存》出版,收入《南北朝史话》《范仲淹新传》《司马光新传》与《流金集》(学术编)。

虞云国《程应镠史学文存·出版后记》:

程应镠先生不仅是上海师范大学历史系的创建者,而且是上海师范大学中国古代史学科的奠基者,编纂出版《程应镠史学文存》就是为了纪念他的开创之功。①

① 《程应镠史学文存》,第660页。

参考文献

一、书刊

流金:《一年集》,文化生活出版社 1942 年版。

程应镠:《南北朝史话》,北京出版社 1979 年版。

程应镠:《范仲淹新传》,上海人民出版社 1986 年版。

程应镠:《流金集》,上海古籍出版社 1995 年版。

程应镠:《流金集》(诗文编),私家版,2001 年。

程应镠:《程应镠史学文存》,上海人民出版社 2010 年版。

中共中央文献研究室:《毛泽东年谱》(1949—1976),中央文献出版社 2013 年版。

中共中央党史研究室:《中国共产党历史》第 2 卷(1949—1978),中共党史出版社 2011 年版。

中共中央文献研究室:《周恩来年谱》(1949—1976),中央文献出版社 1997 年版。

王亚夫、章恒忠主编:《中国学术界大事记(1919—1985)》,上海社会科学院出版社 1988 年版。

王年一:《大动乱的年代》,河南人民出版社 1988 年版。

《新建大塘汪山土库程氏家谱》(乙未本)。

李焘:《续资治通鉴长编》第 1 册,中华书局 1995 年版。

吴世勇:《沈从文年谱》,天津人民出版社 2006 年版。

李永圻、张耕华:《吕思勉先生年谱长编》,上海古籍出版社 2012 年版。

沈建中:《施蛰存先生编年事辑》,上海古籍出版社 2013 年版。

张耕华等:《光华大学编年事辑》,华东师范大学出版社,2015 年。

中国宋史研究会:《宋史研究通讯》,总第 1 期至总第 23 期。

陈钢主编:《贵阳清华中学志》(内资准字 263 号),2002 年。

贵阳市花溪区政协文史与学习委员会编:《花溪文史资料·贵阳清华中学七十年专辑》(内资准印 81 号),2008 年。

中国民主同盟上海市委员会、政协上海市委员会文史资料委员会编:《上海文史资料选辑·上海民盟专辑》(略称《上海民盟专辑》),2006 年第 3 期(总第 119 辑),上海市文史资料编辑部出版,2006 年。

高桥中学九十年校庆筹备组:《上海高桥中学校史资料汇编》(校内印本;略称《高桥中学校史》),2001 年。

吉首大学沈从文研究室编:《长河不尽流——怀念沈从文先生》(略称《长河不尽流》),湖南人民出版社 1989 年版。

李培栋:《魏晋南北朝史缘》,学林出版社 1996 年版。

唐振常:《川上集》,三联书店 1996 年版。

许渊冲:《追忆逝水年版华》,三联书店 1996 年版。

许渊冲:《续忆逝水年版华》,湖北人民出版社 2008 年版。

尚丁:《芳草斜阳忆旧踪》,上海文艺出版社 1997 年版。

赵洛:《京城偶记》,北京出版社 2000 年版。

高增德、丁东编:《世纪学人自述》第 5 卷,北京十月文艺出版社 2000 年版。

姜义华主编:《史魂:上海十大史学家》(略称《史魂》),上海辞书出版社 2002 年版。

李平、胡忌编:《赵景深印象》,学林出版社 2002 年版。

姜德明:《守望冷摊》,中共中央党校出版社 2002 年版。

张泽贤:《巴金与现代文学丛书》,上海远东出版社 2014 年版。

张郁廉:《白云飞渡》,广东人民出版社 2015 年版。

李宗蕖:《留夷集》,Asian American Today, LLC Indianapolis, Indiana, United States of America, 2016 年版。

熊德基:《鉴堂诗草》,私印本,1994 年。

江辛眉:《阮堂诗词选》,学林出版社 1996 年版。

沈从文:《沈从文全集》17 卷《文论》,18—26 卷《书信》,北岳出版社 2002 年版。

陈纪滢:《陈纪滢文存》,华龄出版社 2011 年版。

严耀中主编:《论史传经》,上海古籍出版社 2004 年版。

《王永兴先生纪念文集》编委会编:《通向义宁之路》,中华书局 2010 年版。

姜锡东主编:《漆侠与历史学》,河北大学出版社 2010 年版。

苏智良主编:《程应镠先生百年诞辰纪念文集》(略称《纪念文集》),上海古籍出版社 2016 年版。

二、文章(仅列谱主之作,他人文章随文出注)

流金:《略论燕园文坛》,《燕京半月刊》1937 年第 1 卷第 1 期。

植清、流金:《从北平到百灵庙》,《科学时报》1937 年第 4 卷第 3、4 期。

植清、流金:《绥游片断》,《新中华》1937 年第 5 卷第 9 期。

流金:《黑夜的游龙》,《文艺阵地》1938 年第 1 卷第 7 期。

流金:《给上延安去的朋友》,《少年先锋》1938 年第 5 期。

流金:《美丽的山城》,《少年先锋》1938 年第 7 期。

流金:《两个异国的朋友》,《少年先锋》1938 年第 9 期。

流金:《一家一家就这样的散了》,李辉英等编:《撷英集》,琳琅书店,1940 年 1 月。

流金:《论目前文学五事》,《北战场》1941 年第 1 卷第 5 期。

沈思:《关于〈大公报〉"林罗论战"的感想》,《北战场》1941 年第 2 卷第 3 期。

流金:《苏德战争的一个史的观察》,《北战场》1941 年第 3 卷第 1 期。

流金:《照片》,《新民晚报》1947 年 5 月 8 日。

况自:《痴人说梦》,《时与文》1948 年第 3 卷第 16 期。

流金:《〈沈从文笔下的中国〉中译本序》,《上海师范大学学报》1986 年第 2 期。

程应镠:《至乐莫如读书》,《新民晚报》1986 年 8 月 26 日。

程应镠:《怀念老友熊德基同志》,《江西社会科学》1990 年第 1 期。

程应镠:《追念颉刚先生》,《南方周末》2016 年 8 月 11 日。

三、其他未刊稿

程应镠:《流金诗稿》(除《流金集》(诗文编)已收《诗词抄存》外,另存手书诗稿本两种以及家信笔记中逸诗)。

程应镠:《流金日记》(包括亲署题端的《丙申日记》《严谴日记》与编者命名的《"文革"日记》《复出日记》)。

程应镠:《流金家书》(以《"文革"家书》为主,兼存其他时期家信)。

程应镠:"'文革'交代材料"(1987 年版发还"文革"期间所

写的交代与履历)。

程应镠:《流金藏札》(包括所藏师友函札、辞世后友朋寄还的往函,以及聘书、任命等)。

程应镠:《流金杂稿》(包括家藏的工作手册、讲演记录稿、讲话提纲等)。

人名索引

说　明

凡正文与注释出现的人物，除谱主外都编入索引庶便检索，但有如下说明：其一，凡在民国以前业已去世的中外人物，除马克思、恩格斯与谱主先世外，概不编入；与谱主事迹关系不大，而征引文献以梁×、李某、杨君、陈副部长等人物一般也不列入；同时代文艺作品中出现的虚构人物以及谱主诗词中用典指代的相关人物也不列条。其二，人名以正名为主条，括注正文曾出现的该人物的名字、笔名、字号、小名、昵称等，但以小妹、外孙等亲属人伦称谓出现者，概予省略。其三，凡姓氏失考的人物，如"一民""云起"等，则径以其名、字或号列条。其四，外国人名据正文引录原文的译写法立条，不再改为目前通用译名。其五，本索引以列条首字笔画排序，同一划数者以首笔的横、竖、撇、点、折次序排列，首字相同者则以次字笔划数与上述笔形依次排列。

一划

二划

三划

四划

五划

六划

七划

八划

九划

十划

十一划

十二划

十三划

十四划

十五划

十六划以上

后　记

一

《题识》已经交代了《事辑》的缘起，但仍有言犹未尽的内容。

一部富有价值的传记作品（包括编年事辑这一体裁），研究者如何择选合适的传主或谱主，梁启超曾提出过具体的建议。归结起来，大体三点，一是要有相对重要的研究价值，二是可以成为新的研究角度，三是必须具备起码的资料。这里，对第一点再作申说。

流金师出身于官宦世家，尽管出生之时，家道已渐中落，但仍衣食无忧，能进入学费不菲的燕京大学就学，毕业后也不愁有较好的出路，从事他所挚爱的文学创作或学术研究。他大学时代就从事文学创作，参加过北方“左联”，在昆明时期，两度成为沈从文主编文学副刊的助手。由于这层关系，他不仅与沈从文的师友之情持续超过半个世纪，与宋淇、凤子、杨刚、碧野、天蓝、陈纪滢等也都有交集。他先后求学燕京大学与西南联大，师长辈里有陈寅恪、顾颉刚、邓之诚、张荫麟、郭绍虞、陆侃如、严景曜、雷洁琼等大师名家；同窗挚友中有丁则良、徐高阮、钟开莱、陈志让、王勉、王逊、熊德基、王永兴等，堪称“坐中多是豪英”。

他属于“五四”启蒙思潮下熏陶出来的那代知识分子，西方的民主思想与传统的家国情怀构筑起那代知识精英的价值观。

但跨入大学之门不久,“中华民族到了最危险的时候”,“华北之大已放不下一张平静的课桌”,他没有选择不问国难踅入书斋走纯学者或纯文人的道路,而是义无反顾地投身“一二·九”运动,与燕大和清华的学生骨干柯华、龚澎、刘春、赵宗复、周游、葛力、陈其五、陈翰伯、赵荣声、冯契等结下了“与子同袍”之谊。他们中间,一部分走上了职业革命家之路,另一部分则成为后来的学界名流。

“卢沟桥事变”拉开全民族抗日救亡的大幕,他先后在敌后战场与正面战场从事抗战活动。终因痛感在正面战场难有作为,便辗转西南,转入教育界。昆明时期,他以师友闻一多、吴晗之介加入了民盟,共同声讨国民党制造的“一二·一”惨案。闻一多被暗杀,他也上了黑名单,被迫亡命。不久,他以最年轻教授成为上海“大教联”骨干,一方面积极参加争民主、反迫害的斗争,一方面以政论、杂文抨击时政,在第一时间为《展望》撰写《欢迎人民解放军》的社论以迎接政权易帜。

鼎革前后,他以大学教授兼民盟骨干的双重身份,分别与吕思勉、廖世承、孙大雨、戴望舒、陈子展、张芝联、徐中玉、许杰、彭文应、陈仁炳、陈新桂等有了交集。20世纪50年代中期主政上海师院历史系后,与周谷城、刘佛年、谭其骧、蔡尚思、魏建猷、张家驹、陈旭麓等沪上名流颇有往还。而1957年那场阳谋,又使他与沈志远、陆诒、刘哲民、刘海粟等结为“右派”难友。其后沉沦二十年,复出以后,先后与邓广铭、陈乐素创立中国宋史研究会,作为《中国历史大辞典》编委与邓广铭共同主编了《宋史卷》,与京沪两地文史名家周一良、王锺翰、胡道静、施蛰存、陈九思、钱伯城、杨廷福、江辛眉等,或再续旧谊或订立新交(各时段的人际关系颇有重叠部分)。

他的亲属中也是名人济济,曾任国民党中宣部长与台湾政权首任教育部长的程天放是他的同族叔祖,胞弟程应铨则亲炙梁思成；妻舅之中，李宗恩作为1948年首届院士，是协和医院首任华人院长，李宗津则是著名油画家，李宗瀛是《大公报》特派驻港记者。

综观流金师丰富多彩的人生经历与跨界多元的人际交往，他虽不是声名显赫的大人物，却也有相当知名度，兼之他为后人留下了足资利用的函档文稿，完全适合选为个案，以其跌宕起伏的人生沉浮与关系网络来凸现20世纪中国风云变幻、波澜诡谲中知识分子的奋斗追求与命运遭际。

二

然而，流金师毕竟距今不远，选择这样的个案，在史学研究上却面临着两难的困惑。陈寅恪曾明确主张，史家应该规避以当代史作为研究对象。他的先世是晚清变局的亲历者，自己对清末民初的旧闻掌故也了如指掌，却对学生明确表示："我自己不能做这方面的研究。认真做，就要动感情。那样，看问题就不客观了，所以我不能做。"（石泉、李涵：《追忆先师寅恪先生》）这一取向，旨在让历史研究保持客观中立的取向，尽量不掺杂进个人的感情成分，用心是良苦的。惟其如此，陈寅恪的史学论著中没有关于清末民初的研究之作，有之，唯自述家史的《寒柳堂记梦未定稿》，既以"其中复有可惜者存焉"，兼以揭示其身历"数十年间兴废盛衰之关键"。

但是，当代学人是否就应据此完全拒斥现当代课题？似也未必尽然。当代人研究当代史，也有后人无以企及的优势，许多亲历的场景与细节，往往是后来研究者仅凭冷冰冰干巴巴的文献记述难以把握体悟的。此即吕思勉在《历史研究法里》所说："以当时的人，了解当时的事，只是苦于事实的真相不能尽知，如其知之，则其了解之程度，必出于异时人之上。这就是再造已往之所以要紧。"故而他认为，当代学者在再造现当代的"已往"上负有“要紧”的使命。尤其在当前，史学界对某些特殊事件或特定时段的研究仍难充分展开的情势下，如何将亲历其事、身经其境者的回忆史料与文献函档有效地传之后世，便是当代史学工作者义不容辞的职责。正是基于这一思考，我不惮寡闻与浅薄，充分利用业已掌握的史料，尽可能真实地“再造”流金师“已往”的经历与命运，以期为现当代知识分子留下有意义的个案。

当然，如何做到陈寅恪所说的“既不诬前人，亦免误来者”，真实地“再造已往”这点上，我努力恪守他在《寒柳堂记梦》里提澌的两条，一是“此文所记，皆有证验”；二是“排除恩怨毁誉求一持平之论断”。关于前一点，不仅所有征引文献都标明来历，还对谱主与他人凡有记误与错讹的当时记录或事后回忆，都竭尽所能地作了考索与证验。关于后一点，我在提纲挈领叙述事要时，也尽量只从《事辑》系年文献中提炼事实或要点，而力图避免对所述事实本身作倾向强烈的主观评判（即使内心确有己见）。陈寅恪说过：“古今中外，哪里有作学问能完全脱离政治之事？但两者之间，自然有区别，不能混为一谈。因为作学问与政治不同，毕竟有它自己的独立性的。”（王锺翰《陈寅恪先生杂忆》）这一价值中立原则，也是史家应该遵守的职业原则。韦伯曾告诫研究者，必须“承认‘令人不舒服的’事实”（《以学术为业》）。这在我编著《事辑》过程中也时有遭遇。试举一例，“文革”期间，流金师发落到横沙岛，漫漫长夜面对海浪江涛，却有意境迥异的两首绝句，一首说“夜窗犹忆惊风雨，老眼婆娑泪万行”；另一首却说“满目葱茏人换世，红旗飘荡晓风前”。对这一“令人不舒服的”事实，我只是实录两诗而不作评判，而把这一耐人寻味的现象留给读者去咀嚼寻味。

三

在《文史通义·答客问》里，章学诚将史著分为三种体制：

“有比次之书,有独断之学,有考索之功,三者各有所主,而不能相通”;他既鄙薄比次之书,并有独断之学与考索之功不能兼具的取向:“高明者,多独断之学;沉潜者,尚考索之功;天下学术不能不具此二途。”吕思勉却对章氏之说颇有修正,他认为,在史学研究的最后一步,料理经过考订的史料以成一书的阶段,不妨借用章氏所说的比次之业、考索之功、独断之学,作为各不相同的撰著方式。他进而指出:“学问之家,所以或事比次,或专考据,或则独断者,固由才性之殊,亦或以所值时势之不同,从事于其时之所当务也。”(《文史通义评》)也就是说,史学著述的不同模式,既与史家个人才性有关,也与时势的特定需要有关。他对章氏鄙薄比次之书不尽以为然,在他看来:“盖弘识通裁,亦不能废钩稽纂辑;而学术愈精,分工愈细,钩稽纂辑亦不能谓非一业也。”他甚至推重比次之业的地位与作用,堪与考索之功、独断之学鼎足而三:“唯比次之功,实亦卓然自立,初无惭于考据,而通则原理亦必自兹而出焉。”他的意思很明确:卓然自立的比次之业,应该既以考索之功为基础,更以独断之学为鹄的。

这部归入年谱范畴的《事辑》,当然属于章氏所谓的“比次之书”。之所以最后成书时,选择比次材料的史著体裁,一方面当然自觉以我个人目前的才性与认知,尚难客观冷静地出之以传记之体;另一方面,更是充分顾及某些历史事件与特殊时段的评断,目前还有许多言之有忌的约束。既然如此,通过比次史料,保存一代文献,不失为明智理性的选择。我不敢自许这部《事辑》有章学诚推许的“独断”与吕思勉期待的“通裁”,但在抉择、比次史料的过程中,仍企望以朴实本真的文献记注与史事考索,“欲往事之不忘”,同时也具体而微地蕴涵着我对中国现当代知识分子命运的历史认识与价值判断。至于已否达到章氏所高悬的“藏往似智”的目标,虽心向往之,却不敢自信。

四

最近,饶有兴味地读到王明珂在其《反思史学与史学反思》上的题记,以荷塘与蛙鸣来比喻历史整体与历史记忆的微妙关系:

> 如在一个夏夜,荷塘边有许多不同品种的青蛙争鸣。不久我们会被一个声音吸引,一个宏亮的声音,那便是“典范历史”;被忽略、压抑的其他蛙鸣,便是“边缘历史”。我们对历史的整体了解,在于倾听它们间的争鸣与合鸣,并由此体会荷塘蛙群的社会生态:一个隐藏的景。

他强调应该以“反思史学”对“典范史学”进行补正、批判与反思。

王明珂所说的“典范史学”,与从古迄今的主流史学(或曰官方史学)有相似之处。这层意思,鲁迅早就说过:

> “官修”而加以“钦定”的正史也一样,不但本纪咧,列传咧,要摆“史架子”;里面也不敢说什么。……野史和杂说自然也免不了有讹传,挟恩怨,但看往事却可以较分明,因为它究竟不像正史那样地装腔作势。(《华盖集·这个与那个》)

鲁迅说的“官史”与“野史”,也许可以对应“典范史学”与“边缘史学”,尽管没有那么史学理论化,但道理是相通的。

实际上,自20世纪80年代后,中国大陆的“边缘史学”,也曾小荷初露,虽然一再被“典范史学”的镗鎝之声所掩盖。冯骥才编过《一百个人的十年》,将100个普通人在十年“文革”期间的各不相同经历汇为一编,“尽可能反映这一历经十年、全社会大劫难异常复杂的全貌”。当然,他在做这一工作时,也没有自觉上升到“边缘史学”的理论层面。

惟其如此,王明珂对“反思史学”与“史学反思”的理论思考无疑富有启示价值。他认为,一般人习以为常的“典范史学”所书写的“并不一定是最真实地过去”,只不过是权力中心视野所青睐或关注的记忆与过往;而“反思史学”尤其应该强调对那些被主流历史书写有意无意遗忘的非主流记忆、边缘记忆、底层记忆;这样建立起来的多元记忆,才能构筑起真正为全民族认同的共同记忆。

流金师以及与之交往颇契的同学友朋所构成的知识精英群体,有两个颇为关键年份与关键事件:1935 年的“一二·九”运动与 1957 年的反右派运动。从《事辑》不难发现,他们都是“一二·九”运动的弄潮儿,面对“救亡压倒启蒙”的内外大势,先是投身抗日救亡,而后又主动拥抱新民主主义革命,期待迎来一个自由民主的新国家。政权易帜以后,他们也都期望为新政权贡献自己的知识与才华,绝大多数知识精英在“鸣放”期间的言论,无非是自以为际遇升平年代,由“五四”思潮植入的启蒙根性再次勃发,初衷还是希望以直言议政为新政权有所献替,却出乎意料地折翅于“丁酉”之殇。流金师与他所交往的知识精英,在各自领域都有相当知名度,但毕竟难以比肩他们名满天下的师友沈从文、闻一多、吴晗与周一良等人。由此说来,对这一知识群体的历史书写似乎也可归入“边缘史学”的范畴。

五

一部成功的历史人物编年事辑,实际上就是人物传记的资料长编,在编纂法上理应汲取中国史传的成功经验。在这一方面,流金师既有出色的实践,也有方法的示范。我在编著他的《编年事辑》时,自觉借鉴他撰著《范仲淹新传》与《司马光新传》时用过的方法。

他首先强调:“任何人,必有各种各样的社会关系”;而“研究历史人物，必须充分了解他和其他人的关系，才能认识这个人的本质的东西，才能见其本色。”（《谈历史人物的研究》）这是完全契合“人的本质是各种社会关系的总和”这一社会学基本原理的。职此之故，这部《事辑》不仅着力比次有关谱主行事思想的文献资料，而且有意辑集与他关系密切的师友同学的来往书函与酬酢诗词，旨在他与那个知识精英群体的关系发掘中，在同一群体的浮雕背景中衬托谱主的个案形象，使其在广阔真实的社会联系中更富有立体感。

他同时认为：“研究历史人物，要研究他所处的时代”；“任何一个人，都有时代的局限。”作为个案的流金师同样如此，他的个人命运与人生抉择也与他所亲历的时代脉动休戚相关，必然受到社会潮流的卷挟与历史走向的左右。惟其如此，我在编纂《事辑》时，力图对决定其命运的时代变动与历史事件，诸如“一二·九”运动，抗日战争，昆明“一二·一”运动，反内战、反迫害运动，反右派斗争，“文化大革命”，也都在叙事纲要中给以客观中性的交代，以期在时代变动中安顿谱主，在谱主命运中折射时代。

他一再指出：“历史上没有完人”；“研究一个人，要求全面，因为人是复杂的”，他最反对“因研究的偏颇而造成传主形象的不完整”（《就〈司马光新传〉答客问》）。我正是遵循这一原则来编纂他自己的《事辑》。在《事辑》里，我既编入了他面对“右派”指控之初怒不可遏拍案而起的家属回忆，也辑录了他以怨愤痛苦之心违心认领自己确是“右派”的日记片断，没有把他塑述成宁折不屈的斗士形象。我认为，只有这样，才是真正的尊重历史。

他曾经说过：他撰写人物传记，只是努力把“事实叙述清楚，不作渲染也不发议论”（《范仲淹新传·自序》）。这部《事辑》也勉力贯彻他的这一主张。比次材料之外，在编者叙事部分，我也“不作渲染也不发议论”。我同样深信，只要在钩考比次文献史料时对其中事实有全方位的把握与穿透性的理解，价值判断与客观事实之间的思考，完全可以留待读者与后人去回味。

在思考与回味中，后来者也许仍能聆悟到流金师与他那知识精英群体以自身的抉择与命运曾经奏响的欢乐与悲怆吧！

2016年10月12日于三声楼

图书在版编目(CIP)数据

程应镠先生编年事辑/虞云国编著.—上海:上海人民出版社,2016
ISBN 978-7-208-14127-8

Ⅰ.①程… Ⅱ.①虞… Ⅲ.①程应镠(1916—1994)-纪念文集 Ⅳ.①K825.81-53

中国版本图书馆 CIP 数据核字(2016)第 246935 号

责任编辑　张钰翰
封面设计　陈　酌

程应镠先生编年事辑
虞云国 编著
世 纪 出 版 集 团
上海人民出版社出版
(200001　上海福建中路 193 号　www.ewen.co)
世纪出版集团发行中心发行　　常熟市新骅印刷有限公司印刷
开本 890×1240　1/32　印张 20.5　插页 8　字数 490,000
2016 年 11 月第 1 版　2016 年 11 月第 1 次印刷
ISBN 978-7-208-14127-8/K·2559
定价 68.00 元